Le Cycle du Graal

Deuxième époque
LES CHEVALIERS
DE LA TABLE RONDE

DU MÊME AUTEUR
CHEZ LE MÊME ÉDITEUR

LE CYCLE DU GRAAL
Première époque
La Naissance du Roi Arthur

JEAN MARKALE

Le Cycle du Graal

Deuxième époque
LES CHEVALIERS
DE LA TABLE RONDE

Pygmalion
Gérard Watelet
Paris

Sur simple demande aux
Éditions Pygmalion/Gérard Watelet, 70, avenue de Breteuil, 75007 Paris,
vous recevrez gratuitement notre catalogue
qui vous tiendra au courant de nos dernières publications.

© 1993 Éditions Pygmalion/Gérard Watelet à Paris
ISBN 2-85704-391.0

La loi du 11 mars 1957 n'autorisant aux termes des alinéas 2 et 3 de l'article 41, d'une part, que les « copies ou reproductions strictement réservées à l'usage privé du copiste et non destinées à une utilisation collective », et, d'autre part, que les analyses et les courtes citations dans un but d'exemple ou d'illustration, « toute représentation ou reproduction intégrale ou partielle, faite sans le consentement de l'auteur ou de ses ayants droit ou ayants cause, est illicite » (alinéa premier de l'article 40).

Cette représentation ou reproduction, par quelque procédé que ce soit, constituerait donc une contrefaçon sanctionnée par les articles 425 et suivants du Code pénal.

INTRODUCTION

Refaire le Monde

Les innombrables récits médiévaux qui constituent ce qu'on appelle les Romans de la Table Ronde, bien qu'étant dus à de multiples auteurs, bien qu'étant écrits en différentes langues, bien qu'étant dispersés sur un long espace temporel et géographique, forment cependant une totalité, et il est bien difficile de ne pas supposer, à travers leur diversité, une probable unité de conception, sinon de composition. Éclos, ou plutôt *scriptés* entre le XIe et le XVe siècle, ils se présentent comme une suite d'épisodes, d'aventures héroïques ou merveilleuses à travers lesquels se dessine un plan d'ensemble qui est incontestablement d'origine mythologique et remonte ainsi à cette « nuit des temps » si favorable à l'explication symbolique du monde.

Car c'est toujours le « il était une fois », c'est-à-dire le *in illo tempore* des évangiles dominicaux, qui introduit et domine une tradition ayant pour objectif de relier la vie contemporaine à des temps mythiques où tout était potentialité pure, ce qui justifie d'emblée les moindres contradictions de l'Histoire considérée comme une ligne continue, avec ses variantes, ses fréquences et ses distorsions. Et il est bien évident que les Romans de la Table

LE CYCLE DU GRAAL

Ronde, traversés par des héros fulgurants comme Lancelot du Lac, l'enchanteur Merlin, la fée Morgane et autres personnages cristallisant l'action humaine dans une direction déterminée, obéissent aux mêmes lois inéluctables de la mémoire ancestrale, à la fois irrationnelle et logique, paradoxale et soumise aux idéologies successives qui régissent les sociétés au fur et à mesure de leur degré d'ouverture sur l'échelle du Temps.

Il faut toujours éviter de tomber dans les pièges du *définitif* et se libérer de toute contingence pour tenter d'atteindre l'*infinitif*. C'est pourquoi, semble-t-il, tant d'auteurs, romanciers, conteurs ou poètes, se sont lancés hardiment dans cette aventure invraisemblable qui consiste à tracer les points de repère d'une « quête du Graal » sans cesse commencée et jamais terminée. Les Romans de la Table Ronde forment un « cycle » dont le point central est cet objet mystérieux, présent dans l'imaginaire et paradoxalement plus présent par son absence parce qu'il cristallise à lui seul les pulsions énergétiques des humains à la recherche de la plénitude. A la fois objet de méditation spirituel et révélateur de prouesses, le Graal n'est qu'un prétexte à l'action humaine : mais, par là, il conditionne le comportement individuel et collectif de cet étrange compagnonnage que représente la chevalerie de la Table Ronde, tous étant à égalité auprès du roi, et pourtant si dissemblables, et tous responsables autant d'eux-mêmes que de la collectivité. Il y a là matière à d'amples réflexions sur la condition humaine et sur le délicat équilibre entre l'individu et le groupe, agglomérat (et non pas addition !) de volontés individuelles et de schémas communautaires. A ce compte, on peut dire que les récits dits arthuriens ont les mêmes buts que les fameux *exempla* dont usaient et abusaient, au Moyen Age, les prédicateurs et sermonneurs de tous bords lorsqu'ils voulaient atteindre le noyau de conscience de leurs auditeurs : il fallait réveiller dans cette conscience le désir

LES CHEVALIERS DE LA TABLE RONDE

d'accomplir, le désir de participer, d'une façon ou d'une autre, à la grande création universelle provoquée par le dieu au nom imprononçable de la Bible, confiée ensuite au genre humain, parce que ce *deus agens* avait décidé de devenir *deus otiosus* et de se retirer, le septième jour, pour voir comment ses « émanations » allaient pouvoir continuer l'œuvre entreprise.

En fait, ce thème du « dieu agissant » qui décide de devenir « dieu oisif » domine largement la seconde époque de l'épopée arthurienne. Arthur, jeune homme apparemment issu d'une famille modeste, honnête mais sans gloire, a été choisi par les puissances surnaturelles (est-ce par le Dieu des chrétiens ou par les étranges divinités celtiques invoquées par Merlin ?) : il est parvenu à retirer l'épée de souveraineté du perron dans lequel elle était fichée. Il est l'élu, celui qui a été choisi par une intelligence qui dépasse celle des hommes. Et là réside le problème : car, au XIIIᵉ siècle, époque à laquelle s'organise le cycle légendaire arthurien, et à laquelle s'appliquent les règles sophistiquées de la monarchie de droit divin, le principe énoncé par saint Thomas d'Aquin fait force de loi : *a Deo per populum*, « Issu de Dieu à travers le peuple ». Il ne suffit pas d'être reconnu par Dieu pour être roi, il faut également l'être par le peuple, et Arthur, même s'il brandit l'épée flamboyante Excalibur, qui lui est incontestablement confiée, ne peut exercer sa fonction royale que s'il est accepté par le peuple, autrement dit par les princes de ce monde dont il n'est en dernière analyse que le *primus inter pares*, le *princeps*, la « tête », le « premier entre ses égaux ». Et tel n'est pas le cas au début de cette aventure chargée de significations diverses où se mêlent les données sociologiques, les impératifs politiques, les spéculations métaphysiques et les croyances religieuses. Arthur, même élu de Dieu, n'est rien sans ses pairs, car il n'est ni un despote à la mode orientale ni un dictateur à la mode romaine, il est un *roi*, un homme qui, au sens

LE CYCLE DU GRAAL

étymologique du terme indo-européen dont le mot roi est issu, doit *rayonner* autant qu'il le peut sur le royaume et sur ceux qui le constituent.

C'est dire le rôle essentiel du roi dans cette organisation sociale que tentent de mettre au point les concepteurs de la légende. L'origine celtique d'Arthur ne fait plus aucun doute [1] : il porte sur lui, quel que soit son degré d'intégration à l'image de la royauté chrétienne médiévale, des caractéristiques qui sont à rechercher dans les structures spécifiques des sociétés celtiques anciennes. Il est le pivot du royaume, lequel s'organise autour de lui. Mais lui-même est *statique* : une fois qu'il a prouvé sa valeur, sa conformité avec l'idéal, une fois qu'il est apparu dans tout son « éclat », il peut se dispenser d'agir lui-même, confiant la mise en œuvre de l'action à ceux qu'il juge capables de la mener à bien. Et dans ce rôle de pivot, il est aidé par le druide, son *alter ego* d'ordre spirituel pour ne pas dire magique : le druide et le roi forment le sommet de la pyramide sociale des anciens Celtes, reconstituant ainsi le duo mythologique indo-européen Mitra-Varuna, le premier étant le dieu des contrats juridiques et de l'équilibre statique, le second le dieu qui dérange systématiquement l'ordre établi dans le but d'assurer l'évolution constante de la société. Le roi et le druide sont le Lieur et le Dé-lieur, et rien ne peut se faire sans eux. Or, dans la légende arthurienne, ils sont présents d'une façon incontestable : ce sont Arthur et Merlin.

Et c'est à eux qu'incombe la lourde charge de *refaire le monde*, soit d'organiser, dans un cadre contemporain, donc chrétien (il ne peut en être autrement dans l'Europe occidentale des XIᵉ-XVᵉ siècles), une société idéale de type horizontal, caractéristique du système celtique, bâtie sur des rapports interindividuels qui ne sont jamais en

---

1. Voir J. Markale, *le Roi Arthur et la société celtique*, Paris, Payot, 5ᵉ éd., 1989.

LES CHEVALIERS DE LA TABLE RONDE

opposition avec les rapports entre les individus et la collectivité. Le roi n'est jamais un tyran aveuglé par une soif de puissance : il n'est que la cristallisation des pulsions de ceux qui gravitent autour de lui, telle une étoile aux multiples planètes, chacune de celles-ci évoluant selon son rythme propre, sa trajectoire spécifique, circulaire ou en ellipse, sa coloration, sa luminosité, sa masse et ses vibrations. Et l'ensemble forme un système cohérent dans son apparente incohérence. D'où l'importance du symbole de l'ours dans cette histoire : le nom d'Arthur provient d'un mot celtique qui signifie « ours », et, effectivement, tout au long de ses aventures, il est tantôt en période d'activité, tantôt en période de latence, d'hibernation, ce qui justifie les nombreux rebondissements de l'épopée. Mais outre ce symbolisme terrestre, Arthur acquiert une dimension cosmique lorsqu'on en fait — symboliquement — l'étoile Arcturus et qu'on l'intègre au « Chariot », c'est-à-dire à la Grande Ourse. Ce symbolisme zodiacal n'a pas échappé aux conteurs du Moyen Age, pas plus d'ailleurs qu'aux auteurs des figures du Tarot, pour lesquels il ne faisait aucun doute que l'arcane VII, dit « le Chariot », est une représentation d'Arthur, dans sa signification la plus profonde et aussi la plus « ésotérique ».

Car tout ce qui est en haut est comme ce qui est en bas. Le sanctuaire celtique, le *nemeton*, n'est pas une construction mais un espace au milieu de la forêt, ou en pleine nature, lieu privilégié de l'équivalence entre le Ciel et Terre, entre l'Invisible et le Visible. Grâce à ses pouvoirs diaboliques hérités d'un géniteur « incube », Merlin participe de l'invisible : il est toujours *diable*, en ce sens que, conformément à l'étymologie du mot, il « se jette en travers ». L'acte est diabolique, voire satanique, mais par la vertu maternelle, d'essence spirituelle et céleste, Merlin rétablit l'équilibre qu'avaient voulu rompre les puissances ténébreuses en commanditant sa naissance dans le monde des humains. Et, piqué au jeu, il se conduit en démiurge, expliquant les

LE CYCLE DU GRAAL

mystères, suggérant les événements qui seront accomplis par d'autres que lui-même, et traçant les grandes lignes d'un complexe social que son inspiration lui dépeint comme le meilleur dans le meilleur des mondes possibles.

Il ne se fait pourtant guère d'illusions sur les chances de succès de ce plan divin dont il est l'un des rares à avoir connaissance : il sait en effet que l'être humain est libre, et que la prophétie n'est jamais contraignante, ne représentant qu'une potentialité et non pas une fatalité. La « magie » de Merlin, quelle que soit sa redoutable efficacité, bute sur le libre arbitre humain. D'ailleurs, il greffe souvent sa propre action sur la libre action des autres : ainsi en est-il de la naissance du futur roi Arthur, fils du péché, fils d'un roi débauché et adultère dont Merlin favorisera l'intolérable et odieuse attitude pour mieux posséder et modeler l'enfant à naître, en qui il mettra tous ses espoirs. Hélas ! Arthur commettra, involontairement, inconsciemment, la suprême faute, l'inceste fraternel, provoquant ainsi la naissance d'un fils maudit, cet anti-Arthur qui sera la cause effective de l'écroulement définitif de la société idéale mise en place et maintenue tant bien que mal par les héritiers spirituels de l'enchanteur absent du devant de la scène. Et il en sera de même pour le « coup douloureux » qui sera à l'origine de l'effondrement du royaume du Graal, mais paradoxalement à l'origine des prouesses de la Quête du même Saint-Graal : Merlin aura beau avertir qui de droit, on ne l'entendra pas, et il devra se contenter d'être le témoin d'une tragédie qui n'en est qu'à ses débuts. Chaque chose ou chaque être contient son contraire, sa propre destruction. Merlin lui-même n'échappera pas à cette contradiction interne lorsqu'il acceptera de quitter le monde du visible pour accéder à celui de l'invisible que lui promet Viviane. Car Merlin est un être libre, comme le sont tous les héros de cette fantastique épopée, les femmes dont le regard de braise enflamme les corps et les âmes, les

LES CHEVALIERS DE LA TABLE RONDE

chevaliers qui, tels des saints, veulent toujours dépasser leur condition humaine, avec parfois un sens de l'orgueil qui paraît aussi démesuré qu'irrationnel.

Ainsi donc, dans un pays qui est décrit nettement comme l'île de Bretagne, mais qui représente en réalité un royaume mythique, tout a été préparé pour l'éclosion de la société arthurienne. Au gré des vicissitudes de l'Histoire, cette île, d'abord peuplée de femmes étranges et de géants non moins fantastiques, a suscité l'apparition d'un certain type de conscience : à l'établissement du domaine du Graal, apporté là par Joseph d'Arimathie et sa lignée davidique, domaine éminemment spirituel, correspond la genèse d'un royaume temporel de type fédératif qui va s'efforcer d'épouser les structures idéales du domaine invisible. A la table du Graal, réservée aux seuls initiés, dans le château de Corbénic, table sacrée qui est elle-même le reflet transitoire de la table de la Cène évangélique, se superpose une autre table, matérielle et morale celle-là, la Table Ronde, où ne sont admis que ceux qui ont prouvé leur valeur et leur efficacité dans les turbulences du siècle. Imaginée par Merlin, établie par le roi Uther Pendragon, elle sera maintenant confiée au roi Arthur qui sera le garant de sa vitalité et de sa permanence. Mais pour en arriver là, Arthur, bien qu'utilement conseillé par Merlin, devra lutter longuement contre les autres et contre lui-même en diverses circonstances, car rien n'est acquis d'avance.

Cette épopée reste exemplaire dans la mesure où elle est à l'image d'une humanité qui se cherche à travers un univers encore inachevé qu'elle a mission de conduire au but mystérieux fixé par Dieu. Mais Dieu, après avoir construit le cadre de l'action, se retire et laisse ses créatures prendre leurs responsabilités. Aucun acte, aucun geste, aucune pensée ne peut rester isolé, et l'individuel engage le collectif. Si l'un des chevaliers de la Table Ronde échoue dans sa tentative, son échec concerne l'ensemble de ses compagnons. Mais s'il sort vainqueur de

LE CYCLE DU GRAAL

l'épreuve, c'est toute la communauté qui est victorieuse. Ainsi se trouve réalisée, du moins sur le plan de l'imaginaire, la fusion de deux réalités antinomiques, le « un » et le « multiple ». Mais le chemin est rude, qui conduit au château du Graal, et peu nombreux seront ceux qui parviendront à en franchir les portes. Encore faudra-t-il *comprendre* ce qui se passe à l'intérieur de ce château. Et, pour l'instant, seul Merlin sait de quoi il s'agit : malheureusement, il n'est que le provocateur de l'action, et ce n'est pas à lui de mener les aventures à leur terme. Voilà pourquoi, tel Dieu après la création, il se retire du monde, prenant le prétexte de son amour pour cette étrange Viviane, petite fille à la fois naïve et rusée qu'il a initiée pour qu'elle devienne la Dame du Lac, une nouvelle incarnation de cette Déesse des Commencements, entité divine dont l'ombre gigantesque se répand à travers les arbres de la forêt de Brocéliande.

Car la Dame du Lac aura pour mission d'initier à son tour celui qui, tout en n'appartenant pas à la Table Ronde, en sera l'incontestable moteur, Lancelot du Lac, le meilleur chevalier du monde, image héroïsée du dieu celtique Lug, le Multiple Artisan, le dieu hors fonction parce qu'il possède toutes les fonctions divines. Le schéma mythologique demeure intact à travers les métamorphoses du récit. Arthur et ses chevaliers sont des réactualisations des anciens dieux Tuatha Dé Danann, les peuples de la déesse Dana de la tradition irlandaise primitive : ce sont des dieux de lumière qui tentent d'organiser le monde. Mais, dispersées dans l'ombre des vallées ou quelque part dans le brouillard, les silhouettes inquiétantes des Fomoré, forces obscures du mal et de l'inconscient, s'agitent et sont prêtes à se jeter en travers de l'action divine. En fait, le monde n'existe que par l'opposition entre ces deux puissances, ou plutôt entre ces deux potentialités : c'est l'éternel combat entre l'Archange de Lumière et le Dragon des Profondeurs, et c'est l'équilibre entre

LES CHEVALIERS DE LA TABLE RONDE

ces deux potentialités qui assure la continuité de la vie. Le roi Arthur se trouve au centre d'une spirale qui se déroule et s'enroule au rythme d'une respiration cosmique à travers laquelle est mis en œuvre le souffle divin.

Ainsi s'engage une fantastique partie d'échecs. Le roi, qui est la pièce essentielle du jeu, demeure immobile ; mais il est le garant de l'harmonie, l'équilibrateur du monde. Autour de lui vont s'agiter les cavaliers, qui partiront en expédition pour agrandir le royaume, les fous qui illumineront le combat de leurs étincelles paradoxales, les tours qui protégeront la forteresse du roi. Et puis, il y aura la reine, toute-puissante, se déplaçant en tous sens, véritable détentrice de la Souveraineté, parce qu'elle est à l'image de la grande déesse-mère universelle. En l'occurrence, elle portera le nom symbolique de Guenièvre, en gallois *Gwenhwyfar*, c'est-à-dire « blanche apparition », ce qui indique suffisamment son rôle sacré. Arthur l'épousera en une sorte d'union hiérogamique qui n'a même rien à voir avec une histoire d'amour : et c'est autour de la reine que se dérouleront les lignes de forces, c'est dans les yeux de la reine que les chevaliers viendront puiser leur prouesse. Plus que jamais, la Femme est omniprésente dans cette épopée à la gloire de la prouesse masculine, car elle est la seule à pouvoir susciter la prouesse. Plus que jamais, « la femme est le devenir de l'homme », comme l'affirmera Hölderlin. Et cela justifie amplement les nombreuses figures féminines qui surgissent à chaque instant du difficile périple des chevaliers de la Table Ronde.

Tout est en place sur l'échiquier. Et c'est Merlin, le fils du Diable, qui, d'une chiquenaude apparemment fortuite, donne le signal qui met en jeu les forces en présence, dans une partie dont on n'imagine pas quelle pourrait en être la conclusion.

Poul Fetan, 1993.

AVERTISSEMENT

Les chapitres qui suivent ne sont pas des traductions, ni même des adaptations des textes médiévaux, mais une ré-écriture, dans un style contemporain, d'épisodes relatifs à la grande épopée arthurienne telle qu'elle apparaît dans les manuscrits du XIᵉ au XVᵉ siècle. Ces épisodes appartiennent aussi bien aux versions les plus connues qu'à des textes demeurés trop souvent dans l'ombre. Ils ont été choisis délibérément en fonction de leur intérêt dans le déroulement général du schéma épique qui se dessine à travers la plupart des récits dits de la Table Ronde, et par souci d'honnêteté, pour chacun des épisodes, référence précise sera faite aux œuvres dont ils sont inspirés, de façon que le lecteur puisse, s'il le désire, compléter son information sur les originaux. Une œuvre d'art est éternelle et un auteur n'en est que le dépositaire temporaire.

CHAPITRE I

La Conquête du Royaume

L'hiver suscitait de grandes tempêtes et des bourrasques de vent, de la neige sur le sommet des montagnes et des brouillards dans les vallées parmi lesquelles s'égaraient les voyageurs. Mais ceux-ci, lorsqu'ils parvenaient dans les villages et qu'ils allaient se réchauffer auprès d'un bon feu de bûches dans les chaumières où ils étaient accueillis, racontaient à qui voulait les entendre une stupéfiante nouvelle : le royaume avait enfin un roi. A vrai dire, le petit peuple ne se sentait guère concerné par cette nouvelle qui ne modifierait en rien sa façon de vivre. Le roi était bien loin et, depuis longtemps, on avait cessé de croire qu'il pouvait améliorer le sort des plus humbles. Mais, cependant, on souhaitait ardemment que ce nouveau roi fût juste et bon et qu'il rétablît la paix en cette île de Bretagne : on n'avait que trop subi les villages incendiés par des soudards surgis de n'importe où, les récoltes saccagées, le bétail dérobé, les femmes violées, les jeunes gens pendus aux arbres. Cela avait assez duré : les cloches des églises devaient maintenant sonner pour les fêtes et non plus pour les deuils. Assez d'angoisses et de tristesses, assez de massacres et de souffrances ! Et seul un roi juste et bon, quel qu'il fût, pouvait redonner

LE CYCLE DU GRAAL

l'espoir à ce petit peuple frileusement replié à l'ombre des forêts, à l'écart des grandes routes de ce monde.

On racontait d'ailleurs des choses merveilleuses à propos de ce roi dont on savait seulement qu'il se nommait Arthur : il avait été le seul à pouvoir saisir une épée magique fichée dans un perron, signe évident que Dieu l'avait choisi pour gouverner le royaume, même si ce n'était qu'un obscur fils de vavasseur qui n'était même pas encore chevalier. Mais l'on se souvenait que le Christ était né dans une étable, dans le froid et le dénuement, et que les puissants Rois mages n'avaient pas hésité à venir de très loin pour s'incliner devant lui et lui offrir des présents. Peu importait donc que ce roi, que Dieu avait distingué parmi de grands guerriers et de nobles barons, fût le plus humble et le plus obscur de tous s'il avait le pouvoir de rétablir l'harmonie entre ses sujets. Alors, dans toutes les églises, dans toutes les chapelles du royaume, une prière fervente s'élevait, toujours la même : *De profundis, Domine...* Car il fallait enfin surgir des temps obscurs. A travers l'île de Bretagne, l'espoir renaissait et l'on sentait les bourgeons vibrer sous la neige.

Il n'en était pourtant pas ainsi dans les forteresses qui parsemaient le pays de leurs éperons provocants, là où résidaient les grands de ce monde, ou du moins ceux qui se prétendaient tels. D'abord abasourdis par le prodige dont ils avaient été les témoins, lorsque le jeune Arthur avait retiré l'épée Excalibur du perron, ils s'étaient inclinés devant ce qui paraissait le choix de Dieu. Mais, à présent, ils se mettaient à réfléchir et à douter. N'était-ce pas plutôt le diable qui, pour mieux les engluer dans ses pièges, avait ainsi fait désigner le plus faible d'entre tous les hommes du royaume ? Après tout, Merlin n'était-il pas le fils d'un diable ? Qui pouvait prétendre connaître les intentions réelles de ce devin qui riait sans cesse lorsqu'on lui posait une question et qui se révélait le grand maître des illusions ? Et, chez la plupart des chefs de

LES CHEVALIERS DE LA TABLE RONDE

guerre, de murmures en murmures, de palabres en palabres, la révolte grondait : allait-on accepter sans réagir une telle humiliation ? De plus, on savait maintenant que cet Arthur n'était pas le fils d'Antor, lequel n'était que son père nourricier : ce n'était donc qu'un bâtard, issu sans aucun doute de basses et louches copulations inavouables. Ulcérés, les barons pensaient qu'ils allaient être obligés de baisser la tête devant un inconnu dont on ignorait les géniteurs et qui n'était devenu roi que parce qu'il avait réussi à saisir l'épée flamboyante, alors qu'eux-mêmes, après avoir tenté vainement l'épreuve, avaient dû s'avouer vaincus. Et ces amères réflexions n'étaient pas faites pour calmer les esprits.

Cependant, quelque temps après avoir été couronné, le jeune roi Arthur, pour faire montre de son autorité et pour se conformer à la coutume du royaume, envoya des messagers à travers tout le pays pour convoquer ses vassaux à une grande cour plénière qui se tiendrait à Kaerlion sur Wysg. Les petits seigneurs, qui se sentaient flattés parce qu'Arthur était l'un des leurs, accoururent avec empressement et manifestèrent leur joie à rencontrer celui que Dieu avait désigné comme leur chef. Mais les grands barons du royaume, après avoir longuement délibéré entre eux, s'arrangèrent pour arriver avec du retard, manifestant ainsi leur profonde désapprobation et le peu de respect qu'ils avaient pour le nouveau souverain. Ils étaient au nombre de onze, parmi les plus valeureux guerriers de cette île. Il y avait là Loth, le roi d'Orcanie, qui avait épousé Anna, la sœur d'Arthur, et qui était le père de Gauvain ; puis il y avait le redoutable Uryen Reghed, qui avait tant inquiété Uther Pendragon avant de se réconcilier avec lui grâce à l'entremise de Merlin et de Taliesin ; il y avait encore Ydier, roi de Cornouailles, Nantre, roi de Garlot, Bélinant, roi de Sorgalles [1], et son

---

1. Le sud du Pays de Galles, essentiellement le *Dyved*.

LE CYCLE DU GRAAL

frère Tradelinan, roi de Norgalles [1], Clarion, roi de Northumberland [2], Brangore, roi d'Estrangore [3], Agustan, roi d'Écosse, le duc Escan de Cambénic, sans oublier Karadog Brechvras [4] qui venait de la Bretagne armorique. Et ces onze barons étaient arrivés avec une centaine de cavaliers chacun afin de montrer qu'ils étaient plus importants que tous les autres.

Le roi Arthur les accueillit tous avec bienveillance, désireux de se les attacher par la confiance qu'il voulait leur manifester. Mais, lorsque le roi voulut, selon la coutume, leur distribuer de l'or, des bijoux et des terres, les onze chefs qui se prétendaient supérieurs à tous les autres s'offusquèrent grandement qu'un bâtard né de père inconnu eût la prétention de leur donner des leçons de chevalerie et de courtoisie. Ils manifestèrent leur dédain en quittant la salle et firent savoir à Arthur qu'ils ne pouvaient reconnaître pour leur seigneur un homme d'aussi bas lignage que lui. Et ils s'en retournèrent chacun

---

1. Le nord du Pays de Galles, essentiellement le *Gwynedd*.
2. A l'époque arthurienne (Vᶜ-VIᶜ siècles), cette région située au nord du fleuve Humber était déjà conquise par les Saxons, mais la légende arthurienne semble néantiser complètement les réalités historiques.
3. Ce personnage, qui joue un rôle important dans plusieurs épisodes de l'épopée arthurienne, n'est qu'une variante du héros celtique primitif, Brân Vendigeit, tel qu'il apparaît dans la seconde branche du *Mabinogi* gallois. Voir J. Markale, *La Naissance du roi Arthur*, première époque du *Cycle du Graal*, dans la même collection, chez le même éditeur.
4. Personnage important de la légende primitive d'Arthur et qui semble d'origine armoricaine, certains épisodes faisant nettement mention de « Caradoc (ou Carados) de Vannes ». La forme Caradoc (Caradawg), parfois orthographiée *Cardoc*, qui signifie « aimable », est galloise, la forme bretonne-armoricaine étant *Karadec*. Quant au surnom, il a donné lieu à de nombreuses controverses. En français, cela signifierait « bref bras », c'est-à-dire « au bras court ». Mais c'est une mauvaise interprétation d'un ancien gallois et breton (deux langues identiques avant le XIᶜ siècle) qui serait *Brech-Bras*, littéralement « Bras Long ». La forme française est donc un superbe contresens. On peut penser à l'allemand *Sauerkraut*, littéralement « fermenté chou », qui est devenu stupidement le français « chou-croute » !

LES CHEVALIERS DE LA TABLE RONDE

dans son domaine, prêts à entreprendre en commun une action guerrière qui ferait entendre raison à cet usurpateur et permettrait de placer sur le trône un homme d'illustre naissance et ayant donné d'abondantes preuves de ses capacités à gouverner un royaume.

Autour d'Arthur n'étaient demeurés que des chevaliers modestes, ceux qui ne doutaient pas un seul instant de la vertu de l'épreuve du perron, et qui considéraient le roi comme l'élu de Dieu. Et, parmi eux, outre Antor, qui aimait toujours Arthur comme son fils, il y avait Kaï, son frère de lait, et Bedwyr, qui n'aurait jamais osé entreprendre une quelconque action contraire à celui qu'il avait choisi comme son seigneur. Et, entouré de ses fidèles, Arthur s'enferma à l'intérieur des murailles de Kaerlion, sachant très bien que les barons révoltés allaient bientôt tenter une expédition contre lui[1]. Il mit donc tous ses efforts à renforcer les défenses de la forteresse et à la bien munir d'armes et de provisions en vue de résister autant à des attaques furieuses qu'à un siège long et épuisant.

Les onze rois qui refusaient de rendre hommage à Arthur ne mirent pas longtemps à revenir, avec un grand nombre de leurs guerriers, et ils établirent leur camp sous les murailles de Kaerlion. Ils espéraient bien que cet étalage de leurs forces suffirait à démoraliser les partisans d'Arthur et que celui-ci, comprenant que la partie

---

1. Kaerlion sur Wysg (ou « sur Usk ») est une importante forteresse de création romaine située au sud-est du Pays de Galles, et les fouilles archéologiques ont démontré l'importance de cet établissement, qui n'est pas celtique, mais purement romain. L'archéologie corrobore des textes monastiques du haut Moyen Age, et l'ensemble laisse penser que l'épopée arthurienne *historique* (donc dans sa base pré-légendaire) est une exaltation des *Romains*, autrement dit des Britto-Romains de l'île de Bretagne, derniers défenseurs de la civilisation occidentale — et chrétienne — face aux « Barbares », aux Pictes du Nord et aux Saxons et autres peuples germano-scandinaves (encore « païens ») qui menaçaient le fragile édifice romano-celto-chrétien qui, à la fin de l'Empire, s'acharnait à maintenir une tradition culturelle considérée comme essentielle pour la survie de la civilisation.

LE CYCLE DU GRAAL

était perdue d'avance, abandonnerait ses prétentions à vouloir être le roi d'un royaume qui ne voulait pas de lui. Mais Arthur était bien décidé à tenir tête, d'autant plus qu'une multitude de petites gens d'alentour était venue se joindre à la troupe de chevaliers qui lui étaient restés fidèles. Quant à l'archevêque, celui qui avait présidé au couronnement d'Arthur, il monta sur les remparts et harangua le camp adverse, menaçant d'excommunier tous ceux qui se dresseraient contre la volonté du roi choisi par Dieu. Mais les onze rois, après avoir écouté poliment l'archevêque, firent savoir qu'ils ne tenaient aucun compte de son discours et qu'ils étaient disposés à aller jusqu'au bout pour débarrasser le royaume d'un bâtard qu'ils considéraient comme un usurpateur, voire un simple aventurier qui avait abusé de la bonne foi de tous. Et chacun se prépara à la bataille.

C'est alors que Merlin, après s'être glissé furtivement à travers le camp des onze rois, pénétra dans la forteresse. Il avait pris la forme d'un homme vigoureux et avait revêtu une robe de bure qui le faisait passer pour un clerc. Il alla tout de suite vers Arthur et lui dit : « Roi, si tu veux donner une leçon à ces orgueilleux, voici ce que je te conseille de faire. Fais armer tous tes gens et rassemble-les derrière la grande porte. Moi, je guetterai avec attention leurs moindres gestes et, quand je jugerai le moment opportun, je te donnerai un signal. Alors, sans crainte, tes chevaliers et toi, vous sortirez en masse et vous les attaquerez. Je te garantis qu'ils seront vite défaits et mis en fuite ! »

Sans chercher à savoir qui était ce clerc, ni d'où il venait, Arthur fit rassembler ses gens en armes derrière la grande porte de Kaerlion. Quant à Merlin, il monta sur la plus haute tour et jeta un enchantement tel que toutes les tentes et les pavillons des rebelles se mirent à flamber, ce qui provoqua un immense mouvement de panique. Alors Merlin donna le signal. La porte s'ouvrit brusquement et le roi Arthur et les siens se précipitèrent

LES CHEVALIERS DE LA TABLE RONDE

dehors aussi vite que leurs chevaux pouvaient galoper, la lance basse et le bouclier devant leur poitrine. Cette irruption inattendue accrut grandement le désordre provoqué par l'incendie, et la confusion la plus totale s'introduisit dans les rangs ennemis.

Cependant, le roi Nantre, qui était grand et fort, se dit que s'il parvenait à tuer Arthur, le combat serait bientôt terminé. Il saisit une lance courte mais très dure, à grosse tête, et courut dans la direction du roi. Arthur le vit foncer vers lui. Il s'assura sur ses étriers et, de sa lance de frêne, il heurta le roi Nantre avec tant de force qu'il lui perça son bouclier, le jetant même à terre par-dessus la croupe de son destrier, si durement que la terre résonna sous le choc. Voyant le roi Nantre en mauvaise posture, ses gens accoururent à son secours et parvinrent à le remettre sur son cheval. Quant aux gens d'Arthur, ils se précipitèrent à l'aide de leur seigneur. La mêlée devint tout à coup inextricable.

Mais la lance d'Arthur était maintenant rompue. Il saisit son épée Excalibur, celle qu'il avait retirée du perron : elle jetait autant de clarté que deux cierges allumés. Le roi la brandit au-dessus de sa tête et commença à frapper à droite et à gauche, si vivement qu'on eût dit qu'il était entouré d'éclairs. Ceux qui n'étaient pas blessés par ses coups s'enfuyaient de tous côtés, ce que voyant, six des rois rebelles se jetèrent tous ensemble sur lui, de telle sorte qu'ils parvinrent à le renverser avec son cheval. Mais Antor, suivi de Kaï et Bedwyr, et de quelques-uns de leurs hommes, surgit de la mêlée pour protéger celui qu'il avait élevé avec tant d'affection. Kaï chargea le roi Loth qu'il connaissait fort bien et lui porta un tel coup sur le heaume qu'il l'abattit sur l'arçon. Puis, frappant sans relâche, s'acharnant sur son adversaire, il le fit choir au bas de son destrier, tout pâmé.

A ce moment, la foule du menu peuple sortit de la forteresse et se précipita à son tour dans la mêlée, armée de haches et de bâtons, si bien que les ennemis commençaient

LE CYCLE DU GRAAL

à comprendre qu'il valait mieux s'enfuir. Tout échauffé par l'ardeur du combat, Arthur, remis en selle par les siens, se jeta à la poursuite des fuyards et fit de telles merveilles à l'aide d'Excalibur que l'on ne vit plus ni couleur ni vernis sur ses armes rougies par le sang. Pareil à une statue vermeille, il rattrapa le roi Ydier et leva son épée pour le frapper sur son heaume. Mais le cheval fit un bond et l'emporta plus loin qu'il n'aurait fallu, si bien que le coup, frôlant le corps, atteignit le destrier dont il trancha net le cou. Les gens du roi Ydier dégagèrent à grand-peine leur seigneur et l'emmenèrent rapidement à l'écart. Finalement, les onze rois rebelles, rudement pourchassés par les gens d'Arthur, réussirent à prendre la fuite, mais en laissant sur le terrain tout leur bagage ainsi que leur vaisselle d'or et d'argent. Et Arthur rentra triomphalement dans la forteresse de Kaerlion où l'archevêque l'accueillit en entonnant le chant du *Te Deum*. Mais Arthur, qui voulait remercier le clerc qui lui avait donné de si bons conseils, eut beau le chercher parmi tous ses hommes, il ne le trouva pas. Car il y avait déjà longtemps que Merlin, satisfait du résultat de son intervention, et voulant laisser à Arthur tout le bénéfice de la déconfiture des rebelles, avait repris le chemin du Nord, pour rejoindre sa sœur Gwendydd, l'ermite Blaise et aussi cette étrange Morgane, fille d'Ygerne de Tintagel, qu'il avait entrepris de parfaire dans la connaissance des secrets de la nature.

Cependant, les onze rois rebelles, avec leurs gens en désordre, avaient erré toute la nuit, souffrant de la faim et du froid, les uns à cheval, d'autres en litière parce qu'ils étaient trop mal-en-point pour chevaucher. Le lendemain, harassés, ils parvinrent à la ville de Sorhaut, qui était au roi Uryen Reghed, et ils y demeurèrent quelque temps pour se réconforter et soigner leurs malades et leurs blessés.

Ils n'y étaient encore que depuis peu de temps lorsque arrivèrent des messagers de Cornouailles et d'Orcanie qui leur racontèrent comment les Saxons maudits et

LES CHEVALIERS DE LA TABLE RONDE

mécréants, que le roi Uther avait eu tant de mal à chasser de l'île de Bretagne, venaient à nouveau de débarquer, envahissant leurs terres, ravageant les campagnes, détruisant les villages et les forteresses. Ils ajoutèrent que les Saxons avaient commis tant de dommages que le cœur le plus dur et le plus félon ne pouvait se retenir d'avoir pitié des femmes et des jeunes filles à qui ils faisaient violence, et des enfants qu'ils tuaient dans leurs bras. De plus, lorsque les petites gens se réfugiaient en quelque cave ou en quelque souterrain dans les montagnes, les Saxons, qui ne pouvaient les en déloger, y mettaient le feu et les brûlaient. Une telle situation devenait intolérable, d'autant plus que, chaque jour, de nouveaux envahisseurs se présentaient sur le rivage et investissaient les ports.

En apprenant ces nouvelles alarmantes, il n'y eut aucun des rois, même le plus hardi et le plus orgueilleux, à qui la chair ne tremblât, car ils se rendaient compte qu'à cause de leur absence et de leur lutte contre Arthur, ils étaient responsables de la perte de beaucoup de leurs gens. Ils se demandaient avec angoisse ce qu'ils allaient pouvoir faire contre les Saxons, car ils savaient qu'ils ne pouvaient attendre aucun secours d'Arthur. Tout ce que leurs forces leur permettaient, c'était de garnir les forteresses et les villes de manière à empêcher le ravitaillement des ennemis. Ils se résolurent de la sorte à défendre les marches de Garlot, de Reghed, de Cornouailles et d'Orcanie qui étaient, semble-t-il, les plus menacées, et d'attendre le moment favorable pour entreprendre une expédition d'envergure afin de rejeter à la mer les envahisseurs.

Mais, pendant ce temps, de l'autre côté de la mer, dans la Bretagne qu'on appelle Armorique, d'autres événements se préparaient. Il y avait un noble roi du nom de Léodagan qui tenait la terre de Carmélide [1]. C'était

---

1. Dans la géographie arthurienne, toujours plus mythologique que réelle, la Carmélide se trouve tantôt en Grande-Bretagne, tantôt en Bretagne armoricaine.

LE CYCLE DU GRAAL

déjà un vieil homme qui, malgré son courage et sa valeur, devait mener rude guerre contre des voisins toujours plus agressifs. Parmi ceux-ci, le roi Claudas de la Terre Déserte, qui voulait s'emparer des terres de Léodagan, avait rendu hommage à l'empereur de Rome [1], et tous deux avaient fait alliance avec Frolle, duc d'Allemagne [2], qui était un haut et puissant baron. Les trois alliés avaient rassemblé de grandes troupes et se dirigeaient vers le royaume de Carmélide. Léodagan ne pouvait compter que sur deux rois de la Bretagne armorique, deux frères qui avaient nom Ban de Bénoïc [3] et Bohort de Gaunes [4] ; mais ceux-ci, qui ne disposaient que de peu de ressources, avaient décidé de se rendre auprès du roi Arthur pour lui demander son aide.

Dès qu'il apprit que le roi Ban et le roi Bohort venaient pour le rencontrer, Arthur fit tendre de soieries et de tapisseries et joncher d'herbes et de fleurs les routes qui menaient à sa forteresse de Kaerlion, et il voulut que les

---

1. On a tenté d'identifier la « Terre Déserte » avec le Berry. Il est plus vraisemblable d'y voir les Marches de Bretagne, autrement dit les comtés de Rennes et de Nantes, territoires situés à l'est de la Vilaine et qui étaient peuplés de Gallo-Francs au moment de l'éclosion de la légende arthurienne, Gallo-Francs en lutte perpétuelle avec les Bretons armoricains établis à l'ouest de la Vilaine. Le fait que Claudas de la Terre Déserte apparaît dans la légende spécifique de Lancelot du Lac, légende d'origine nettement armoricaine (et même du pays de Vannes), conforte cette hypothèse.

2. La légende se fait ici l'écho d'événements historiques du Ve siècle concernant une alliance des Gallo-Romains et des Bretons, dirigés par un certain Riothime, contre les Wisigoths. Le duc Frolle serait donc le souvenir d'un chef wisigoth.

3. C'est le père de Lancelot du Lac. Son pays semble être situé dans le sud de la Bretagne armoricaine, dans la région de Vannes, et la légende paraît greffée sur les événements survenus dans le Vannetais au VIIe siècle, à propos de la lutte entre les Bretons et les Gallo-Francs. Dans la version primitive de la légende de Lancelot, telle qu'elle se trouve dans une version allemande, contemporaine de celle de Chrétien de Troyes, mais parallèle à celle-ci, Ban de Bénoïc est appelé Penn Genewis, et c'est un véritable tyran pourchassé et tué par ses propres sujets.

4. C'est le père de Bohort, cousin de Lancelot, l'un des trois héros privilégiés de la *Quête du Graal* cistercienne.

LES CHEVALIERS DE LA TABLE RONDE

femmes et les jeunes filles de la région allassent en chantant à leur rencontre, tandis qu'il s'y rendait lui-même, à la tête d'un magnifique cortège. Puis il donna des fêtes en l'honneur de ses hôtes, si bien que Ban et Bohort, ainsi que leur frère Guinebaut, qui était un très sage et savant clerc, en furent très satisfaits. Enfin, ils exposèrent à Arthur l'objet de leur voyage et expliquèrent avec soin quelles étaient les menaces qui pesaient sur les Bretons d'Armorique, suppliant Arthur de les aider à chasser les envahisseurs. Pour cela, ajoutèrent-ils, ils étaient tout disposés à reconnaître le roi Arthur comme leur souverain légitime et s'engageaient à le servir lorsqu'il déciderait de libérer l'île de Bretagne de tous les Saxons qui tentaient de reconquérir les terres qu'Uther Pendragon les avait contraints à abandonner. Des serments furent échangés sur les saintes reliques, en présence de l'archevêque et de tous les vassaux qui se trouvaient présents dans la forteresse. Et l'on dressa un plan de campagne grâce auquel on pourrait résoudre les difficultés actuelles au mieux des intérêts du royaume de Bretagne.

Peu de temps après, le roi Arthur rassembla les troupes qui lui étaient fidèles et, en compagnie des rois Ban et Bohort, s'embarqua sur la mer. Une fois sur les rivages d'Armorique, ils furent très bien reçus par les gens du peuple qui voyaient en eux leur sauvegarde devant les empiétements de Claudas de la Terre Déserte et de ses complices. Ils se mirent en route en toute hâte et allèrent si bien qu'ils parvinrent bientôt à Carahaise [1], en Carmélide, où le roi Léodagan tenait conseil, dans sa forteresse, avec ses vassaux. Ils se présentèrent en se tenant tous par la main et saluèrent le roi l'un après l'autre. Et le roi Ban se fit l'interprète de ses compagnons pour affirmer que tous ceux qui se trouvaient là ne se quitteraient point

---

1. C'est probablement Carhaix (Finistère), capitale du Poher, ancienne forteresse gallo-romaine au carrefour des principales routes de la péninsule armoricaine.

LE CYCLE DU GRAAL

tant qu'ils n'auraient pas chassé les ennemis qui envahissaient leurs domaines.

Ils n'étaient pas arrivés depuis une semaine que l'armée ennemie parut devant Carahaise. Le conseiller de Rome, Ponce Antoine, qui était un très bon et preux guerrier, menait les Romains, le duc Frolle, les Allemands et Claudas, les gens de la Terre Déserte. C'était un mardi soir, le 30 avril[1]. Dès que les guetteurs aperçurent au loin les éclaireurs ennemis et la fumée des premiers incendies, on ferma les portes de la forteresse et tout le monde courut aux armes. Les hommes du roi Léodagan se rassemblèrent sous l'enseigne d'azur à trois bandes d'or, que portait le sénéchal Cléodalis. Arthur et ses bons compagnons formèrent une troupe très dense sous une bannière qui représentait un petit dragon à queue longue et tordue qui semblait lancer des flammes : chacun croyait voir sa langue bouger sans cesse dans sa gueule béante.

Il y avait, près de la grande porte de Carahaise, un vieillard qui semblait observer ces préparatifs avec beaucoup d'intérêt. Il se permettait même de donner des conseils aux guerriers à propos de leur armement et de leur maintien ; mais aucun d'entre eux n'aurait pu reconnaître en cet homme chenu, qui paraissait si faible, le devin Merlin dont on disait tant de choses admirables, mais qui semblait avoir disparu depuis que le roi Arthur avait soulevé l'épée flamboyante devant la forteresse de Kaerlion. Merlin était présent, mais il ne tenait guère à ce

---

1. Cette date n'est pas indiquée au hasard dans cette version dite de Gautier Map. Il s'agit en effet du début de la nuit du 1ᵉʳ mai, autrement dit de la fête celtique païenne de Beltaine, début de l'été, qui marque à la fois la reprise de l'activité pastorale et agricole et la lutte contre les mauvais esprits (en pays germanique, c'est la Nuit de Walpurgis). Dans l'histoire mythique de l'Irlande ancienne, c'est toujours pendant la nuit de Beltaine que se déroulent les grandes batailles qui symbolisent un changement de civilisation, preuve que les divers auteurs des récits arthuriens connaissaient parfaitement l'origine de leurs schémas épiques et la signification des grandes fêtes préchrétiennes.

LES CHEVALIERS DE LA TABLE RONDE

qu'on pût dire ensuite que le combat n'avait conduit à la victoire que grâce à lui. C'est pourquoi il se contentait d'observer les événements, attendant le moment propice pour intervenir de façon discrète.

Cependant, les premiers ennemis étaient parvenus sous les remparts, sur les bords des fossés. Ils lancèrent avec insolence leurs javelots contre la porte en signe de défi. Après quoi, ils firent faire demi-tour à leurs chevaux et commencèrent à rassembler le bétail qu'ils venaient de dérober dans les étables voisines qu'avaient abandonnées les paysans avant de se réfugier dans la forteresse. Voyant cela, Merlin se dirigea vers la grande porte. « Ouvre ! dit-il au portier, afin que ces hommes puissent poursuivre les ennemis ! — Je n'ouvrirai cette porte que sur l'ordre du roi Léodagan ! répondit le portier. — Ouvre, ou il t'arrivera malheur ! » s'écria Merlin. Et comme le portier ne voulait rien entendre, Merlin posa sa main sur le fléau, le souleva, écarta les battants aussi aisément que s'ils n'avaient été clos par une bonne serrure et fit tomber le pont en le poussant rudement. Arthur et les quarante compagnons qui s'étaient rassemblés autour de lui se précipitèrent au-dehors sans même se rendre compte du prodige qui venait de s'accomplir sous leurs yeux. Et quand ils furent tous sortis, le pont se releva de lui-même, la porte se referma toute seule, le pêne tourna sans aide et le fléau retomba de son propre mouvement, cela au grand ébahissement du portier qui n'y comprenait rien.

Cependant, Arthur et ses quarante compagnons, ayant dispersé une troupe d'Allemands qui emmenaient du bétail, rassemblaient les bêtes afin de les ramener vers la forteresse. En voyant cela, les Allemands du duc Frolle, au son des timbres, des cors, des buccins et des tambours, coururent sus au roi Arthur et aux siens [1]. Et, toujours

---

1. Il faut savoir que cette version a été écrite vers 1220, peu de temps après la bataille de Bouvines (1214), gagnée essentiellement contre les Allemands.

LE CYCLE DU GRAAL

à son poste d'observation, sur le haut des remparts, Merlin commençait à s'inquiéter, car les Bretons étaient inférieurs en nombre, risquant de succomber sous la charge de leurs ennemis. Il mit ses doigts dans sa bouche et aussitôt un sifflement strident se fit entendre : une rafale de vent souleva un immense tourbillon de poussière au milieu duquel les hommes du duc Frolle, complètement aveuglés, s'éparpillèrent dans le plus complet désordre. En voyant cela, Arthur et ses quarante compagnons piquèrent des deux et se lancèrent sur eux, lances levées, les renversant impitoyablement et dispersant leurs montures.

Le roi Léodagan et ses hommes étaient restés à l'intérieur de la forteresse. Mais quand ils s'aperçurent qu'Arthur était aux prises avec les gens du duc Frolle, Léodagan donna l'ordre de sortir et de se lancer dans la bataille. Il divisa sa troupe en deux corps, l'un sous son commandement, l'autre sous celui de son sénéchal Cléodalis. Mais Léodagan se heurta très vite aux guerriers de Claudas de la Terre Déserte et de Ponce Antoine. Les lances se heurtaient, les épées frappaient les heaumes et les boucliers, et cela provoquait un tel vacarme qu'on n'eût point entendu Dieu tonner et que les habitants qui s'étaient réfugiés dans la forteresse croyaient que la fin du monde était arrivée. Cependant, malgré tout leur courage, les hommes de Léodagan perdaient du terrain et se voyaient sur le point d'abandonner le combat.

Le roi Arthur, qui avait réussi à mettre en fuite la troupe d'Allemands, vit tout de suite que Léodagan était en mauvaise posture. Avec ses quarante compagnons rassemblés derrière lui, au grand galop, il se précipita comme une tempête sur les ennemis qui entouraient Léodagan, prêts à le faire prisonnier. En quelques instants, le malheureux roi fut délivré. Puis, après lui avoir donné d'autres armes et un nouveau destrier, ils repartirent à bride abattue derrière leur porte-enseigne, sur leurs bons chevaux dégoulinants de sueur. Ils s'élan-

LES CHEVALIERS DE LA TABLE RONDE

cèrent à la rescousse de Cléodalis qui avait fort à faire contre les Romains. Dès le premier choc, ils abattirent tous ceux qui se trouvaient devant eux, et se mirent à frapper comme des charpentiers sur leurs poutres.

Ponce Antoine, qui était un des plus vaillants combattants qui fût alors au monde, ne put souffrir de voir ainsi ses troupes massacrées. Il se jeta dans la mêlée avec ses meilleurs hommes. Mais le roi Arthur, qui avait bien vu de qui il s'agissait, jura de se mesurer au Romain qui bataillait de la sorte. Il demanda qu'on lui apportât une nouvelle lance, très dure, à fer tranchant, et il se précipita vers l'ennemi. « Arthur ! s'écria alors le roi Ban, que veux-tu donc faire ? Tu es trop jeune et trop petit pour lutter contre un si grand diable ! Je suis ton aîné, je suis plus fort et plus haut que toi ! Laisse-moi y aller ! — Je ne saurais jamais ce que je vaux, répondit Arthur, si je ne me mesurais avec n'importe lequel de ceux qui se présentent ! »

Et, sans plus attendre, il piqua des deux si rudement que le sang se mit à couler des flancs de son destrier. Sous les fers du cheval, le sol résonna longuement, et les pierres volèrent tout autour comme une bourrasque de grêle. Le Romain vint aussitôt à sa rencontre, mais Arthur appuya si violemment son coup qu'il lui perça le bouclier, le haubert et même le corps, de telle façon que le fer, et au moins une brasse du bois de sa lance, passèrent à travers l'échine. Ponce Antoine tomba sur le sol pour ne plus jamais se relever. Alors Arthur tira sa bonne épée Excalibur dont il se mit à faire des merveilles, coupant bras, poings et têtes. Sur les remparts de la forteresse, les dames et les demoiselles qui regardaient le combat ne pouvaient s'empêcher d'admirer la prestance, le courage et la volonté de ce jeune homme qui affrontait ainsi les plus redoutables guerriers du temps.

Cependant, le roi Ban de Bénoïc, qui était très grand et très large d'épaules, cherchait partout son ennemi mortel, le roi Claudas de la Terre Déserte. Midi était

LE CYCLE DU GRAAL

déjà passé lorsqu'il l'aperçut au milieu de sa troupe. Aussitôt, il vola sur lui, droit comme un carreau d'arbalète. Il leva à deux mains son épée, et Claudas eut beau jeter son bouclier pour parer le coup, l'épée s'abattit si rudement qu'elle trancha l'épée, l'arçon et même le cheval entre les deux épaules. Ban allait faire passer son destrier sur son adversaire qui gisait sur le sol, lorsqu'il vit, à quelque distance, son compagnon Bretel, la cuisse prise sous son cheval abattu, et qu'Urfin [1] essayait de protéger de son mieux. Il se jeta à la rescousse, mais la cohorte des ennemis se referma sur eux : bientôt le destrier de Ban et celui d'Urfin furent tués, et les trois Bretons n'eurent plus d'autre choix que de se placer dos contre dos afin de mieux se défendre. Mais leur position, en plein milieu d'une troupe d'ennemis acharnés, était désespérée.

C'est à ce moment que Merlin, toujours en observation, s'aperçut du danger que couraient les trois hommes. Il prit l'aspect d'un jeune page et se précipita sur le champ de bataille, à la recherche d'Arthur. Dès qu'il l'eut trouvé, il lui apprit ce qui se passait. Bohort, qui se trouvait auprès d'Arthur, s'écria : « Si mon frère était tué, de ma vie, jamais je ne connaîtrais la joie ! — Allons à son secours ! » dit Arthur. Merlin s'était emparé de l'enseigne du roi et se précipitait en direction de la mêlée. Le dragon de l'enseigne se mit à jeter par la gueule des brandons de feu, si bien que tout l'air en devint vermeil et que les bannières des ennemis prirent feu. Derrière lui, à travers une troupe d'ennemis décontenancés par le phénomène, les Bretons avançaient comme un grand navire qui laissait dans son sillage une double rangée de guerriers à terre et de destriers fuyant au hasard, les rênes traînant entre leurs pattes. Ils parvinrent ainsi jusqu'au roi Ban et à ses deux compagnons qui, à pied, leurs

---

1. Urfin était l'homme de confiance du roi Uther Pendragon, et Bretel l'un des familiers de la duchesse Ygerne de Tintagel.

LES CHEVALIERS DE LA TABLE RONDE

heaumes à moitié sur les yeux, leurs boucliers brisés, leurs hauberts rompus et démaillés, se défendaient avec l'énergie du désespoir derrière un monceau de chevaux tués, et, tenant à deux mains leurs épées, frappaient furieusement tous ceux qui tentaient de les approcher.

Quand il vit son frère dans cet état, le roi Bohort s'appuya sur ses deux étriers si rudement que le fer en plia. Sans plus tarder, il courut sus aux gens de Claudas et les heurta avec tant de rage que leurs rangs en tremblèrent. De son épée toute souillée de sang et de cervelle, il trancha au premier qu'il rencontra la tête près de l'oreille, ainsi que l'épaule gauche et tout le corps jusqu'à la ceinture ; au second, il mit à nu le foie et les poumons. Et Arthur et ses compagnons l'imitaient si bien qu'en quelques instants Ban, Urfin et Bretel furent dégagés, purent rajuster leurs heaumes et saisir des boucliers intacts. Après quoi, montant sur des chevaux sans maîtres que leurs écuyers avaient pris au passage, ils repartirent au combat, bien décidés à le conduire jusqu'à une complète victoire.

Le duc Frolle d'Allemagne montait un haut destrier très fort et très rapide. Pendant tout le jour, il avait fait grand massacre des gens de Léodagan. Quand il vit que les Romains et les hommes du roi Claudas lâchaient pied et se préparaient même à s'enfuir, il eut un violent sursaut de colère. Il saisit à deux mains sa masse de cuivre, si lourde qu'un homme ordinaire n'aurait pu la soulever, et il se mit, grand et puissant comme il était, à assener de tels coups qu'autour de lui le sang coulait en ruisseaux abondants. Pourtant, lorsque celui qui portait son enseigne eut été abattu, les hommes qui l'entouraient se mirent à fuir et il se retrouva seul. Alors, sans plus tergiverser, il fit volte-face et s'éloigna au grand galop de son cheval. Personne ne s'aperçut de sa fuite, sauf le roi Arthur, qui se mit aussitôt à sa poursuite.

C'est dans une vallée obscure, entre deux forêts très sombres, qu'il le rejoignit. Le soleil baissait à cette heure

LE CYCLE DU GRAAL

et sa clarté s'égarait dans les ramures des arbres. « Géant félon ! lui cria Arthur. Retourne-toi et tu sauras qu'un seul homme te poursuit ! » L'autre fit volte-face et ressentit un profond dépit quand il s'aperçut qu'effectivement il n'avait qu'un seul poursuivant et qu'en plus il s'agissait d'un jeune homme de taille plutôt moyenne qui paraissait un nain auprès de lui. Il fit bondir son cheval et s'élança sur Arthur, sa masse au bout de son bras droit, tenant de sa main gauche son bouclier d'ivoire. Au premier choc, le roi Arthur, brandissant sa lance, lui transperça l'épaule. Mais le géant n'en parut même pas chagriné. Il fit tournoyer sa masse afin de riposter, mais Arthur esquiva le coup en portant son cheval en avant. Le mouvement fut si rude et si soudain que les deux chevaux se heurtèrent et tombèrent. Frolle, qui était beaucoup plus puissant, mais aussi bien plus lourd, était encore à terre lorsque son jeune adversaire, déjà redressé, lui courait sus. Et l'épée Excalibur flamboyait au-dessus de sa tête. Pour parer le coup, Frolle opposa sa masse : elle fut tranchée. Alors, quelque peu stupéfait, Frolle tira sa propre épée. C'était une des meilleures lames du monde, celle-là même dont Hercule se servit quand il mena Jason dans l'île de Colchide pour conquérir la Toison d'or, et elle avait nom Marmadoise. Dès qu'elle jaillit hors du fourreau, si grande fut la clarté qu'elle répandit que le pays en fut illuminé et qu'Arthur fit un pas en arrière pour mieux la voir étinceler.

« Chevalier, dit le géant, je ne sais pas qui tu es, mais pour la hardiesse que tu as eue en m'attaquant, je suis disposé à te faire grâce. Donne-moi tes armes et je te laisserai aller. » En entendant ces paroles, Arthur rougit de dépit et de colère. « C'est trop m'insulter ! s'écria-t-il. C'est à toi de baisser cette épée et de te rendre à merci ! Sache que je m'appelle Arthur et que je suis roi de toute la Bretagne ! — Tu es donc ce bâtard que les Bretons ont choisi pour être leur roi ! En vérité, les Bretons manquent de guerriers pour en être réduits à choisir un inconnu

LES CHEVALIERS DE LA TABLE RONDE

dont on ignore la famille et les origines ! Sache que j'ai nom Frolle et que je suis duc d'Allemagne, fils d'un noble seigneur qui a accompli bien des exploits. Je tiens tout le pays jusqu'à la Terre des Pâtures. Et plus loin, ce serait encore à moi si l'on pouvait y passer. Mais on ne le peut à cause d'une statue qui empêche quiconque de s'aventurer plus avant. C'est Judas qui l'a placée là en guise de borne et pour marquer jusqu'où s'étendaient ses conquêtes. On la nomme la *Laide Semblance*, et les anciens disent que lorsque cette statue sera enlevée, les aventures du royaume de Logres [1] cesseront. Mais je doute que cela puisse arriver, car celui qui regarde cette statue en prend aussitôt la monstrueuse figure. Et maintenant, toi qui te prétends roi des Bretons, sache que je fais serment de ne plus connaître le goût du pain et du vin tant que je te saurai vivant ! »

Ayant ainsi parlé, il se jeta sur Arthur. Celui-ci fit un saut de côté et frappa son adversaire à l'œil droit : si son épée ne lui eût tourné dans la main, il eût certainement tué le géant. Frolle sentit son sang couler sur sa joue. Furieux, il se précipita sur Arthur qui reculait en se protégeant avec Excalibur. A ce moment, six chevaliers romains apparurent sur la pente de la montagne, galopant comme la tempête, poursuivis par Ban, Bohort et Kaï. A la vue des Bretons, le duc Frolle revint à son destrier, bien décidé à s'enfuir. Déjà il l'enfourchait lorsque le roi Arthur lui assena un si grand coup sur le bras que le géant laissa choir son épée et, tout étourdi, s'inclina sur l'arçon. Mais le cheval, qui était le plus grand et le

---

1. Dans les romans français de la Table Ronde, le royaume, ou le pays, de Logres désigne les domaines régis par Arthur. Mais, dans la tradition galloise, qui est plus ancienne, le terme *Llogr* sert à désigner uniquement les régions de l'île de Bretagne sous la domination anglo-saxonne, c'est-à-dire l'Angleterre proprement dite, à l'exclusion du Pays de Galles, des Cornouailles (Cornwall), et bien entendu de l'Écosse. La curieuse statue qui empêche tout franchissement de frontière est bien dans le ton de la mythologie celtique et se réfère au

LE CYCLE DU GRAAL

meilleur du monde, effrayé par le choc, se cabra et partit comme une flèche, emportant dans la sombre forêt le duc qui mugissait comme un taureau blessé.

La nuit était maintenant complète. Ban et Bohort demandèrent au roi Arthur s'il n'avait point de mal. « Au contraire, répondit le roi, car j'ai fait aujourd'hui une conquête que je ne changerais pas pour la plus riche cité du monde. » Et, ce disant, il essuya la lame d'Excalibur, toute souillée de sang, et il la remit dans son fourreau. Après quoi, il ramassa Marmadoise, l'épée du géant qu'il avait vaincu, qui étincelait comme un diamant dans l'obscurité. Et les trois rois, en compagnie de Kaï, reprirent le chemin de Carahaise.

Ils chevauchèrent tant qu'ils parvinrent rapidement à la forteresse où le roi Léodagan leur fit, à eux ainsi qu'à tous leurs compagnons, le plus bel accueil qu'il put. Quand ils furent désarmés, la fille de Léodagan, qui avait nom Guenièvre, vêtue des plus riches habits qu'elle possédât, vint présenter aux trois rois l'eau chaude dans un bassin d'argent. Elle leur lava le visage et le cou de sa propre main et les essuya à l'aide d'une serviette blanche et bien brodée. Enfin, elle les recouvrit chacun d'un manteau. Et quand elle vit ainsi paré le roi Arthur, la fille de Léodagan pensa que bien heureuse serait la dame qu'un si beau et si vaillant chevalier requerrait d'amour. De son côté, Arthur regardait Guenièvre avec beaucoup d'intérêt : c'était certainement la plus belle fille qui fût alors en Bretagne la Bleue ; sous sa couronne d'or et de pierreries, son visage semblait frais et doucement coloré de blanc et de vermeil. Quant à son corps, il n'était ni trop gras ni trop maigre, avec des épaules droites et

fameux « barrage druidique », d'essence magique, que les druides étaient censés provoquer, en cas de conflit, sur les frontières du pays ennemi. Il y a eu également, tout au long du Moyen Age, des traditions légendaires concernant Judas à qui est prêtée l'érection de la statue monstrueuse, laquelle semble de même nature que la tête de Méduse, dans la tradition grecque.

LES CHEVALIERS DE LA TABLE RONDE

polies, des flancs étroits, des hanches basses, des pieds blancs et voûtés, des bras longs et potelés, des mains blanches et fines. C'était une joie de pouvoir la regarder. Mais si elle était la beauté, elle était également la bonté, la largesse, la courtoisie, l'intelligence, la valeur et la douceur : cela se remarquait au premier coup d'œil.

Cependant, quand le repas fut prêt, on dressa les tables. Le roi Ban et le roi Bohort firent asseoir le roi Arthur entre eux, par honneur, et Léodagan se réjouissait d'avoir des hôtes d'un tel rang et d'une telle dignité. Enfin, lorsqu'il fut l'heure, chacun alla dormir dans les chambres qui avaient été préparées à cette intention. Ainsi se reposèrent-ils des fatigues qu'ils avaient endurées pendant cette dure journée où avaient été défaits et mis en fuite les ennemis qui avaient voulu s'emparer de la Bretagne armorique. Le seul regret de Léodagan et des trois rois était que Claudas de la Terre Déserte avait pu s'enfuir : il était probable qu'il ne s'avouerait pas vaincu et qu'il tenterait encore une fois d'envahir indûment les terres de ses voisins. Mais, dans l'immédiat, d'autres préoccupations se présentèrent à eux. Le lendemain, un messager venu de l'île de Bretagne leur raconta comment les Saxons, qui débarquaient toujours plus nombreux chaque jour, pillaient et dévastaient toutes les cités qu'ils rencontraient sur leur passage. Et ils assiégeaient la ville de Clarence, qui était alors l'une des plus riches de toute l'île. Les chefs qui étaient restés sur l'île avaient bien tenté de résister aux envahisseurs, mais cela ne suffisait pas, et ils demandaient au roi Arthur de revenir en hâte pour conduire leurs troupes à la reconquête du royaume. Arthur décida qu'on s'embarquerait immédiatement. Et c'est ainsi qu'il quitta la Carmélide, avec Kaï et Bedwyr et tous leurs compagnons, ainsi qu'avec les rois Ban et Bohort qui voulaient, de cette façon, témoigner leur reconnaissance envers celui qui les avait si bien aidés à se défaire de leurs ennemis. Et quand il fut sur son navire,

LE CYCLE DU GRAAL

le roi Arthur ne put s'empêcher d'avoir une pensée pour la belle Guenièvre, la fille du roi Léodagan, dont le visage éveillait en lui des songes qu'il n'osait pas encore s'avouer à lui-même.

Cependant nombre de gens d'armes de toute origine commençaient à se rassembler dans la plaine de Salisbury, bien décidés à tout entreprendre pour venir à bout des Saxons maudits et mécréants. Il y avait là les gens du roi Clamadieu des Iles, ceux du roi Hélain, ceux du roi Mark, qui avait pour femme la belle Yseult la Blonde, ceux de Galehot, le fils de la Géante, seigneur des Iles Lointaines, et beaucoup d'autres encore parmi lesquels Dodinel, fils du roi Bélinant de Norgalles, qui fut surnommé le Sauvage parce qu'il chassait avec plus d'ardeur que nul autre homme les sangliers, les cerfs et les daims dans les forêts, ainsi que Sagremor, neveu de l'empereur de Constantinople, qui était venu de ses terres lointaines pour recevoir ses armes du roi Arthur. A tous ces hommes rassemblés se joignirent les gens des rois Ban, Bohort et Léodagan, ainsi que bien d'autres seigneurs de la Bretagne armorique. Et, bientôt, on vit même arriver les troupes des onze rois rebelles, ceux qui ne voulaient pas reconnaître qu'Arthur était leur souverain légitime. Ils avaient tous pour enseigne la bannière blanche à croix rouge, mais sur celle d'Arthur, que portait Kaï, on voyait un dragon au-dessous de la croix. C'est ainsi que cette grande armée se mit en marche vers la cité de Clarence qu'assiégeaient les Saxons, plus nombreux que les flots de la mer. Hérissée de ses lances, l'armée bretonne en marche était semblable à une forêt dont les frênes auraient eu pour fleurs des pointes d'acier.

Elle chevaucha toute la nuit et, au matin, elle se trouva en vue du camp des Saxons. Il y avait une brume épaisse, et bientôt une pluie fine mais insinuante se mit à tomber. Les Saxons, qui étaient plongés dans un lourd sommeil, furent brusquement réveillés par la ruée des

LES CHEVALIERS DE LA TABLE RONDE

Bretons qui chargeaient à travers le camp, rompant les cordes des tentes, abattant les mâts, renversant les pavillons et faisant un tel massacre qu'en peu de temps les chevaux pataugèrent dans le sang. Les enseignes étaient si trempées par la pluie que les deux partis ne se reconnaissaient plus qu'à leurs cris de guerre. Mais les Saxons se rallièrent au son de leurs cornes et de leurs buccins, et, constatant que toute résistance était inutile, préférèrent s'enfuir au galop, abandonnant sur le terrain tout ce qu'ils avaient d'armes et de bagages. Les Bretons s'occupèrent alors de relever leurs morts et de soigner les blessés qui gisaient sur le champ de bataille comme des brebis égorgées. Puis, après quelques heures de repos, on se remit en route vers la ville de Clarence.

A la nuit tombante, on se trouva aux abords de la ville en un lieu appelé Mont-Badon : on pouvait encore voir, dans la plaine, la masse imposante de l'armée des Saxons qui attendait le moment propice pour se lancer à l'assaut. Les Bretons dressèrent leur camp sur les collines, tout en surveillant ce qui se passait au-dessous d'eux, attentifs au moindre mouvement suspect. L'impatience qu'ils avaient de se lancer contre l'ennemi était cependant tempérée par l'obscurité, et il fut décidé qu'on attaquerait le lendemain à l'aube. Chacun se retira alors dans sa tente. Quant aux onze rois rebelles, ils s'étaient établis à l'écart des autres, pour bien montrer leur différence, et ils tenaient conseil pour savoir quelle était la conduite à tenir.

C'est alors que Merlin se présenta à eux. Il avait gardé son aspect habituel et tous le reconnurent, manifestant une grande joie et lui faisant le meilleur accueil. « Merlin, lui dirent-ils, ton absence nous a fait cruellement défaut, car nous avions besoin de tes conseils. Tu nous vois aujourd'hui dans le plus grand embarras. Et puisque tu es le plus sage des hommes, révèle-nous ce qu'il adviendra du royaume de Bretagne ! — Certes, répondit Merlin, mon absence vous a beaucoup nui, mais je voulais

LE CYCLE DU GRAAL

savoir ce que vous étiez capables de faire par vous-mêmes. Vous êtes tous des hommes courageux et intrépides. Vous êtes tous de bonne naissance et votre puissance ne peut être mise en doute. De plus, vous avez été de bons et loyaux serviteurs pour votre roi Uther Pendragon, et vous l'avez aidé à débarrasser ce pays des Saxons. Mais les temps ont changé. Aujourd'hui, vous refusez de reconnaître pour votre roi celui que Dieu a désigné, et le malheur s'est abattu sur le royaume. Il faut vous en prendre à vous-mêmes, seigneurs. Moi, je ne peux rien contre votre mauvaise volonté. »

Le roi Loth se fit l'interprète des onze. « Que faut-il donc que nous fassions ? » demanda-t-il. Merlin prit la parole et dit : « Seigneurs, le moment est venu de tout perdre ou de tout gagner. Si Dieu ne vous aide pas, le royaume de Bretagne sera soumis à la honte et à l'esclavage. Or Dieu ne vous aidera que si vous reconnaissez vos torts et si vous acceptez de prononcer le serment de fidélité envers votre seigneur légitime, le roi Arthur. Car je vous l'affirme : la défaite ne pourra être évitée que si vous faites la paix avec le roi Arthur. » Ce discours ne faisait pas plaisir à tout le monde. « Comment pourrions-nous prêter l'hommage lige à un bâtard dont nous ignorons les origines ? » demanda Uryen. Merlin se mit à rire et dit : « Roi Uryen, tu as la mémoire courte ! Tu disais presque la même chose à propos du roi Uther, et cela à cause de ton orgueil. Pourtant, tu as fait la paix avec lui et tu l'as servi fidèlement pour le bien de tout le royaume. » Uryen se sentit très gêné, mais il dit encore : « Merlin, puisque tu as la connaissance des choses secrètes, dis-nous qui est Arthur. Si ta réponse peut nous convaincre, nous pouvons t'assurer que nous serons tous les fidèles vassaux de notre roi. — Ce n'est pas encore le moment, répondit Merlin. Ce serait trop facile. Peu vous importe de savoir qui est Arthur alors que le royaume est en péril et que les ennemis menacent de vous tuer ou

LES CHEVALIERS DE LA TABLE RONDE

de vous réduire en esclavage. Rendez hommage à votre roi légitime et je m'engage, quand le moment sera venu, de vous dévoiler le secret de la naissance d'Arthur. »

Les onze rois se mirent à l'écart et se concertèrent. Puis ils revinrent vers Merlin. « Nous te faisons confiance, Merlin. Nous acceptons de reconnaître Arthur comme notre souverain légitime à condition que, le jour venu, tu nous révèles la vérité à son sujet. — C'est bien, répondit Merlin. Allez donc trouver le roi et agissez en conséquence. Mais je n'irai pas avec vous et vous demande de ne pas parler de moi. C'est de vous-mêmes que vous devez faire votre paix avec Arthur. » Et Merlin disparut. Alors les onze rois s'en allèrent jusqu'à la tente d'Arthur et, les uns après les autres, ils s'agenouillèrent devant lui, lui prêtant l'hommage qui est dû par un vassal à son seigneur. Et à chacun d'eux, Arthur confirma les possessions qu'ils avaient et les titres dont ils étaient honorés. Quand cela fut fait, Arthur dit : « Seigneurs, vous savez que je ne suis pas encore chevalier. Je demande l'honneur d'être armé chevalier par l'un d'entre vous. » Les onze se regardèrent et, après un court échange, il fut décidé que le roi Uryen aurait cet honneur. Arthur s'agenouilla devant le roi de Reghed, les mains jointes, et Uryen, lui mettant le plat de son épée sur l'épaule, accomplit le rite au milieu d'un grand silence. Après quoi, les deux hommes se donnèrent l'accolade et chacun rentra sous sa tente pour se reposer avant la bataille qu'il savait décisive pour le royaume de Bretagne.

Le matin fut très clair et radieux. Dans l'herbe épaisse qui n'avait pas encore été fauchée, les chevaux entraient jusqu'au ventre. Dans les arbres en fleur, les oiseaux chantaient matines. Les enseignes d'or, d'argent et de soie frémissaient dans la brise légère ; et le soleil faisait flamboyer l'acier des heaumes et des lances, et luire les peintures éclatantes des boucliers. Arthur allait en tête de l'armée sur un grand cheval au pelage blanc. Lorsqu'il

LE CYCLE DU GRAAL

aperçut les Saxons qui s'avançaient à la rencontre des Bretons, il cria de toutes ses forces : « Seigneurs, l'heure est venue de montrer vos prouesses, et que Dieu vous ait en sa sainte garde ! »

Aussitôt, les barons lâchèrent le frein et éperonnèrent leurs montures. Ainsi commença la fière et merveilleuse bataille entre les Bretons et les Saxons, devant la ville de Clarence. Le froissement des lances, le bruit des boucliers heurtés, le martèlement sourd des masses, le cliquetis des épées, tout cela s'entendit dans tout le pays, jusqu'à la mer. Bientôt, l'air devint rouge et fut troublé par la poussière, au point que le ciel s'obscurcit et que le soleil perdit toute sa clarté. Quand les chevaliers et les bourgeois qui défendaient la cité de Clarence entendirent le bruit des combats et aperçurent les enseignes blanches à croix vermeille, ils comprirent que c'était un secours que Notre Seigneur leur envoyait : sans perdre un instant, ils firent ouvrir les portes, sortirent de la ville et s'en allèrent se jeter eux aussi dans la bataille. Celle-ci fut rude et longue. Autant les Bretons étaient audacieux et agiles, autant les Saxons étaient plus grands et mieux armés. Mais, vers le soir, à force d'être attaqués sans relâche de tous côtés par leurs adversaires, les Saxons cédèrent du terrain, puis s'éparpillèrent dans le plus complet désordre. Nombre de leurs rois et de leurs chefs avaient trouvé la mort dans la mêlée. Poursuivis de près, ils s'enfuirent de toute la vitesse de leurs chevaux vers le rivage de la mer toute proche. Et, bien que la moitié d'entre eux fussent tués ou noyés, ils s'embarquèrent sur leurs navires, coupèrent les cordes des ancres, hissèrent les voiles en toute hâte et gagnèrent le large, s'éloignant où le vent les menait.

En cette bataille dite du Mont-Badon [1] s'illustrèrent les meilleurs guerriers de Bretagne, le roi Arthur, Kaï, son

---

1. Les textes français parlent tous de la bataille de *Salisbières,* soit Salisbury. Mais la tradition galloise se fait gloire d'une bataille décisive qu'Arthur, simple chef d'armée et non pas roi, aurait remportée

LES CHEVALIERS DE LA TABLE RONDE

frère de lait, le redoutable Bedwyr, le jeune Nabor le Noir qui s'échauffait toujours démesurément lorsqu'il était à jeun, mais qui s'affaiblissait quand il se refroidissait, le prudent Urfin, l'orgueilleux Uryen Reghed, le courageux Ban de Bénoïc, le preux Bohort de Gaunes, le sage roi Loth d'Orcanie, et bien d'autres encore, qui reconnaissaient Arthur pour leur seigneur, et aussi le jeune Yvain, le fils du roi Uryen, qui se montra aussi ferme et déterminé que son père, et le beau Galehot, le seigneur des Iles Lointaines, qui fut plus tard le grand ami de Lancelot du Lac.

Quand la nuit fut venue et qu'on eut relevé les morts et les blessés, le roi Arthur rassembla les barons dans une grande salle de la cité de Clarence. Il partagea avec eux le butin d'or, d'argent et de pierreries qui avait été fait sur les Saxons, les riches draperies, les tentes, les pavillons et les chevaux, les meilleures armures. Et l'on but à foison vins miellés, bière et hydromel. Désormais, Arthur n'était plus seulement le roi choisi par Dieu : il était le roi reconnu par tous ceux du royaume de Bretagne, et personne ne pourrait jamais plus lui contester sa souveraineté [1].

---

sur les Saxons en 516. Ainsi peut-on lire dans les *Annales de Cambrie,* qui datent du Xe siècle, les renseignements suivants, ici traduits du latin : « 516, bataille de Badon en laquelle Arthur porta la Croix de Notre Seigneur Jésus-Christ, trois jours et trois nuits sur ses épaules. Et les Bretons furent vainqueurs. » Tout indique que la résistance bretonne contre les Saxons était aussi une reconquête d'un pays gagné par la religion germanique. Les Saxons sont de véritables « diables » païens tandis que les Bretons sont d'authentiques « Romains », défenseurs de la Chrétienté. Quel que soit le lieu de la bataille, la plaine de Salisbury ou le site de Bath (le Mont-Badon), l'action vigoureuse des tribus bretonnes fédérées assura un sursis d'une quarantaine d'années aux différents royaumes de l'île de Bretagne. C'est à cette époque que se situe historiquement ce qu'on appelle l'époque arthurienne.

1. D'après la version dite de Gautier Map, c'est-à-dire le *Lancelot en prose* français (parfois appelé « Vulgate Lancelot-Graal »), composé vers les années 1220-1230.

CHAPITRE II

La Lignée royale

Après son éclatante victoire sur les envahisseurs saxons, le roi Arthur, toujours accompagné de Kaï et de Bedwyr, ainsi que de son père adoptif Antor, retourna dans sa forteresse de Kaerlion sur Wysg où il fut fêté comme il convient. Mais, la nuit qui suivit son retour, il lui arriva une extraordinaire aventure. Pendant qu'il dormait, il se vit assis sur un trône et tout environné d'une impressionnante multitude d'oiseaux qui chantaient des chants merveilleux. Alors qu'il succombait au charme de cette musique, il voyait arriver de très loin dans le ciel un grand dragon et de nombreux griffons qui parcouraient en tous sens l'île de Bretagne et incendiaient tout ce qu'ils trouvaient sur leur passage. Il n'y avait pas une seule forteresse qui ne fût brûlée ou détruite, et Arthur voyait bien que, de tout le royaume, il ne restait plus qu'un amas de ruines. Alors le dragon venait l'attaquer avec violence, lui et tous ceux qui se trouvaient avec lui. Tous ses compagnons étaient tués les uns après les autres et il restait seul face au dragon. Il luttait avec rage et désespoir, tant et si bien qu'à la fin il tuait le dragon. Mais il était lui-même si cruellement blessé qu'il se voyait sur le point de mourir.

LES CHEVALIERS DE LA TABLE RONDE

Terrifié par ce rêve, Arthur s'éveilla en sursaut, réconforté de s'apercevoir que tout cela n'était qu'illusion, mais il demeura dans l'impossibilité de retrouver le sommeil : le songe continuait à le hanter et il se demandait ce que cela pouvait bien signifier. Le lendemain, il ordonna à ses hommes de se préparer afin de l'accompagner à la chasse. Quand tous furent prêts, lui-même choisit un cheval robuste, passa un habit de chasse et quitta la forteresse avec une petite troupe de chevaliers et de serviteurs. Une fois dans la forêt, on débusqua un grand cerf et on lança les chiens sur lui. Le roi se lança à sa poursuite, avec ses compagnons, et, grâce à son bon cheval, il eut tôt fait de distancer les autres. Bientôt, il eut deux bonnes lieues d'avance sur eux et il les perdit complètement de vue. Il continua malgré tout sa poursuite jusqu'au moment où son cheval, épuisé, tomba mort sous lui, le laissant tout désemparé, à pied, très loin de ses hommes et ne sachant pas exactement où il se trouvait. Le cerf, lui, s'éloigna à vive allure et disparut dans la forêt, mais le roi suivit la trace qu'il avait laissée, persuadé que ses gens allaient bientôt le retrouver, croyant qu'il avait réussi à s'emparer de la bête. Mais, plus il avançait, plus il se voyait perdu et isolé. A la fin, épuisé, en sueur, incapable de poursuivre son chemin, il prit le parti de s'asseoir auprès d'une fontaine qui jaillissait au milieu de la verdure. Et là, son rêve de la nuit précédente lui revint en mémoire.

Mais il avait beau réfléchir sur les images terrifiantes qu'il avait vues durant son sommeil, il ne parvenait pas à en comprendre le sens. Et cela le tourmentait. Il en était là de ses méditations quand il vit surgir près de lui un enfant au visage souriant, qui devait être âgé de quatre ans à peu près. L'enfant s'arrêta devant lui et le salua courtoisement. « Que Dieu te bénisse, mon garçon ! dit Arthur en relevant la tête. Qui es-tu donc et que viens-tu faire en cet endroit désolé ? — Je suis un enfant d'un pays lointain, répondit-il, et je suis tout surpris de te voir ainsi préoccupé. A mon avis, un homme de mérite ne doit pas se tourmenter pour une chose à laquelle il peut remédier. »

Arthur était stupéfait du ton qu'employait l'enfant pour lui parler, et surtout de la sagesse de son propos. « Mon garçon, reprit-il, personne, en dehors de Dieu, ne peut me donner un conseil sur ce qui me préoccupe, du moins je le pense. — Pourtant, répondit l'enfant, je peux t'affirmer que je sais tout sur ce qui te préoccupe comme sur tout ce que tu as fait aujourd'hui avant de te retrouver ici, près de cette fontaine. Comme il en faut peu, seigneur, pour te troubler, alors que tout ce que tu as vu en rêve doit arriver ! Telle est la volonté du Créateur, et si, dans ton rêve, tu as vu ta mort, tu ne dois pas t'en émouvoir, car la mort est la chose du monde la mieux partagée. » Et comme le roi, bouleversé par les paroles qu'il entendait, demeurait interdit, l'enfant continua : « Je vais t'étonner davantage, car je vais te raconter ton rêve de cette nuit. » Alors, sans plus attendre, il décrivit le songe qui avait tant effrayé Arthur.

« Mais tu n'es pas un être humain ! s'écria le roi. Il faut que tu sois un diable, ou même Satan en personne ! Car jamais nul être humain n'aurait pu connaître ainsi, dans les moindres détails, ce que j'ai vu en songe cette nuit ! » Et Arthur se signa. Mais l'enfant se mit à rire et dit : « Voilà bien le sens commun des hommes lorsqu'ils se trouvent face à ce qui est incompréhensible ! Ce n'est pas parce que je te révèle des choses cachées que tu as quelque droit à prétendre que je suis un diable ! Or, je vais te démontrer que c'est toi qui es un diable, un ennemi de Notre Seigneur, le chevalier le plus perfide de ce pays. Tu te nommes Arthur. Tu as été sacré roi de ce pays de Bretagne. Cet honneur, cette dignité, cette mission, tout cela t'a été conféré par la grâce de Jésus-Christ, et non autrement. Mais toi, Arthur, je t'accuse d'avoir commis un horrible forfait, à savoir que tu as connu charnellement ta propre sœur et que tu as ainsi engendré un fils à cause de qui, comme Dieu le sait de toute éternité, de grands maux s'abattront sur cette terre et provoqueront ta mort ! »

Le roi s'était levé, le visage courroucé. Il s'écria : « Vrai diable que tu es, tu ne peux apporter aucune preuve de ce que tu racontes. Pour le faire, il faudra d'abord être sûr que j'ai une sœur et que je puisse la connaître. Or je ne sais rien sur mes origines. Comment le saurais-tu, toi qui me parles avec tant d'arrogance, toi que je rencontre pour la première fois ? — Tu te trompes pourtant, répondit l'enfant. J'en sais sur ce point beaucoup plus long que toi ou n'importe qui en ce royaume. Je sais qui sont tes parents et qui sont tes sœurs, car tu en as plusieurs. Sans doute, il y a longtemps que je ne les ai vues, mais je sais fort bien qu'elles sont vivantes et en fort bonne santé. »

Très réconforté par ces nouvelles, et au fond très curieux de savoir de qui il était le fils, Arthur restait néanmoins persuadé qu'il avait affaire à un diable. Qui donc, sous l'apparence d'un garçon de quatre ans, aurait pu lui tenir un tel discours et connaître ce qu'il était le seul à connaître ? C'est pourquoi il persista dans son attitude dubitative, affirmant que l'enfant lui mentait. « Si tu peux me dire la vérité sur mes parents et mes sœurs, si tu me dis de quelle famille je suis issu, tu pourras me demander ce que tu voudras. Je te le donnerai si je le peux. — M'en donnes-tu ta parole de roi ? Si jamais tu te dédisais de cette parole, tu pourrais en pâtir plus que tu ne penses ! — Je te le jure en toute loyauté ! — Je vais donc te l'apprendre et je m'engage à te donner la preuve de ce que j'avancerai. Je t'affirme donc que tu es de noble race et de très haute naissance puisque tu es fils de roi et de reine et que ton père fut un homme de très grand mérite et un vaillant défenseur de ce royaume. Il est donc juste que tu sois roi. »

Arthur se demandait s'il n'était pas en train de rêver.

« Que me racontes-tu ainsi ? Si j'étais fils de roi, je n'aurais
de cesse d'avoir soumis à mon pouvoir la plus grande
partie du monde ! » L'enfant se mit à rire : « Voilà bien les
grands de ce monde ! s'écria-t-il. Quand ils ont le pouvoir,
cela ne leur suffit pas et ils désirent tous en abuser ! Cela
dit, si tu veux dominer une partie du monde, ce n'est pas
le défaut de noblesse qui peut t'en empêcher. Mais avant
d'entreprendre quoi que ce soit, il serait bon que tu te
poses la question de ce que tu ferais de ce pouvoir si tu
l'obtenais. Mais il est vrai que si tu as autant de mérites
que ton père, en son temps, loin de perdre des terres, tu
risques d'en conquérir davantage. »

Arthur supportait mal le ton moralisateur que prenait
l'enfant et commençait à s'impatienter. « Comment s'appelait mon père ? Peux-tu me le dire ? — Oui, bien sûr,
répondit l'enfant. Ton père se nommait Uther Pendragon
et régnait sur toute l'île de Bretagne. — Par Dieu tout-
puissant ! s'écria Arthur, s'il fut vraiment mon père, je ne
peux manquer de valeur ! — Ni d'orgueil ! » murmura l'enfant. Mais Arthur ne l'entendit pas et poursuivit : « J'ai
tant entendu vanter les mérites du roi Uther que je sais
bien qu'il n'aurait pu engendrer un mauvais fils. Mais, en
admettant que tout cela soit vrai, comment pourrais-tu,
toi, un petit garçon, le faire admettre aux barons de ce
royaume ? — Je le leur prouverai si bien qu'avant la fin de
ce mois ils seront convaincus que tu es bien le fils d'Uther
Pendragon et son héritier direct sur le trône de Bretagne. »

Arthur regardait le jeune garçon avec intérêt, car il
était partagé entre sa curiosité et une totale incrédulité.
« Tout cela est bien surprenant, dit-il, et j'ai beaucoup de
mal à croire ce que tu me racontes. Si j'étais le fils de
celui que tu dis, on n'aurait pas confié à un modeste
vavasseur le soin de m'élever, avec beaucoup de tendresse et d'amour d'ailleurs, comme ce fut le cas, et mon
origine ne serait pas aussi mystérieuse. Cet homme qui
m'a élevé, et que je respecte comme si j'étais réellement

LES CHEVALIERS DE LA TABLE RONDE

son fils, m'a avoué lui-même qu'il n'était pas mon père, mais qu'il ignorait tout de mes origines. Et toi, un jeune enfant perdu dans cette forêt, tu pourrais en savoir plus que cet homme qui m'a recueilli, élevé et éduqué avec tant de soin et d'affection ? Je ne croirai plus une seule de tes paroles. — Tu es entêté, répondit l'enfant, si entêté que tu es incapable de discerner la vérité qui t'aveugle ! Si je t'ai menti en quoi que ce soit, considère-toi comme quitte de la promesse que tu m'as faite tout à l'heure en acceptant de me donner ce que je te demanderai. D'ailleurs, je ne t'ai pas parlé ainsi pour me moquer de toi, ou parce que je suis animé d'une haine quelconque. C'est par amour pour toi que je t'ai dit ces choses que tu n'acceptes pas. Mais fais bien attention : je t'ai également révélé un secret, une chose que tu ne peux nier, un secret que je ne révélerai jamais à quiconque, que je cacherai soigneusement comme tu le fais de ton côté. Je veux parler du péché que tu as commis avec ta sœur lorsque tu l'as connue charnellement. Mais, je te l'affirme, ce secret, je le garderai, moins pour l'amour de toi que pour l'amour de ton père, car nous nous sommes beaucoup aimés et nous avons beaucoup fait l'un pour l'autre. — Parles-tu sérieusement ? dit Arthur. — Oui, le plus sérieusement du monde, répondit l'enfant. — Alors, reprit Arthur, par Dieu tout-puissant, je ne peux ajouter plus longtemps foi en tes paroles, car tu n'es pas d'âge à avoir connu Uther Pendragon, et il va de soi que vous n'avez rien pu faire l'un pour l'autre. Je te demande donc de cesser de m'agacer avec tes inventions diaboliques et de me laisser seul, car je ne peux supporter de rester plus longtemps en compagnie de quelqu'un qui veut me faire croire des mensonges aussi absurdes ! »

L'enfant parut soudain très en colère et, sans ajouter une parole, il s'enfonça dans le bois. Mais il ne fut pas plus tôt à l'abri des regards du roi qu'il changea son aspect et prit celui d'un vieillard de quatre-vingt-dix ans, quasi

LE CYCLE DU GRAAL

impotent et habillé de gris. Car c'était Merlin qui avait ainsi entretenu Arthur et lui avait dévoilé le secret de ses origines. Et ainsi transformé, il revint devant le roi sous cette apparence respectable. « Seigneur chevalier, lui dit-il sans faire semblant de le connaître, que Dieu te protège et te tire d'embarras, car tu me parais agité de bien des soucis ! — Puisse-t-il en être ainsi, noble vieillard, répondit le roi, car j'en aurais bien besoin, dans la situation où je me trouve. Mais viens donc t'asseoir auprès de moi jusqu'à ce que mon écuyer et mes gens me rejoignent. »

Merlin s'assit auprès d'Arthur. La conversation s'engagea et le roi découvrit avec une très vive satisfaction la sagesse dont son nouveau compagnon faisait preuve dans bien des domaines. Et Merlin lui demanda pourquoi il paraissait si préoccupé lorsqu'il était arrivé. « Noble vieillard, répondit Arthur, jamais homme de mon âge n'a vu ou entendu, en songe ou éveillé, autant de choses étranges que celles que j'ai vues ou entendues cette nuit. Et le plus extraordinaire est qu'un petit garçon est venu tout à l'heure me révéler des secrets que personne au monde, me semble-t-il, n'aurait pu savoir, à part moi-même ! » Merlin fit semblant de réfléchir, puis il dit : « Seigneur, il ne faut pas t'étonner de ce qui t'arrive, car il n'est secret si bien gardé qui ne soit découvert un jour ou l'autre. Même si la chose avait été faite sous la terre, on finirait bien par l'apprendre sur la terre. Ne sois donc pas aussi soucieux, aussi préoccupé, et dis-moi ce qui t'afflige ainsi : je te conseillerai si bien que tu tireras au clair tout ce qui te tourmente. » Le roi, qui commençait à estimer, à cause de sa mine et de ses paroles, que le vieillard était plein de sagesse, décida de lui apprendre une partie de ses préoccupations. Il lui raconta donc son rêve de la nuit précédente.

« Seigneur, lui répondit Merlin après lui avoir laissé dire tout ce qu'il voulait, je veux bien t'aider à propos de ce songe autant que je le pourrai, mais sans que cela

LES CHEVALIERS DE LA TABLE RONDE

puisse me nuire. Apprends donc la signification de ce que tu as vu et entendu pendant ton sommeil : tu seras plongé dans la douleur et mené à ta perte par un chevalier qui est déjà conçu mais qui n'est pas encore né. A cause de lui, ce royaume sera dévasté et entièrement détruit. Tous les nobles, tous les preux guerriers de ce pays seront massacrés les uns après les autres. Car c'est lui, ce dragon que tu as vu dans ton rêve, ce dragon qui te poursuit, que tu parviens à tuer mais qui te blesse mortellement. — Hélas ! dit le roi. N'y a-t-il pas un moyen d'écarter ce monstre ? — Non, répondit le vieillard. — Pourtant, reprit le roi, ce serait un acte de charité que cette malheureuse créature, qui n'est même pas encore née, soit détruite dès maintenant ou dès sa naissance, plutôt que de causer de tels malheurs. Or, tu m'en as tant dit à ce propos que tu ne peux ignorer quand elle naîtra et de qui elle naîtra. Je te supplie donc de me le révéler, car si Dieu veut que j'apprenne la vérité sur sa naissance, je la ferai brûler dès qu'elle viendra au monde. — Non, seigneur, répondit Merlin. Jamais, s'il plaît à Dieu, je ne ferai de mal à une créature de Notre Seigneur. Celui qui tuerait cet être tant qu'il est innocent, et même s'il doit devenir un traître à la fin de sa vie, serait lui aussi un criminel, et moi, qui me sens si coupable envers Notre Seigneur, si lourd de péchés accumulés durant toute ma vie, je ne saurais commettre ce crime d'aider à tuer un enfant, une créature innocente. Il est inutile de m'en prier, je n'en ferai rien. — Tu as donc une haine profonde pour ce royaume, puisque tu veux sa perte ! s'écria le roi. Tu viens de dire, et je te crois, que le royaume de Bretagne sera dévasté et détruit par un seul chevalier. Ne vaudrait-il pas mieux que ce chevalier, responsable de cette catastrophe, soit mis à mort, et lui seul, plutôt que tant de gens périssent à cause de lui ? — Assurément, dit Merlin, il vaudrait mieux qu'il meure. — Eh bien, pourquoi refuser de me révéler de qui il naîtra ?

LE CYCLE DU GRAAL

Ainsi pourrait-on préserver le royaume de cette destruction ! — Seigneur, reprit Merlin, je pense en effet qu'il serait préférable que cet enfant meure si l'on considère le bien du royaume. Mais en admettant que le royaume puisse y gagner quelque chose, moi j'y perdrais beaucoup trop. En effet, si je te révélais le nom de cette créature, ou du moins l'heure de sa naissance et le nom de ses parents, je commettrais un crime qui me ferait perdre mon âme. Or mon âme m'est plus chère que tout ce pays. Je me tairai donc, car je choisis le salut de mon âme et non celui du royaume. » Le roi se faisait suppliant : « Tu pourrais au moins me dire quand et où il naîtra ! »

Merlin se mit à rire et dit : « Tu penses le retrouver de cette façon, mais tu te trompes. Dieu en a décidé autrement. — J'y arriverai pourtant ! Si je connais le temps et le lieu de sa naissance, je saurai l'empêcher de détruire ce royaume. — Eh bien, dit Merlin, puisque tu le veux, je vais te le dire, mais cela ne te servira à rien. Cet enfant naîtra le premier jour qui suivra la prochaine lune nouvelle, et cela dans ton royaume, et non loin de toi. — Je te remercie, dit le roi, et je ne t'en demanderai pas davantage à son sujet. Il y a pourtant une autre chose qui me préoccupe : puisque tu connais l'avenir, tu dois également bien connaître ce qui s'est passé à ton époque. — Bien sûr, répondit Merlin, et je sais aussi ce que tu vas me demander ! — Comment est-ce possible ? — Tu vas bien voir si c'est vrai. Tais-toi et écoute : tu veux me demander qui était ton père, et tu crois que personne ne le sait puisque toi-même et ton père adoptif vous l'ignorez. Mais moi, je le sais, et certains autres également. Je m'engage à t'en donner la preuve et à révéler aux gens de ce royaume qui fut ton père, puisqu'ils l'ignorent et qu'ils te reprochent ta bâtardise ! »

Arthur était abasourdi par ce qu'il venait d'entendre. Il demeura un moment silencieux, puis il reprit : « Je suis très surpris de tes paroles. Tu lis dans mes pensées, et je croyais qu'une telle chose était impossible, sinon à Dieu.

LES CHEVALIERS DE LA TABLE RONDE

Qui es-tu donc, toi qui as l'aspect d'un vieillard vénérable ? Dis-moi ton nom et quel est ton pays. En outre, si tu veux bien rester avec moi, je ferai tout ce que tu me demanderas pourvu que je puisse te l'accorder. — Roi, je ne veux pas dissimuler plus longtemps avec toi. Apprends donc que je suis Merlin, ce devin dont tu as si souvent entendu parler. » A ces mots, le roi Arthur se leva et, tout joyeux, alla embrasser Merlin. « Ah ! Merlin ! s'écria-t-il, je croirai désormais tout ce que tu me diras, toi l'homme dont tous les sages de ce monde parlent avec respect. Par Dieu ! si tu veux bien me tirer d'embarras, éclaire-moi sur ce qui me préoccupe tant ! — Bien volontiers, répondit Merlin. Je te déclare donc que ton père était le roi Uther Pendragon et que ta mère est Ygerne de Tintagel, qui n'était pas encore reine lorsqu'elle te conçut. » Et il lui révéla alors par quel stratagème le roi abusa Ygerne la première nuit, et le rôle que lui-même joua dans ce stratagème.

Ensuite, Merlin lui raconta avec force détails comment il avait demandé à Uther Pendragon l'enfant qui devait naître de cette union, comment, dès sa naissance, il l'avait emporté et confié, dans le plus grand secret, au père et à la mère de Kaï, et comment il avait assisté le roi Uther Pendragon dans ses derniers instants, lui promettant que son fils régnerait sur la Bretagne. Et surtout il expliqua à Arthur pourquoi il avait agi ainsi : il fallait que la volonté de Dieu s'accomplît de cette façon afin qu'autour d'un roi valeureux surgi de l'ombre fussent réunis les meilleurs chevaliers du monde. Enfin, il lui parla du Saint-Graal, cette coupe d'émeraude dans laquelle Joseph d'Arimathie avait recueilli le sang de Notre Seigneur Jésus-Christ, et lui annonça qu'un jour il devrait envoyer ses chevaliers à la recherche du Château Aventureux, dans les Vaux d'Avalon, où était gardée la sainte relique. Arthur écoutait Merlin avec attention, et il comprenait que tout ce qui s'était passé faisait partie

LE CYCLE DU GRAAL

d'un plan mystérieux élaboré par Dieu de toute éternité, et dont seul Merlin le Devin connaissait la substance.

« Mais, dit le roi, quelque chose me tracasse : pourquoi ai-je commis ce péché avec ma sœur ? Je sais bien maintenant, après ce que tu m'as dit, qu'il s'agit de la femme du roi Loth. Or, si j'avais eu connaissance de mes origines, rien de tout cela ne serait arrivé ! — Certes, répondit Merlin, mais, sans l'ignorance, que serait donc la liberté humaine ? — Dis-moi au moins comment je pourrai réparer cette faute que j'ai commise sans le savoir. — Tu ne le peux pas, répondit Merlin, car ce qui est fait est fait. Je ne peux rien moi-même à ce propos, sinon en respecter le secret. En revanche, je ferai en sorte de prouver, et à toi et au peuple, que tu es bien le fils d'Uther Pendragon et de la reine Ygerne. »

Sur ces entrefaites arrivèrent les gens du roi qui cherchaient leur seigneur à travers toute la forêt. Ils furent très joyeux de le retrouver. Le roi monta aussitôt sur un cheval et en fit donner un à Merlin. Tous deux se dirigèrent alors vers Kaerlion, et, chemin faisant, Merlin poursuivit sa conversation avec Arthur, lui disant comment il allait agir pour que les gens du royaume fussent certains qu'il était le fils d'Uther. « Je veux donc, dit-il, que tu ordonnes à tous tes barons d'être présents à la cour le prochain dimanche, en compagnie de leurs épouses. Tu diras également à la reine Ygerne de venir et d'amener avec elle sa fille Morgane. Lorsque Ygerne sera arrivée et que tous les grands seigneurs seront rassemblés dans ta grande salle, je ferai en sorte, avec l'aide de Dieu, qu'elle te reconnaisse pour son fils. Et quels que soient les moyens que j'emploierai dans ce but, je te demande de ne pas t'étonner et de faire exactement ce que je te demanderai. — J'ai confiance en toi, Merlin, répondit le roi. Agis comme bon te semble. »

Merlin lui dit encore : « A ton avis, roi Arthur, qui était donc cet être semblable à un garçon de quatre ans

LES CHEVALIERS DE LA TABLE RONDE

avec qui tu parlais avant que je vienne te trouver ? — Sur le moment, je ne savais que penser, répondit le roi, mais maintenant je suis bien persuadé que c'était toi, car j'ai souvent entendu dire que tu changeais d'apparence et de figure autant de fois que tu le voulais. A mon avis, ce jeune garçon et toi, vous ne faites qu'un ! — En effet, c'était bien moi, et tu as été abusé par une apparence comme le fut ta mère la nuit où tu as été conçu. Elle croyait en effet coucher avec son mari et non avec le roi Uther Pendragon. »

Ils arrivèrent ainsi à la forteresse de Kaerlion. Le roi mit pied à terre dans la grande cour, aida Merlin à descendre et l'emmena dans sa demeure, tout joyeux d'accueillir celui qui avait été le sage conseiller de son père. Il envoya aussitôt des messagers auprès de ses barons pour les convoquer au jour dit à la cour. Il prit soin également d'envoyer un homme de confiance à la reine Ygerne pour lui ordonner de venir en personne, accompagnée de sa fille Morgane. Quand Ygerne apprit la nouvelle, elle eut grand-peur que le roi voulût la dépouiller de sa terre et la déshériter. Elle demanda donc au roi Loth, à sa fille et à tous les autres membres de sa famille de venir avec elle pour la défendre, le cas échéant, contre le roi. De son côté, Merlin convoqua Urfin, qui se hâta de venir dès qu'il sut que le devin était de retour. Quand Urfin fut arrivé, Merlin l'emmena immédiatement auprès d'Antor, le père nourricier d'Arthur.

Merlin dit à Urfin : « Tu sais bien qu'Uther Pendragon m'a donné son fils pour en faire ce que je voudrais. — C'est exact, répondit Urfin, et je sais même le jour exact où il est né et où il t'a été remis. — Et toi, Antor, connais-tu l'homme qui t'a remis l'enfant que je t'ai demandé d'appeler Arthur ? » Antor regarda soigneusement Merlin, puis il dit : « C'est toi-même qui es venu apporter l'enfant dans ma demeure, je m'en souviens très bien et je peux même te préciser le jour et l'heure. » Urfin et Antor s'accordèrent parfaitement sur le jour et

LE CYCLE DU GRAAL

l'heure. Ils comprirent alors qu'Arthur était bel et bien l'enfant qu'Uther Pendragon avait donné à Merlin. Ils ajoutèrent que jamais le royaume de Bretagne ne connaîtrait joie comparable à celle des grands seigneurs lorsqu'ils apprendraient la nouvelle, car ils méprisaient et haïssaient Arthur parce qu'ils ignoraient tout de sa naissance. Enfin, Merlin demanda à Antor de venir à l'assemblée en compagnie de voisins qui pourraient servir de témoins et du prêtre qui avait baptisé l'enfant. Antor, tout heureux de la tournure que prenaient les événements, assura Merlin qu'il saurait produire des témoins convaincants. Puis Merlin prit Urfin à part et eut avec lui une longue conversation.

Enfin arriva le dimanche où Arthur avait convoqué les barons et leurs épouses. Ils étaient tous venus en grand apparat, curieux de savoir ce que le roi leur demanderait. La cour fut remplie de vaillants chevaliers, de dames et de demoiselles renommées pour leur beauté. Parmi celles-ci se trouvait la reine Ygerne qui, malgré son âge, avait conservé tous les charmes de sa jeunesse. Mais, de l'avis général, la plus belle entre toutes était incontestablement sa fille Morgane, dont la chevelure noire comme des plumes de corbeau faisait ressortir le charme indéfinissable de son visage toujours marqué par un sourire énigmatique. Et il y avait aussi sa sœur, la femme du roi Loth, mais celle-ci évitait de se trouver en présence d'Arthur.

Or, quand les tables furent dressées et que tous eurent pris place, Urfin, qu'on connaissait bien et qu'on respectait fort parce qu'il avait été le confident d'Uther Pendragon, vint devant Arthur et dit de manière à être entendu dans toute la salle : « Roi Arthur, je suis très surpris de voir que tu acceptes à ta table une dame qui a commis un crime tel qu'elle est indigne de gouverner ses États. Si l'on voulait en effet faire éclater la vérité, on s'apercevrait que cette dame est coupable de meurtre et de trahison. Et toi que l'on considère comme un homme

LES CHEVALIERS DE LA TABLE RONDE

de bien, si tu tolères à ta table une pareille criminelle, on ne peut plus voir en toi un roi épris de justice mais l'être le plus perfide qui soit ! »

Arthur fit semblant d'être irrité. Il répondit aussitôt : « Urfin, fais bien attention à ce que tu dis. Si tu ne justifies pas tes paroles, tu risques d'en supporter les conséquences. — Seigneur roi, je sais très bien ce que je dis : à ta table se trouve une femme qui ne devrait pas s'y asseoir, et qui pourtant porte de grands titres. Elle a commis en effet, de notre vivant à tous deux, le meurtre le plus affreux et la trahison la plus odieuse qui soient. Si elle voulait le nier, je serais prêt à le prouver contre les meilleurs chevaliers de cette cour, si du moins il y en avait qui aient l'audace et l'impudence de soutenir sa cause et de se battre en champ clos contre moi ! — Cela suffit ! s'écria le roi. Il te faut maintenant révéler devant nous le nom de celle contre qui tu portes une si lourde accusation ! — Assurément, dit Urfin, c'est la reine Ygerne, ici présente, et elle ne peut avoir assez d'audace pour le nier ! »

Un murmure d'étonnement se répandit dans l'assemblée. Le roi, faisant mine d'être surpris, se tourna vers Ygerne : « Dame, dit-il, tu as entendu l'accusation de ce chevalier. Réfléchis bien à ce que tu vas faire ou dire, car s'il peut prouver ce qu'il avance, je te déshériterai de toutes les terres que tu tiens en mon nom. Je ne peux agir autrement, car je serais alors déshonoré si je ne faisais pas justice. Le crime dont il t'accuse est si grave que tu devras être enfermée durant toute ta vie ou bien être enterrée vive ! »

La reine Ygerne était terrifiée, se sentant prise dans un piège d'où elle ne savait comment se tirer. Elle connaissait bien Urfin, mais elle savait aussi que celui-ci savait tous ses secrets à propos de l'enfant qu'elle avait eu d'Uther Pendragon. Elle répondit cependant avec force : « Seigneur roi, si cet homme t'avait donné son gage pour prouver cette accusation de meurtre et de trahison, je suis bien sûre qu'avec l'aide de Dieu je trouverais quelqu'un pour défendre ma cause. Car, je le jure sur ma tête, je suis innocente des crimes dont on m'accuse ! »

Urfin se précipita aussitôt et déposa son gage dans la main du roi. Et il reprit la parole, très fort, de façon à être entendu de tous : « Seigneurs du royaume de Bretagne, vous êtes tous concernés par cette affaire. Vous avez devant vous la reine Ygerne que le roi Uther Pendragon rendit enceinte la première nuit où il partagea sa couche. Et ce que vous ne savez pas, c'est que cette femme mit alors au monde un héritier mâle. Mais comme elle était plus acharnée à perdre ce royaume plutôt qu'à lui être utile, elle ne voulut pas garder cet enfant. Qu'elle l'ait tué ou qu'elle s'en soit débarrassée autrement, nul n'a pu savoir, à ma connaissance du moins, ce qu'il était devenu. Roi Arthur, cette femme n'a-t-elle pas trahi celui qu'elle avait mis au monde, dépassant ainsi en perfidie et en cruauté toutes les mères, de quelque sorte qu'elles fussent, car toutes les mères sont remplies d'amour pour leur enfant ? Et si elle persiste à nier sa trahison, je suis prêt à la prouver, mais je ne crois pas qu'il me faudra revêtir mon haubert et aller combattre son champion, car elle sait bien que je dis la vérité. »

Le roi regarda Ygerne et eut pitié d'elle, car elle faisait peine à voir. Néanmoins, il fit taire ses sentiments et, d'un ton sévère, il lui dit : « Dame, il faut répondre. Cet homme a-t-il dit la vérité ? Si c'est oui, sache que tu as bien mal agi ! » Ygerne était si confuse qu'elle ne put ouvrir la bouche. Elle savait fort bien qu'Urfin disait la vérité. Et, dans la salle, le tumulte et la confusion grandissaient. Ainsi donc, le roi Uther Pendragon avait eu un héritier mâle ! Tous les barons commentaient les paroles d'Urfin, persuadés qu'il avait raison en disant que la reine méritait la mort pour avoir agi de la sorte. Enfin, Arthur réclama le silence et, quand il l'eut obtenu, il ordonna à Ygerne de répondre à l'accusation.

La pauvre femme tremblait de peur et de honte. Que

LES CHEVALIERS DE LA TABLE RONDE

pouvait-elle répondre ? Elle était bien la première à savoir qu'Urfin avait raison. Alors, elle s'écria : « Merlin, Merlin ! maudit sois-tu, toi qui es la cause de mon malheur, toi qui as reçu cet enfant et qui en as fait ce que tu as voulu ! » Arthur fit mine d'être très surpris : « Merlin ! dit-il, qu'est-ce que Merlin a à voir dans cette affaire ? » Mais avant qu'Ygerne eût pu répondre, Merlin, sous l'aspect du vieillard vénérable qui était apparu à Arthur dans la forêt, sortit des rangs et s'approcha de la table du roi. Il se tourna vers Ygerne : « Dame, pourquoi cette malédiction contre Merlin ? Il vous a aidés et secourus, toi et Uther Pendragon qui, sans lui, ne serait jamais devenu roi ! — Certes ! répliqua Ygerne, Merlin nous a aidés, tout au moins au début, mais il nous a fait payer très cher les services qu'il nous a rendus ! C'est lui qui nous a pris le premier enfant que Dieu nous a donné sans que je puisse savoir ce qu'il en a fait. Il a bien prouvé alors sa nature diabolique, car il a refusé d'attendre, pour l'emporter, qu'il soit baptisé, ne voulant pas que Dieu eût sa part dans cette créature ! — Dame, reprit Merlin, je pourrais, sur ce point, si je le voulais, me montrer plus véridique que toi ! — C'est impossible ! Nul mieux que moi ne pourrait savoir la vérité ! — C'est ce que nous verrons », répondit Merlin. Puis, se tournant vers le roi : « Seigneur, dit-il, si tu veux que je raconte devant tout le monde pourquoi Merlin a emporté cet enfant, oblige la reine à jurer sur les saintes reliques qu'elle ne me démentira pas si je dis la vérité. »

Arthur ordonna qu'on apportât immédiatement les reliquaires. La reine se leva de table et dit à Merlin : « Je prêterai ce serment, mais avec une condition, vieillard, que tu me révèles ton nom ! » Puis elle jura sur les saintes reliques de ne pas démentir les paroles que le vieillard allait prononcer si elles correspondaient à la vérité. Le roi la reconduisit à sa place et dit au vieillard : « A présent, tiens ta promesse. — Bien volontiers », répondit celui-ci. Mais, à ce moment, Ygerne se releva et

61

LE CYCLE DU GRAAL

se précipita vers lui en criant : « D'abord, ton nom ! »
Alors, sous les yeux stupéfaits de tous les assistants,
Merlin reprit la forme sous laquelle tous les gens du
royaume le connaissaient. Il se mit à rire et dit : « Dame,
si tu ignores mon nom, je te le dirai, mais je pense que tu
m'as déjà vu et que tous ceux qui sont ici savent qui je
suis. » La reine le regarda. Elle le reconnaissait bien, et
elle lui répondit : « Je vois bien, Merlin, que tu veux me
faire passer pour coupable, et cela au mépris de toute
justice, car pour ce qui est de l'enfant, je n'ai agi que sur
l'ordre de mon seigneur le roi. C'est donc à toi, Merlin,
de me rendre l'enfant que tu m'as pris. Sinon, tu mourras, car, je le jure sur ma tête, c'est à toi qu'il a été
confié, je le sais bien. Et si tu nies cette évidence, je te
ferai mettre à mort et tous tes sortilèges ne sauront te
préserver du sort qui t'attend ! »

Le roi intervint et s'adressa aux assistants : « Seigneurs
barons, dit-il, je voudrais savoir de vous si cet homme
qui est là est vraiment Merlin, le conseiller du roi Uther,
le sage devin dont j'ai tant entendu parler. » Les barons,
qui avaient vu bien souvent Merlin, et qui l'avaient
reconnu, ignorant qu'Arthur le connaissait, s'écrièrent
tous d'une seule voix : « Oui, roi Arthur, c'est bien Merlin, le devin ! » Alors Arthur dit à Merlin : « C'est à ton
tour de répondre à l'accusation de la reine Ygerne. Tu
dois te justifier. Et si tu es coupable, tout devin que tu
es, tu seras châtié comme il se doit. »

Merlin se mit de nouveau à rire, puis il dit : « Seigneur roi, bien volontiers, et sache que je ne mentirai
pas. Il est vrai que cet enfant dont on parle me fut donné
dès sa conception. Ainsi en avait décidé son père, le roi
Uther Pendragon, que ce soit un garçon ou une fille.
Mais moi, je savais que ce serait un garçon. Quand il
naquit, selon la volonté de Dieu, les parents tinrent leur
promesse, même si cela leur déchirait le cœur, et ils me le
donnèrent. Je l'ai donc emporté avec moi et je l'ai mis

LES CHEVALIERS DE LA TABLE RONDE

en sûreté, le confiant à des gens que je savais honnêtes et dévoués, et ce sont ces gens qui l'ont élevé avec encore plus de tendresse que leur propre enfant, nombreux sont ceux qui peuvent en témoigner. »

Merlin se dirigea alors vers la place où se tenait Antor et dit à celui-ci : « Antor, je te réclame celui que je t'ai confié, cet enfant que tu as élevé sans même savoir que c'était le fils d'Uther Pendragon. Cet enfant, on me le réclame aujourd'hui en m'accusant de l'avoir fait disparaître. Rends-le-moi. » Antor, très ému, se leva et s'en alla près du roi. Après avoir beaucoup hésité, il prit Arthur par le bras et dit : « Merlin, voici celui que tu m'as confié un soir, et que j'ai élevé comme s'il était mon propre fils ! L'ai-je bien gardé ? — Si c'est bien l'enfant que je t'ai confié, on ne peut, semble-t-il, rien te reprocher, dit Merlin. Mais tu conviendras qu'avant de te croire, j'ai encore besoin d'autres preuves. — Je le prouverai par le témoignage de mes voisins. Ils savent bien quel jour l'enfant m'a été remis, eux qui, depuis ce temps-là, ont toujours vécu auprès de lui. » Antor fit alors venir ses voisins qui, sans plus de façons, se portèrent garants de ses paroles. « Très bien, dit Merlin. Encore faut-il que vous précisiez tous quel jour et à quelle heure l'enfant lui fut remis. — Nous le savons », dirent-ils tous ensemble. Ils révélèrent alors le jour et l'heure où ils avaient vu et entendu un homme remettre à Antor un nouveau-né enveloppé de langes. Et Urfin vint témoigner que cela correspondait étroitement à la date à laquelle l'enfant d'Uther et d'Ygerne avait été remis, par une servante, à la porte de la forteresse de Tintagel, à un homme qui s'était éloigné ensuite sur son cheval au galop. Et il vint également un prêtre qui affirma qu'il avait baptisé, le matin suivant, un très jeune enfant du nom d'Arthur. Merlin se tourna vers les barons : « Seigneurs, demanda-t-il, puis-je me considérer comme innocenté par ces témoignages ? — Oui, Merlin, car nous savons que ce sont d'honnêtes gens. »

LE CYCLE DU GRAAL

Merlin regarda l'assistance avec intensité. Dans ses yeux brillait une lueur étrange qui semblait venir d'ailleurs. Il dit d'une voix ferme : « Dans ces conditions, je me tiens quitte des accusations portées contre moi aujourd'hui devant vous. » Et il se tourna vers la reine Ygerne : « Dame, dit-il, tu m'as réclamé ton enfant, celui qui m'a été donné avec l'accord du roi Uther. Je vais te le rendre, bien différent cependant de ce nouveau-né que tu as remis en pleurant à ta servante. » Et Merlin prit Arthur par le bras, le fit lever et le conduisit devant la reine Ygerne. Alors il parla ainsi : « Arthur, ton père t'a donné à moi en échange des services que je lui ai rendus. En toute justice, je pourrais encore dire aujourd'hui que tu m'appartiens, car le serment qui me lie à toi est valable pour l'éternité. Ton père t'a donné à moi sans condition et je suis le seul responsable de ta vie. Mais je veux ici déclarer devant tous les seigneurs de ce royaume, sur ma vie et sur tout ce que Dieu m'a donné, que tu es le fils d'Ygerne, et que le roi Uther t'engendra la première nuit qu'il s'unit à elle. Il convient donc que je te redonne à ta mère et que vous vous retrouviez tous deux comme mère et fils. Et vous, seigneurs du royaume de Bretagne, je vous demande de ne plus mépriser votre roi parce que vous ignorez de quelle famille il est issu. C'est Dieu qui l'a choisi. C'est moi qui vous le dis, moi qui suis Merlin, le devin, celui qui connaît les secrets les plus obscurs. Vous le savez, et vous devez faire ce que je vous dirai. Je vous ordonne, au nom de Notre Seigneur, de le considérer comme votre seigneur légitime, de le servir avec amour pour la plus grande gloire de ce royaume. »

Et Merlin allait s'écarter, lorsque Uryen Reghed se leva et se dirigea vers lui. « Tu as bien parlé, Merlin, dit-il, mais qui nous prouve qu'Arthur est réellement le fils d'Uther Pendragon ? D'après ce que nous avons entendu, Arthur est le fils d'Ygerne, c'est incontestable. Mais si nous nous en référons au jour et à l'heure de sa naissance,

LES CHEVALIERS DE LA TABLE RONDE

puis au jour et à l'heure de sa conception, nous nous apercevons que, lors de cette conception, le duc Gorlais de Tintagel n'était pas mort et était toujours l'époux légitime d'Ygerne. Ce n'est que treize jours plus tard que le roi Uther a épousé Ygerne. C'est pourquoi nous mettons tes paroles en doute, Merlin, ainsi que les paroles de tous les témoins qui se sont présentés devant cette assemblée. » Et, tandis que les barons murmuraient, Uryen Reghed retourna à sa place, croisa les bras sur sa poitrine, et attendit la réponse de Merlin.

C'est à ce moment que surgit de l'assistance Morgane, la fille d'Ygerne. Elle était vêtue d'une longue robe blanche qui flottait autour d'elle, et ses cheveux très noirs se déroulaient sur ses épaules, tandis que son cou était entouré d'un torque d'or finement ouvragé. De son regard étrange, elle regarda dans les yeux chacun des barons qui se trouvaient là, et un silence profond s'abattit dans la salle. Elle paraissait très frêle dans cette robe d'une blancheur immaculée, mais son regard fascinait comme celui d'un serpent. Et, d'une voix très assurée, elle parla ainsi : « Seigneurs, je suis Morgane, la fille de la reine Ygerne et du duc Gorlais de Tintagel. Lorsque fut conçu mon frère Arthur, j'étais une petite fille de quatre ans. Mais je me souviens parfaitement de cette nuit-là, de cette nuit au cours de laquelle est mort mon père à cause du roi Uther et de Merlin. Je ne pouvais pas dormir et j'errais dans les couloirs de la forteresse de Tintagel. Je savais que mon père, le duc Gorlais de Tintagel, était dans son camp, face aux troupes du roi Uther, lequel l'avait trahi et avait manqué de respect à ma mère. Or, pendant que mon père se trouvait éloigné, je vis entrer dans la forteresse, en pleine nuit, trois hommes qui avaient l'apparence de Gorlais et de deux de ses chevaliers les plus intimes, Bretel et Jourdain. Ils se dirigèrent vers la demeure de ma mère, et celui qui avait la semblance de mon père pénétra dans la chambre qu'occupait ma mère. Je l'ai vu, de mes yeux vu. Et j'ai entendu les cris de ma mère quand elle a subi l'étreinte de cet homme. Mais si je vois les gens et les choses sous leur aspect normal, je possède aussi le don de double vue. L'apparence de ces trois hommes ne m'a pas trompée, et je les ai bien reconnus pour ce qu'ils étaient : celui qui avait la semblance de mon père était le roi Uther, celui qui avait la semblance de Jourdain était en réalité Urfin, et celui qui avait la semblance de Bretel était ce Merlin que vous voyez devant vous. Ainsi a été conçu mon frère Arthur, et j'en suis le témoin. Je vous le dis, même si j'en conçois amertume et chagrin. »

Quand elle eut ainsi parlé, Morgane s'écarta et se fondit dans la foule, et cela dans le plus grand silence. Merlin toisa les barons et s'adressa à eux sur un ton glacial : « Que vous avais-je dit ? » Alors, dans toute la salle, il n'y eut qu'un seul cri poussé par d'innombrables gorges : « Vive le roi Arthur ! Vive Arthur, fils d'Uther Pendragon, roi de Bretagne ! » Et Merlin, lui aussi, se retira discrètement et se fondit dans la foule qui hurlait sa joie.

Les rires et les chants résonnaient dans toute la forteresse de Kaerlion sur Wysg. Chacun fêtait le roi Arthur et se réjouissait de savoir qu'il était le fils d'Uther Pendragon. Et chacun vantait les mérites de Merlin, le devin, celui qui avait enfin montré au monde que le maître du royaume de Bretagne appartenait à une lignée royale dont on n'avait pas à rougir. Le vin, la bière et l'hydromel coulaient à flots. Les bardes contaient les exploits de ceux qui avaient lutté avec tant d'héroïsme contre les Saxons maudits. D'autres remontaient plus loin dans le temps et révélaient que les ancêtres d'Arthur étaient des dieux, les fils de la déesse Dana, qui étaient venus des îles du nord du monde, apportant la science, la sagesse, le druidisme et la magie. D'autres enfin démontraient à ceux qui voulaient les entendre que dans les tertres, dispersés aux quatre coins du royaume, des

LES CHEVALIERS DE LA TABLE RONDE

êtres féeriques surveillaient tout ce qui se passait à la surface de la terre et se tenaient prêts à intervenir chaque fois que les puissances des Ténèbres menaceraient l'équilibre du monde. Merlin allait d'une salle à l'autre, haussant les épaules quand il entendait trop de rires sans raison, éclatant de rire à chaque bêtise qu'il entendait prononcer. Il se retrouva en plein cœur de la nuit, sous les remparts, dans le vent aigre qui se levait, et il aperçut une silhouette féminine qui frémissait.

« Merci, Morgane », dit-il simplement. Elle se retourna. Ses yeux qui perçaient l'obscurité s'acharnèrent sur lui. «Pourquoi me remercier ? dit-elle. Tu m'as suffisamment appris qu'à certains moments il fallait se taire, qu'à d'autres moments il fallait dire la vérité et qu'à d'autres moments encore il fallait mentir. — Mais tu as dit la vérité, Morgane. — Certes j'ai dit la vérité parce qu'il le fallait. Mais cela me pesait terriblement, tu le sais. Peu importe, d'ailleurs, puisque tu triomphes, Merlin. — Ce n'est pas moi qui triomphe, Morgane, c'est ton frère, et c'est cela qui importe. — Oui, dit Morgane, mais pour combien de temps ? » Merlin se mit à rire et dit : « Tu sais bien que le temps n'existe pas ! - Pour nous, répondit Morgane, mais pour les autres ? »

Il demeura silencieux tandis qu'une bande de jeunes gens sortaient d'une maison en criant à tue-tête. « Ils ne savent même pas pourquoi ils se réjouissent ! dit-il enfin. Est-ce parce qu'ils ont un roi sur qui se décharger de toutes leurs angoisses ou de toutes leurs responsabilités, ou bien est-ce seulement parce qu'ils ont envie de vivre et de crier la vie ? Je t'avoue que je me pose des questions. » Ils se mirent à marcher le long des remparts. « Tu es bien de la même race que moi, Merlin, dit Morgane. Dis-moi : as-tu jamais pensé ce que serait notre fils si un jour nous avions l'intention d'en faire un ? » Merlin eut un rire strident qui se répercuta longuement dans la nuit. «Pour sûr, dit-il, ce ne pourrait être que Satan en personne ! —

LE CYCLE DU GRAAL

Oui, Merlin... Et pourtant, ce serait le moyen idéal pour leur faire entendre raison à tous ! Tu ne crois pas, Merlin ? — Tais-toi, répondit Merlin, tu as autre chose à faire. — Je le sais, dit Morgane, et il arrivera un jour où je serai seule à me débattre au milieu de cette mascarade. Car tu n'es pas invincible, Merlin, malgré ta science et tes grands airs, tu as toutes les faiblesses des hommes. Je sais que tu te laisseras prendre aux pièges qu'une femme dressera sous tes pas. Alors, oui, je serai seule pour nouer et dénouer les intrigues de ce monde. Je serai libre, enfin... — Non, Morgane, tu ne seras pas libre, car je serai quand même présent comme ton ombre à tes côtés. Tu ne ressens que haine et jalousie envers Arthur, mais assurément, je t'empêcherai de lui nuire. Et, contrairement à ce que tu penses, c'est à toi qu'il sera confié, quand les temps seront venus, afin de le protéger et de prolonger cette tentative pour laquelle nous sommes incarnés. » Par intermittence, des lueurs venaient frapper les visages de Merlin et de Morgane, mais personne ne semblait s'apercevoir de leur présence, le long des remparts, dans cette forteresse de Kaerlion sur Wysg où tout un peuple exprimait dans l'allégresse la certitude que le royaume avait enfin un roi digne de sa grandeur [1].

---

1. D'après le *Merlin* en prose, de la tradition de Robert de Boron, composé aux environs de l'an 1200. Seuls l'intervention de Morgane au cours de l'assemblée et le dialogue final entre Morgane et Merlin sont une reconstitution conjecturale d'après l'ensemble des versions de la légende. Le rôle de Morgane semble en effet avoir été singulièrement altéré, pour ne pas dire « gommé » dans la plupart des épisodes où elle apparaît. En fait, Morgane est l'image historicisée de l'antique Déesse des Commencements et il est tout à fait vraisemblable que son nom soit une transcription de celui de la Morrigu ou Morrigane de la tradition gaélique, l'une des divinités primordiales classées parmi les *Tuatha Dé Danann*, les « peuples de la déesse Dana ». Si l'on écarte trop Morgane de la trame essentielle du cycle arthurien, on risque de ne plus comprendre son comportement ambigu auprès d'Arthur et de Lancelot du Lac, et surtout, à la fin du cycle, l'épisode où elle emmène Arthur blessé dans la fabuleuse île d'Avalon dont elle est la reine. Et il faut savoir que le nom de *Morrigane* signifie « grande reine ».

CHAPITRE III

Les Incertitudes d'Arthur

Le lendemain, Arthur dit à Merlin : « Merlin, le jour approche où doit naître, d'après tout ce que tu m'as dit, l'enfant qui causera la perte de ce royaume. Maintenant, je sais qui il est, mais je ne peux rien faire directement contre lui, car alors on m'accuserait de vouloir faire disparaître mon neveu. Voici ce que j'ai décidé de faire pour préserver l'avenir : je ferai rassembler tous les enfants qui vont naître dans ce mois, je les enfermerai dans autant de tours qu'il sera nécessaire, et je les y ferai élever dans les meilleures conditions jusqu'au moment où je verrai bien ce qu'il en est. » En entendant les paroles du roi, Merlin se mit à rire et dit : « Tu perds ton temps, roi, et toutes tes précautions seront vaines. Tout se passera comme je te l'ai prédit, car c'est inscrit dans le grand livre des destinées. » Mais Arthur persista dans son projet. « C'est bien, dit Merlin, fais donc comme tu l'entends, pourvu que tu ne portes pas atteinte à la vie de ces enfants. Mais tâche de trouver une bonne justification à ce que tu ordonneras, car je n'ai nulle intention de te cautionner dans cette affaire. Et avant de prendre ta décision définitive, tu devrais t'en aller tout seul à l'aventure. J'ai ouï dire qu'il y avait, dans une forêt, à quel-

LE CYCLE DU GRAAL

ques lieues d'ici, une chapelle dédiée à saint Augustin de laquelle on ne ressort jamais sans être guéri de sa maladie ou être pardonné de ses péchés. Le tout est d'en ressortir, car l'endroit est fort dangereux. — J'irai à la chapelle que tu dis et j'en ressortirai, je te l'assure. »

Et le roi fit seller son cheval. A ceux qui voulaient l'accompagner, il dit qu'il préférait s'en aller seul et qu'il resterait probablement plusieurs jours absent. Il prit ses armes, son épée Excalibur, son bouclier Prytwen [1] et sa lance Rongomiant [2], quitta la forteresse de Kaerlion et s'engagea dans la forêt. Chevauchant à vive allure, il parvint, au début de l'après-midi, dans une des plus charmantes clairières qui fussent [3]. Une barrière en commandait l'entrée. Avant d'y pénétrer, le roi regarda sur sa droite et aperçut une jeune fille sous un arbre [4], qui tenait dans sa main les rênes de sa mule. Elle était très belle, et le roi se dirigea vers elle. « Jeune fille, dit-il, y a-t-il quelque habitation en cette clairière ? — Seigneur, répondit-elle, il n'y a pour toute demeure qu'une chapelle consacrée et un ermitage. — Est-ce la chapelle Saint-Augustin ? — Oui, certes. Mais la clairière et la

---

1. Dans la tradition galloise, Prytwen (forme blanche) est donné à la fois comme bouclier et comme navire, ce qui en fait un objet magique. Rappelons que le nom de l'épée, Excalibur, provient du gallois *Caledfwlch* (gaélique : *caladbolg*) qui signifie « violente foudre », appellation conforme aux pouvoirs magiques prêtés à cette arme.
2. C'est le nom de la lance dans la tradition galloise. On y retrouve le mot *ron*, qui signifie « lance » ; mais le second terme, qui varie selon les textes, reste obscur.
3. Décor caractéristique des récits mythologiques celtiques. La clairière isolée est le seul temple des Celtes ; c'est le *nemeton*, projection symbolique du ciel sur la terre, à la fois lieu de culte et de méditation transcendantale.
4. Image d'une prêtresse, elle-même représentation de la Divinité, qui initie et guide les héros engagés dans des aventures fantastiques. Dans les Romans de la Table Ronde, ce sont de troublantes « pucelles » qui guettent les héros au fur et à mesure qu'ils cheminent vers leur but. Dans les contes populaires oraux, il s'agit des fées — ou des vieilles femmes un peu sorcières — et même des saintes, la Vierge Marie en particulier.

LES CHEVALIERS DE LA TABLE RONDE

forêt alentour sont si dangereuses que jamais aucun chevalier n'en est revenu indemne. La chapelle, en revanche, est un endroit miraculeux que nul qui soit atteint de désespoir n'y pénètre sans y trouver secours, du moins s'il peut en ressortir vivant. Si tu veux y aller, que Dieu te protège, car tu me parais honnête et courageux, et il serait dommage qu'il t'arrivât malheur. Et je resterai ici pour savoir ce qu'il adviendra de toi. » [1]

Le roi se dirigea vers la barrière qui donnait accès à la clairière. Une fois à l'intérieur, il regarda autour de lui et aperçut, sur la droite, dans un repli de la forêt, la chapelle et, non loin, un petit ermitage. Le roi s'approcha, mit pied à terre et attacha son cheval à un arbre. Manifestement, l'ermite qui desservait la chapelle se préparait à dire la messe, et comme la porte était ouverte, il se prépara à entrer. Mais alors il sentit que quelque chose l'empêchait d'aller plus avant. Pourtant, il n'y avait personne pour lui interdire l'entrée. Le roi en éprouva un profond chagrin. Il vit une statue représentant le Christ et il s'inclina. Il regarda du côté de l'autel : l'ermite disait le *Confiteor*, et, à sa droite, Arthur aperçut un enfant d'une extraordinaire beauté : il était vêtu d'une aube et portait une couronne d'or chargée de pierres précieuses qui répandaient une vive clarté. A gauche se tenait une femme si belle que nulle autre femme n'aurait pu lui être comparée. Quand le prêtre fut monté à l'autel, la femme prit l'enfant par la main et alla s'asseoir à la droite de l'autel, sur un siège magnifiquement orné. Elle plaça l'enfant sur ses genoux et l'embrassa avec beaucoup de tendresse.

---

1. C'est donc la prêtresse-déesse qui provoque l'épreuve pour juger de la valeur du néophyte, pour mesurer en quelque sorte son degré d'initiation. L'épisode se trouve au début de l'étrange récit français de *Perlesvaux,* œuvre de propagande chrétienne à tendance théologique, sous influence des Clunisiens de l'abbaye de Glastonbury, et qui, paradoxalement, est l'un des textes qui contient le plus d'éléments païens à l'état brut, sous un vernis chrétien facilement repérable.

LE CYCLE DU GRAAL

Puis elle prononça ces paroles qui intriguèrent profondément Arthur : « Seigneur, tu es mon père, mon fils, mon époux, mon sauveur et le sauveur du monde. » Au-dessus de l'autel, il y avait un beau vitrail : tout à coup, le roi, en relevant la tête, vit une flamme traverser la verrière, plus claire qu'un rayon de soleil, qui descendit sur l'autel. Le roi était émerveillé de ce qu'il voyait et entendait. Après la lecture du saint Évangile, la femme prit l'enfant et le remit aux mains du prêtre. Arthur s'agenouilla et se mit à prier, et quand il regarda de nouveau en face de lui, il lui sembla que l'ermite tenait entre ses mains un homme dont le côté, les poignets et les chevilles étaient ensanglantés, et qui portait une couronne d'épines : c'était vraiment un homme en chair et en os [1]. Le roi le contempla longuement, mais ne sut pas ce qu'il advenait de lui, et il en éprouva une telle compassion que les larmes lui vinrent aux yeux. Pourtant, lorsqu'il jeta son regard de nouveau vers l'autel, s'attendant à voir cette même figure d'homme, il s'aperçut qu'elle avait repris l'apparence de l'enfant qu'il avait vu auparavant. Il entendit alors prononcer les paroles *Ite missa est*. L'enfant prit sa mère par la main et ils disparurent hors de la chapelle, et la flamme sembla remonter et traverser le vitrail dans l'autre sens. Le prêtre quitta alors les habits qu'il avait portés pour célébrer la messe et se dirigea vers le roi qui était toujours à l'extérieur de la chapelle. « Seigneur, dit-il, tu peux entrer maintenant. C'eût été un grand bonheur pour toi si tu avais été digne d'y pénétrer dès le commencement. »

Arthur passa alors la porte de la chapelle sans aucune difficulté. « Seigneur, reprit l'ermite, je te connais bien, comme je connaissais bien ton père, le roi Uther. Et je

---

1. Il s'agit évidemment d'une illustration parfaite de la doctrine de la présence réelle. Ce récit de *Perlesvaux* a été composé au moment où différents conciles débattaient de cette question et finirent, en 1205, par écarter la *consubstantiation* au profit de la *transsubstantiation*.

LES CHEVALIERS DE LA TABLE RONDE

peux te dire que si tu n'as pas pu entrer dans cette chapelle au moment de la messe, c'est à cause d'une faute que tu as commise. Pourtant, tu es certainement l'homme le plus apte à assumer la mission dont Dieu t'a chargé. » Le roi répondit que c'était pour expier son péché qu'il était venu en cet endroit. « Que Dieu te le permette, dit l'ermite. Mais tout ce que je peux faire pour toi, c'est de te le souhaiter, et de te recommander à Dieu. » Et sur ces mots, l'ermite s'éloigna sans que le roi pût savoir où il était allé.

Après s'être recueilli dans la chapelle, Arthur retourna vers son cheval. Il se remit en selle, pendit son bouclier à son cou et prit sa lance à la main. Il fit demi-tour, se dirigeant vers la barrière ; mais il n'avait pas franchi la distance que parcourt une flèche qu'il aperçut un chevalier qui se précipitait vers lui, monté sur un grand cheval noir, portant une lance et un bouclier de même couleur. La lance, qui était épaisse à sa pointe, semblait brûler d'un feu terrifiant, et la flamme descendait jusqu'au poing du chevalier [1]. Celui-ci pointa son arme pour en frapper le roi, mais Arthur l'évita, et il le dépassa. Faisant demi-tour, il le chargea de nouveau. Arthur se mit en garde, éperonna son cheval de toutes ses forces et frappa son adversaire. Mais celui-ci le frappa également, et le choc fut si violent que les lances plièrent sans se rompre et que les deux hommes se trouvèrent déséquilibrés et quittèrent leurs étriers. Leurs yeux étincelaient, et le roi sentait qu'il perdait du sang par la bouche et par le

---

1. Cette lance, qui fait penser à la « lance qui saigne » portée pendant l'énigmatique Cortège du Graal, n'est pas, comme de nombreux commentateurs l'ont dit, la lance du centurion Longin, mais un objet merveilleux de la mythologie celtique. C'est la « Lance d'Assal », dite « Lance de Lug », apportée en Irlande par les Tuatha Dé Danann, d'après les plus anciens récits en langue gaélique. Cette lance a la particularité d'être flamboyante, et elle ne perd son ardeur que trempée dans le sang humain. Voir J. Markale, *le Graal,* édition intégrale, Paris, Retz, 1982, pp. 200-205.

LE CYCLE DU GRAAL

nez. Ils s'écartèrent l'un de l'autre pour reprendre haleine. Le roi regardait avec étonnement la lance qui brûlait et se demandait comment elle n'avait pas été brisée par la violence du coup. Il n'était pas loin de penser qu'il avait affaire à un démon tout droit surgi de l'enfer. Mais le chevalier noir ne semblait pas avoir l'intention de s'en tenir là : il se précipita sur le roi de tout son élan. Le voyant venir, Arthur se protégea de son bouclier, craignant l'ardeur de la lance, et reçut son adversaire sur le fer de sa propre lance, le frappant en pleine poitrine si violemment qu'il le renversa sur la croupe de son cheval. Le chevalier, qui était un rude combattant, se rétablit sur ses arçons et frappa le roi juste sur la bosse de son bouclier. Le fer brûlant de la lance traversa le bois, puis le haubert, et pénétra dans le bras du roi. Sous la douleur de la blessure et de la brûlure, Arthur fut saisi d'une grande rage. Mais alors, le chevalier noir retira la lance et manifesta une grande joie quand il s'aperçut qu'il avait blessé le roi. Celui-ci, quand il regarda la lance du chevalier noir, fut extrêmement surpris de voir qu'elle ne brûlait plus.

« Seigneur, dit le chevalier noir, je te demande grâce ! Jamais ma lance n'aurait cessé de brûler si elle n'avait pas été plongée dans ton sang ! — Que Dieu me damne ! s'écria le roi. Il n'est pas question que je te fasse grâce, puisque je peux être vainqueur ! » Et, sans plus attendre, le roi piqua des deux et frappa son adversaire en pleine poitrine. Puis il retira sa lance, contempla le chevalier noir qui gisait sur le sol, mort, et, l'abandonnant au milieu de la clairière, il se dirigea vers la barrière.

A ce moment, il entendit un grand vacarme. Une troupe de cavaliers — ils étaient peut-être une vingtaine — débouchèrent de la forêt et se rassemblèrent autour du chevalier qui était étendu. Le roi atteignit la barrière, et il allait la franchir lorsque la jeune fille courut derrière lui en criant : « Seigneur ! pour l'amour de Dieu, retourne sur tes pas et apporte-moi la tête du chevalier

LES CHEVALIERS DE LA TABLE RONDE

qui gît là-bas ! » Arthur se retourna et mesura le péril qui l'attendait s'il se retrouvait au milieu des chevaliers. « Ma parole, dit-il, tu veux ma mort, jeune fille ? — Non, seigneur, répondit-elle. Mais il me serait très utile d'avoir la tête du chevalier que tu as tué. Jusqu'à présent, aucun homme ne m'a refusé ce que je lui demandais. Plaise à Dieu que tu ne sois pas le premier, car tu le regretterais ! — Mais, reprit le roi, j'ai une très grave blessure au bras qui me sert à porter mon bouclier ! — Je le sais bien, dit la jeune fille, mais c'est justement à cause de ta blessure que je te demande la tête du chevalier, car sans elle, tu ne pourrais jamais être guéri ! — C'est bien, dit Arthur, je vais y aller. »

Il regarda vers la clairière et vit que les nouveaux arrivants avaient complètement dépecé le corps du chevalier noir. C'était à qui emporterait un pied, qui un bras, qui une cuisse, qui un poing, avant de partir et de se disperser dans la forêt. Apercevant le dernier qui tenait la tête au bout de sa lance, il se lança à sa poursuite. « Seigneur, dit-il, sur ce que tu as de plus cher, je te demande de bien vouloir me donner la tête que tu emportes au bout de ta lance ! » L'autre s'arrêta et lui répondit : « Je te la donnerai bien volontiers, mais à une condition. — Laquelle ? demanda le roi. — Il faut que tu me dises qui a tué le chevalier dont j'emporte la tête. — Si tu le désires, voici : c'est le roi Arthur qui l'a tué ! — Où est donc ce roi Arthur ? — Cherche-le jusqu'à ce que tu le trouves. Je t'ai dit la vérité, maintenant donne-moi la tête. » L'autre donna la tête à Arthur et, sans plus attendre, celui-ci se dirigea vers la barrière. Il la franchit sans encombre et se trouva ainsi en dehors de la clairière.

Mais le chevalier qui lui avait donné la tête sortit un cor et se mit à en sonner. Au bruit du cor, ses compagnons qui étaient déjà dans la forêt retournèrent sur leurs pas à vive allure. Ils lui demandèrent pourquoi il avait sonné du cor. Il répondit : « C'est parce que ce che-

LE CYCLE DU GRAAL

valier vient de me dire que le roi Arthur a tué le chevalier noir. Il faut que nous nous lancions à sa poursuite.
— Imbécile! s'écria l'un des compagnons, c'est le roi Arthur lui-même qui t'a dit cela et à qui tu as donné la tête! Mais tu sais bien que nous n'avons pas le pouvoir de l'attaquer, ni lui ni quiconque, dès lors qu'il a franchi la barrière. Mais comme tu l'as laissé partir alors qu'il était tout près de nous, tu vas le payer de ta vie!» Aussitôt, ils se précipitèrent sur lui, le tuèrent et le mirent en pièces. Et chacun d'eux emporta un morceau de son corps, comme ils l'avaient fait avec le chevalier noir.

Cependant, une fois passé la barrière, le roi s'en alla vers la jeune fille qui l'attendait et lui présenta la tête de son adversaire. «Grand merci, seigneur, dit-elle. Tu peux maintenant descendre de cheval. Tu n'as rien à craindre de ce côté-ci de la barrière.» [1] Le roi mit aussitôt pied à terre. La jeune fille reprit: «Maintenant, tu vas ôter ton haubert afin que je panse la blessure que tu as reçue au bras. Il n'y a que moi qui puisse te guérir.» Le roi enleva sa cotte de mailles. Alors, la jeune fille recueillit le sang qui coulait encore de la tête du chevalier, puis en fit un pansement sur la plaie. Elle demanda ensuite au roi de remettre son haubert. «Seigneur, dit-elle encore, tu avais été blessé par ce chevalier noir, et seul le sang de celui-ci pouvait fermer ta plaie [2]. Et c'est

---

1. C'est l'indication que la barrière est la frontière entre le monde des vivants et ce que les Celtes appelaient l'Autre Monde, à la fois zone intermédiaire et séjour des dieux et des défunts, le fameux *sidh* irlandais, nom qui signifie «paix», et qui désigne le monde intérieur mystérieux des tertres mégalithiques.
2. Le thème est très archaïque, abondamment répandu dans la tradition irlandaise, mais aussi dans différentes versions de la Quête du Graal. Dans la version de la Quête dite «cistercienne», Galaad guérit le «Roi Méhaigné» en appliquant sur sa plaie le fer de la «lance qui saigne». J'ai démontré depuis longtemps qu'à l'origine (celtique et païenne) de la tradition, la Quête du «saint» Graal n'était qu'une banale histoire de vengeance par le sang, une sorte d'application de la loi du talion. Voir J. Markale, *La Femme celte,* nouvelle édition de poche, Paris, Payot, 1992, pp. 270-292.

LES CHEVALIERS DE LA TABLE RONDE

parce qu'ils savaient que tu étais blessé que ses compagnons emportaient les membres et la tête de leur compagnon : ils ne voulaient pas que tu sortisses indemne de cette aventure. Non, ne pose pas de questions. Va ton chemin, maintenant que tu as accompli l'épreuve... » Et la jeune fille disparut, laissant le roi à sa perplexité [1].

Après s'être reposé au pied d'un arbre, Arthur, qui ne sentait plus aucune douleur à son bras blessé, remonta sur son cheval et prit le chemin du retour. En arrivant à Kaerlion, la première personne qu'il rencontra fut Merlin. Celui-ci ne lui dit rien et se contenta de ricaner au passage du roi. Furieux, Arthur se précipita à son logis. On lui apprit alors que l'un des chefs bretons, du nom de Drutwas, était venu, en son absence, lui lancer un défi. Ce Drutwas, fils de Tryffyn, était le chef d'une de ces tribus du Nord qui avaient donné tant de soucis à Uther Pendragon à cause de leur indiscipline et de leur prétention à n'agir que dans leur seul intérêt, ce qui avait provoqué bien des conflits meurtriers. Or Drutwas était l'ami d'une femme qu'il avait rencontrée dans une forêt, et qui était une magicienne. Elle était tombée amoureuse de lui et lui avait donné trois oiseaux merveilleux qui avaient la particularité de comprendre le langage des humains et de faire tout ce qu'on leur ordonnait. Drutwas les avait souvent emmenés au combat et s'était servi d'eux comme de précieux auxiliaires. Il suffisait en effet qu'il leur ordonnât de se précipiter contre un ennemi pour que les oiseaux attaquassent

---

1. Le début de ce chapitre est emprunté aux premiers épisodes de *Perlesvaux*, récit français des environs de l'an 1200, publié par Nitze et Jenkins sous le titre *le Haut Livre du Graal*, Chicago, 1932-1937. La suite du récit s'apparente au *Perceval* de Chrétien de Troyes et au *Didot-Perceval* de la tradition de Robert de Boron, et concerne uniquement la quête des chevaliers d'Arthur. Des extraits de *Perlesvaux*, traduits en français moderne par Christiane Marchello-Nizia, ont été publiés dans Danielle Régnier-Bohler, *la Légende arthurienne*, Paris, Laffont, 1989.

LE CYCLE DU GRAAL

l'homme désigné jusqu'à le tuer à coups de griffes et de bec. Aussi l'orgueil de Drutwas ne connaissait-il plus de bornes. Il était venu signifier à Arthur que lui-même, bien que de basse extraction, était aussi capable d'être roi que le fils d'Uther Pendragon. Et il avait conclu son défi en fixant un lieu, un jour et une heure où Arthur et lui se rencontreraient, sans aucun témoin, pour combattre l'un contre l'autre. Si Drutwas était vainqueur, il devrait être reconnu comme roi de toute la Bretagne. Dans le cas contraire, Drutwas rendrait publiquement hommage à son vainqueur.

Arthur ne pouvait pas ne pas relever un tel défi, et il fit savoir à Drutwas qu'il se rendrait, seul, au rendez-vous fixé. Mais Drutwas, qui était plein de ruse et de perversité, avait son plan : au lieu d'aller sur le lieu de la rencontre, il avait décidé d'envoyer ses oiseaux après leur avoir ordonné de tuer le premier homme qui se présenterait. Ainsi était-il certain d'être vainqueur. Or Drutwas avait une sœur, et cette sœur était depuis fort longtemps amoureuse d'Arthur.

Dès qu'elle eut connaissance du piège qu'avait tendu Drutwas au roi, et sans aucunement dévoiler quoi que ce fût, elle envoya un messager vers Arthur pour lui fixer un rendez-vous d'amour en un autre lieu et quelques heures avant la rencontre avec Drutwas. Arthur pensait bien avoir le temps d'honorer les deux engagements. Il se rendit donc d'abord au rendez-vous de la fille, mais celle-ci sut si bien y faire qu'il resta avec elle beaucoup plus de temps que prévu. Et quand, enfin, l'honneur l'y obligeant, il parvint à l'endroit de la rencontre, ce fut pour y découvrir le corps de Drutwas atrocement déchiqueté. Car Drutwas, curieux de savourer son triomphe, était allé voir sur place comment ses oiseaux lui avaient obéi ; et ceux-ci avaient si bien suivi ses ordres qu'ils s'étaient précipités sur lui et l'avaient déchiqueté, puisqu'il était le premier homme à s'être présenté devant eux.

LES CHEVALIERS DE LA TABLE RONDE

Et, après cet événement, la renommée d'Arthur ne fit que croître [1].

Cependant, le temps approchait où allait naître l'enfant qu'Arthur avait engendré, la nuit où il avait couché avec Anna, la femme du roi Loth, sans savoir qu'elle était fille d'Ygerne, et donc sa propre sœur. Et en dépit des avertissements de Merlin, il était bien décidé à tout mettre en œuvre, sinon pour tuer l'enfant, du moins pour le mettre à l'écart. C'est pourquoi le roi fit rechercher dans tout le royaume les nouveau-nés à cette date approximative, puis ordonna de les lui amener. Les gens du royaume étaient bien loin d'imaginer ce que le roi voulait en faire : ils pensaient qu'Arthur remettait à l'honneur une vieille coutume qui consistait à faire élever les enfants nobles dans une autre famille que la leur [2] et, sans hésiter, ils confièrent leurs fils aux envoyés du roi. Et il y en eut tant que, quelques jours avant la naissance de celui qu'il redoutait si fort, Arthur avait déjà réuni dans une tour plus de cinq cent cinquante enfants dont le plus âgé n'avait pas plus de trois semaines.

Le roi Loth, qui savait que sa femme était enceinte et sur le point d'accoucher, demanda à Arthur ce qu'il entendait faire de tous ces enfants ; mais Arthur se garda bien de lui dire quoi que ce fût. Et lorsque le roi Loth apprit la naissance d'un fils, il le fit baptiser sous le nom de Mordret et dit à la reine : « Femme, j'ai l'intention d'envoyer notre fils au roi, ton frère, comme le font tous les gens du royaume. — J'y consens bien volontiers, répondit-elle, puisque tel est ton désir. » Loth ordonna alors de

---

1. Cet épisode est un conte populaire oral recueilli par le célèbre fondateur du néo-druidisme au XVIIIᵉ siècle, Edward Williams, dit Iolo Morgannwg, et contenu dans les *Iolo Manuscripts* publiés par son fils Taliesin Williams (Llandovery, 1838, p. 188). Ce n'est qu'une simple anecdote, mais elle est révélatrice du caractère archaïque de l'Arthur primitif, véritable chef de bande dont la légende a fait un roi et même un « empereur » tout-puissant.

2. Il s'agit de la coutume celtique connue sous le nom anglo-saxon de *fosterage*, et qui fut très observée en Irlande, même après la christianisation, et jusqu'à la fin du Moyen Age.

LE CYCLE DU GRAAL

coucher l'enfant dans un magnifique berceau ; mais, au moment où sa mère l'y plaçait, Mordret se heurta le front et se fit une plaie très profonde dont il conserva la marque toute sa vie. Loth, comme tous ceux qui étaient là, fut très ennuyé de cet incident, mais il ordonna que l'on mît tout de même l'enfant dans le berceau. Ensuite, il fit emmener le berceau sur un navire, avec une petite escorte de femmes dévouées et d'hommes de confiance. Il dit à ceux-ci : « Voici. Prenez la mer vers le roi Arthur et dites-lui que je lui envoie son neveu. » Ils l'assurèrent qu'ils accompliraient leur mission fidèlement et qu'ils transmettraient leur message si Dieu leur donnait d'arriver sans encombre.

Les hommes du roi Loth partirent donc de la cité d'Orcanie [1]. Le vent gonfla les voiles de leur navire qui se trouva bientôt en pleine mer, loin de tout rivage. Ils naviguèrent tout le jour et la nuit suivante. Alors, une terrible tempête s'éleva. Tous, sur le bateau, se mirent à crier : « Ha ! Jésus-Christ ! ne nous laisse pas périr ici ! Aie pitié de nous et de ce petit enfant, ce fils de roi qui n'a jamais commis un seul péché ! »

Ainsi se lamentaient-ils, implorant les saintes et les saints, multipliant les vœux et les actes de contrition. Finalement, chassé par les vents, ballotté par les flots, le navire vint heurter un rocher et se brisa aussitôt en plus de dix morceaux. Tous les passagers périrent, sauf l'enfant. Après le naufrage, son berceau continua de flotter et parvint jusqu'au rivage. Or, un pêcheur, qui était venu

---

1. Comme pour tous les lieux du cycle arthurien, la géographie et le mythe font bon ménage. Géographiquement, on peut y reconnaître Orkney, c'est-à-dire les îles Orcades, au nord de l'Écosse. Mais le royaume de Loth est souvent dit *Lothian,* avec le jeu de mots que l'on devine, qui est le comté d'Edinburgh. Mais comment ne pas penser à la divinité gallo-romaine — et romano-brittonne — *Orcus,* sorte de gardien de l'Autre Monde, devenu dans la tradition populaire le fameux « Ogre » des contes de fées. D'autre part, il ne faudrait pas oublier que, dans la tradition galloise ancienne, le roi Loth apparaît

LES CHEVALIERS DE LA TABLE RONDE

dans les parages avec sa barque, remarqua le berceau, vit qu'il y avait un enfant dedans et, très heureux de sa découverte, il recueillit le tout à son bord. Lorsqu'il aperçut les riches vêtements que portait l'enfant, vêtements entièrement faits de soie et d'autres étoffes précieuses, il comprit, avec une joie accrue, qu'il était de haute naissance. Il regagna donc bien vite le rivage, suspendit à son cou le berceau avec le nouveau-né et revint en hâte chez lui par un chemin détourné, sans être vu de personne. Il montra alors à sa femme ce que Dieu leur avait envoyé.

« Quelle heureuse aventure ! s'écria la femme. Dieu l'a voulu ainsi, j'en suis sûre, pour nous venir en aide, car, avec l'argent que nous tirerons de ce berceau, nous pourrons vivre dans l'aisance pour au moins vingt ans ! — Femme, reprit le pêcheur, cet enfant est de toute évidence issu d'une très noble famille. Il faudra donc l'élever le mieux possible, car si c'est la volonté de Dieu que ses parents le retrouvent, ils ne pourront que nous en être reconnaissants et nous y gagnerons beaucoup. Or, il est certain que ses parents remueront ciel et terre pour le retrouver. Aussi, je suis d'avis de le porter tel quel au seigneur de notre pays. S'il apprenait en effet que nous avons trouvé cet enfant et que nous ne le lui avons pas remis, il pourrait bien nous mettre à mort, nous et notre famille. »

La femme se rangea à l'opinion de son mari. Tous deux prirent donc l'enfant Mordret et le portèrent à la forteresse de celui qui régissait tout le pays. Il se nommait Nabor le Noir, et il avait été l'un des premiers à se rallier au roi Arthur quand celui-ci était rejeté par les

---

sous la forme de Llwch (ou Lloch) Llawwynnawc (= « à la main blanche »). Or *Llwch* est la transposition en moyen-gallois du gaélique *loch* qui signifie « mare », « marécage », ce qui ramène à l'idée des « Infernaux Paluds ». Mais *Llwch* et *Loch* ont été souvent confondus avec le français *Lac*, ce qui n'est pas fait pour simplifier la compréhension de toutes ces légendes. C'est dans un palais *sous un lac* que sera élevé Lancelot, par la *Dame du Lac,* et le héros arthurien Érec (Gereint) est dit « fils du roi Lac ».

LE CYCLE DU GRAAL

barons rebelles. Il avait un fils âgé de cinq semaines, qui portait le nom de Sagremor, lequel fut plus tard compagnon de la Table Ronde et que l'on appela Sagremor le Desréé, c'est-à-dire l'Impétueux. Nabor reçut l'enfant avec joie, persuadé, à voir ses riches vêtements, qu'il était issu d'une noble et puissante famille. Il récompensa si largement le pêcheur que celui-ci se tint pour très satisfait et ne regretta jamais son action. Puis Nabor fit élever l'enfant avec son fils Sagremor, se disant que si Dieu les laissait vivre jusqu'à l'âge d'être chevaliers, il les adouberait ensemble.

C'est ainsi que fut sauvé Mordret qu'Arthur cherchait tant à faire périr ou à faire disparaître. Nabor fit soigner la blessure que l'enfant portait sur le front et découvrit, grâce à une lettre déposée dans le berceau, qu'il se nommait Mordret. Mais il n'y avait aucune autre indication et rien qui pût faire découvrir quelle était sa famille.

Cependant, Arthur avait regroupé dans ses tours tous les nouveau-nés du royaume. Lorsque fut passée la date indiquée par Merlin, il finit par se décider à les faire tuer tous. Ainsi périrait nécessairement l'enfant par lequel le royaume devait être anéanti.

Mais, la nuit suivante, alors qu'il dormait, il sembla à Arthur que venait vers lui, porté par quatre bêtes qu'il ne pouvait reconnaître, l'homme le plus grand qu'il eût jamais vu. Et l'homme lui parlait ainsi : « Roi, pourquoi te proposes-tu de commettre un si grand crime, toi qui as décidé de mettre à mort des êtres saints et innocents que n'a pas encore souillés la corruption du monde ? Sans aucun doute, le Créateur du Ciel et de la Terre aurait mieux fait de ne pas t'accorder la grâce dont il t'a comblé, toi qu'il a chargé d'être le guide de ce peuple ! Car tu es devenu un criminel et un impie ! Que t'ont donc fait ces créatures que tu veux mettre à mort ? Sache toutefois que si tu persistes dans ton projet, le Tout-Puissant, qui t'a accordé le pouvoir dont tu es le dépositaire, tirera de

LES CHEVALIERS DE LA TABLE RONDE

toi une vengeance si éclatante que toutes les générations futures en parleront pendant des siècles ! »

Le roi se sentait bien mal en entendant ce discours. Il se voyait regarder l'homme gigantesque, se demandant ce qui allait lui arriver. Mais l'homme continua ainsi : « Je vais te dire ce qu'il faut faire pour éviter de perdre ton âme dans une action infâme. Tu feras mettre les enfants dans un navire. Ce navire sera sans pilote, mais il aura des voiles. Ensuite, tu feras prendre le large au navire, et le vent l'emmènera où il voudra. Si les enfants parviennent à échapper aux périls qui les menacent, ce sera la preuve que Notre Seigneur les aime et qu'Il s'oppose à ce qu'ils soient mis à mort. Et cette preuve doit te suffire, à moins que tu ne sois le plus grand criminel du monde ! » Le roi s'entendit répondre : « Assurément, j'agirai ainsi, car c'est une excellente manière de me venger. — Qui te parle de vengeance ? s'écria l'homme gigantesque. De quoi veux-tu te venger ? C'est pour expier ta faute que tu veux la laver dans le sang des innocents ? Ces enfants ne t'ont rien fait de mal, ni à toi ni à autrui ! C'est seulement le moyen de te laisser faire ce que tu veux, autrement dit écarter des enfants parmi lesquels tu crois que se trouve celui qui s'opposera à toi dans les derniers jours de ton règne. Tu penses ainsi empêcher la destruction de ton royaume ? Mais c'est impossible, et cette destruction se produira comme te l'a affirmé le fils du diable ! »

Arthur se réveilla alors en sursaut, couvert de sueur, persuadé d'avoir devant lui l'homme gigantesque qui lui avait parlé. Il comprit qu'il venait de rêver ; mais les images et les paroles qu'il avait vues et entendues provoquaient une grande angoisse dans son esprit. Il se signa et se recommanda à Dieu. Puis, le matin, il fit équiper un grand navire sans expliquer ce qu'il comptait en faire. Et, à la tombée de la nuit, il donna l'ordre de prendre tous les enfants qui étaient enfermés dans ses tours — ils

étaient sept cent douze — et de les placer dans le navire.
Enfin, il fit hisser les voiles, et aussitôt le vent emporta le
navire en haute mer.

Or, après avoir erré toute la nuit, le navire se trouva,
le lendemain matin, en face d'une forteresse qui appartenait à un roi qui était resté longtemps païen, mais qui,
devenu chrétien, manifestait un grand amour pour Notre
Seigneur. Sa femme venait de lui donner un fils qu'il
avait appelé Acanor, mais qui, par la suite, quand il
devint compagnon de la Table Ronde, reçut le nom de
Laid Hardi à cause de sa laideur, de son teint basané et
de son courage à toute épreuve. Et le matin où le navire
qui portait les enfants parut devant sa forteresse, le roi,
qu'on nommait Oriant, venait de sortir pour se promener sur le port en compagnie de quelques-uns de ses serviteurs. Quand il vit le navire, il dit à ceux qui l'entouraient : « Allons voir ce qu'il y a dans ce navire qui
semble venir de très loin. »

Tous se hâtèrent en direction du navire qui venait de
s'échouer dans le port. Ils montèrent à bord et se signè-
rent quand ils découvrirent qu'il n'y avait que des
enfants. « Qu'est-ce que cela peut bien signifier ? disait le
roi Oriant. Qui donc a bien pu en réunir un si grand
nombre et les envoyer ainsi sur ce navire sans pilote ? »
Alors l'un de ses familiers prit la parole et dit : « Je crois
comprendre. Je me suis trouvé, il y a peu de temps, dans
le royaume du roi Arthur, et j'ai vu, avant d'en repartir,
que le roi faisait rassembler tous les enfants du royaume
dès le jour de leur naissance, et qu'il les enfermait dans
des tours. Mais personne ne savait pourquoi il agissait
ainsi. Je pense que les seigneurs de Bretagne les lui ont
ainsi livrés parce que, peut-être, ces enfants devaient
causer quelque catastrophe. Et c'est pour ne pas les voir
mourir sous ses yeux que le roi a dû ordonner de les
placer dans un navire sans pilote. Ainsi s'en remettait-il
à Notre Seigneur. Mais, de toute façon, le roi devait vou-

LES CHEVALIERS DE LA TABLE RONDE

loir qu'ils périssent pour les avoir ainsi envoyés en pleine mer, sans le secours d'aucun pilote ! — Ce que tu dis me paraît juste et avisé, répondit le roi Oriant. Voyons donc ce que nous pouvons faire de ces enfants. Puisque Dieu nous les a envoyés, c'est à nous de les prendre en charge. Mais il faut que nous soyons très prudents, car si le roi Arthur apprenait qu'ils sont ici, il pourrait fort bien s'en irriter et nous chercher querelle. — C'est simple, reprit celui qui avait parlé avec sagesse. Voici ce que tu peux faire : donne un équipage à ce navire et fais conduire les enfants dans un lieu où personne ne pourra les trouver, le roi Arthur pas plus que quiconque, dans une île, par exemple. Ainsi, le roi Arthur n'en entendra jamais plus parler, mais les enfants seront sauvés. »

Ainsi fit le roi Oriant. Il envoya les enfants dans l'une de ses demeures qui se trouvait dans une île, avec autant de nourrices qu'il en fallait, et des hommes de confiance pour veiller sur leur sécurité. Puis il leur fit construire une magnifique forteresse qu'on appelle depuis le Château des Jeunes.

Mais quand les barons de Bretagne apprirent ce que le roi avait fait de leurs enfants, ils entrèrent dans une violente colère, puis tombèrent dans un profond accablement. Ils firent chercher Merlin et, quand le devin fut parmi eux, ils lui dirent : « Merlin, que devons-nous faire devant un tel crime ? Jamais aucun roi de ce monde n'en a commis de pareil ! — Seigneurs, répondit Merlin, ne vous emportez pas ainsi et quittez votre chagrin ! Le roi a agi de la sorte pour le bien commun et pour sauver le royaume. Sachez en effet qu'est né en ce mois, dans ce pays même, un enfant dont les agissements et les intrigues provoqueront la destruction du royaume et la mort de tous ceux qui le défendront. Ce royaume restera donc orphelin et privé de tout bon roi et de tout bon baron. C'est parce qu'il a voulu éviter que cette catastrophe ne se produisît de son vivant que le roi a agi ainsi avec les enfants. — Mais,

LE CYCLE DU GRAAL

dirent encore les barons, peux-tu nous dire ce qu'il est advenu de nos enfants ? — Assurément, répondit Merlin. Je peux vous affirmer que tous vos enfants sont sains et saufs et qu'ils ont tous échappé à la mort, car Notre Seigneur ne voulait pas qu'ils périssent. Ils sont actuellement en grande sûreté et je sais que vous les reverrez avant dix ans, en parfaite santé et prêts à servir notre royaume. » Réconfortés par ce que leur disait Merlin, les barons s'apaisèrent, car ils ajoutaient entièrement foi aux paroles du devin. Ils déclarèrent alors qu'ils pardonnaient au roi et qu'ils ne lui tiendraient plus rigueur de leur avoir enlevé leurs enfants. C'est ainsi que Merlin réconcilia le roi Arthur et ses barons, sans quoi il y aurait eu de grands troubles dans le royaume [1].

Car Arthur, tout roi consacré et reconnu qu'il était, avait bien du mal à maintenir l'harmonie entre les hommes qui l'entouraient. C'étaient certes de bons chevaliers, de braves guerriers, mais leur fougue et leur susceptibilité étaient parfois la cause de bien des querelles, certaines d'entre elles se terminant tragiquement. C'est ainsi qu'un homme du nom de Ligessoc, qui s'était souvent distingué dans les combats par son courage et son habileté, avait eu une violente dispute avec un des familiers du roi et l'avait tué. Furieux, Arthur voulait qu'on fît justice du meurtrier. Mais Ligessoc s'était enfui et était allé chercher refuge au monastère de Llancarfan, dont l'abbé était alors le sage Cadoc, un homme d'une grande bonté et qui savait défendre les prérogatives des clercs face aux prétentions des barons. Cadoc, au nom du droit d'asile, donna la permission à Ligessoc de s'établir dans le monastère pour une durée de sept ans. Arthur en fut averti, mais, tout assoiffé de vengeance qu'il était, il ne pouvait rien faire : s'il s'était emparé de Ligessoc par la

---

1. D'après le *Merlin* de la tradition de Robert de Boron.

force, il aurait commis un sacrilège, puisque celui qu'il poursuivait se trouvait dans un endroit sacré.

Alors le roi prit avec lui quelques-uns de ses chevaliers et, remontant le long du fleuve Wysg, il s'approcha de Llancarfan. Là, il envoya des messagers vers Cadoc pour demander à celui-ci de venir lui parler. Cadoc, accompagné de ses moines, se rendit à cette entrevue, mais sur l'autre rive du fleuve, où il demeura prudemment, car il n'avait aucune confiance en Arthur. Le roi lui demanda de lui livrer Ligessoc, ou du moins, puisque Cadoc paraissait cautionner le fugitif, de lui fournir lui-même une compensation pour la perte du serviteur que Ligessoc avait tué.

Cadoc lui répondit : « Il m'est impossible de te remettre Ligessoc, car il s'est placé sous la protection de Notre Seigneur, et je l'ai autorisé à demeurer dans le monastère pour une durée de sept ans. Je serais un parjure si je revenais sur une telle décision. — Eh bien, dit Arthur, donne-moi au moins une compensation. » Le moine dit alors : « Je suis prêt à te donner cette compensation. Que réclames-tu ? » Arthur réfléchit un moment, puis il s'écria qu'il voulait un troupeau de vaches. Mais il exigeait que ces vaches fussent à moitié rousses et à moitié blanches. « Tu les auras bientôt », répondit Cadoc.

Il se retira avec ses moines. Quelque temps après, il revint, poussant devant lui un magnifique troupeau de vaches telles qu'Arthur les avait réclamées, à moitié rousses et à moitié blanches. Arthur se dit qu'il n'y perdait pas au change, car ce troupeau valait une belle fortune. Les moines poussèrent les vaches sur le gué. Les compagnons d'Arthur se hâtèrent pour en prendre possession : ils s'avancèrent dans l'eau à la rencontre du troupeau, mais lorsqu'ils voulurent se saisir des bêtes, ils n'eurent plus entre leurs mains que des touffes de fougères. Arthur entra dans une grande colère et invectiva Cadoc : « Tu m'as trompé ! cria-t-il à l'intention de

LE CYCLE DU GRAAL

Cadoc. — Pas du tout, répliqua l'abbé. Tu m'as demandé un troupeau de vaches à moitié rousses et à moitié blanches : je te l'ai amené, comme chacun peut ici en témoigner. Ce n'est pas ma faute si tes hommes, par je ne sais quelle magie, ont transformé tes vaches en touffes de fougères. » Et Cadoc se retira dignement avec ses moines. Arthur, de plus en plus furieux, était prêt à franchir le gué, mais Merlin, qui s'était approché, et qui riait de tout son cœur de cette aventure, lui dit : « Arthur ! tu as la fougue de la jeunesse, et c'est très bien ! Mais il n'est pas bon de se laisser aller à la colère sans reconnaître ses torts ! Cadoc a voulu te donner une leçon : il t'a signifié que le pouvoir du roi s'arrêtait à la porte de la maison de Dieu. Je souhaite que tu t'en souviennes tant que tu seras le souverain maître de ce royaume. Et la seule chose que tu puisses faire à présent, c'est d'accepter les limites de ton pouvoir. » La voix de Merlin était pressante, impérative, et Arthur comprit bien que le devin, qu'on disait pourtant fils du diable, ne supporterait pas qu'on pût nier la compassion divine à l'égard d'un pécheur quel qu'il fût. Il se calma instantanément, et il envoya même un messager pour dire à Cadoc qu'il confirmait que Ligessoc serait en sécurité dans le monastère de Llancarfan pour une durée de sept ans et sept jours [1].

Cependant Arthur avait bien d'autres préoccupations. Peu de temps auparavant, l'un de ses compagnons, Gweir, fils de Gweiryoedd, avait été envoyé en mission en Irlande pour assurer les rois de cette île des bonnes

---

1. D'après la *Vita Cadoci,* texte latin du XIIe siècle. D'une façon générale, les documents monastiques et hagiographiques ne sont guère tendres envers l'Arthur historique, accusé, à tort ou à raison, d'en prendre à son aise avec les franchises ecclésiastiques et de piller sans scrupule les abbayes. On remarquera aussi la réputation des moines de se livrer à la magie — même blanche ! —, ce qui prouve que, dans l'esprit du temps, ils étaient considérés comme les héritiers directs des druides.

LES CHEVALIERS DE LA TABLE RONDE

intentions d'Arthur à leur égard. Or Gweir, pendant son voyage vers l'Irlande, s'était arrêté dans une île sur laquelle on racontait bien des choses incroyables, en particulier à propos d'un chaudron qui cuisait une nourriture inépuisable. Or Gweir n'était pas revenu, et Arthur décida qu'il irait lui-même à sa recherche. Aussi embarqua-t-il ses hommes sur son navire, et, quelques jours plus tard, ils abordèrent tous dans une île perdue en pleine mer. Sur cette île se dressait une forteresse d'aspect redoutable et dont les quatre côtés semblaient défier les horizons. Aussi l'appelait-on Kaer Pedryfan, c'est-à-dire la « Cité quadrangulaire ». Mais d'autres disent qu'elle se nommait Kaer Sidhi, la « Cité de la Paix ».

Arthur et ses hommes eurent beaucoup de mal à franchir les murailles de cette forteresse. Mais, quand ils furent à l'intérieur, ils découvrirent le malheureux Gweir, qui était enchaîné dans une sombre prison et qui gémissait tristement sur son sort. Jamais personne n'avait pu pénétrer, avant lui, dans cette étrange cité dont le maître était un certain Penn Annwfn, que certains appelaient aussi Diwrnach le Gaël, et d'autres Pwyll, l'époux de la cavalière Rhiannon, qui rôdait parfois la nuit dans toute l'île de Bretagne pour attirer ceux qui ne dormaient pas dans une chasse fantastique. Ce Penn Annwfn possédait en effet un chaudron extraordinaire qui avait cette vertu : lorsqu'on se penchait sur lui et qu'on en respirait les vapeurs qui en émanaient, on connaissait toutes les choses secrètes et cachées. Le barde Taliesin, qui accompagnait Arthur dans cette expédition, en fit l'expérience, après quoi il se mit à chanter d'étranges complaintes sur la création du monde, sur la puissance des arbres et des végétaux, sur la position des étoiles dans le firmament. Ce chaudron avait aussi une autre vertu, non moins extraordinaire : il pouvait rassasier de nombreuses compagnies sans qu'on y remît quelque chose à bouillir, car son contenu était inépuisable.

LE CYCLE DU GRAAL

Mais si un homme lâche essayait d'y puiser une part de nourriture, si minime fût-elle, il n'y trouvait rien d'autre que du vide et sa faim demeurait insatisfaite.

Ce chaudron était gardé et surveillé en permanence par neuf jeunes filles d'une grande beauté : elles avaient pour fonction de ne jamais laisser s'éteindre le feu qui brûlait au-dessous. Elles étaient neuf sœurs. On ne savait pas qui elles étaient, ni d'où elles venaient, mais il y avait dans cette forteresse une femme qui les surpassait en beauté et en sagesse et qui était leur maîtresse toute-puissante : on lui donnait le nom de Modron. Elle connaissait la plupart des secrets de la nature et savait parfaitement transformer son propre aspect et celui des êtres et des choses. On prétendait même qu'elle avait le pouvoir de se transformer en oiseau et de parcourir le monde pour y pénétrer les cœurs et les consciences.

Ayant donc réussi à pénétrer dans la forteresse et à délivrer le malheureux Gweir, Arthur et ses compagnons se trouvèrent alors en présence de Penn Annwfn. Celui-ci, reconnaissant la hardiesse et la valeur des survenants, se mit en devoir de les accueillir du mieux qu'il le pût. Il leur fit servir un festin magnifique au cours duquel on leur donna à boire un vin brillant contenu dans un vase que portait une jeune fille magnifique au milieu d'un étrange cortège dont tous les participants étaient revêtus de soieries multicolores de très grand prix [1]. Mais lorsqu'ils eurent suffisamment mangé et bu, Arthur demanda à son hôte de bien vouloir lui céder, moyennant des compensations, le chaudron merveilleux qui excitait tant sa convoitise [2]. Mais Penn Annwfn refusa tout net, disant

---

1. Ce récit, qu'on peut faire remonter au IXe siècle, préfigure évidemment le « Cortège du Graal », tel qu'il est présenté par Chrétien de Troyes au XIIe siècle.
2. Ce thème du chaudron magique, l'un des archétypes du Graal, est le même que celui du Chaudron de Brân le Béni. Voir le chapitre IX (« le Temps des Merveilles ») de la première époque, *la Naissance du roi Arthur*.

LES CHEVALIERS DE LA TABLE RONDE

qu'il ne pouvait pas se défaire de ce chaudron sans l'avis ou l'invitation d'Odgar, le roi d'Irlande, son ami et son allié. Sur ce refus, Bedwyr se leva et, sans dire un mot, se saisit du chaudron et le mit sur les épaules d'Hygwydd, serviteur d'Arthur, dont la fonction était de porter le chaudron du roi et d'allumer le feu dessous pour rassasier les hôtes qui se présentaient à la cour.

Ce geste provoqua une bataille impitoyable entre les gens d'Arthur et ceux de Penn Annwfn. Celui-ci fut tué, et tous ses serviteurs avec lui, mais Modron et les neuf filles qui gardaient le chaudron furent épargnées. C'est alors que débarquèrent les gens d'Irlande, sous la conduite de leur roi Odgar, qui était l'allié de Penn Annwfn, et qui venait le venger. Ils envahirent l'île et combattirent durement les hommes d'Arthur. Ceux-ci se trouvèrent en très mauvaise posture, car ils étaient bien inférieurs en nombre. Arthur avait beau se défendre avec Excalibur, il voyait ses compagnons succomber autour de lui. Tous avaient péri, sauf sept, et c'est Modron qui leur indiqua le moyen de s'enfuir par un passage secret, ce qui leur permit de regagner leur navire. Mais en compensation, Modron demanda à Arthur qu'il s'engageât à délivrer son fils Mabon, qui lui avait été enlevé la troisième nuit de sa naissance. Personne ne savait par qui il avait été enlevé, ni où il se trouvait. Néanmoins, Arthur fit le serment que, quoi qu'il pût arriver et quand le moment serait venu, il ferait en sorte de délivrer Mabon de sa prison.

C'est ainsi qu'Arthur et les siens purent échapper au massacre. Mais alors qu'ils étaient venus très nombreux sur le navire d'Arthur, ils ne furent que sept à revenir de cette expédition lointaine, parmi lesquels Bedwyr, Kaï, Gweir et le barde Taliesin. Ce dernier, sur le navire qui les ramenait en Bretagne, composa une lamentation sur le sort de leurs malheureux compagnons : « Trois fois plein son navire, nous partîmes avec Arthur, en cette

LE CYCLE DU GRAAL

noble entreprise ! Sauf sept, personne ne revint de la citadelle des hauteurs... » [1]

Comme le navire fendait rapidement les vagues à travers la profonde mer parcourue par des vaisseaux trop nombreux pour être comptés, vers la minuit, Arthur tomba dans un lourd sommeil. Et, pendant ce sommeil, il vit un ours qui volait à travers les airs. Aux grognements de l'ours, tous les rivages tremblaient. Arthur aperçut aussi un terrifiant dragon qui semblait venir des régions où le soleil se couche. Ce dragon était hideux, et il illuminait l'horizon par la clarté intense qui émanait de ses yeux. Le dragon allait à la rencontre de l'ours, et quand les deux monstres furent en présence, il y eut un combat fantastique. Le dragon attaqua l'ours plusieurs fois, le brûlant de son haleine embrasée, mais l'ours résistait avec l'énergie du désespoir. Finalement, le dragon, ayant eu raison de son adversaire, jeta son corps brûlé et écorché sur le sol. Arthur s'éveilla alors, très impressionné par le songe qu'il venait de faire. Il le décrivit à ses compagnons, regrettant que Merlin ne fût pas là pour le lui expliquer. Ils l'interprétèrent en disant que le dragon était lui-même et que l'ours était quelque géant qu'il aurait certainement à combattre dans les jours qui viendraient [2]. Mais Arthur n'en était pas plus rassuré.

Le matin, ils abordèrent pour faire provision d'eau douce. Ils se trouvaient sur le rivage de la Bretagne

---

1. D'après le poème 30 du *Livre de Taliesin,* manuscrit gallois du XIIIᵉ siècle, intitulé « les Dépouilles de l'Abîme » (J. Markale, *Les Grands Bardes gallois,* Paris, Picollec, 1981, pp. 97-99), avec quelques détails empruntés au récit gallois de *Kulhwch et Olwen.*

2. L'interprétation donnée ici par Geoffroy de Monmouth — dont je suis fidèlement le texte — prouve que le clerc gallois ne comprenait rien à ses sources. Traditionnellement, chez les Celtes, et particulièrement chez les Gallois, l'ours est un symbole royal. N'oublions pas non plus que le nom d'Arthur provient du nom celtique de l'ours. Le rêve d'Arthur ne concerne donc pas l'épisode qui suit, mais la bataille finale du règne où l'*ours* Arthur sera opposé au *dragon* Mordret.

LES CHEVALIERS DE LA TABLE RONDE

armorique, et l'on vint dire à Arthur, de la part du roi Hoël, qu'un géant avait enlevé la nièce de celui-ci, qui avait pour nom Élen, des mains de ceux qui la gardaient, et qu'il l'avait emmenée avec lui au sommet de cette butte qui est maintenant le Mont-Saint-Michel. De nombreux chevaliers de cette région avaient poursuivi le géant et tenté de lui reprendre la malheureuse Élen, mais ils avaient dû avouer leur impuissance devant la force sur-humaine de leur adversaire. Qu'on l'attaquât par mer ou par terre, cela lui importait peu, car il brisait les navires en lançant dessus des arbres énormes, ou bien il tuait les hommes qui s'approchaient en leur jetant des blocs de rochers, ceux que l'on aperçoit parfois dans les marais de Dol et sur les bords de la Rance. Il en avait même capturé quelques-uns et les avait dévorés encore vivants.

Arthur, se souvenant de son rêve de la nuit, répondit à l'envoyé du roi Hoël qu'il tenterait l'impossible pour venir à bout de ce géant et sauver la jeune Élen. Et, le soir, accompagné seulement de Kaï et de Bedwyr, il quitta son navire et se dirigea vers le Mont. Quand ils arrivèrent à proximité immédiate [1], ils virent un feu qui brillait intensément sur le sommet, et un deuxième feu qui brûlait sur un sommet plus éloigné et plus petit [2]. Le roi invita Bedwyr à se diriger par bateau vers le

---

1. Jusqu'au IXᵉ siècle, le Mont-Saint-Michel se trouvait au milieu d'une forêt. Cette forêt fut engloutie par un raz de marée et, depuis lors, la mer a envahi ce qu'on appelle la baie du Mont-Saint-Michel. Voir J. Markale, *le Mont-Saint-Michel et l'énigme du Dragon,* Paris, Pygmalion, 1987.

2. Il s'agit de l'îlot de Tombelaine. En fait, il semble bien que le premier nom du Mont-Saint-Michel ait été Mont-Tombe, ou encore *Tum-Belen,* le « Tombeau de Belenos », Belenos (= « brillant ») étant une des épithètes du dieu de la lumière chez les Celtes. On a retrouvé des vestiges du culte de Mithra sur le Mont, ce qui accentue son caractère de tertre dédié à la lumière. Le combat de saint Michel, l'archange brillant, contre le Dragon des Ténèbres est la formulation chrétienne de cette tradition qui remonte à la plus lointaine préhistoire. Et, bien entendu, le combat d'Arthur contre le Géant en constitue l'illustration profane.

deuxième feu. Il ne l'aurait pas atteint autrement, car le roc se trouvait en pleine mer. Bedwyr aborda la petite île et commençait à grimper vers le sommet lorsqu'il entendit les lamentations d'une femme, juste au-dessus de lui. Cela le terrifia d'abord, car il craignait que le monstre ne se trouvât là. Mais son courage lui revint très vite. Il poursuivit son ascension et aperçut une vieille femme qui pleurait. Elle se retourna à son approche, s'arrêta de pleurer et lui dit : « Malheureux ! quelle mauvaise fortune t'a amené en cet endroit ? Cette nuit même, un énorme monstre détruira la fleur de ta jeunesse ! Le plus odieux et le plus impitoyable de tous les géants va venir jusqu'ici. Maudit soit son nom ! Il a enlevé la nièce du roi Hoël, la tendre et jeune Élen. Il l'a emmenée jusqu'à cette montagne et l'a retenue prisonnière pendant de longs mois, attendant avec rage le moment où il pourrait abuser d'elle. Et, moi qui suis sa nourrice, il m'a enlevée également et conduite ici pour m'occuper d'elle. Hélas ! quel triste destin est le nôtre ! Je viens juste d'enterrer ici même la jeune fille qui m'avait été confiée et que j'aimais comme si j'avais été sa mère. Quand l'abominable géant est venu hier soir, rempli de toute la rage de son désir, il s'est précipité sur elle, mais quand il l'a prise entre ses bras, la peur a envahi sa chaste poitrine et elle n'a pas pu s'empêcher de rendre une vie qui s'annonçait pourtant si riche de promesses. Alors, comme le géant n'avait pas pu satisfaire sa lubricité sur cette enfant qui était la sœur de mon âme, la joie et le bonheur de ma vie, il s'est jeté sur moi, dans la folie de son bestial désir, et il m'a violée. Hélas ! Fuis, cher seigneur, fuis pendant qu'il en est encore temps, et que Dieu te protège ! »

Bedwyr fut tout ému des paroles de la vieille femme. Il lui parla doucement en essayant de la réconforter ; puis il partit pour aller rendre compte à Arthur de sa mission. Le roi dit qu'il considérerait comme un honneur d'aller seul combattre ce géant, et il ordonna à Kaï et Bedwyr de

LES CHEVALIERS DE LA TABLE RONDE

demeurer au bas du Mont tandis que lui-même irait silencieusement jusqu'au sommet pour surprendre le monstre.

Quand il fut parvenu là-haut, Arthur vit un spectacle qui lui fit craindre le pire. En effet, le géant se tenait près du feu qu'il avait allumé. Son visage était tout couvert du sang d'un grand nombre de cochons qu'il avait mangés en partie et dont les os jonchaient le sol. D'autres morceaux étaient en train de rôtir sur le feu. Mais Arthur fit un geste maladroit et une pierre roula sur la pente. Aussitôt, le géant se retourna et aperçut le roi. Il bondit sur sa massue et la brandit à bout de bras d'un air terrifiant. Arthur recula, leva son épée et, en se protégeant de son bouclier, s'efforça de faire lâcher son arme au géant. Il y parvint, et la massue heurta le sol avec un bruit sourd. Mais le géant ne fut pas pris au dépourvu. Il se précipita sur Arthur, tel un sanglier qui bondit sur sa proie, la défense en avant, le visage ruisselant de sang, poussant des cris affreux. Il saisit Arthur par le milieu du corps, le forçant à s'agenouiller. Arthur rassembla toutes ses forces et, avec beaucoup d'agilité, il réussit à se glisser hors de l'étreinte du géant. Et, se redressant, rapide comme l'éclair, il frappa le géant trois fois avec son épée sur la tête, juste à l'endroit où la cervelle était protégée par le crâne. La créature démoniaque poussa un terrible rugissement et s'abattit sur le sol dans un fracas épouvantable, comme lorsqu'un chêne est déraciné par la tempête.

Quand ils entendirent le bruit, Bedwyr et Kaï grimpèrent en hâte sur le sommet du Mont. Là, ils virent le corps immobile du géant et le roi Arthur qui, assis sur un rocher, son épée Excalibur encore toute sanglante à la main, reprenait sa respiration. Arthur leur demanda de couper la tête du monstre et de l'envoyer au roi Hoël. Celui-ci, lorsqu'il apprit la nouvelle, et bien qu'il fût chagriné par la mort tragique de sa nièce, félicita grandement Arthur d'avoir pu vaincre celui qui avait terrorisé

LE CYCLE DU GRAAL

le pays et tué tant de braves et honnêtes chevaliers. Puis il fit construire une chapelle sur le lieu même où était enterrée la malheureuse Élen, sur la butte qui, depuis, porte le nom de Tombelaine [1].

Au même moment, on vint dire au roi Arthur qu'un autre monstre désolait le pays de Bretagne armorique. C'était une bête étrange et merveilleuse qui avait une tête humaine, un corps de serpent et une queue de poisson. Il s'était creusé, au pied d'une falaise, non loin du rivage qu'on appelle aujourd'hui la Lieue de Grève, un trou profond, une caverne mystérieuse qui, disait-on, communiquait avec l'enfer. Dès que le soleil se levait dans le ciel, ce dragon sortait de son antre, rampait sur le sable et soufflait sur le paysage environnant une haleine de flammes et de fumées qui répandait au loin une insupportable odeur de soufre.

Tous les ans, à la veille de Noël, il réclamait une proie humaine, et non pas la première venue : il fallait en effet qu'elle fût de sang royal. On la lui apportait à la tombée de la nuit, au pied du contrefort isolé qui dominait la grève, à mi-chemin entre les paroisses de Saint-Michel et de Plestin, et qui porte, depuis ce temps-là, le nom sinistre de Roc'h al Laz, c'est-à-dire de Rocher du Meurtre. On était également tenu de lui livrer les corps de tous les enfants morts avant d'avoir reçu le baptême.

Arthur décida qu'il tenterait de vaincre le monstre, et il entraîna ses hommes avec lui pour aller sur le rivage de Plestin. Mais, vingt fois, lui et ses compagnons durent s'enfuir en toute hâte, au triple galop de leurs montures, devant les flammes infernales que projetait le dragon dans sa fureur destructrice. Or, à cette époque, dans la région, vivait un ermite qui portait le nom d'Efflam. C'était le cousin germain du roi Arthur. Un jour, Arthur rencontra Efflam et fut tout heureux de le voir. Il lui mit

---

1. D'après l'*Historia Regum Britanniae,* récit latin du clerc gallois Geoffroy de Monmouth (1135). L'épisode est probablement adapté d'une tradition orale locale.

LES CHEVALIERS DE LA TABLE RONDE

ses bras autour du cou et lui montra abondamment les marques de son estime et de son affection. Puis il dit à l'ermite : « Mon cousin, ce que ni mes hommes ni moi n'avons pu accomplir, je suis sûr que tu le pourras, car tu es un homme de Dieu. Je t'en prie, délivre les habitants de ce pays du dragon qui est cause de tant de ravages. — C'est bien, répondit Efflam. Conduis-moi à l'endroit où il se cache. »

Quand ils arrivèrent sur la Lieue de Grève, ils s'aperçurent que l'antre du dragon était vide. Le monstre avait flairé la venue du saint ermite et s'était réfugié dans un autre trou qu'on appelle maintenant Chapel Kornik. « Il s'agit de le faire sortir de là », dit Efflam. Et, après avoir réfléchi un moment, il dit à l'un des hommes qui accompagnaient Arthur : « Dépouille-toi de tes vêtements et donne-les-moi. » L'autre obéit. Alors Efflam déchira les habits en mille morceaux. Puis il cria devant l'entrée du trou : « Ohé, serpent ! si vraiment tu es sorcier, fais-moi un vêtement neuf avec ces haillons ! » Ce défi piqua au vif le dragon. Il mit immédiatement le nez dehors, souffla sur les morceaux d'étoffe et en fit un habit tout neuf.

Mais, pendant ce temps, Efflam avait tracé une immense croix dans l'air au-dessus du dragon. « Maintenant, dit-il au monstre, par le Dieu tout-puissant, tu m'appartiens. — C'est vrai, répondit le dragon. Je me suis laissé prendre au piège, mais tu n'en as pas encore fini avec moi. » Il fallut en effet qu'Efflam, Arthur et tous ses compagnons se missent ensemble pour traîner le monstre depuis Roc'h Serf jusqu'à Roc'h Du. Un bourrelet de sable qui relie encore ces deux points marque le trajet qu'on lui fit suivre. Arthur et ses hommes, les bras rompus, la gorge en feu, déclarèrent qu'ils étaient à bout de forces et que, s'ils ne trouvaient pas immédiatement de quoi se désaltérer, ils allaient périr de soif.

C'est alors qu'Efflam fit jaillir de la grève, au bas de

LE CYCLE DU GRAAL

son oratoire, une source claire et abondante. Arthur et les siens burent de cette eau avec délices, et une vigueur nouvelle anima leurs membres. Ils se remirent à la tâche et tirèrent sans effort le monstre jusqu'à la Roche Noire. Là, Efflam mit son étole au cou du dragon et prononça les paroles qui convenaient pour chasser les esprits démoniaques qui étaient en lui. Enfin, pour plus de sûreté, on enchaîna la bête et on l'ensevelit sous le sable. Et Arthur, après avoir rendu grâces à Dieu et remercié son cousin, le pieux Efflam, remonta sur son navire avec ses compagnons. Ils levèrent l'ancre et se dirigèrent vers leur pays [1].

De retour dans sa forteresse de Kaerlion sur Wysg, Arthur demanda un jour à Merlin : « Que dois-je faire à propos de cette Table Ronde que mon père, le roi Uther, a instituée sur tes conseils ? La plupart de ceux qui y avaient été admis ont maintenant disparu, et ce qu'il en reste est à la cour du roi Léodagan. Il me semble que pour honorer la mémoire de mon père, et pour donner au royaume un grand éclat, il serait bon de reconstituer cette Table Ronde et de réunir ici tous ceux qui sont dignes d'y prendre place.

— Il n'en est pas encore temps, répondit Merlin. Les barons de ce royaume sont encore trop préoccupés par leurs intérêts pour devenir de bons compagnons. Laisse faire les choses, roi Arthur : ce sont les événements qui détermineront le moment où tu pourras de nouveau les réunir. »

Arthur fut attristé de la réponse de Merlin. Il pensait en effet que sa renommée était suffisante pour qu'il pût grouper autour de lui les meilleurs chevaliers du monde. Et pour fuir sa mélancolie, il s'en alla chasser tout seul

---

1. Conte populaire de Bretagne armoricaine, *Annales de Bretagne,* tome XI (1895-1896), p. 193. De nombreuses légendes hagiographiques tournent autour du personnage de saint Efflam, surtout dans la région située entre Morlaix et Lannion. Des chapiteaux de l'église romane de Perros-Guirec (Côtes-d'Armor) sont une excellente illustration du thème.

dans les forêts qui avoisinaient Kaerlion. Il y avait beaucoup de gibier dans ces forêts, et Arthur s'était lancé à la
poursuite d'un grand cerf qui semblait le narguer et qui
disparaissait sans cesse dans les fourrés chaque fois qu'il
était sur le point de le rejoindre. Il erra ainsi pendant de
longues heures et se retrouva dans un endroit qu'il ne
connaissait pas, près d'une rivière qui serpentait au creux
d'une vallée. Et comme il se sentait fatigué, il s'arrêta,
descendit de son cheval et s'assit au pied d'un arbre.

Il commençait à somnoler doucement lorsqu'un bruit
lui fit relever la tête. Il vit alors un homme étrange, de
forte corpulence, vêtu d'une tunique grossière faite en
peaux de bêtes, avec des cheveux hirsutes et une barbe
abondante, et qui portait une massue. L'homme vint vers
lui, l'air menaçant, et dit : « Roi Arthur, me reconnais-
tu ? — Non, répondit Arthur. — C'est dommage, reprit
l'autre, car cela me prouve l'ingratitude et le peu de
mémoire des rois. — Comment cela ? demanda Arthur.
— J'ai combattu à tes côtés lorsque tu es allé porter
secours au roi Léodagan contre Claudas de la Terre
Déserte. J'ai été parmi ceux que tu conduisais contre les
Saxons à Mont-Badon, et je t'ai fidèlement servi. Mais
au lieu de me récompenser, tu as disposé du domaine
dont j'avais hérité pour le donner à d'autres qui avaient
ta faveur. — Je ne m'en souviens pas, dit Arthur. —
C'est bien ce que je te reproche. Aussi, aujourd'hui,
puisque tu es à ma merci, je vais accomplir ma vengeance, et mon honneur sera sauf. » Et l'homme leva sa
massue au bout de son bras noueux. Arthur se leva pré-
cipitamment, mais il n'avait pas son épée Excalibur,
n'ayant apporté que des javelots pour la chasse.

« Attends ! s'écria le roi. Je peux t'accorder des compensations ! — Ah oui, reprit l'homme à la massue avec
ironie, et tu dépouilleras un autre pour me donner ses
terres ! Apprends que je n'ai nul besoin qu'on me donne
des terres, car je les possède toutes. Ne suis-je pas libre

en effet dans cette forêt ? Ne suis-je pas chez moi partout ? N'ai-je pas la possession de tous les animaux qui la
peuplent ? Mais puisque tu es disposé à m'offrir des
compensations, je vais te faire une honnête proposition :
je te laisse la vie si tu réponds à la question que je te
poserai. Et je te laisserai même des délais pour y répondre.
— Quelle question ? demanda le roi. — Voici : qu'est-ce
que les femmes aiment par-dessus tout ? Je veux ta réponse
ici même dans un an jour pour jour, et tu vas jurer sur
ton honneur d'y revenir au jour dit. »

Arthur comprenait qu'il n'avait pas le choix pour se sortir de cette situation. L'homme à la massue était redoutable, et lui-même était désarmé. Il fit donc le serment de
revenir au même endroit dans un an jour pour jour. Alors
l'homme à la massue le laissa et disparut dans la forêt.

La première chose que fit Arthur, dès qu'il fut de
retour à Kaerlion, ce fut de demander à Merlin quelle
était la bonne réponse à cette question. Mais Merlin se
mit à rire et dit : « Ce n'est pas à moi qu'on a posé la
question, mais à toi. Ne compte donc pas sur moi pour
te donner la réponse, si tant est d'ailleurs qu'il y en ait
une seule et unique. » Arthur n'insista pas mais, tout au
long de l'année, il interrogea les uns et les autres. Or, à
chaque fois, les réponses étaient différentes. Et, au fur et
à mesure que les jours passaient, le roi était de plus en
plus angoissé, se demandant quelle était la réponse qui
satisferait l'homme à la massue.

Au jour dit, au bout de l'année, le roi Arthur reprit le
chemin de la forêt et se dirigea vers la vallée où il avait
rendez-vous. Il était triste et pensif. C'est alors que surgit
des fourrés une femme d'une laideur monstrueuse : ses
membres étaient tordus, ses cheveux étaient crépus, son
visage disgracieux, couvert de pustules, ses vêtements
sales et dépenaillés. La femme vint vers lui : « Arrête-toi,
dit-elle. Je connais ton problème, je sais que tu dois
donner une réponse à une question et que de cette

LES CHEVALIERS DE LA TABLE RONDE

réponse dépend ta vie. Mais je sais aussi que toutes les réponses que tu as recueillies pendant cette année sont mauvaises. Il n'y a que moi à connaître la vraie réponse, celle qui pourra épargner ta vie. — C'est bien, dit Arthur. Dis-la-moi et tu peux être sûre que je te récompenserai largement. — J'y compte bien, dit la femme. Je te dévoilerai la réponse si tu jures de m'emmener avec toi à Kaerlion et de faire de moi ta concubine au vu et au su de tout le monde. » Arthur demeura pétrifié. Il regardait la femme : elle était si horrible qu'il se demandait s'il fallait accepter une telle proposition. Certes, si tout devait se passer sans témoins, Arthur se sentait prêt à tenter l'épreuve ; mais il lui semblait impossible de présenter à ses barons et à ses familiers un tel monstre. Que dirait-on de lui et quels commentaires n'irait-on point faire ? Mais, d'un autre côté, il fallait bien qu'il prît une décision pour se débarrasser de l'homme à la massue. Il finit par accepter. « Jure-le », dit la femme. Et Arthur fit le serment d'emmener la femme à Kaerlion et d'en faire sa concubine au vu et au su de tout le monde. « Fort bien, dit-elle alors. Voici la réponse que tu devras donner : ce que les femmes aiment par-dessus tout, c'est la Souveraineté. Dis-le à ton ennemi et il maudira celle qui t'a si bien instruit ! »

Arthur quitta la femme et se dirigea vers l'endroit où il devait rencontrer l'homme à la massue. Lorsque celui-ci se présenta, Arthur commença par lui donner les réponses qu'il avait recueillies tout au long de l'année ; mais à chaque fois, l'homme secouait la tête et disait « non ». Enfin, Arthur dit : « C'est la Souveraineté. » L'homme à la massue devint furieux et s'écria : « Malédiction ! C'est ma propre sœur qui t'a révélé cela ! Je voudrais la voir brûler dans un feu ! » Mais comme Arthur avait donné la bonne réponse, l'homme à la massue le laissa aller et lui-même disparut dans la forêt en poussant d'horribles imprécations contre sa sœur.

101

Comme Arthur s'en retournait vers Kaerlion, la hideuse femme le rattrapa et lui rappela sa promesse. « C'est bien, dit Arthur en soupirant. Viens avec moi. » Et il l'emmena dans sa forteresse, ordonnant qu'on fît les préparatifs d'un grand festin et présentant la femme comme celle qui allait partager sa vie. Quelle ne fut pas la stupeur des compagnons d'Arthur lorsqu'ils virent que le choix du roi s'était porté sur une femme aussi laide ! Mais ils ne dirent rien, se contentant d'assister au festin. Cependant, ils se gardèrent bien d'adresser des félicitations à Arthur. Quant à Merlin, il se contentait de sourire tout en fuyant le roi chaque fois que celui-ci s'approchait de lui, vrai-semblablement pour lui demander son aide.

Quand la nuit se fut avancée et qu'il fut l'heure d'aller se coucher, la compagnie se dispersa, et Arthur ne mani-festait aucune hâte pour aller partager sa chambre avec la femme. Mais comme il avait fait un serment, il ne pouvait agir autrement. Dès que tous deux furent au lit, le roi se tourna de côté et fit semblant de dormir. La femme lui dit : « Donne-moi au moins un baiser, par simple courtoisie. » Arthur se pencha sur elle et, surmon-tant son dégoût, allait lui donner un baiser quand il s'aperçut avec stupéfaction qu'il avait près de lui la plus jolie fille qui se pût imaginer, avec de beaux cheveux noirs, un visage parfait, un teint blanc et des lèvres bien rouges. Et la fille souriait. Comme Arthur manifestait sa surprise, elle lui dit : « Écoute-moi bien. Tu peux choisir entre deux choses : m'avoir belle le jour et horrible la nuit, ou belle la nuit et horrible le jour. Je m'en remets à toi. » Arthur réfléchit un moment, puis il répondit : « C'est une question trop délicate que tu me poses, et ce n'est pas à un homme d'y répondre. Seule une femme peut en juger. — Dans ces conditions, dit la fille, tu m'auras tou-jours belle, et le jour, et la nuit. Je me nomme Gwendolen et j'appartiens à une noble famille de ce pays. Mais j'avais une marâtre qui était jalouse de ma beauté. Par magie,

LES CHEVALIERS DE LA TABLE RONDE

elle m'a réduite en l'état où tu m'as vue lorsque nous nous sommes rencontrés, laide et hideuse. Je devais garder cet aspect repoussant jusqu'au jour où le meilleur homme du monde et le plus valeureux voudrait bien, à défaut de m'épouser, accepter de me prendre dans son lit telle que j'étais en m'accordant la souveraineté sur tout. C'est ce que tu as fait et, en plus, tu m'as laissé le choix de décider, reconnaissant ainsi que ce qu'aiment le plus les femmes, c'est la Souveraineté. C'est par courtoisie que tu m'as délivrée du sortilège qui pesait sur moi, et je t'en serai reconnaissante jusqu'à la fin de mes jours. » Alors Arthur prit Gwendolen dans ses bras et la nuit se passa de la façon la plus agréable du monde [1].

---

1. D'après *The Wedding of Gawain*, récit anglais du XIVe siècle. Dans ce texte, c'est bien Arthur qui rencontre l'homme à la massue, mais le roi envoie son neveu Gauvain à sa place pour accomplir les épreuves. Or la comparaison entre ce texte et une ballade anonyme de la même époque, un conte de Geoffroy Chaucer et la *Confessio Amantis* de Gower, démontre que, primitivement, l'histoire ne comportait qu'un seul héros. Il était donc normal de restituer Arthur en totalité dans le schéma narratif.

CHAPITRE IV

Gauvain

Avant la naissance de Mordret, le roi Loth d'Orcanie avait eu de sa femme Anna, qui était sœur d'Arthur, trois fils qui se nommaient Gauvain [1], Agravain et Gaheriet. Mais, des trois, c'était Gauvain, l'aîné, qui avait la plus belle prestance et qui manifestait le plus de caractère. C'était un jeune homme d'une grande beauté, dont toutes les femmes se sentaient devenir amoureuses. Et il possédait un don singulier : en se levant le matin, il avait la force d'un bon chevalier ; à l'heure de tierce, sa valeur avait doublé, et à midi elle avait quadruplé. Mais, ensuite, cette valeur diminuait et redevenait ce qu'elle était au lever. On lui avait donné de bons maîtres d'armes, et, par son énergie et sa force naturelle, il était devenu le

---

1. Le nom français de Gauvain (*Gawain* dans les textes anglais, *Galvinus* dans le texte latin de Geoffroy de Monmouth) provient d'un terme brittonique ancien qui a donné la forme galloise *Gwalchmai,* qu'on peut traduire par « faucon de mai ». Gauvain est le type parfait du chevalier, et, avant l'introduction de Lancelot du Lac dans le cycle arthurien, il est le héros central de toute cette épopée. Son origine celtique ne fait aucun doute, car il est le neveu d'Arthur, fils de sa sœur, ce qui en fait — selon le principe celtique de la filiation matrilinéaire — le successeur normal du roi. Il en est de même pour Tristan, fils de la sœur du roi Mark, ou pour le héros irlandais Cûchulainn, fils de la sœur du roi Conchobar.

LES CHEVALIERS DE LA TABLE RONDE

grand espoir de son père, qui n'avait pas hésité à l'armer chevalier dès qu'il avait atteint l'âge requis.

Mais, pour l'heure, Gauvain ne se préoccupait guère des combats et des grandes expéditions que menait le roi Arthur pour assurer la grandeur du royaume de Bretagne. Il passait son temps à chasser ou à jouter avec ses frères ou avec ses compagnons d'enfance, et il n'oubliait pas de fréquenter les élégantes réunions où les bardes racontaient de belles histoires devant les plus belles jeunes filles de la cour. Or, un jour qu'il tenait en laisse trois beaux lévriers et tirait deux chiens courants après lui, il entra dans la grande salle de la forteresse où se trouvait sa mère. En le voyant, celle-ci se mit à soupirer. Gauvain lui demanda pourquoi elle semblait si triste. « Mon cher fils, lui dit-elle, quand je vous vois, toi et tes frères, gaspiller votre temps en folies alors que vous pourriez être de la compagnie de mon frère, le roi Arthur, votre oncle, je ne peux m'empêcher de soupirer. Surtout toi, Gauvain, il y a bien longtemps que tu pourrais offrir le service de ton épée au roi. Il t'en saurait gré et toute ta famille en serait honorée. » Gauvain lui répondit : « Mère, il y a déjà tant de bons chevaliers à la cour du roi, mon oncle, que je ne vois pas ce que j'irais y faire. Le jour où je me présenterai devant lui, ce sera lorsque j'aurai accompli des actions dignes d'être remarquées de tous, et cela afin de ne pas être rangé sur le même plan que tous les autres. — Mon fils, ton orgueil te conduira vers les pires ennuis ! Sache-le bien : la modestie est une vertu souvent plus grande que le courage. » [1]

Mais Gauvain n'avait cure de ce que lui disait sa mère. Il sortit de la salle et donna ordre qu'on lui préparât son cheval. Lui-même s'habilla de façon raffinée. Il boucla ses éperons d'or fin sur des chausses échancrées, taillées dans une étoffe de soie. Il enfila une culotte très blanche

---

1. Ce début de chapitre est emprunté à la version dite de Gautier Map.

LE CYCLE DU GRAAL

et très fine, une chemise bouffante, très courte, en lin finement plissé, et jeta sur ses épaules un manteau fourré de
petit-gris. Puis il monta sur son cheval et sortit de la ville.

Il chevaucha droit devant lui et gagna la forêt où il se
mit à écouter les oiseaux qui chantaient dans les arbres
avec une douceur extrême. Il resta si longtemps à les
écouter qu'il perdit toute notion du temps. Il pensait au
temps de son enfance, à ses longues errances sur les sentiers à la recherche d'un château merveilleux où de belles
princesses au regard brûlant étaient retenues prisonnières.
Il rêvait, et son rêve fut si présent qu'il finit par s'égarer.
La nuit commençait à prendre possession du monde, et,
brutalement, il eut conscience qu'il ne savait plus où il
était. Il voulut retourner sur ses pas et emprunta un chemin assez large qui le conduisait toujours plus loin.
L'obscurité était maintenant complète. En regardant
devant lui, il aperçut alors un chemin qui traversait un
espace peu boisé où brûlait un grand feu. Il prit cette
direction, pensant qu'il rencontrerait quelque bûcheron
ou quelque charbonnier qui lui indiquerait sa route.

Près du feu, il aperçut un destrier attaché à un arbre.
Il s'approcha et vit un homme d'un certain âge assis non
loin de là et qui le salua courtoisement, lui demandant ce
qu'il faisait dans ce lieu retiré. Gauvain lui raconta alors,
avec force détails, tout ce qui lui était arrivé, comment il
était parti pour se divertir et comment, pour s'être trop
longuement plongé dans ses pensées, il s'était égaré dans
la forêt et avait perdu son chemin. L'homme lui proposa
de le remettre le lendemain matin dans la bonne direction, à condition qu'il voulût bien demeurer en sa compagnie, ici même, pendant la nuit. C'est ainsi qu'ils veil-
lèrent et discutèrent un certain temps avant de s'endor-
mir près du feu.

Le lendemain, quand ils furent réveillés, l'homme dit à
Gauvain : « Ma demeure n'est pas éloignée. Je te prie
donc d'y venir, car tu y seras accueilli avec empresse-

LES CHEVALIERS DE LA TABLE RONDE

ment. » Tous les deux montèrent à cheval, prirent leurs boucliers, leurs lances et leurs épées, et ils s'engagèrent sur un chemin empierré. Au moment où ils sortaient de la forêt, se trouvant alors devant une plaine, l'homme dit à Gauvain : « C'est un usage bien établi depuis toujours que lorsqu'on offre l'hospitalité à un preux chevalier, on envoie quelqu'un pour que tout soit prêt dans la demeure. Or, tu peux le voir, je n'ai personne, à part moi, à envoyer. Je te prie donc de continuer tranquillement tandis que je galoperai jusque chez moi afin d'y faire tout préparer pour ton arrivée. Tu apercevras ma demeure juste devant toi, le long d'un enclos, au fond d'une vallée. »

Après quoi, il s'éloigna à vive allure, laissant Gauvain poursuivre très lentement sa route. Au bout d'un moment, il rencontra quatre bergers arrêtés sur le chemin et qui le saluèrent aimablement. Il les salua à son tour et les dépassa sans ajouter un mot. « Hélas ! s'écria l'un d'eux. Quel malheur ! Un chevalier aussi beau, aussi noble et de si belle allure ! Ce ne serait pas juste qu'il fût blessé ou maltraité ! » En entendant ces paroles, Gauvain fut fort surpris. Il arrêta son cheval et, s'adressant aux bergers, il leur demanda pourquoi ils se lamentaient ainsi. « Seigneur, répondit l'un d'eux, c'est parce que nous sommes émus de te voir aller vers la demeure de celui qui s'en va là-bas sur un cheval gris. Il en a emmené ainsi beaucoup d'autres devant nous, mais nous savons qu'aucun de ceux-ci n'est revenu ! — Voici qui est bien mystérieux, dit Gauvain. Est-ce que tu sais comment ils sont traités ? — On dit, seigneur, dans tout le pays, que l'homme chez qui tu vas met à mort tous ceux qui le contredisent. Mais nous ne le savons que par ouï-dire, car personne n'a jamais encore vu quelqu'un sortir de chez lui. Si tu m'en crois, seigneur, ne continue pas ton chemin et reviens vite en arrière sans même prendre congé de lui. — Bergers, répondit Gauvain, je

LE CYCLE DU GRAAL

vous remercie de votre conseil, mais je vous assure que des propos si puérils ne me feront pas revenir en arrière. » Et, sans plus attendre, il lâcha la bride à son cheval et poursuivit sa route, perdu dans ses pensées, jusqu'à la vallée que son compagnon lui avait indiquée.

Il aperçut alors, s'élevant auprès d'un vaste enclos, une magnifique forteresse qui semblait toute neuve, sur le sommet d'une butte. Il remarqua aussi des fossés larges et profonds et, entre les deux murs d'enceinte, devant le pont-levis, un grand nombre de petites maisons. De toute évidence, cette forteresse appartenait à un homme riche et puissant. Gauvain arriva jusqu'aux lices, passa la porte d'enceinte, traversa les dépendances et se présenta au pont-levis. Son compagnon de la nuit était là pour l'accueillir, paraissant très heureux de le voir arriver. Des serviteurs désarmèrent Gauvain et l'amenèrent dans la grande salle, devant la tour, où brûlait un très beau feu. Tout autour, il y avait des sièges somptueux, recouverts d'une riche étoffe de soie pourpre. Gauvain remercia son hôte pour tout, car il n'avait nulle intention de le contredire en quoi que ce fût.

« Cher seigneur, dit l'hôte, on prépare ton repas et mes serviteurs s'empressent, sache-le bien. Mais, en attendant, divertis-toi : je veux que tu te sentes heureux et à ton aise. Si quelque chose te déplaît ou te contrarie, n'hésite pas à le dire. » Mais Gauvain lui répondit que tout, dans la maison, le satisfaisait pleinement.

L'hôte se rendit alors dans ses appartements et en revint avec une jeune fille d'une grande beauté. « Voici ma fille », dit l'hôte à Gauvain. Quand il la vit, Gauvain en resta d'abord interdit, puis il se leva et la salua. Quant à la jeune fille, elle fut encore plus stupéfaite devant la grande beauté de Gauvain et la perfection de son attitude. Elle lui adressa cependant quelques paroles de bienvenue. Alors l'hôte invita Gauvain à prendre la main de la jeune fille en disant : « Seigneur, j'espère que ma fille ne

LES CHEVALIERS DE LA TABLE RONDE

te déplaît pas, car je n'ai pas de plus agréable divertissement à te proposer pour ton plaisir et ton agrément. Je pense qu'elle saura fort bien, si elle le veut, se montrer une bonne compagne, et je lui ordonne en ta présence de faire siens tous les désirs que tu pourrais exprimer. »

Gauvain, prenant bien garde de ne point contredire son hôte, le remercia vivement. Et l'hôte les quitta pour aller voir à la cuisine si le repas était bien préparé. Gauvain s'assit à côté de la fille, fort embarrassé, mais lui parlant en termes mesurés de façon à éviter de lui causer le moindre déplaisir. Mais, dans ses paroles, il sut si bien suggérer ses sentiments que la jeune fille ne put douter qu'il était amoureux d'elle. « Seigneur, lui dit-elle enfin, j'ai bien entendu que mon père m'a interdit de te refuser quoi que ce soit. Et pourtant — comment te le dire ? — si je consentais à faire ce que tu désires, l'issue en serait bien mauvaise et c'est par ma faute que je t'aurais trahi et causé ta mort. Voici donc le conseil que je vais te donner : garde-toi de tout acte déplacé, et quoi que te dise mon père, ne le contredis jamais, car si tu le faisais, tu attirerais sur toi de grands malheurs. Et surtout, ne donne pas l'impression qu'on t'a mis en garde, car tu le paierais très cher ! »

L'hôte revint alors de la cuisine et invita Gauvain à passer à table. On fit demander l'eau [1]. Les serviteurs apportèrent de nombreux plats de viande et de poisson, de venaison et d'oiseaux rôtis, avec du pain très blanc. Gauvain mangea avec beaucoup de plaisir et but du très bon vin qu'on lui versait dans une coupe en or. Puis, quand le repas fut terminé, l'hôte déclara qu'il voulait aller faire une promenade dans les bois de son domaine et invita Gauvain à rester près de la jeune fille et à se divertir avec elle. Il lui

---

1. Avant chaque repas, il était d'usage qu'on apportât de l'eau pour que les convives pussent se laver les mains. Il ne faut pas oublier que jusqu'au XVIᵉ siècle, la fourchette n'existant pas, on mangeait avec les doigts.

LE CYCLE DU GRAAL

enjoignit même de ne pas s'en aller tant qu'il ne serait pas revenu. Gauvain comprit bien qu'il lui fallait demeurer là et assura son hôte qu'il n'avait aucune envie de partir. Là-dessus, l'hôte monta en selle et s'éloigna.

Gauvain et la jeune fille passèrent tout l'après-midi à deviser de choses et d'autres. Quand l'hôte revint, la nuit commençait à tomber. Gauvain et la jeune fille, la main dans la main, se levèrent pour le saluer. Il leur dit qu'il s'était hâté de revenir, car il avait eu peur que, s'il s'attardait, Gauvain ne s'en allât. Puis l'hôte demanda aux serviteurs ce qu'il y aurait à manger. « Il conviendrait, dit la jeune fille, de demander seulement des fruits et du vin, car nous avons beaucoup mangé déjà aujourd'hui. » Il en fut ainsi. On apporta la collation et les serviteurs versèrent abondamment différentes sortes de vin. « Seigneur, dit l'hôte à Gauvain, réjouis-toi et dis-toi bien que je me suis souvent ennuyé en recevant un invité qui ne s'amuse pas et ne dit pas ce dont il a envie. — Seigneur, répondit Gauvain, sois sûr que je me sens parfaitement à l'aise. »

Quand ils eurent fini de manger et de boire, l'hôte appela ses serviteurs et leur ordonna de préparer les lits. « Je coucherai ici même, dit-il, et ce chevalier couchera dans mon lit. Ne le faites pas trop étroit car ma fille couchera avec lui. C'est, je pense, un bon chevalier, et elle sera contente de lui. » Gauvain et la jeune fille remercièrent l'hôte et firent semblant d'être très contents. Mais Gauvain se sentait fort mal à l'aise : il craignait en effet un piège. Mais il ne pouvait refuser, car alors il aurait contredit son hôte.

Celui-ci prit Gauvain par la main et le conduisit dans la chambre. La jeune fille au teint si frais les suivit. La chambre était toute parée de tentures, et douze cierges, disposés autour du lit, brûlaient en répandant une vive clarté. Le lit était très beau et très riche, garni de draps blancs et de somptueuses couvertures. « Seigneur, dit encore l'hôte, c'est là que vous allez coucher tous les deux.

LES CHEVALIERS DE LA TABLE RONDE

Toi, ma fille, tu feras fermer les portes, car je sais qu'en de telles circonstances on n'a pas besoin de témoins. Je t'ordonne cependant de ne pas éteindre les cierges, car je veux qu'il puisse te contempler dans toute ta beauté et que toi-même tu puisses voir combien il est beau. » Sur ce, il quitta la chambre, et les portes furent fermées.

Gauvain s'était couché. La jeune fille s'approcha du lit et y entra toute nue, sans se faire prier le moins du monde. Toute la nuit, elle fut ainsi entre les bras de Gauvain. Il la couvrait de baisers et la serrait avec tendresse. Mais il arriva un moment où son échauffement fut tel qu'il sentait ne plus pouvoir résister. Quand elle comprit ce qu'il voulait, la jeune fille murmura : « Seigneur, de grâce ! Même dans cette chambre, je suis sous bonne garde ! » Gauvain regarda autour de lui, mais il ne vit personne. « Qu'est-ce donc qui peut m'interdire de satisfaire le désir que j'ai de toi ? demanda-t-il. — Vois-tu cette épée qui est suspendue au-dessus du lit, dont les attaches sont d'argent, le pommeau et la garde d'or fin ? — Oui, je la vois », répondit Gauvain.

La jeune fille lui dit alors : « Apprends que cette épée de grande valeur a tué déjà de nombreux chevaliers, au moins une vingtaine dans cette chambre. J'ignore pourquoi mon père agit ainsi, mais c'est un fait : aucun chevalier qui entre ici n'en sort vivant. Mon père leur réserve à tous un excellent accueil, comme à toi aujourd'hui, mais dès qu'il peut leur reprocher la moindre faute, il les tue sans pitié. Sais-tu comment ? Si, d'une manière ou d'une autre, le compagnon qui partage mon lit tente de me pénétrer, l'épée tombe et le frappe en plein corps. Et s'il tente de s'en approcher et de la saisir, elle jaillit aussitôt du fourreau et vient le percer. Cette épée a une telle vertu qu'elle me tient toujours sous sa garde. J'aurais pu ne pas te prévenir, mais je serais très malheureuse si tu mourais à cause de moi. »

Gauvain se trouvait dans le plus grand embarras. Il

LE CYCLE DU GRAAL

n'avait jamais entendu parler d'un péril de cette nature, et il se demandait si la jeune fille ne lui avait pas dit cela pour se protéger et l'empêcher d'aller plus loin dans le jeu d'amour. De plus, il avait une forte envie de la jeune fille, et d'autre part, il se disait que s'il se dérobait, il serait ridiculisé, car on finirait bien par savoir qu'il s'était trouvé nu à nue dans un lit avec la plus belle fille du monde en s'abstenant de jouir d'elle. Il lui paraissait donc préférable de mourir glorieusement plutôt que de vivre plus longtemps dans le déshonneur. « Belle, dit-il, rien n'y fait. Je suis dans un tel état qu'il me faut devenir ton amant ! — Du moins, tu ne pourras rien me reprocher », répondit-elle. Il la serra alors de si près qu'elle poussa un cri. Aussitôt, l'épée surgit du fourreau et vint frôler le flanc de Gauvain, lui arrachant un morceau de peau. La blessure était superficielle, mais l'épée traversa les couvertures et les draps et s'enfonça jusqu'au matelas. Puis elle remonta et revint se placer dans le fourreau.

Gauvain en demeura tout interdit. « Tu as vu que je ne mentais pas, dit la jeune fille. Et ce n'était pas pour me dérober à toi que je t'ai averti ! » Gauvain se plongea dans d'amères pensées. Les cierges brûlaient toujours dans la chambre et répandaient leur clarté sur le corps de la jeune fille. Gauvain voyait la finesse de sa peau, la blondeur de ses cheveux, la finesse de ses sourcils, le charme de ses lèvres, le velouté de son cou et de sa poitrine. Non, décidément, il ne pouvait plus résister. Il s'approcha d'elle, la serra très fort dans ses bras et il se préparait à la pénétrer quand l'épée surgit encore de son fourreau, tomba et vint le frapper d'un coup plat sur la nuque. Mais, ce faisant, elle vacilla un peu et toucha l'épaule droite, lui cisaillant trois doigts de peau. Puis elle se ficha dans la couverture de soie avant de remonter et de reprendre sa place dans le fourreau. Gauvain, qui se sentait légèrement blessé, comprit qu'il valait mieux ne pas insister, et le reste de la nuit se passa sans incident. Cependant, ni lui ni la jeune fille ne purent dormir.

LES CHEVALIERS DE LA TABLE RONDE

Dès que le jour parut, l'hôte se leva très vite et vint à la chambre. Il ne resta pas silencieux mais appela à haute voix. La jeune fille se leva, ouvrit la porte, puis revint s'allonger toute nue auprès de Gauvain. Quand il vit les deux jeunes gens tranquillement étendus, il leur demanda comment ils allaient. « Très bien, merci, répondit Gauvain. — Comment ? reprit l'hôte, tu es encore en vie ? — Tu le vois bien, dit Gauvain. Je n'ai rien fait qui pût entraîner ma mort, et si, dans ta demeure, tu me faisais subir de mauvais traitements sans le moindre motif, ce serait une injustice. » Cependant l'hôte s'était approché du lit. Il vit nettement la couverture déchirée et les draps tachés de sang. « Explique-moi d'où provient ce sang ! s'écria-t-il. — Seigneur, répondit Gauvain, l'épée m'a blessé en deux endroits, mais ce sont des blessures sans gravité. — C'est bon, dit l'autre. Je vois que tu n'es pas mort. Mais si tu veux retrouver ta liberté, il faut que tu me dises de quel pays tu es et quel est ton nom. — Volontiers, seigneur. Je suis Gauvain, fils du roi Loth d'Orcanie, et mon oncle est le roi Arthur. »

L'hôte s'était subitement radouci et semblait ne manifester aucune mauvaise intention. « Sur ma foi, dit-il, je sais que tu es un bon et brave chevalier, et qu'il n'y en a pas de meilleur par le vaste monde. Sache que si je vous ai mis à l'épreuve, toi et les chevaliers qui ont couché avant toi dans ce lit, c'était pour que le meilleur d'entre vous pût se manifester. C'est cette épée qui devait me le révéler, car je savais qu'elle l'épargnerait. Or, elle a bien fait ses preuves, et puisque Dieu l'a voulu ainsi, je ne saurais trouver meilleur homme que toi pour lui donner ma fille. Je te la donne donc très loyalement, et plus jamais tu n'auras à redouter quelque chose de ma part. De plus, je te fais don à tout jamais de cette forteresse et de toutes les terres qui en dépendent. Fais-en ce que bon te semble. — Seigneur, répondit Gauvain, c'est avec grande joie que j'accepte cette jeune fille et le domaine que tu m'offres. Sois bien sûr que j'en ferai bon usage ! »

LE CYCLE DU GRAAL

La nouvelle se répandit dans le pays qu'était venu un chevalier qui voulait prendre la jeune fille et que l'épée avait à deux reprises atteint sans lui faire de mal. Les gens du pays accoururent, pleins de joie, à la forteresse, et la journée se passa en festins et réjouissances. Le vin y fut distribué largement et les musiciens furent de la fête, les uns chantant de beaux récits, les autres faisant danser la compagnie. Quant aux chevaliers, ils jouaient au trictrac ou aux échecs, ou bien disputaient une partie de dés. Tout le monde se divertit jusqu'au soir. Il y eut en abondance oiseaux rôtis et fruits, et toutes sortes de bons vins.

Lorsqu'ils eurent agréablement dîné, ils allèrent rapidement se coucher et ils conduisirent Gauvain et la jeune fille jusqu'à la chambre où ils avaient passé la nuit précédente. L'hôte accompagna également les jeunes gens. Puis, sans manifester la moindre opposition, il quitta la pièce et referma la porte sur eux. Mais, cette nuit-là, il n'y eut point d'épée dégainée hors de son fourreau ! Gauvain put satisfaire tous ses désirs, et l'histoire raconte que la jeune fille ne s'en plaignit pas.

Gauvain demeura plusieurs semaines en cette forteresse perdue, et cela dans la joie et l'allégresse. Puis il pensa que son séjour avait assez duré, et qu'il devait aller se présenter à la cour du roi Arthur, son oncle. Il alla trouver son hôte et lui demanda la permission de partir en compagnie de sa fille. L'hôte lui accorda bien volontiers cette permission, d'autant plus qu'il se sentait flatté que Gauvain emmenât sa fille chez le roi Arthur. Gauvain reprit les armes avec lesquelles il était arrivé et partit en prenant congé de son hôte, se félicitant de l'aventure qu'il avait vécue.

Mais dès qu'ils furent dehors, la jeune femme arrêta sa monture et Gauvain lui en demanda la raison. « Seigneur, dit-elle, j'ai oublié quelque chose de très important. Je quitterais ce pays avec beaucoup de regret si je n'emmenais avec moi les lévriers que j'ai élevés et qui

114

LES CHEVALIERS DE LA TABLE RONDE

sont de bonne race et très beaux. Il n'y en a pas de plus rapides et leur robe est plus blanche que la plus blanche des fleurs. » Gauvain fit demi-tour et revint dans la forteresse. L'hôte lui demanda pourquoi il revenait si vite. « Seigneur, répondit-il, c'est parce que ta fille a oublié ses lévriers et qu'elle ne veut pas partir sans eux. » L'hôte fit alors venir les chiens et les remit à Gauvain. Celui-ci vint aussitôt rejoindre la jeune femme avec les lévriers. Puis ils se mirent en route et traversèrent la forêt.

C'est alors qu'ils virent arriver un chevalier monté sur un cheval bai, robuste et plein d'ardeur. L'homme chevauchait à vive allure et, quand il fut parvenu à leur hauteur, il éperonna son cheval et, sans prononcer un mot, se jeta entre Gauvain et la jeune femme dont il saisit la monture par les rênes. Puis il fit aussitôt demi-tour et elle, sans qu'il lui eût demandé quoi que ce fût, le suivit sans hésiter. Saisi de colère, Gauvain se précipita à la poursuite du ravisseur. Mais il pensait qu'il n'avait d'autres armes que son bouclier, sa lance et son épée tandis que l'autre était bien équipé, robuste, de grande taille et plein d'agressivité. Néanmoins, Gauvain se jeta contre son adversaire, la lance tendue, et s'écria : « Rends-moi mon amie ou montre-moi ton courage ! Bien que je sois peu armé devant toi, je te provoquerai au combat et tu seras obligé de me rendre raison de ton forfait ! »

L'inconnu s'arrêta, souleva sa visière et répondit : « Je n'ai nulle envie de me battre avec toi, et si je me suis mal conduit, ce que tu prétends, je ne suis pas prêt à t'en demander pardon. Cette femme a été mienne bien avant ce jour et je ne fais que réclamer ce qui m'appartient. Et si tu veux confirmation de ce que je te dis, je peux te proposer une solution. Laissons cette femme sur ce chemin et allons-nous-en chacun de notre côté. Elle décidera alors elle-même lequel d'entre nous elle préfère. Si elle veut partir avec toi, je te la laisserai, je t'en donne ma parole. Mais si elle décide de venir avec moi, il est juste que tu reconnaisses qu'elle est mienne ! »

LE CYCLE DU GRAAL

Gauvain accepta d'emblée la proposition. Il avait une telle confiance dans la jeune femme et avait tant d'amour pour elle qu'il était persuadé qu'elle ne l'abandonnerait pour rien au monde. Les deux hommes la laissèrent donc au milieu du chemin et s'en allèrent, l'un à droite et l'autre à gauche. La jeune femme les regarda tous les deux et se mit à réfléchir, ce qui étonna grandement Gauvain. Elle savait bien quelle était la prouesse de Gauvain, notamment lorsqu'il était au lit, mais elle voulait savoir si l'autre chevalier était aussi preux et aussi vaillant [1]. Et c'est vers lui qu'elle se dirigea, sans un regard pour Gauvain.

« Seigneur, dit alors le chevalier, il n'y a pas de contestation possible : cette jeune femme a choisi librement qui elle voulait. — Certes, répondit Gauvain, profondément ulcéré. Que Dieu me maudisse si je conteste quoi que ce soit et si je me bats pour qui se moque de moi ! » Et il s'en alla à travers la forêt en emmenant avec lui les lévriers.

Cependant, au bout d'une lande, la jeune femme s'arrêta brusquement et le chevalier lui en demanda la raison. « Seigneur, répondit-elle, je ne serai jamais ton amie tant que je n'aurai pas repris possession de mes lévriers que ce chevalier, là-bas, emporte avec lui. — Tu les auras ! » s'écria-t-il. Et il piqua des deux pour rejoindre Gauvain. « Pourquoi emportes-tu ces lévriers qui ne t'appartiennent pas ? demanda-t-il. — Seigneur, répondit Gauvain, je les considère comme miens, et si quelqu'un vient me les disputer, je devrai les défendre comme mon bien propre. Mais si tu veux mon avis, il serait bon de recourir à l'épreuve que tu m'as proposée tout à l'heure lorsque nous avons mis la jeune femme au milieu du chemin pour savoir avec qui elle irait. » Le chevalier dit qu'il acceptait la proposition. Il pensait en effet que si les lévriers venaient de son côté, il se les approprierait sans

---

1. Ce texte des environs de l'an 1200 inaugure toute une série de récits antiféministes sur l'inconstance des femmes et surtout sur leur nymphomanie maladive.

116

LES CHEVALIERS DE LA TABLE RONDE

combattre, et que, de toute façon, s'ils allaient de l'autre côté, il serait bien temps pour lui de les conquérir par la force. Ils laissèrent donc les bêtes au milieu du chemin. Alors les lévriers se précipitèrent vers Gauvain et lui firent fête. Gauvain les flatta longuement du geste et de la voix, tout heureux que les chiens eussent choisi sa compagnie.

Et comme la jeune femme arrivait, furieuse de voir que ses lévriers étaient autour de Gauvain, celui-ci dit encore : « J'ai fait tout ce que cette femme m'a demandé et je lui ai donné mon amour. Voilà la façon dont elle me récompense ! Mais ces chiens, je les ai connus dans la forteresse de son père. Je les ai caressés et ils m'ont donné leur amitié. Les chiens sont une chose, et les femmes une autre ! Sachez donc qu'un animal ne trahira jamais un humain qui lui a donné son amitié et à qui il a promis son affection. Les lévriers ne m'ont pas abandonné. Je peux donc prouver ainsi qu'ils sont à moi et que leur amitié m'est plus précieuse que le faux amour que cette femme a manifesté envers moi ! »

Mais l'autre chevalier se montra de plus en plus arrogant. « Ton discours ne m'intéresse pas ! s'écria-t-il. Donne-moi les chiens ou prépare-toi à te défendre ! » Gauvain saisit alors son bouclier et le plaça contre sa poitrine. L'autre se précipita sur lui et tous deux s'affrontèrent de toute la force de leurs chevaux. Bientôt, Gauvain fit vider les étriers à son adversaire et, sautant à bas de sa monture, il le poursuivit l'épée à la main. Il y mit toute sa rage, car le tort et l'insulte qu'il venait de recevoir excitaient sa haine. Il le malmena et maltraita si fort que, soulevant le pan du haubert de son adversaire, il lui perça le flanc de sa bonne épée. Sa vengeance assouvie, il abandonna le corps sans un regard pour le cheval, le haubert et le bouclier. Il alla appeler les lévriers, puis courut reprendre son cheval. Il sauta en selle sans plus attendre.

« Seigneur ! s'écria la jeune femme. Au nom de Dieu, ne me laisse pas seule ! Ce serait un acte ignoble ! Si j'ai manqué de sagesse, ne m'en fais pas reproche ! Je n'ai pas osé te suivre parce que j'ai eu très peur quand j'ai vu que tu étais très mal équipé alors que ton adversaire était parfaitement armé ! » En entendant ces paroles, Gauvain se mit à rire. Puis il dit : « En vérité, qui veut récolter un autre blé que celui qu'il a semé, ou qui attend d'une femme autre chose que ce qu'elle est par nature, n'a pas de sagesse ! Ta compassion ne visait pas à préserver ma vie ou mon honneur, elle avait une tout autre source. Je n'ai plus aucune raison de t'écouter et je te laisse en tête-à-tête avec toi-même ! »

Sur ce, Gauvain bondit dans la forêt, suivi par les lévriers qui aboyaient joyeusement. Il abandonnait ainsi la jeune femme et ne sut jamais ce qui lui était arrivé par la suite. Il reprit la bonne direction, méditant sur l'aventure qu'il venait de vivre et se promettant d'être vigilant à l'avenir à propos de la fausseté de certaines femmes. Et, après avoir chevauché longuement, toujours en compagnie de ses chiens, il se trouva bientôt aux alentours immédiats de la forteresse de Kaerlion sur Wysg où résidait son oncle, le roi Arthur.

Cette nuit-là, Arthur était au lit avec Gwendolen. Tout à coup, celle-ci se réveilla et dit à Arthur : « J'ai eu un songe. Un jeune étranger est en ce moment même sur le chemin de Kaerlion, et je sais que ce jeune étranger prouvera une valeur supérieure à la tienne. J'ai vu qu'il me donnait un anneau d'or et qu'il me présentait deux chevaux qu'il avait conquis en combat singulier. » Ainsi parla Gwendolen, et Arthur en fut grandement troublé. Car le roi, en ce temps-là, avait coutume de se mesurer avec tous ceux qui avaient la prétention d'entrer dans sa forteresse sans y avoir été invités par lui, afin d'y être acceptés comme ses compagnons. Or, comme Gwendolen venait de se rendormir, Arthur sortit du lit bien dou-

LES CHEVALIERS DE LA TABLE RONDE

cement, de façon à ne pas troubler son sommeil, fit préparer son cheval et ses armes, franchit la porte de Kaerlion et s'en alla au hasard dans la forêt.

C'est près d'un ruisseau en crue qu'il rencontra un jeune inconnu qu'accompagnaient quelques lévriers de bonne race. Arthur défia le jeune chevalier, et celui-ci, qui était en train de boire dans le ruisseau, se redressa bien vite, saisit son bouclier et son épée et se mit en garde. Tous deux se battirent avec ténacité au milieu du gué. Au bout d'un certain temps, Arthur fut désarçonné et l'inconnu, sans plus s'occuper de lui, saisit le cheval du roi par la bride et l'entraîna dans les profondeurs de la forêt, toujours suivi par ses chiens.

Mais Arthur ne savait pas que le fidèle Kaï, inquiet de voir son frère de lait sortir en pleine nuit sans compagnon, l'avait suivi et avait assisté au combat. N'écoutant que sa bravoure, Kaï se précipita vers le jeune inconnu et le provoqua sans délai. L'autre se mit en garde et lui rendit coup pour coup et Kaï ne fut pas plus heureux qu'Arthur : il fut lui-même désarçonné ; et l'inconnu, sans plus s'occuper de lui, saisit son cheval par la bride et l'emmena avec lui dans la forêt.

Arthur et Kaï étaient bien ennuyés et honteux d'avoir été déconfits de telle sorte. En plus, ils étaient tombés dans le gué et se trouvaient mouillés jusqu'aux os. En maugréant, ils rentrèrent à pied dans la forteresse, un peu avant l'aube, tous deux fourbus et la mort dans l'âme. Arthur regagna sa chambre où il pensait pouvoir prendre un peu de repos, mais Gwendolen s'était réveillée. Quand elle vit arriver le roi tout trempé, elle lui demanda ce qui s'était passé. Arthur n'aurait jamais voulu lui avouer qu'il venait de se faire désarçonner par un jeune inconnu qui lui avait pris son cheval. Aussi inventa-t-il une histoire : ne pouvant dormir, il était allé se promener aux abords de la forteresse et il était tombé dans une fontaine en se penchant pour boire. Gwendolen

LE CYCLE DU GRAAL

fit semblant de le croire, car elle se doutait bien que son rêve était pour quelque chose dans l'aventure d'Arthur. Mais celui-ci se recoucha et s'endormit.

Tôt le matin, alors que le roi dormait encore, un jeune homme de bonne allure, au regard franc et loyal, aux vêtements richement ornés, se présenta à la cour. On le fit entrer, et c'est Gwendolen qui le reçut. Alors, le jeune homme, après s'être incliné devant la femme, lui remit un anneau d'or et lui présenta deux chevaux qu'il disait avoir conquis en combat singulier. Gwendolen se contenta de remercier le nouvel arrivant et elle alla réveiller Arthur. Le roi reconnut évidemment son cheval et celui de Kaï, et il ne put, devant Gwendolen, cacher plus longtemps la mésaventure qui lui était arrivée durant la nuit. Enfin, il demanda au jeune homme d'où il venait et qui il était. « Je viens de très loin afin d'être admis au nombre de tes compagnons, roi Arthur, et je suis confus de t'avoir maltraité de la sorte cette nuit, car je ne savais pas qui tu étais. Je me suis contenté de me défendre. — Tu as bien fait, dit Arthur, et je dois reconnaître que ton habileté et ta vaillance me surprennent, comme elles ont surpris mon frère Kaï, auquel tu t'es opposé immédiatement après, lorsqu'il a voulu me venger. » On fit venir Kaï et celui-ci fit la paix avec le jeune homme, avouant qu'il n'avait jamais été vaincu aussi vite par un adversaire.

« Mais qui es-tu donc ? » demanda Arthur. Le jeune chevalier sortit un rouleau de parchemin de son vêtement. « Voici, dit-il, un acte qui te prouvera que je suis de ta famille, roi Arthur. Je suis en effet Gauvain, fils du roi Loth d'Orcanie et de la reine Anna, ta propre sœur. Étant ton neveu, je viens me remettre à toi et te demander de faire partie de tes compagnons les plus fidèles pour la plus grande gloire du royaume. — C'est bien, dit le roi. Sache, mon neveu, que tu es le bienvenu. » [1]

---

1. D'après le *De Ortu Walwani*, récit latin du XIIIᵉ siècle, contenant certains archaïsmes qui en font remonter la trame très loin dans le temps.

LES CHEVALIERS DE LA TABLE RONDE

A ce moment, un échiquier de toute beauté apparut dans la salle où se trouvait Arthur. D'une façon prodigieuse, cet échiquier entra par la fenêtre ouverte, voleta à travers la pièce et ressortit pour disparaître. Tous ceux qui étaient là furent stupéfaits d'une telle merveille et ne pouvaient expliquer comment cela s'était produit. « Mon royaume ! s'écria Arthur. Je ferai héritier de mon royaume celui qui me rapportera cet échiquier magique ! » Mais ils étaient tous tellement ébahis que personne ne se hasarda à répondre. A la fin, ce fut le jeune Gauvain qui parla : « Mon oncle ! je suis prêt à tenter l'aventure ! — Va ! lui répondit le roi, et que Dieu te protège de tous les maléfices que tu rencontreras sûrement. »

Gauvain se précipita hors de la salle, et il eut le temps de voir l'échiquier qui volait au-dessus des remparts. Son cheval, qu'on appelait le Gringalet [1], se trouvait là tout sellé. Gauvain sauta sur le dos du cheval et, tandis qu'on baissait le pont-levis, il s'élança dans la prairie qui s'étendait devant la forteresse, ne perdant pas de vue l'échiquier qui tournoyait au-dessus des arbres de la forêt toute proche.

Piquant des deux, Gauvain poursuivit l'échiquier durant une bonne partie de la journée. Chaque fois qu'il voyait l'échiquier perdre de la hauteur et s'égarer à travers les branchages, il accélérait l'allure du Gringalet, mais c'était peine perdue, car lorsqu'il parvenait à proximité, l'échiquier semblait bondir, comme projeté par une force invisible, et la course folle reprenait, plus ardente que jamais. Le soir tombait quand Gauvain arriva au pied d'une montagne très sombre. Sur les flancs de cette montagne s'ouvrait une caverne qui paraissait profonde : l'échiquier y vola et disparut à l'intérieur, tandis que les parois se refermaient avec un grand fracas. Mais Gauvain avait eu le temps d'y péné-

---

1. En réalité, le nom originel devait être *Keinkalet*, mot breton-armoricain qui signifie littéralement « dos dur ».

LE CYCLE DU GRAAL

trer immédiatement après l'échiquier ; et il se trouvait maintenant au cœur de la montagne, dans un souterrain profond et noir où il ne pouvait rien distinguer.

Il mit pied à terre et, tenant son cheval par la bride, il avança prudemment, à petits pas, tendant sa main pour palper la paroi et s'assurer que le passage était suffisant pour lui et pour le Gringalet. Il aperçut alors une lueur, assez loin devant lui. Il se dirigea vers elle d'un pas plus rapide et plus assuré, parvenant bientôt dans un immense espace où brûlaient des feux dont la fumée noircissait la voûte. Mais il n'y avait plus aucune trace de l'échiquier.

Gauvain se demandait ce qu'il allait bien pouvoir faire, quand il entendit des rugissements. Il vit alors un horrible dragon se précipiter vers lui, lançant des flammes par sa gueule béante. Se protégeant de la chaleur grâce à son bouclier, il n'hésita pas à se lancer en avant, son épée tendue devant lui. C'est ainsi qu'il accula le dragon à la paroi et fut assez heureux pour enfoncer son épée jusqu'à la garde dans la poitrine du monstre. Celui-ci poussa des hurlements épouvantables et s'écroula sans vie sur le sol rugueux. Mais aussitôt, d'une anfractuosité qui se trouvait du côté opposé, un autre dragon, aussi effrayant, surgit et vint l'attaquer. Gauvain se résolut à tenter la même manœuvre, et il parvint ainsi à se débarrasser rapidement du deuxième monstre.

Épuisé par le combat, Gauvain s'allongea et reprit son souffle. Les grands feux continuaient de brûler comme auparavant, comme si le combustible était inépuisable. Gauvain se plongea dans de tristes pensées : cette double victoire lui avait permis d'écarter un danger immédiat, mais il se trouvait bel et bien enfermé dans le flanc de la montagne. Il fallait trouver un moyen de sortir de là, et aussi de retrouver l'échiquier magique. Quand il se fut suffisamment reposé, Gauvain se leva, prit son cheval par la bride et se décida à suivre le souterrain par lequel étaient venus les deux monstres. C'était un sombre cou-

LES CHEVALIERS DE LA TABLE RONDE

loir infesté de vapeurs suffocantes. Courageusement, Gauvain avançait à pas rapides, et bientôt, il eut la surprise de déboucher en plein air, dans une large vallée verdoyante, où chantaient des oiseaux de toutes espèces. Au fond de la vallée, il y avait un lac, et de l'autre côté du lac, une forteresse de pierre grise se dressait vers le ciel.

Gauvain remonta sur son cheval et, contournant le lac, il arriva à la porte de la forteresse. Sans qu'il eût à demander quoi que ce fût, on lui baissa le pont-levis, et des serviteurs vêtus de riches habits brodés vinrent à sa rencontre. « Bienvenue à toi », dirent-ils. Ils le désarmèrent et conduisirent le cheval à l'écurie. Puis, toujours avec courtoisie, ils l'invitèrent à les suivre dans la grande salle où l'attendait le maître des lieux. Celui-ci était assis sur un trône d'argent serti de pierres précieuses d'où émanait une grande lumière. Cet homme était de taille moyenne, avec des cheveux très noirs et une longue barbe qui commençait à grisonner. Il portait un manteau d'écarlate, et sur sa tête une couronne d'or scintillait. Lorsqu'il vit entrer Gauvain, il se leva et dit : « Bienvenue à toi, chevalier, qui que tu sois. Il était dit depuis longtemps que seul le chevalier le plus courageux du monde pouvait franchir les souterrains de la montagne sans connaître la peur. Tu te trouves ici au Château des Merveilles et l'on m'appelle moi-même le Roi Merveille. »

Le roi fit asseoir Gauvain sur un siège recouvert de fourrures, et des serviteurs vinrent apporter des rafraîchissements. Ils devisèrent tous deux de choses et d'autres ; puis Gauvain expliqua sa présence en disant qu'il était à la recherche d'un étrange échiquier qui était apparu dans la forteresse du roi Arthur et qui avait la propriété de voler dans les airs. « Cet échiquier m'appartient, dit le Roi Merveille, mais si tu veux bien accomplir la mission que je vais te confier, c'est très volontiers que je t'en ferai don. — Comment cela ? demanda Gauvain. — Ce n'est pas difficile, dit le roi. Si tu suis la rivière, au

LE CYCLE DU GRAAL

fond de la vallée, tu parviendras au pied d'une forteresse où réside le roi Amoran. Or, le roi Amoran possède une épée à deux renges, qui a la particularité de rendre invincible celui qui la tient. Arrange-toi pour te faire remettre cette épée par le roi Amoran, et donne-la-moi. Tu auras l'échiquier en échange. — Je le ferai », dit Gauvain.

Le lendemain, de bon matin, après avoir passé la nuit au Château des Merveilles, Gauvain partit sur le Gringalet et suivit la rivière qui coulait au fond de la vallée. Après avoir chevauché ainsi une partie de la journée, il déboucha dans une grande plaine où paissaient de nombreux troupeaux. Et, de l'autre côté de la plaine, il aperçut une forteresse de pierre rouge qui brillait dans les rayons du soleil. C'est vers la forteresse qu'il se dirigea, et quand il fut parvenu à l'entrée, il demanda à voir le roi Amoran. On baissa le pont-levis, on l'invita à pénétrer à l'intérieur, et, sans plus attendre, on le conduisit près du roi Amoran.

Celui-ci se promenait le long des remparts avec quelques-uns de ses familiers. Gauvain salua le roi. « Qui es-tu, étranger ? demanda Amoran. — Je n'ai jamais caché mon nom, répondit Gauvain. Je suis Gauvain, fils du roi Loth d'Orcanie, et mon oncle est le roi Arthur. — C'est bien, dit Amoran. Je connais le roi Arthur de réputation et je sais que c'est un preux chevalier, un homme juste, et qui possède de grandes richesses. Viens-tu ici de sa part, ou bien es-tu simplement égaré dans ce pays ? — C'est pour moi-même que je suis venu te trouver, répondit Gauvain, car j'ai entendu dire que tu avais une épée à deux renges qui a cette particularité de rendre invincible celui qui la brandit dans les combats. — C'est la vérité. Et je suppose que tu es là pour me demander de te donner cette épée. — Oui », dit Gauvain.

Le roi Amoran l'entraîna à l'écart. « Écoute, lui dit-il, si tu fais le serment de m'aider, je te donnerai l'épée. — Que veux-tu que je fasse ? demanda Gauvain. — Eh

124

LES CHEVALIERS DE LA TABLE RONDE

bien, voici : je suis amoureux d'une jeune fille qui est très belle, mais que son père retient prisonnière dans une forteresse imprenable. Cette jeune fille porte le nom d'Isabelle, et son père est le roi Assentin, qui est un grand magicien. Mais il sait qu'il perdra tous ses pouvoirs le jour où sa fille partagera le lit d'un homme. C'est pourquoi il la tient enfermée dans une forteresse entourée de douze murs, chacun muni d'une porte de métal, chaque porte étant gardée par quatre-vingts hommes armés. Mais, à l'intérieur, se trouve un verger merveilleux, avec des arbres qui donnent des fruits toute l'année et une fontaine dont les eaux rendent la jeunesse et la beauté à quiconque en boit. — Cette forteresse est-elle loin d'ici ? demanda Gauvain. — Seulement à quelques lieues, répondit Amoran. Voici ce que je te propose. Je vais te remettre l'épée invincible et tu me feras le serment de me ramener la jeune Isabelle. Mais je t'avertis qu'il te faudra beaucoup de courage, car les sortilèges d'Assentin sont redoutables. — Sur mon âme, dit Gauvain, je jure de te ramener celle que tu aimes ! »

Le lendemain, le roi Amoran accompagna Gauvain jusqu'à la poterne. Là, il lui donna l'épée à deux renges. Puis, après avoir ceint l'épée à sa ceinture, Gauvain prit congé de son hôte et sauta sur son cheval. Il traversa des pâtures verdoyantes et suivit un chemin empierré à travers une forêt très sombre. Parvenu à un carrefour, il entendit des cris de femme. Il s'arrêta et regarda autour de lui. C'est alors qu'il vit un spectacle surprenant : sur le chemin perpendiculaire à celui qu'il avait emprunté, il y avait un chevalier entièrement vêtu de rouge, et devant lui, sur un cheval aussi, une jeune fille au torse nu, qui poussait des cris lamentables, car le chevalier la faisait avancer en la fouettant. Et son dos était couvert de sang. Gauvain se dirigea vers eux. « Chevalier ! s'écria-t-il, que se passe-t-il ici ? — Mêle-toi de tes affaires, répondit l'autre sans cesser de manœuvrer son fouet sur le dos de la

LE CYCLE DU GRAAL

jeune fille. — Si tu n'arrêtes pas immédiatement de frapper cette jeune fille, tu devras m'en rendre raison ! reprit Gauvain. — Qu'à cela ne tienne ! » répondit le chevalier en se retournant. Et, lâchant son fouet, il tira son épée et se précipita sur Gauvain. Celui-ci se saisit rapidement de l'épée aux deux renges et se mit en posture de défense. Le choc fut rude, mais le combat ne dura pas longtemps. D'un coup de l'épée merveilleuse, Gauvain transperça son adversaire et le fit tomber à terre. « Je vais mourir, dit le chevalier. Mais, je t'en supplie, entends-moi en confession ! » Gauvain s'agenouilla près de lui et entendit sa confession. L'homme s'affaiblissait, et juste avant de mourir, il murmura : « Pour l'amour de Dieu, je t'en prie, fais-moi enterrer en terre chrétienne et fais dire une messe pour le repos de mon âme... » Gauvain le lui promit.

Il se préoccupa alors de la jeune fille. Elle était épuisée par les mauvais traitements qu'elle avait subis. Gauvain la recouvrit d'une couverture et lui demanda qui elle était, d'où elle venait et pourquoi elle était ainsi maltraitée. « Je suis la nièce d'un vavasseur qui habite de l'autre côté de cette forêt, répondit-elle, et le chevalier que tu as tué m'avait gagnée lors d'une partie d'échecs avec mon oncle. Je ne pouvais pas faire autrement que de le suivre, mais comme je me refusais à lui, il avait décidé de me fouetter jusqu'au moment où j'aurais accepté de coucher avec lui. — Je vais te raccompagner chez ton oncle, dit Gauvain. — Bien volontiers, seigneur », dit la jeune fille.

Ils eurent tôt fait d'arriver à la demeure de l'oncle. Celui-ci fut très heureux lorsqu'il apprit ce qui s'était passé. Il félicita grandement Gauvain et lui offrit l'hospitalité pour le temps qu'il voudrait. « Je te remercie, seigneur, répondit Gauvain, mais je me dois d'accomplir ce pour quoi je suis venu ici. » Il prit congé du vavasseur et de la jeune fille et retourna auprès du corps du chevalier rouge, car il n'avait pas oublié ce qu'il avait promis à son malheureux adversaire. Il chargea le corps sur son cheval

LES CHEVALIERS DE LA TABLE RONDE

et, passant dans un village où se trouvait une petite église, il le fit enterrer dans le cimetière. Puis il demanda au prêtre qui desservait l'église de célébrer une messe pour le repos de l'âme du défunt. Alors Gauvain repartit sur le Gringalet, à la recherche des domaines du magicien Assentin.

Il erra plusieurs jours, traversant des plaines et des vallées, interrogeant les bergers et les villageois qu'il rencontrait. On finit par lui indiquer la bonne direction, et il se trouva bientôt en vue d'une forteresse qui surplombait un ravin très profond et très sombre et qu'on voyait surgir d'un épais brouillard de couleur grise. L'aspect de cette forteresse était terrifiant, d'autant plus qu'on entendait, alentour, des rugissements de bêtes sauvages et qu'on voyait tournoyer dans le ciel des nuées d'oiseaux de proie. Gauvain, évitant de se laisser impressionner, continuait son chemin, bien décidé à aller jusqu'au bout et confiant dans la vertu merveilleuse de l'épée aux deux renges.

Il arriva ainsi au bord d'une rivière. Mais il s'aperçut que c'était une rivière de feu : les flammes en occupaient tout le lit, et il semblait impossible de les franchir. Gauvain longea la rivière, mais plus il allait, plus il s'éloignait de la forteresse, et il ne découvrit aucun pont, aucun endroit où il eût pu passer de l'autre côté. Il pénétra dans un enclos planté de beaux arbres, et où des fleurs répandaient des parfums enivrants. Harassé par sa course et désespéré de ne pas trouver de passage, il s'arrêta, descendit de cheval et s'allongea sous les branches d'un tilleul afin de se reposer. Mais il ne fut pas plus tôt allongé qu'il s'endormit d'un sommeil profond.

Pendant qu'il dormait ainsi, un renard surgit d'un fourré avoisinant et se dirigea vers lui. Le renard commença par lui enlever l'épée qu'il traîna jusqu'à un buisson pour l'y cacher. Puis, de ses dents aiguës, il brisa le bouclier de Gauvain et déchira ses vêtements. C'est alors que Gauvain s'éveilla en sursaut. Il constata l'état dans

127

LE CYCLE DU GRAAL

lequel il était et aperçut le renard près de lui. Comprenant que l'animal était l'auteur de ce forfait, il le saisit de ses mains puissantes et se préparait à l'étrangler quand le renard se mit à parler : « Ne me tue pas, dit-il, car je peux t'aider à trouver ce que tu cherches ! » Gauvain fut bien ébahi. Il lâcha le renard. « Qui es-tu donc ? demanda-t-il. — Je n'ai pas toujours été sous cette forme, dit le renard. J'étais un jeune homme d'une noble famille, mais ma marâtre, qui voulait privilégier son fils à elle, m'a lancé un sortilège. C'est pourquoi je suis sous l'aspect d'un renard. Mais j'ai cependant gardé la voix d'un homme. Écoute-moi bien : si tu me fais confiance, je vais t'indiquer comment pénétrer dans la forteresse du magicien Assentin. Car si tu parviens à le vaincre, le sortilège qui pèse sur moi sera levé. J'ai donc tout intérêt à ce que tu réussisses dans ton entreprise. Si j'ai déchiré tes habits, brisé ton bouclier et caché ton épée, c'était pour voir comment tu pouvais réagir. »

Le renard indiqua à Gauvain la cachette où se trouvait l'épée, puis il le conduisit à un endroit où l'on voyait un grand trou dans le sol. « C'est l'entrée d'un souterrain qui passe sous la rivière de feu et qui te permettra d'arriver sans encombre de l'autre côté. Laisse ton cheval ici : il aura de quoi pâturer dans cet enclos qui m'appartient et dans lequel je ne laisserai entrer âme qui vive. Quand tu auras vaincu le magicien, tu reviendras ici par le même chemin, et tu pourras retrouver ton cheval. Mais fais bien attention à l'endroit où débouche le souterrain afin de le retrouver quand tu voudras revenir. »

Gauvain s'engagea dans le souterrain et marcha longtemps dans l'obscurité, l'épée à la main. Il déboucha entre deux énormes rochers, en face de la première porte de la forteresse. Aussitôt, il fut pris à partie par les gardiens de la porte, mais son épée fit tant de merveilles qu'il en tua une partie et que les autres s'enfuirent. Il en fut de même à la deuxième porte et cela jusqu'à la

LES CHEVALIERS DE LA TABLE RONDE

dixième. Mais quand il eut franchi cette dernière, il se trouva face à face avec le roi Assentin. Le magicien avait un aspect terrifiant. Il attaqua Gauvain de toute sa force et, par magie, il fit sauter des mains de son adversaire l'épée qui rendait invincible. C'est ainsi que Gauvain fut fait prisonnier.

Tout à la joie d'avoir maîtrisé le courageux jeune homme, Assentin le fit charger de chaînes et ne résista pas au plaisir de le montrer, dans toute son humiliation, à sa fille Isabelle. Mais quand celle-ci aperçut Gauvain, son cœur fut tout chaviré. Ce n'était pas seulement la pitié qui la troublait ainsi, mais l'aiguillon de l'amour qui la piquait et la tourmentait, à tel point qu'elle résolut immédiatement de venir en aide à celui qui avait été assez audacieux pour parvenir en plein cœur de cette forteresse. « Mon père, dit-elle, j'ai bien envie de lui faire payer très cher son attitude, et tu sais que je peux être très cruelle lorsque l'idée m'en prend. Laisse-moi m'occuper de lui, tu ne le regretteras pas ! — Pourquoi pas ? dit Assentin qui se sentit soudain très fier de la méchanceté apparente de sa fille. Fais-le souffrir comme tu l'entends, de sorte qu'il regrette d'être né ! »

Isabelle fit enfermer Gauvain dans une pièce à l'écart, éclairée par une simple petite lucarne. Mais comme il y avait un trou à la porte, la jeune fille resta là, silencieusement, pour observer son comportement. Elle entendit Gauvain se lamenter sur son sort et sur l'impossibilité où il était de poursuivre sa mission. « Hélas ! disait-il, je perdrai donc mon honneur, et le roi Arthur apprendra vite que je ne suis pas digne d'être son neveu ! Suis-je donc maudit pour avoir ainsi lâché cette épée grâce à laquelle je pouvais vaincre ce diabolique enchanteur ! Et cela au moment même où je rencontre la plus belle et la plus gracieuse fille du monde, cette Isabelle dont on m'a tant vanté les mérites et dont je ne peux chasser l'image de mon esprit ! » Ces dernières paroles remplirent de joie

LE CYCLE DU GRAAL

la jeune fille, car elle savait maintenant que son amour pouvait être payé de retour. La nuit suivante, alors que tout le monde dormait dans la forteresse, Isabelle vint délivrer Gauvain et le conduisit dans sa propre chambre. Là, ils n'eurent pas à parler bien longtemps pour comprendre qu'ils étaient amoureux l'un de l'autre, et ils purent en toute impunité donner libre cours à leur passion.

Cependant, l'un des serviteurs avait été témoin de la délivrance de Gauvain. Il alla prévenir le roi Assentin, et, au matin, celui-ci, accompagné de quelques fidèles, se précipita dans la chambre de sa fille, animé de la plus violente colère. Il fit saisir les deux jeunes gens et les fit enfermer dans un cachot humide où ils furent enchaînés au mur, l'un en face de l'autre, pour qu'ils pussent se voir dans leur misère.

Mais alors que tous deux se demandaient avec angoisse quel sort leur réservait le magicien, ils entendirent un léger bruit derrière le soupirail qui constituait la seule ouverture de ce réduit. Gauvain aperçut avec stupeur un grand oiseau rouge qui s'acharnait à coups de bec et d'ongles sur les barreaux. Bientôt, ceux-ci cédèrent et l'oiseau entra dans le cachot. Il se posa près de Gauvain et, toujours avec son bec et ses ongles, il le débarrassa de ses chaînes. « Qui es-tu donc ? demanda Gauvain. — Ne dis rien, répondit l'oiseau. Je suis l'âme de celui que tu as fait enterrer et pour qui tu as fait célébrer une messe. Je viens payer ma dette envers toi. » Alors l'oiseau délivra de la même façon la jeune Isabelle, puis il s'attaqua à la serrure de la porte. Ils furent bientôt dans les couloirs de la forteresse, l'oiseau voletant devant eux. Il les mena dans une pièce où se trouvaient l'armure de Gauvain ainsi que l'épée aux deux renges. Gauvain s'en saisit avec joie et, accompagné d'Isabelle, il sortit de la forteresse, guidé par l'oiseau. Et celui-ci les abandonna à l'entrée du souterrain avant de disparaître dans le ciel dans un grand tourbillon de lumière.

Gauvain et Isabelle se retrouvèrent dans l'enclos du

LES CHEVALIERS DE LA TABLE RONDE

renard. Celui-ci les attendait. « Maintenant, dit le renard
à Gauvain, tu peux me toucher du plat de cette épée. »
Gauvain posa l'épée sur le dos du renard : aussitôt celui-
ci disparut dans une brume dorée et, quand la brume fut
dissipée, ils virent un beau jeune homme blond qui les
saluait. « Merci à toi, Gauvain, toi le meilleur des chevaliers ! s'écria-t-il. Grâce à ton courage et à ta ténacité, tu
as permis que fût levé le sortilège qui m'accablait. Je vais
pouvoir maintenant retourner dans mon pays et demander
justice contre celle qui m'avait plongé dans cet état.
Quant à vous, ajouta-t-il, je ne peux que vous souhaiter
le plus grand bonheur du monde ! » Et il les quitta pour
s'enfoncer dans les bois. Gauvain retrouva le Gringalet
dans l'enclos. Il y fit monter Isabelle, et tous deux prirent le chemin des domaines du roi Amoran.

Or, quand ils parvinrent à la forteresse, on leur apprit
que le roi Amoran venait de mourir. Gauvain se trouvait
de ce fait délié de la mission dont le défunt l'avait chargé
sous serment : non seulement il pouvait garder l'épée aux
deux renges, mais personne ne pouvait s'opposer à ce
que la jeune et belle Isabelle restât avec lui. Ils partirent
immédiatement pour le Château des Merveilles, et là, le
Roi Merveille, comme il l'avait promis, lui donna l'échiquier magique en échange de l'épée qui rendait invincible. Et, toujours accompagné d'Isabelle, Gauvain revint
à la cour du roi Arthur, offrant à son oncle, devant tous
les chevaliers assemblés, l'échiquier magique qu'il avait
eu tant de mal à conquérir. Alors le roi vint à lui, l'embrassa avec chaleur, et dit d'une voix très forte : « Beau
neveu, fils de ma sœur, devant tous ces chevaliers qui
sont présents, je te déclare le seul héritier de mon
royaume ! » Toute l'assistance applaudit et l'on donna, à
cette occasion, de grandes fêtes qui se poursuivirent pendant plusieurs jours et plusieurs nuits [1].

---

1. D'après *Gauvain et l'Échiquier*, récit néerlandais en vers, datant de
la première moitié du XIIIᵉ siècle. *Revue des Traditions populaires*.

LE CYCLE DU GRAAL

Cependant, à quelque temps de là, Arthur tenait cour ouverte devant la forteresse afin que tous ceux du royaume qui avaient à se plaindre de quelque chose pussent se présenter et demander justice. Le roi s'efforçait ainsi de calmer les esprits et d'assurer l'harmonie parmi ses sujets. Et il était déjà tard dans l'après-midi quand les guetteurs annoncèrent qu'une jeune fille solitaire, très avenante et très belle, arrivait à grande allure sur une mule. Mais la mule n'avait qu'un licol pour tout équipage : elle n'avait point de frein [1].

La jeune fille pénétra dans l'assemblée et s'arrêta devant le roi. Là, elle descendit de sa mule, tandis que Kaï, Bedwyr et Gauvain allaient vers elle pour l'aider si elle en avait besoin. Mais elle ne semblait pas d'humeur à se livrer à des mondanités. Elle écarta les chevaliers et s'adressa ainsi à Arthur, d'une voix qu'on sentait pleine de colère : « Roi, tu as la réputation d'être juste et secourable, et tes compagnons sont de courageux chevaliers. Voici ce qui m'amène : comme tu as pu le voir, ma mule n'a pas de frein. C'est qu'on m'a volé ce frein auquel je tenais presque autant qu'à ma propre vie. Et je n'aurai plus de joie tant que je ne l'aurai pas retrouvé ! Alors, je demande solennellement à l'un de tes chevaliers de partir à sa recherche, pendant que moi-même j'attendrai ici qu'il revienne avec l'objet que je désire tant. Ce chevalier n'aura qu'à monter sur ma mule et à se laisser conduire jusqu'à une forteresse qui n'est pas très éloignée d'ici, mais que personne d'entre vous n'a jamais vue. Mais je dois vous prévenir que d'étranges aventures l'y attendront dont il ne pourra se sortir que par sa grande vaillance. Et je promets de donner un baiser à celui qui aura assez de chance pour revenir avec le frein que j'attends. »

Un grand brouhaha traversa l'assemblée. Puis Kaï

---

1. Le frein désigne le mors glissé dans la bouche de la monture, et parfois la bride entière.

LES CHEVALIERS DE LA TABLE RONDE

s'avança devant le roi, auprès de la jeune fille. « Je réclame l'honneur d'y aller », dit-il. Le roi réfléchit un instant. « Puisque tu es le premier à avoir parlé, Kaï, il est juste de te laisser cet honneur. Permets-moi seulement de te rappeler que ton impétuosité t'a toujours attiré des ennuis, et cela malgré ta valeur et ton grand courage. — Ne crains rien pour moi, répondit Kaï, je saurai bien revenir avec le frein. Mais j'aimerais que cette jeune fille m'accordât tout de suite le baiser que je mériterai. » La jeune fille parut très irritée : « Il n'en est pas question, dit-elle. Reviens avec le frein et tu auras ta récompense à ce moment-là. En attendant, monte sur cette mule et laisse-toi conduire. Surtout prends garde de ne jamais la contraindre, de quelque côté qu'elle veuille aller. »

Sans plus attendre, Kaï se fit apporter sa lance, son épée et son bouclier. Il revêtit son haubert et monta sur la mule. Aussitôt, celle-ci détala au petit trot et se dirigea vers la forêt, sous les yeux étonnés de tous ceux qui se trouvaient rassemblés devant la forteresse. Quant à la jeune fille, on vit bien qu'elle demeurait triste et désespérée parce qu'elle doutait fort que Kaï pût réussir dans son entreprise.

Cependant, la mule poursuivait son chemin. Après être sortie de la forêt, elle traversa une grande plaine et s'enfonça dans un bois très touffu et très sombre, sur un sentier qui tournait et retournait sans cesse. Dès qu'elle fut dans le bois, des bêtes surgirent des fourrés, des lions, des léopards, des tigres, ce qui plongea Kaï dans une grande terreur, car il n'avait aucun moyen de se défendre contre leur férocité. Mais, à son grand étonnement, les bêtes sauvages s'agenouillèrent devant la mule, car elles la connaissaient bien comme elles connaissaient la jeune fille à qui elle appartenait. Quant à la mule, elle suivait sans hésiter le sentier, et il était visible qu'elle le fréquentait depuis bien longtemps. C'est ainsi qu'elle sortit de la forêt et qu'elle pénétra dans une très large et très profonde vallée.

133

LE CYCLE DU GRAAL

Là, la terreur de Kaï redoubla, car, au fur et à mesure que la mule avançait, il voyait surgir d'énormes couleuvres, des serpents de toutes sortes, des scorpions et d'autres bêtes dont la gueule crachait du feu. Et, de plus, il y avait dans cette vallée une puanteur telle qu'il n'en avait jamais senti de semblable, et il y régnait un froid plus intense que celui qu'on aurait pu observer en plein cœur de l'hiver sur le sommet d'une haute montagne. Mais la mule ne semblait prêter aucune attention à ce qui l'environnait. Elle continuait son chemin et déboucha bientôt dans une plaine au milieu de laquelle se trouvait une fontaine très claire et très pure, entourée de fleurs, de pins et de genévriers. La mule s'arrêta et se mit à boire. Kaï descendit lui-même du dos de la bête et s'abreuva longuement, car il était fort altéré. Puis ils reprirent leur chemin.

Ils parvinrent alors au bord d'une grande rivière. Mais Kaï fut très désorienté de la voir aussi large et profonde. Il eut beau longer la rive pendant longtemps, il ne découvrit ni passerelle, ni pont, ni gué. N'y avait-il donc aucun moyen de franchir cette rivière ? A la fin, Kaï vit une planche qui reliait les deux berges, mais c'était une planche de métal très lisse, et si étroite qu'il paraissait impossible de s'y engager sans glisser et tomber au plus profond des eaux noires qui bouillonnaient au-dessous. La mule s'était arrêtée, semblant attendre que Kaï prît une décision. Mais jugeant qu'il risquait sa vie pour peu de chose, Kaï, en maugréant contre la futilité des femmes qui perdent le frein de leur mule, préféra faire demi-tour. Et la mule refit le chemin en sens inverse, traversa la vallée aux bêtes immondes, la forêt où rugissaient les animaux féroces, et finalement se retrouva sur la prairie devant la forteresse de Kaerlion.

Kaï n'était pas très fier. Il s'abstint de tout commentaire et préféra regagner son logis, profondément ulcéré parce que tous ceux qui se trouvaient là étaient les témoins de son échec. Et la jeune fille à la mule se mit à

LES CHEVALIERS DE LA TABLE RONDE

pleurer, se lamentant sur son sort. Le roi Arthur était plutôt agacé par cette situation : il devait aide et assistance à cette jeune fille comme il le devait à tous ceux qui lui réclamaient justice ; mais il pensait qu'un frein de mule ne valait peut-être pas qu'on exposât, pour le retrouver, la vie d'un bon chevalier. « Puisque c'est ainsi, dit-il, je vais y aller. » Mais, alors, Gauvain s'interposa : « Non, mon oncle, dit-il, c'est à moi de partir. Notre honneur à tous est en jeu, et je m'engage, en ton nom, au nom de Kaï et de tous tes compagnons, à réussir cette entreprise. Je ramènerai le frein. » Arthur réfléchit un instant, puis il dit : « C'est bien. Pars, beau neveu, et que Dieu te protège. »

Gauvain monta sur la mule et la jeune fille lui donna sa bénédiction. Il laissa aller l'animal qui se mit à trotter et s'engagea dans la forêt. En passant dans le bois où rugissaient les bêtes féroces, il fut très étonné, mais ne s'émut guère, car il avait remarqué que les bêtes se gardaient bien d'approcher. Il en fut de même dans la vallée ténébreuse. Et quand il parvint à la planche de métal qui reliait les deux rives de la rivière aux eaux noires, il se dit qu'il fallait passer coûte que coûte.

Il se recommanda à Dieu et frappa la mule. Celle-ci sauta sur la planche. La planche ne céda point sous le poids de l'animal et de l'homme. Il arriva pourtant, en plusieurs endroits, que le pied de la mule glissât et se trouvât ainsi sur le point de tomber dans le vide. Gauvain n'était guère rassuré, mais il tenait bon, et c'est sans encombre qu'il atteignit la rive opposée. Là, il respira profondément et remercia Dieu de lui avoir permis de franchir ce mauvais pas. La mule s'était remise en marche dans un sentier qui les mena devant une forteresse très bien située, puissante et belle, encerclée d'un fossé très profond. Et Gauvain remarqua qu'il y avait une palissade faite de gros pieux bien affûtés sur lesquels étaient fichées des têtes d'hommes. Il remarqua également qu'un seul pieu ne portait pas de tête.

Mais Gauvain n'était pas au bout de ses surprises, car en cherchant le moyen d'entrer dans la forteresse, il s'aperçut que celle-ci tournait sur elle-même à une vitesse assez grande, comme si elle avait été bâtie sur un pivot. De ce fait, la porte et le pont qu'on voyait de temps à autre n'étaient jamais à la même place. Il se demandait bien ce que tout cela signifiait, mais il était néanmoins décidé à faire tout ce qui était en son pouvoir pour pénétrer dans les lieux. Il se plaça en position de façon à se précipiter vers la porte dès que celle-ci se trouverait en face de lui. Il était prêt à bondir, mais à peine la porte se trouva-t-elle devant lui qu'elle dépassa l'endroit à toute vitesse.

Mais cet échec ne fit que renforcer sa détermination. Il attendrait le temps nécessaire, mais il profiterait du moment le plus opportun. Il guetta, les muscles tendus, et quand il vit de nouveau la porte approcher, après avoir calculé la vitesse du mouvement, il piqua la mule avec vigueur. Celle-ci bondit sous l'effet de l'éperon, se jeta à travers la porte et se retrouva ainsi à l'intérieur de la forteresse.

Gauvain se demandait quelle pouvait être cette étrange ville qui se découvrait à ses regards. La mule l'emportait à vive allure à travers des rues désertes. Il n'y avait ni homme, ni femme, ni être vivant. La mule s'arrêta sous l'auvent d'une maison comme si elle avait l'habitude de s'y reposer. C'est alors qu'un nain déboucha d'une ruelle obscure. Quand il fut parvenu au milieu de la rue, il salua Gauvain en disant : « Bienvenue à toi, Gauvain, fils du roi Loth d'Orcanie ! — Comment me connais-tu ? » demanda Gauvain. Le nain ne répondit rien. Gauvain insista : « Et toi, nain, qui es-tu donc ? Quel est ton seigneur, ou quelle est ta dame ? » Mais le nain refusait toujours de répondre. Il disparut dans la ruelle d'où il était venu. Gauvain mit pied à terre. Sous une arche, il remarqua un caveau vaste et profond qui semblait s'enfoncer sous la terre. Il se pencha pour l'examiner de plus près et vit, au

LES CHEVALIERS DE LA TABLE RONDE

sommet d'un escalier de pierre, surgir un homme d'une taille démesurée, portant des vêtements de paysan, la barbe et les cheveux hirsutes. Gauvain remarqua qu'il avait l'air maussade et cruel et qu'il tenait une grande hache à la main. Cependant l'homme le salua poliment et lui dit : « Je te trouve bien téméraire d'être venu jusqu'ici. Tu as vraiment gaspillé tes pas, car tu n'obtiendras pas le frein que tu as promis de ramener. Il est entouré de trop bons gardiens. Et si tu voulais l'obtenir, il te faudrait assurément livrer de périlleux combats. — Je suis venu pour cela, répondit Gauvain, et je suis plus que jamais décidé à obtenir ce frein. — Tu l'auras voulu, dit l'homme hirsute. Mais, trêve de bavardages. Tu es fatigué par ton voyage et tu as besoin de te restaurer et de dormir. Tu seras mon hôte cette nuit. »

L'homme le mena tout droit à son logement, le fit entrer dans une salle où un repas était déjà préparé sur une table, et il le servit lui-même. Quand Gauvain fut rassasié, l'homme lui apporta de l'eau et le conduisit dans une chambre où se trouvait une couche haute et large. « Gauvain, tu dormiras dans ce lit. Mais avant que tu ne te couches, je dois te demander quelque chose. Tu pourras la refuser. Je te demande de prendre cette hache et de me couper la tête. Mais, attention, demain matin, je devrai trancher la tienne lorsque je reviendrai. Choisis donc de le faire ou de ne pas le faire. — Je serais insensé si je n'acceptais pas ! répondit Gauvain, à peine étonné par cette étrange proposition. — Alors, viens avec moi », dit l'homme.

Il emmena Gauvain dans une grande salle où se trouvait un billot. L'homme plaça sa tête sur le billot. Gauvain prit la hache et, d'un seul coup, lui trancha la tête. L'homme hirsute se remit à l'instant sur ses pieds, ramassa sa tête et s'en alla. Gauvain retourna dans la chambre, se coucha et s'endormit aussitôt.

Au point du jour, il s'éveilla, se leva et s'équipa. C'est

LE CYCLE DU GRAAL

alors que l'homme hirsute fit son entrée. Il avait la tête sur ses épaules et ne paraissait pas le moins du monde avoir souffert de cette décollation. Gauvain l'examinait avec attention, mais il ne put discerner aucune trace de blessure sur son cou. « Gauvain, dit l'homme, je viens te rappeler notre accord ! — C'est juste », dit Gauvain. Il alla dans la salle et mit son cou sur le billot. Alors l'homme hirsute fit tournoyer sa hache, mais au lieu d'en frapper le cou de Gauvain, il se contenta d'en faire glisser doucement le tranchant sur la peau. Et il dit : « Honneur à toi, Gauvain, toi le chevalier le plus courageux du monde ! » Et il fit relever Gauvain [1].

Mais celui-ci n'en avait pas oublié pour autant le but de son expédition « Dis-moi, demanda-t-il, comment je puis obtenir le frein ? — Comment ? s'écria l'homme hirsute. Tu es vraiment entêté ! Dans ces conditions, viens manger et boire, car il te faudra beaucoup de forces pour combattre ceux que tu devras affronter ! » Et l'homme servit à Gauvain de quoi largement se restaurer. Puis, à l'heure de midi, il le conduisit dans une cour, lui ordonnant de s'armer et l'avertissant de s'attendre au pire. Effectivement, Gauvain se trouva en présence d'un énorme lion qui, tout en écumant, rongeait sa chaîne et creusait la terre de ses griffes. En voyant Gauvain, le lion rugit, hérissa sa crinière, ouvrit une gueule monstrueuse. Sa chaîne tomba et il se précipita sur Gauvain dont il déchira le haubert. Gauvain recula

---

1. Il survient une aventure identique à Gauvain dans *The Green Knight*, récit anglais du XIVe siècle, tandis que dans le *Perlesvaux* il s'agit de Lancelot du Lac. Mais l'aventure est plus ancienne, car on la retrouve dans *le Festin de Bricriu*, récit irlandais en gaélique contenu dans un manuscrit du XIIe siècle, mais remontant bien plus haut : il arrive la même histoire au héros Cûchulainn, lequel est d'ailleurs un personnage de même nature mythologique que Lancelot du Lac (voir J. Markale, *l'Épopée celtique d'Irlande*, édition de 1978, Paris, Payot, pp. 108-114). Ce « Jeu du Décapité », comme on l'appelle habituellement, est une épreuve initiatique dont nous ne comprenons plus guère le sens, mais qui paraît incontestablement le souvenir d'un antique rituel celtique de régénération.

LES CHEVALIERS DE LA TABLE RONDE

d'abord, puis, grâce à sa bonne épée, il se mit en devoir d'attaquer l'animal. L'affrontement dura longtemps, mais Gauvain parvint à frapper le lion de telle sorte qu'il lui enfonça l'épée entière jusque dans les entrailles. Le monstre vacilla et tomba pour ne plus se relever.

Gauvain espérait se reposer et reprendre sa respiration, mais un autre lion, aussi féroce que le premier, bondit sur lui et lui arracha son bouclier. Il se défendait avec l'énergie du désespoir, esquivant les coups de pattes meurtriers que lui décochait le lion. Plusieurs fois, il faillit succomber à la force terrifiante de l'animal, mais, à un moment, il réussit à frapper son adversaire au sommet de la tête : le lion s'effondra et ne bougea plus. « C'est bien, dit l'homme hirsute, qui avait été témoin de la bataille. Mais tu ne t'en sortiras pas comme cela. Si tu m'en croyais, plutôt que de réclamer encore le frein, tu viendrais manger et boire chez moi, et tu t'en retournerais tranquillement à la cour du roi Arthur. — Il n'en est pas question, s'écria Gauvain. Je veux qu'on me remette le frein qu'on a dérobé à la jeune fille à la mule ! — Tu l'auras voulu ! dit l'homme hirsute. Alors, pénètre dans cette maison. »

Gauvain alla dans la maison et, dans une chambre, il vit un chevalier qui était couché, mais qui se leva dès qu'il entra. « Sois le bienvenu, Gauvain, dit le chevalier, mais à présent que tu es là, il faut que tu me combattes ! — Quand tu voudras », répondit Gauvain. Et, tout en s'armant, l'autre lui raconta qu'il combattait tous ceux qui venaient réclamer le frein de la jeune fille. Mais tous ceux qui s'étaient présentés avaient été vaincus par lui, et leurs têtes avaient été fichées sur les pieux qui entouraient la forteresse. « Il ne reste qu'un seul pieu libre, dit le chevalier, et sois bien sûr que j'y mettrai ta tête ! »

Ils se rencontrèrent sur un grand espace qui s'étendait au milieu des demeures de la forteresse [1]. L'homme

---

1. J'essaie de restituer autant qu'il est possible l'atmosphère et le décor de l'épopée primitive, dont l'action est censée se dérouler aux

LE CYCLE DU GRAAL

hirsute leur avait préparé deux grosses lances, et il avait sellé deux chevaux de combat. Avec force, ils échangèrent de tels coups que peu s'en fallut qu'ils fussent désarçonnés. Ils brisèrent leurs lances, les arçons se disloquèrent derrière eux et leurs étriers se rompirent. Le chevalier se montrait un redoutable adversaire, toujours sur ses gardes et particulièrement agressif. L'homme hirsute leur donna deux autres lances, et ils se précipitèrent l'un sur l'autre avec encore plus de rage que la première fois. Leurs lances, en se heurtant, lançaient des éclairs, et leurs boucliers furent brisés et volèrent en éclats. Mais, soudain, Gauvain attaqua son adversaire avec une telle vigueur que celui-ci vida les étriers et se retrouva à terre. Gauvain sauta de son cheval et lui mit la pointe de son épée sur la gorge. « Grâce ! s'écria le vaincu. Je te reconnaîtrai désormais comme mon seigneur ! — Qu'il en soit ainsi », dit Gauvain. Et, sans plus s'occuper de son adversaire, il revint vers la maison de l'homme hirsute. Celui-ci l'aida à se désarmer et à essuyer la sueur qui coulait sur son corps. « Maintenant, dit Gauvain, rien ne s'oppose à ce que tu me dises où se trouve le frein que je dois reprendre. — Tu es décidément d'un entêtement incroyable,

---

alentours de l'an 500 de notre ère, à une époque où le château fort médiéval n'existait pas encore. Les forteresses sont encore à la mode celtique, consistant en vastes espaces situés sur une hauteur ou un promontoire, entourés de palissades de bois, de remparts de terre et de pierre, et aussi de fossés. Ces espaces sont parsemés de maisons isolées, en nombre et en quantité proportionnels à la superficie intérieure. Les textes que j'utilise pour cette restitution sont d'origines diverses dans le temps comme dans l'espace géographique, ce qui pose quantité de problèmes : il est nécessaire d'unifier le récit en opérant une synthèse entre la période médiévale classique (à laquelle ont été écrits les principaux textes de la légende) et les données archéologiques du VIᵉ siècle, qui mettent en lumière une civilisation à la fois romaine et mérovingienne. D'où le terme de « forteresse », au lieu de « château fort », et souvent de « guerrier » ou de « compagnon », au lieu de « chevalier », la « chevalerie » n'existant pas au VIᵉ siècle. Mais j'ai cependant maintenu l'appellation « chevalier » à cause de sa signification première, qui est « cavalier ».

LES CHEVALIERS DE LA TABLE RONDE

répondit l'homme. Si tu veux obtenir le frein, il te faudra combattre deux serpents fourbes et farouches qui projettent du feu, et parfois du sang, par leurs gueules. Si tu m'en croyais, tu renoncerais à ton projet. Je te ferais un bon souper et veillerais ensuite sur ton sommeil et, demain, tu retournerais à la cour du roi Arthur. — Il n'en est pas question ! s'écria Gauvain. Je suis venu ici pour reprendre le frein qu'on a dérobé à la jeune fille à la mule ! Mène-moi donc à l'endroit où se trouvent les serpents dont tu me parles ! — Tu l'auras voulu, dit l'homme hirsute, mais je peux t'affirmer que tu le regretteras. — Peu importe ce que tu penses, dit Gauvain, conduis-moi où je dois aller. — Ce n'est pas le moment, répondit l'homme. Auparavant, tu te reposeras et je t'apporterai ce qu'il faut pour te nourrir et t'abreuver. Après quoi, tu dormiras, car tu auras besoin de toutes tes forces pour affronter ces serpents. »

Ainsi fut fait et, le lendemain matin, l'homme hirsute équipa Gauvain et l'emmena dans une cour. Bientôt, deux serpents rampèrent jusqu'à Gauvain : ils étaient d'une taille et d'une férocité extrêmes. De leurs gueules, ils projetaient des flammes puantes qui brûlèrent son bouclier et l'obligèrent à reculer. Mais il ne perdit pas courage et, allongeant son bras le plus qu'il le pouvait, il attaqua vigoureusement les serpents l'un après l'autre. Il porta un tel coup au premier qu'il lui coupa la tête. Quant au second, qui bondissait sur lui avec rage, il mania son épée avec une telle rapidité qu'il le tailla en multiples morceaux. Il s'arrêta alors, le visage souillé de sang et d'ordure. Sans un mot, l'homme hirsute le désarma et lui apporta de l'eau pour qu'il pût se laver, et il s'éloigna.

Demeuré seul, Gauvain se demandait ce qui allait lui arriver, quand il vit surgir le nain qui lui avait souhaité la bienvenue, mais qui n'avait pas répondu à ses questions. Le nain s'inclina devant lui et dit : « Gauvain, ma dame te fait savoir, par ma bouche, qu'elle partagerait

LE CYCLE DU GRAAL

volontiers son repas avec toi si tu acceptais d'aller la rejoindre. Elle t'attend et m'a chargé de te conduire jusqu'à elle. » Gauvain suivit le nain qui l'emmena dans une grande maison. Ils passèrent de chambre en chambre et parvinrent enfin dans celle où se trouvait la dame. Elle était allongée sur son lit, vêtue d'une longue chemise blanche très échancrée et qui laissait apparaître la naissance de ses seins d'une blancheur remarquable. Dès que Gauvain fut entré, elle se leva et s'inclina devant lui : « Sois le bienvenu, Gauvain, dit-elle. A cause de toi, il est arrivé de grands ennuis à mes lions, à mes serpents et au chevalier qui me servait si fidèlement. Toutefois, il convient que tu manges avec moi, maintenant, car jamais, en vérité, je n'ai connu un homme plus courageux et plus vaillant que toi. » [1]

Ils s'installèrent tous deux sur le lit, qui était revêtu d'un tissu de soie brodé de pierres précieuses. Le nain et l'homme hirsute leur apportèrent de l'eau pour se laver les mains. Puis ils prirent place à une table où on leur servit les plats les plus fins et les vins les plus délicats. La dame se faisait de plus en plus aguichante et se pressait contre Gauvain. Et, pendant qu'ils mangeaient, elle lui révéla que la jeune fille à la mule était sa propre sœur, mais qu'elle n'avait nulle envie de lui rendre le frein. A la fin du repas, elle dit à Gauvain : « Cher seigneur, pourquoi ne pas rester avec moi ? Je mets à ton service ma

---

1. Il s'agit ici d'une formule consacrée, très commune dans les textes médiévaux et dans les récits mythologiques. Mais elle s'applique fort bien au « héros de lumière » que symbolise le personnage de Gauvain, le « Faucon de Mai », image parfaite de la jeunesse agissante du Printemps, et qui, tels saint Georges ou saint Michel, passe son temps à lutter contre le « Dragon des Profondeurs », autrement dit l'image des forces négatives qui s'opposent au fonctionnement harmonieux de l'univers. C'est en ce sens que Gauvain, personnage principal primitif du Cycle du Graal, peut être considéré comme le type parfait du « héros civilisateur », aspect héroïsé du dieu Mithra.

LES CHEVALIERS DE LA TABLE RONDE

personne et mes biens. Je possède trente-huit forteresses comme celle-ci, et il ne tient qu'à toi d'en être le maître. Ce serait un honneur pour moi d'avoir pour ami, et peut-être pour mari, si tu le désires, un guerrier aussi valeureux que toi et tel qu'il n'y en a point d'autre sur cette terre. »

La dame se faisait tendre et se penchait sur Gauvain, frôlant son épaule et lui souriant d'un air prometteur. Gauvain, quelque peu enivré par les bons vins qu'on lui avait servis, et fort sensible aux charmes de la dame, se sentait prêt à succomber. Mais, brusquement, il se souvint des épreuves qu'il avait vécues et qu'il avait surmontées avec tant d'audace. Il se leva. « Dame, dit-il, la seule chose qui m'intéresse, c'est le frein que tu as dérobé à ta sœur, la jeune fille à la mule. C'est pour me faire remettre ce frein que je suis venu ici, et j'ai donné ma parole que je le ramènerai à sa propriétaire ! »

La dame vit bien que Gauvain était inébranlable. Avec beaucoup de tristesse, elle lui dit : « Gauvain, tu es vraiment digne d'être aimé. Regarde : le frein est accroché à ce clou d'argent sur le mur. Prends-le, et va-t'en ! » Gauvain alla prendre le frein. Quand il se retourna, il ne vit plus personne dans la chambre. Il sortit de la maison : tout était vide, comme si la forteresse n'avait jamais été habitée. Il retrouva la mule près de la porte et sauta sur son dos. La mule passa sans encombre le fossé, s'engagea sur le sentier, franchit la planche de métal sur la rivière aux eaux noires, traversa la vallée des bêtes rampantes, le bois des animaux rugissants et parvint très vite devant la forteresse de Kaerlion sur Wysg. Le roi Arthur fut bien étonné de voir son neveu, car il y avait à peine quelques instants qu'il était parti pour cette expédition. Mais Gauvain, sautant à terre, alla vers la jeune fille et lui tendit son frein. Alors celle-ci se mit à sourire et donna un baiser à Gauvain. Les assistants étaient tout joyeux. Arthur dit à la jeune fille : « Te voici satisfaite. Tu as obtenu ce que tu voulais grâce à ce preux chevalier

143

LE CYCLE DU GRAAL

qui est mon neveu. Je serais très heureux et flatté si tu
acceptais de rester en notre compagnie. — Roi, répondit
la jeune fille à la mule, c'est une chose qui m'est impossible. » Sur ce, elle monta sur sa mule et lui remit son
frein. Puis, frappant légèrement l'animal qui bondit, elle
se dirigea vers la forêt et disparut à travers les arbres. Et,
depuis ce jour-là, plus personne n'entendit parler d'elle [1].

---

1. D'après *la Mule sans frein*, récit arthurien contenu dans un
manuscrit du début du XIIIᵉ siècle, éd. par Johnson et Owen, *The Two
Old French Gauvain Romances*, Edinburgh-London, 1972. Traduction intégrale par Romaine Wolf-Bonvin, dans Régnier-Bohler, *la
Légende arthurienne*, Paris, 1989.

CHAPITRE V

Viviane

Merlin avait séjourné pendant un assez long temps auprès de sa sœur Gwendydd, dans la forêt de Kelyddon, et il s'était entretenu bien des fois avec le barde Taliesin, ainsi qu'avec l'ermite Blaise à qui il avait dicté le récit des événements qui s'étaient déroulés dans le royaume de Bretagne. Merlin avait également erré dans cette forêt qu'il aimait, et il avait chanté pour les oiseaux et les bêtes. Il s'était reposé à l'ombre des pommiers, en compagnie du loup gris avec lequel il avait vécu de durs moments aux temps où la folie s'était emparée de son esprit. Puis, un jour, Merlin avait pris congé de Gwendydd, de Taliesin et de Blaise. « Je ne reviendrai plus ici, avait-il dit. Mais ne soyez pas tristes, car je serai toujours présent dans vos mémoires. Il me faut aller vers le roi Arthur, car rien n'est encore fait de ce qui doit être accompli. » Alors, sans se retourner, il s'éloigna sur le chemin et disparut dans les profondeurs de la forêt.

Lorsqu'il rejoignit la cour d'Arthur, qui se trouvait à Kaerlion sur Wysg, beaucoup de gens l'y accueillirent avec joie, car ils espéraient beaucoup de ses conseils et de ses connaissances. Arthur le prit à part et lui dit : « Merlin, je suis très ennuyé. J'ai couché avec de nombreuses

LE CYCLE DU GRAAL

femmes jusqu'à ce jour, mais aucune d'elles n'a vraiment fait vibrer mon cœur, et je n'ai jamais pensé en faire une reine. Or, mes barons n'arrêtent pas de me faire des reproches chaque jour parce que je ne me marie pas. Ils disent qu'il n'y a point de bon roi sans une bonne reine. Que me conseilles-tu ? Je ne saurais en effet prendre une décision de cet ordre sans avoir ton avis, toi qui as justement marié ma mère et le roi Uther. Je m'en tiendrai à ce que tu me diras, exactement comme le faisait mon père.

— Tes barons ont raison, seigneur roi, répondit Merlin, car il n'y a pas de bon roi sans une bonne reine, et tu es vraiment en âge de te marier. Mais dis-moi sans mentir : y a-t-il une femme qui pourrait te plaire plus qu'une autre ? N'oublie pas qu'un homme de ton rang ne peut pas épouser une femme indigne d'être reine. Il faut qu'elle soit belle, avenante, intelligente et d'une famille irréprochable. » Le roi hésita un instant, puis il dit : « Oui, Merlin, j'en connais une qui est de très bonne famille, qui me plaît beaucoup et que je sens digne d'être reine. Et je t'assure que si je ne l'obtiens pas, je ne me marierai jamais !

— Par Dieu ! s'écria Merlin, faut-il que tu l'aimes pour en parler sur ce ton ! Tu me rappelles ton père, le roi Uther, lorsqu'il se mourait d'amour pour ta mère ! Dis-moi donc qui elle est, et je m'engage à aller la demander de ta part, pourvu que tu me fournisses une bonne escorte, car on ne peut demander une jeune fille en mariage que lorsqu'on y met certaines formes !

— Eh bien, reprit Arthur, puisque tu acceptes cette mission, je peux te révéler qui est cette jeune fille à laquelle je pense déjà depuis longtemps : il s'agit de Guenièvre, la fille du roi Léodagan de Carmélide, celui qui est le dépositaire de cette Table Ronde que tu as établie avec mon père, le roi Uther, et qui a accueilli à sa cour ce qui reste des compagnons qui avaient été admis à cette Table. Guenièvre n'a pas à rougir de ses origines, bien au contraire, et c'est, je pense, à l'heure actuelle, la plus belle

LES CHEVALIERS DE LA TABLE RONDE

et la plus renommée de toutes les jeunes filles du royaume. Voilà pourquoi je la désire pour épouse, et je te le répète, Merlin : si je ne l'ai pas, je ne me marierai jamais.

— Certes, dit Merlin, ton choix est irréprochable. Tu as raison pour ce qui est de la beauté et de la renommée de Guenièvre. C'est actuellement la plus belle femme que je connaisse dans tout le royaume, et il devient indispensable de renouveler la Table Ronde dont son père est, pour le moment, le dépositaire. Cependant, roi Arthur, si tu m'en croyais, tu en prendrais une autre. Il se pourrait en effet que la très grande beauté de Guenièvre soit une cause de désordre dans ce royaume. Toutefois, je sais que cette même beauté te permettra, un jour, de retrouver une terre que tu croiras avoir entièrement perdue. » Merlin disait tout cela parce qu'il avait la vision de l'avenir, mais il ne pouvait en révéler davantage, et le roi Arthur ne pouvait en comprendre ni le sens ni la portée [1]. Cependant, Merlin poursuivit ainsi : « Il en sera donc ainsi, puisque Guenièvre te plaît tant. Il ne te reste plus qu'à me fournir une escorte, et j'irai la chercher en Carmélide. »

Le roi l'assura qu'il lui donnerait une escorte aussi nombreuse qu'il pouvait le souhaiter. Il choisit donc les meilleurs chevaliers de sa cour et confia à Merlin des écuyers et des hommes d'armes en grand nombre. Merlin partit aussitôt avec son escorte et, faisant route aussi bien par terre que par mer [2], finit par arriver dans les

---

1. Il y a, dans cet épisode emprunté au *Merlin* de la tradition de Robert de Boron, une double allusion : d'abord, à la liaison amoureuse entre Guenièvre et Lancelot du Lac, qui sera l'une des causes de la dislocation de la Table Ronde ; ensuite, à l'histoire du roi Galehot, vainqueur d'Arthur par les armes, qui restitue son royaume à Arthur pour l'amour de Lancelot et de Guenièvre. Cette double allusion prouve que dès les premiers textes, il existait un plan d'ensemble du cycle arthurien, et qu'aucun épisode n'est gratuit ou isolé du contexte général.
2. Ce qui suppose que le royaume de Léodagan se trouve en Bretagne armoricaine.

LE CYCLE DU GRAAL

domaines du roi Léodagan. Il fut accueilli avec beaucoup de joie par le roi et lui demanda donc la main de sa fille pour le roi Arthur. Ainsi Guenièvre deviendrait reine du royaume de Bretagne et de bien d'autres terres.

Le roi Léodagan fut très heureux de cette demande qui l'honorait grandement, et il répondit aussitôt à Merlin : « Que Dieu protège le roi Arthur à qui je n'aurais jamais osé demander une telle marque d'estime ! Je lui remettrai bien volontiers ma fille Guenièvre et ma personne, et il pourra faire ce qu'il voudra de ce royaume. Rien ne m'aura causé plus de joie que cette demande ! S'il le voulait, je lui donnerais ma terre, mais je sais bien que, Dieu merci, il en a déjà tant qu'il n'a pas besoin de la mienne. En revanche, je lui enverrai ce que j'aime pardessus tout, cette Table Ronde qui m'a été confiée au moment où le royaume cherchait un roi qui pût succéder à Uther Pendragon. Hélas ! il y manque beaucoup de compagnons qui ont disparu depuis que le roi Uther a quitté ce monde. Je les aurais bien remplacés de ma propre autorité, mais un saint ermite que j'ai consulté m'en a dissuadé. Et comme je lui demandais pourquoi je ne devais pas compléter les compagnons de la Table Ronde, il m'a répondu que cette Table serait bientôt sous la garde d'un homme de si haut mérite qu'il saurait mieux que moi en assurer la charge. C'est pourquoi j'ai laissé la Table Ronde telle quelle, avec un nombre restreint de compagnons, mais je sais maintenant que c'est à Arthur qu'incombera la charge de la renouveler.

— C'est vrai, dit Merlin. Bientôt de nouveaux compagnons viendront rejoindre ceux qui ont vu l'établissement de cette Table par le roi Uther, car elle sera désormais sous la garde d'un homme qui lui donnera plus de puissance et de force qu'elle n'en eut jamais et qui lui conférera de son vivant un tel éclat, une telle réputation, que personne après lui ne pourra plus assumer cette charge. » Le roi Léodagan fit alors venir ceux qui

LES CHEVALIERS DE LA TABLE RONDE

demeuraient des premiers compagnons et leur dit, en présence de Merlin : « Seigneurs, il manque beaucoup de chevaliers à votre compagnie, et, à mon grand regret, je n'ai ni le rang ni l'autorité indispensables pour prendre sur moi d'en nommer de nouveaux. Mais comme je vous aime tous autant que si vous étiez mes propres fils, et comme je veux voir grandir votre gloire, je vais vous envoyer à celui qui saura remplir ce rôle. Il le fera très volontiers, j'en suis sûr, et il vous aimera comme un père aime ses fils. Il a avec lui tant d'hommes de valeur, il en vient tant à sa cour de tous les coins du monde, qu'il pourra facilement choisir les meilleurs d'entre eux pour en faire vos nouveaux compagnons. Ainsi sera renouvelée cette Table Ronde en laquelle le roi Uther mettait tant d'espoir.

— Mais, seigneur, répondirent-ils, quel est donc cet homme si puissant que tu couvres de tant d'éloges ? — C'est le roi Arthur ! — Ha ! Dieu ! s'écrièrent-ils tous ensemble en tendant les mains vers le ciel, béni sois-tu d'avoir songé à nous donner un tel père ! En vérité, il sera pour nous un père parfait et qui veillera sur nous comme sur ses propres fils. Nous ne saurions adresser d'autres prières à Dieu que de nous confier à lui, et, s'il le veut, nous irons à sa cour sans tarder. Puisse Dieu lui donner la puissance de veiller sur nous pour notre gloire et la sienne ! » En écoutant ce discours, Merlin fut très satisfait. Et pendant qu'ils faisaient tous leurs préparatifs de départ, Merlin s'en alla méditer dans la grande forêt qui recouvrait l'intérieur de la Bretagne armorique [1].

Cette forêt, qui avait nom Brocéliande [2], était la plus vaste de toutes celles de la Gaule, car elle avait bien dix

---

1. D'après le *Merlin* de la tradition de Robert de Boron.
2. Brocéliande est la forme moderne du nom, utilisée depuis la fin du XVIIIe siècle. Les deux formes anciennes sont Brécilien et surtout Bréchéliant, cette dernière étant attestée au début du XIIe siècle. Il est possible de reconnaître dans ce nom un terme celtique *briga*, « hauteur »,

149

LE CYCLE DU GRAAL

lieues galloises de long et six ou sept de large. Au centre, était un lac qu'on appelait le Lac de Diane. Cette Diane, qui fut reine de Sicile et qui régna au temps de Virgile, le bon poète, était la femme qui aimait le plus au monde à courir les bois, et elle chassait tout le jour. Aussi, les païens qui vivaient en ce temps-là l'appelaient la Déesse des Bois, tant ils étaient fous et mécréants [1].

En cette forêt vivait un vavasseur nommé Dyonas, qui était filleul de Diane. Celle-ci, avant de mourir, lui avait octroyé en don, au nom du dieu de la lune et des étoiles, que sa première fille serait tant désirée par le plus sage de tous les hommes que celui-ci lui serait soumis dès leur première rencontre et lui apprendrait toutes les connaissances du monde par la puissance de sa magie. Or Dyonas avait engendré une fille qu'il appela Viviane en chaldéen, ce qui signifie « Rien n'en ferai » en français [2]. Et Viviane

---

« forteresse », et un terme voisin du germanique *hell*, signifiant l'Autre Monde. Brocéliande serait donc « la Forteresse de l'Autre Monde », ce qui n'est pas incompatible, loin de là, avec le caractère magique de cette forêt. De toute façon, cette forêt centrale de la péninsule bretonne a été l'un des derniers refuges des druides en Gaule. Voir J. Markale, *Brocéliande et l'énigme du Graal*, Pygmalion, 1988.

1. Au Moyen Age, Diane a gardé, dans l'inconscient collectif, le caractère de l'Artémis primitive des Grecs et surtout des Scythes, et on lui a adjoint souvent les traits d'Hécate, la sinistre déesse des carrefours, ce qui donne une allure diabolique au personnage. C'est de cette façon que Diane va apparaître dans toutes les descriptions du Sabbat en tant que Déesse des Sorcières, une sorte de Satan féminin.

2. Le nom de Viviane est moderne. Les formes utilisées dans les manuscrits sont *Niniane, Nivième*, ou encore *Nimue* chez Thomas Malory. On a mis souvent en parallèle le nom de Niniane avec celui de saint Ninian, évangélisateur de l'Écosse, dont le nom a été attribué à un affluent de l'Yvel, rivière du Morbihan, près de la forêt de Lanouée, à l'intérieur même de l'ancienne Brocéliande. Il est possible de retrouver dans la forme *Nimue* le vieux terme celtique *nem* qui signifie « ciel », ce qui ferait de Viviane une sorte de divinité céleste, ce qu'elle n'est pas dans la légende. Elle est davantage une image « folklorisée » d'une déesse de la fécondité et des eaux douces, ce qui justifie pleinement le rôle — et le titre — de « Dame du Lac » qu'elle aura par la suite. Dans ce cas, il faudrait voir, à l'origine de son nom, une

LES CHEVALIERS DE LA TABLE RONDE

manifestait effectivement de grandes dispositions pour les sciences de la nature, notamment pour l'astrologie, l'alchimie et tout ce qui concernait la connaissance de ce qui était secret et caché. Elle passait de longues heures dans un cabinet de travail, qui se trouvait dans une tour, à déchiffrer des livres et de vieux parchemins. Puis, lorsqu'elle avait bien lu et étudié, elle s'en allait errer sur les sentiers de la forêt, tout autour du manoir de son père.

Ce jour-là, il faisait un temps magnifique : le soleil brillait de tout son éclat et une brise parfumée parcourait les bois à travers les branches. Viviane était sortie très tôt du manoir afin d'aller méditer seule près d'une fontaine qu'elle connaissait bien, située au milieu d'une clairière et ombragée par un chêne et un pin. Elle sentait monter en elle une sorte de langueur, comme si elle avait pris brusquement conscience qu'il lui manquait quelque chose. Et pourtant, elle savait que rien ne lui manquait : elle avait à sa disposition tout ce qui pouvait faire le bonheur d'une jeune fille, et son père satisfaisait toujours le moindre de ses caprices. Durant son enfance, personne n'avait jamais osé la contredire ou lui interdire quoi que ce fût, et Viviane espérait bien qu'il en serait ainsi tout au long de sa vie. Elle arriva dans la clairière où se trouvait la fontaine et, comme il faisait chaud, elle se pencha sur l'eau pure et se rafraîchit le visage.

C'est à ce moment que passa Merlin, sous l'apparence d'un jeune homme à la mine avenante. Il aperçut la jeune fille au bord de la fontaine. Elle avait un peigne d'argent magnifique avec des ornements d'or. Elle se lavait dans un bassin d'argent, et il y avait quatre oiseaux d'or et de

---

déformation de l'un des noms de la déesse irlandaise des eaux douces et de la fécondité, *Boann* ou *Boinn* (soit la rivière Boyne personnifiée et divinisée), lequel nom provient de l'ancien celtique *Bo-Vinda*, c'est-à-dire « Vache Blanche ». Il faut en tout cas, dans cette version de la légende dite de Gautier Map, tenir compte de la référence à la déesse Diane, dans un contexte évident de sorcellerie ou de magie nocturne. Sur le nom et le rôle de Viviane-Niniane, voir J. Markale, *Merlin l'Enchanteur*, Paris, Albin Michel, 1992, pp. 115-123.

LE CYCLE DU GRAAL

pierres précieuses sur le bord du bassin. Elle était vêtue
d'un beau manteau brodé de pourpre claire, avec des
broches d'argent et une épingle d'or sur la poitrine. Une
longue chemise avec un collier entourait son corps, en
soie verte, avec une bordure d'or rouge et des agrafes
d'or et d'argent. Le soleil se reflétait sur la verte chemise
et jetait de splendides éclats. Elle avait deux tresses de
cheveux couleur d'or sur la tête et quatre fermoirs de
chaque côté, et une perle d'or au sommet de chaque tresse.
Alors la fille dénoua ses cheveux pour les laver et les prit
à deux mains, les faisant retomber sur sa poitrine. Ses
mains étaient plus blanches que la neige d'une nuit et ses
joues plus rouges qu'une digitale. Elle avait une bouche
fine et régulière avec des dents brillantes comme des
perles. Plus gris que jacinthe étaient ses yeux. Rouges et
fines étaient ses lèvres. Légères et douces étaient ses
épaules ; tendres, doux et blancs, ses bras. Ses doigts
étaient longs, minces et blancs. Elle avait de beaux
ongles rouge pâle. Son flanc était féerique, plus blanc
que neige et qu'écume de mer. Ses cuisses étaient tendres
et blanches, ses mollets étroits et vifs, ses pieds fins à la
peau blanche. Sains et riches étaient ses talons, et très
blancs et ronds ses genoux [1].

Merlin n'avait jamais vu une fille aussi belle, et il en fut
tout bouleversé dans son esprit. Mais il ne s'arrêta pas et
poursuivit son chemin, tandis que Viviane, qui l'avait
remarqué, s'était retournée et le regardait s'éloigner. Merlin était fort perplexe, car il connaissait l'avenir et savait
très bien que cette fille devait un jour l'écarter à tout jamais
du monde. Mais il ne pouvait chasser de son esprit l'image

---

1. La description de Viviane est empruntée mot pour mot à la description de l'héroïne Étaine dans le récit irlandais de l'*Histoire
d'Étaine*, contenu dans un manuscrit gaélique du XIIe siècle. Voir
J. Markale, *l'Épopée celtique d'Irlande*, pp. 49-50. Cette description
correspond très exactement aux canons de la beauté féminine chez les
anciens Celtes.

LES CHEVALIERS DE LA TABLE RONDE

troublante qu'il avait entrevue. Et il se disait en lui-même :
« Il n'est pas encore temps, et il faut d'abord que j'accomplisse ce qui doit être accompli. » Et, sans plus s'attarder,
il retourna à Carahaise, à la cour du roi Léodagan.

Quand il arriva, les rois Ban de Bénoïc et Bohort de
Gaunes se disposaient à prendre congé de Léodagan, car
ils voulaient retourner dans leurs terres et y mettre tout
en ordre avant de repartir rejoindre le roi Arthur. Et ils
demandèrent à Merlin de les accompagner, ce que le devin
accepta bien volontiers. Sans plus attendre, les deux rois
se mirent en route, avec une petite escorte et en compagnie de Merlin.

Le soir de leur premier jour de voyage, ils se trouvèrent
devant une forteresse, la plus puissante et la mieux bâtie
qu'ils eussent jamais vue auparavant. Elle était entourée
de larges marais et munie d'une double muraille crénelée.
La tour en était si haute qu'à peine si, d'un trait d'arc,
on en eût atteint le sommet, et elle n'avait qu'une seule
entrée à laquelle on accédait en suivant une longue et
étroite chaussée. Celle-ci aboutissait, du côté de la terre
ferme, à un petit pré au milieu duquel se dressait un
immense pin. Sur une des branches de ce pin, pendu à
l'aide d'une chaîne d'argent, se trouvait un cor d'ivoire
plus blanc que neige nouvelle.

« Où sommes-nous donc ? demanda le roi Ban. — C'est
le Château des Mares, répondit Merlin. Ce domaine
appartient à un chevalier très brave et de grande renommée : c'est Agravadain, seigneur des Mares. — Par ma
foi, dit le roi Bohort, voilà un homme bien logé ! Je coucherais volontiers chez lui ! — C'est facile, lui répondit
Merlin, tu n'as qu'à sonner de ce cor. »

Bohort saisit le cor pendu au pin et il y souffla comme
un homme qui a bonne haleine, si fort que, malgré la
distance, le son courut sur l'eau et, d'écho en écho, parvint
dans la salle de la forteresse où se trouvait Agravadain.
Celui-ci, dès qu'il entendit le son du cor, réclama ses

LE CYCLE DU GRAAL

armes. Mais pendant qu'on l'armait en hâte et qu'il enfourchait son beau destrier pommelé, trois fois encore le son du cor parvint à ses oreilles. En effet, le roi Bohort sonnait coup sur coup, craignant qu'on ne l'entendît pas dans la forteresse, tant le marais était large. Impatienté, le seigneur des Mares se précipita sur la chaussée, le bouclier au cou et la lance au poing. « Quelles gens êtes-vous ? s'écria-t-il lorsqu'il aperçut la troupe des deux rois. — Seigneur, répondit le roi Ban, nous sommes des chevaliers qui te demandons l'hospitalité pour la nuit ! — A qui êtes-vous donc ? — Nous tenons nos terres du roi Arthur. »

Agravadain baissa sa lance et cria joyeusement : « Par Dieu, vous avez là un bon seigneur ! Il est également le mien. Suivez-moi et soyez les bienvenus. » Ils s'en vinrent donc à la suite du seigneur des Mares, l'un après l'autre, car la chaussée était si étroite qu'on ne pouvait y chevaucher à deux de front. Leur hôte les conduisit à travers les cours jusqu'à son logis, où des valets et des écuyers vinrent les aider à se désarmer. Puis, prenant Ban et Bohort par la main, Agravadain les fit entrer dans une salle basse. Trois jeunes filles leur mirent alors au cou des manteaux d'écarlate fourrés d'hermine noire. Ces trois jeunes filles étaient fort belles et gracieuses à voir, surtout celle qui était la fille d'Agravadain.

Merlin se sentit très triste, tout à coup. Il marmonna entre ses dents : « Heureux celui qui coucherait avec une telle fille ! Si mon esprit n'était pas retenu par celle que j'ai rencontrée dans la forêt, auprès de la fontaine, je la tiendrais volontiers dans mes bras. Mais c'est impossible. Je dois la donner au roi Ban, car le fils qui naîtra d'eux aura une belle destinée. » [1] Et, sans plus attendre, il jeta un enchantement sur l'assistance : immédiatement, le roi Ban et la fille d'Agravadain furent saisis d'un amour éperdu.

---

1. Ce sera Hector des Mares, compagnon de Lancelot du Lac.

LES CHEVALIERS DE LA TABLE RONDE

Pendant le souper, Agravadain plaça Ban et Bohort entre lui et sa femme, qui était belle et de bon âge, car elle n'avait pas trente ans. Les chevaliers de la suite s'assirent à d'autres tables. Quant à Merlin, sous l'apparence d'un jeune homme d'une quinzaine d'années, aux cheveux blonds et aux yeux verts, vêtu d'une cotte mi-partie de blanc et de vermeil, ceint d'une cordelière de soie où pendait une aumônière d'or battu, il faisait le service du roi Ban. Les gens de la forteresse le prenaient pour un valet de leurs hôtes, mais ceux-ci pensaient qu'il était un serviteur d'Agravadain. Mais il était si beau que les jeunes filles ne pouvaient s'empêcher de le regarder avec envie et désir, sauf la fille d'Agravadain qui n'avait d'yeux que pour le roi Ban et changeait de couleur à chaque instant : elle souhaitait en effet se trouver toute nue entre les bras de Ban et, parfois, elle se demandait avec angoisse comment une telle pensée pouvait lui venir. Quant à Ban, il désirait éperdument la jeune fille, mais il n'oubliait pas qu'il était lui-même marié : il ne voulait pas trahir son épouse, ni causer de tort à son hôte, et il n'était pas moins angoissé que la jeune fille.

Quand le repas fut terminé, on enleva les nappes et les convives se lavèrent les mains. Comme il faisait encore jour, ils allèrent aux fenêtres admirer la forteresse et le pays avoisinant. Puis vint le moment d'aller se reposer. Les jeunes filles avaient préparé, pour les deux rois, dans une chambre voisine de la salle, des lits tels qu'il convenait aux princes qu'ils semblaient être. Et quand tout le monde fut couché, Merlin fit un nouvel enchantement. Un sommeil pesant s'empara de tous ceux qui se trouvaient dans la forteresse, à tel point que les toitures eussent pu tomber sur leur tête sans aucunement les réveiller. Seuls le roi Ban et la fille d'Agravadain veillaient et soupiraient, chacun de son côté. Alors Merlin alla jusqu'à elle et lui dit : « Belle, suis-moi jusqu'à celui que tu désires tant. »

LE CYCLE DU GRAAL

Sous l'influence du sortilège comme elle l'était, la jeune fille se leva sans dire un mot, vêtue seulement de sa chemise et d'une pelisse. Merlin la mena droit dans la chambre du roi Ban, et il se retira. Bien que tourmenté par ses remords, Ban lui tendit les bras, incapable de résister à ce désir impétueux qui s'était emparé de lui. Quant à elle, sans l'ombre d'une hésitation, elle enleva ses vêtements et se coucha près de lui. Mais ni l'un ni l'autre ne restèrent inactifs : Merlin l'avait voulu ainsi, et ils n'eurent aucune honte de ce qu'ils firent. Au matin, le roi Ban ôta de son doigt un bel anneau d'or, orné d'un saphir, et où étaient gravés deux serpenteaux. « Belle, dit-il, garde cet anneau en souvenir de moi et de notre amour. » Elle prit la bague sans répondre.

Lorsque Merlin sut qu'elle était revenue à son lit, il leva son enchantement, et chacun s'éveilla dans la forteresse. Les écuyers et les serviteurs préparèrent les armes, sellèrent les chevaux et rangèrent les coffres et les malles. Puis les deux rois prirent congé de leur hôte. Comme la fille d'Agravadain baissait tristement la tête, Ban lui dit à voix basse : « Il m'en coûte de partir, mais sache bien que partout où je me trouverai, je serai toujours ton ami. » En soupirant, elle répondit : « Seigneur, s'il arrive que je sois enceinte, je m'en réjouirai en pensant à toi, sans jamais regretter ce que nous avons fait. Car cet enfant sera le miroir et le souvenir de ta présence. » Et sur ces mots, elle remonta dans ses appartements tandis que les deux rois recommandaient leur hôte à Dieu.

Ils chevauchèrent tant qu'ils arrivèrent en la cité de Bénoïc où chacun leur fit fête. Les femmes des deux rois leur montrèrent grande joie et grand amour. C'est ainsi que, la nuit même, la reine Hélène conçut du roi Ban un enfant qui fut plus tard connu sous le nom de Lancelot. Quant à Merlin, ils le festoyèrent pendant huit jours entiers. Mais au neuvième jour, hanté par un obscur désir qu'il ne pouvait plus contrôler, il prit congé de ses hôtes et s'en alla dans la forêt de Brocéliande.

LES CHEVALIERS DE LA TABLE RONDE

Il retrouva facilement la fontaine près de laquelle il avait aperçu la jeune Viviane. Tout était calme et silencieux dans cette clairière. L'esprit agité de pensées contradictoires, Merlin ne pouvait chasser la mélancolie de son cœur. Il s'étendit alors sur le rebord de la fontaine et s'endormit. Quand il se réveilla, il aperçut la jeune fille devant lui. Elle lui souriait et lui disait : « Que celui qui connaît toutes nos pensées te donne joie et bonheur. » Et elle s'assit près de lui.

« Qui es-tu ? » demanda Merlin. Il le savait bien, mais il voulait la mettre à l'épreuve et se rendre compte ainsi de ses dispositions envers lui. « Je suis de ce pays, répondit-elle. Je suis la fille du vavasseur qui réside en ce manoir que tu as pu voir en venant ici. Mais toi, beau seigneur, qui es-tu donc ? — Je suis un valet errant, et je vais à la recherche du maître qui m'apprenait son métier. — Quel métier ? » Merlin se mit à rire et dit : « Par exemple, à soulever une tour, ou même une forteresse, fût-elle investie par une armée, la déplacer et la rétablir ailleurs. Ou bien encore à marcher sur un étang sans mouiller mes pieds. Ou bien à faire courir une rivière à un endroit où jamais on n'en aurait vu. Et bien d'autres choses, car je réussis toujours ce qu'on me propose de faire. — C'est vraiment un beau métier », dit la jeune fille, pleine d'admiration. Mais, en même temps, elle pensait que ce jeune homme pouvait lui apprendre tout ce qu'elle ne savait pas encore. « Je voudrais bien te croire, ajouta-t-elle. Ne pourrais-tu pas me montrer un de ces tours dont tu te vantes, ou un autre, à ton choix, pour me prouver que tu es celui que tu prétends être ? — Certes, répondit Merlin, je le pourrais. Mais que me proposes-tu en échange ? »

La jeune fille réfléchit un instant. Il lui semblait qu'il lui fallait être très prudente, car elle voyait dans ses yeux des lueurs qui l'inquiétaient un peu. « Te suffirait-il, pour ta peine, que je fusse toujours ton amie, sans mal ni vilenie ? — Ha ! jeune fille, répondit Merlin, tu me parais douce et bien apprise. Pour toi, je ferai ce que je n'ai fait pour personne d'autre. Je me contenterai de ton amitié sans demander plus. » Elle jura qu'elle serait son amie sans mal ni vilenie tant qu'il plairait à Dieu de les garder en vie l'un et l'autre.

Alors, Merlin ramassa une branche, en fit une baguette, et traça sur le sol un grand cercle en prononçant des paroles qu'elle ne comprenait pas. Puis il se rassit près de la fontaine. Au bout d'un moment, Viviane vit sortir de la forêt une foule de dames et de chevaliers, tous richement vêtus, ainsi que des jeunes filles et des écuyers, qui se tenaient par la main et qui chantaient si doucement et si agréablement que c'était merveille de les entendre. Ils vinrent se placer autour du cercle que Merlin avait tracé sur le sol, puis des danseurs et des danseuses commencèrent à faire des rondes au son des cornemuses et des tambours. Et, pendant le même temps, une forteresse s'était dressée non loin de là, avec de beaux pavillons et un verger dont les fleurs et les fruits répandaient toutes les bonnes odeurs de l'univers. Et c'est depuis ce jour-là, en mémoire de ce qu'avait fait Merlin par ses enchantements, que ce lieu est appelé Repaire de Liesse.

Viviane était éblouie par ce qu'elle voyait et entendait, et son émerveillement était tel qu'elle ne trouvait pas un mot à dire. Ce qui l'ennuyait un peu, c'est qu'elle ne parvenait pas à comprendre les paroles des chansons : elles étaient dans une langue que, malgré sa science et ses patientes études, elle ne pouvait reconnaître. Mais elle était cependant toute à sa joie, ne demandant rien d'autre que de prendre plaisir au spectacle qui lui était ainsi offert. La fête dura du matin jusqu'au milieu de l'après-midi. Quand les danses et les chants furent terminés, les dames s'assirent dans l'herbe fraîche en prenant soin de ne pas froisser leurs beaux habits, tandis que les écuyers et les jeunes chevaliers s'en allaient jouter dans le verger.

LES CHEVALIERS DE LA TABLE RONDE

« Que penses-tu de tout cela ? demanda Merlin. Tiendras-tu ton serment de me donner ton amitié ? — Certes, répondit Viviane, je n'ai qu'une parole. Mais il me semble que si tu m'as montré ton pouvoir, tu ne m'as encore rien enseigné. — Je vais t'apprendre certains de mes tours, et tu mettras cela par écrit, puisque tu es si habile dans les lettres. — Comment le sais-tu ? demanda Viviane. — C'est mon maître qui me l'a révélé, répondit Merlin, car il connaît aussi bien les pensées secrètes que les actes des humains. — C'est donc un bien grand maître, dit la jeune fille, peux-tu me dire son nom ? — C'est inutile, car il ne paraît devant personne, sauf devant ses disciples. — Et toi, demanda Viviane, quel est ton nom ? — On m'appelle Merlin, et je suis un familier du roi Arthur. »

Tandis qu'ils conversaient ainsi, les dames et les jeunes filles s'en allaient en dansant vers la forêt, en compagnie de leurs chevaliers et de leurs écuyers. A mesure que les uns et les autres arrivaient sous les arbres, ils disparaissaient brusquement comme s'ils n'avaient jamais existé. A son tour, la forteresse disparut, comme évanouie dans les airs. Seul le verger demeura, parce que Viviane avait demandé à Merlin qu'il restât le témoignage des merveilles qu'il avait accomplies pour gagner son amitié.

« A présent, dit Merlin, il faut que je parte. — Comment ? Déjà ? Ne m'enseigneras-tu pas quelques-uns de tes jeux ? — Nous n'avons guère le temps, et la nuit va bientôt tomber. Je dois retourner auprès de mon maître. Tel que je le connais, il s'impatientera et me traitera si durement que je n'aurais plus l'occasion de revenir auprès de toi. — Mais, dit Viviane, tu m'avais promis... » Merlin se mit à rire et dit : « Belle, j'ai promis, en échange de ton amitié, de te montrer quelques-uns de mes jeux. Cela, je l'ai fait, et tu ne peux me dire le contraire. Si tu désires que je t'enseigne comment faire ces jeux, je veux que tu me donnes d'autres gages. — Lesquels ? demanda Viviane. — Ce n'est pas difficile. En

159

LE CYCLE DU GRAAL

échange de ce que je t'apprendrai, je veux que tu dépasses le stade de l'amitié, que tu me donnes ton amour sans aucune restriction. »

Viviane s'abîma dans de profondes réflexions. Merlin lui plaisait bien et elle se sentait très attirée par lui. Mais, d'une part, les pouvoirs dont il disposait avaient tout pour provoquer son inquiétude : quel usage en ferait-il à son encontre si elle avait des velléités de lui résister ? Et, d'autre part, elle se disait qu'il ne serait guère sage d'accepter tout de suite ce que demandait Merlin alors qu'elle pouvait profiter de son désir, qu'elle jugeait intense, pour se faire dévoiler les grands secrets dont il était le dépositaire. Elle avait donc tout à gagner à reculer le moment de son acceptation, tout en cédant sur certains points sans importance, ce qui ne ferait que renforcer son impatience. Elle dit à Merlin : « Je ferai ta volonté quand tu m'auras enseigné tout ce que je voudrais savoir. »

Merlin savait bien où elle voulait en venir. Il soupira longuement, puis il l'emmena dans une grande lande désolée. Là, il prit un bâton fourchu, le donna à Viviane et lui enseigna ce qu'elle devait dire en frappant le sol avec le bâton. Viviane prit donc le bâton, en frappa le sol en prononçant les paroles que lui avait dites Merlin et, aussitôt, la roche qu'elle avait frappée s'ouvrit, livrant passage à une eau abondante et tumultueuse qui se mit à couler et, en quelques minutes, forma une rivière à cet endroit sec et désertique. Viviane manifesta sa joie et jeta ses bras autour du cou de Merlin. Mais quand il voulut la serrer de plus près, elle se déroba. « Plus tard, dit-elle, quand tu m'auras appris d'autres secrets ! » Merlin fit semblant de n'être pas déçu. Viviane avait pris un parchemin et venait d'écrire la formule qu'elle avait employée pour faire surgir la rivière.

« C'est bien, dit Merlin, mais maintenant, il me faut partir. » Il prit congé de Viviane bien tristement, mais celle-ci savait qu'il reviendrait vers elle avant très peu de

160

temps. Elle souriait en lui souhaitant un voyage agréable. Quant à Merlin, il s'enfonça dans la forêt et se dirigea tout droit vers Carahaise, où s'achevaient les préparatifs de départ de celle qui allait devenir la reine Guenièvre [1].

---

1. D'après le *Merlin* de la tradition de Gautier Map. Dans la version issue de la tradition de Robert de Boron (reprise ensuite au XVᵉ siècle par Thomas Malory), l'attitude de Viviane est fondamentalement différente. D'abord, Viviane est une fille de roi qui est venue à la cour d'Arthur, et c'est là que Merlin la rencontre. La jeune fille lui plaît tant qu'il en tombe amoureux. « Mais l'amour que lui portait Merlin la terrifiait, car elle avait peur qu'il ne la trompât par ses enchantements ou qu'il abusât d'elle pendant qu'elle dormait. » Et comme la jeune Viviane doit retourner chez son père en compagnie de Merlin, elle se trouve complètement bouleversée et consternée, « *car elle le détestait plus qu'aucun homme au monde* ». Un peu plus avant, dans le cours de l'action, l'auteur dit : « Elle vouait à Merlin une haine mortelle parce qu'elle savait qu'il n'en voulait qu'à son pucelage. Si elle en avait eu l'audace, elle l'aurait tué sans hésiter, en l'empoisonnant ou autrement, mais elle n'osait de peur d'être démasquée, car elle le savait plus perspicace que quiconque. » Et, de plus, Viviane avoue que, même si elle le voulait, elle ne pourrait aimer Merlin parce qu'elle sait qu'il est le fils d'un diable. Cette problématique est reprise intégralement dans *la Mort d'Arthur* de Thomas Malory, version la plus couramment répandue dans les pays anglo-saxons et qui sert de trame au film de John Boorman, *Excalibur*. Il est bien certain qu'il existe deux versions diamétralement opposées de la légende, l'une, continentale, qui insiste sur l'amour partagé de Viviane et de Merlin, l'autre, purement insulaire, qui fait de Merlin un « satyre » et de Viviane une « garce », et, en dépit de certains points communs (Viviane disciple de Merlin, thème de la Dame du Lac), il est très difficile de les concilier. J'ai choisi ici la version continentale, avec des emprunts mineurs à la version insulaire.

CHAPITRE VI

La Table Ronde

Merlin demeura encore trois jours en Carmélide, à la cour du roi Léodagan. Lorsque vint le moment de s'en aller vers l'île de Bretagne, le roi Léodagan pleura bien davantage sur le départ de ses compagnons que sur celui de sa fille. Il les embrassa tous les uns après les autres, et sa fille ensuite. Il envoya également au roi Arthur tout ce qu'il possédait de plus précieux en objets d'art ou d'agrément. Les hommes chargés d'accompagner la jeune Guenièvre prirent congé du roi et partirent avec les compagnons de la Table Ronde. Ils débarquèrent dans l'île de Bretagne et apprirent que le roi Arthur se trouvait à Carduel [1]. Ils firent donc route vers cette ville, et lorsqu'ils furent sur le point d'arriver, Merlin fit avertir le roi de la

---

1. C'est-à-dire Carlisle, forteresse britto-romaine sur le Mur d'Hadrien qui séparait la Bretagne proprement dite (l'Angleterre actuelle) de l'Écosse, pays des Pictes et des Bretons irréductibles. Dans les récits en langue française, les trois résidences principales d'Arthur sont Carduel, Kaerlion sur Wysg, c'est-à-dire l'antique *Isca Silurum*, particulièrement riche en vestiges romains, au sud-est du Pays de Galles, et Camelot (ou Kamaalot), qui est peut-être la forteresse celtique de Cadbury dans le Somerset, non loin de Glastonbury. Dans les textes anglais, c'est Camelot qui domine. Dans les textes gallois, Kaerlion le dispute à Kaer Lloyw (Gloucester) et à Kelliwic en Corn-

LES CHEVALIERS DE LA TABLE RONDE

présence des compagnons en lui recommandant de venir à leur rencontre et de leur réserver un accueil chaleureux.

Lorsque le roi apprit que les chevaliers de la Table Ronde venaient à sa cour avec l'intention bien affirmée d'y demeurer, sa joie fut immense, car c'était la chose au monde qu'il désirait le plus, afin de parfaire l'œuvre qu'avait commencée son père, le roi Uther, avec l'aide de Merlin. Il sortit donc de Carduel avec une foule de gens, alla à leur rencontre et les accueillit avec tant de déférence, de joie et d'enthousiasme qu'ils se félicitèrent grandement d'être venus. On décida alors de l'ordonnance des noces d'Arthur et de Guenièvre, et on en fixa le jour. Quant à Guenièvre, elle fut accueillie par les plus belles dames et les plus avenantes jeunes filles du royaume. Et chacun de ceux ou de celles qui la virent ne put s'empêcher de témoigner de l'admiration qu'elle suscitait par sa beauté et la grande noblesse de son comportement.

Lorsque tout fut décidé, Merlin prit à part le roi Arthur et lui dit : « Maintenant, il importe de renouveler cette Table Ronde que ton père et moi avions instituée pour la plus grande gloire de ce royaume. Choisis donc les meilleurs chevaliers que tu connaisses. Mais fais très attention, roi Arthur : si tu connais quelque chevalier pauvre et sans fortune, mais réputé pour sa vaillance et pour sa force, prends bien garde de ne pas le laisser de côté. Mais si, en revanche, tu vois un chevalier de haut lignage qui veut à tout prix devenir compagnon de la Table Ronde sans en avoir les qualités et la valeur, ne

---

wall. Certaines versions anglo-normandes citent souvent Londres, ce qui est une aberration, et Winchester, ce qui est plus intéressant : c'est là en effet qu'est conservée la fameuse Table Ronde, datant du règne d'Édouard III Plantagenêt, au moment où celui-ci créait l'ordre dit de « la Table Ronde », devenu ensuite « de la Jarretière ». Mais, en dépit du battage touristique actuel, qui est absolument hors de propos, Tintagel, en Cornwall, est seulement le lieu de la conception d'Arthur, et concentre en fait la légende de Tristan et Yseult autour du château du roi Mark.

LE CYCLE DU GRAAL

l'écoute pas et renvoie-le d'où il vient sans t'occuper de ce qu'il pourra dire ou faire. Car, en vérité, il suffit qu'un seul d'entre eux ne soit pas excellent pour que toute la compagnie soit déconsidérée.

— Merlin, répondit le roi, tu connais chacun d'eux mieux que moi, car tu peux deviner les pensées. Personne ne peut trouver grâce à tes yeux. Je te prie donc de choisir toi-même ceux que tu jugeras les plus dignes de figurer autour de cette Table. — Fort bien, dit Merlin. Puisque tu t'en remets à moi, je m'en occuperai de manière à n'encourir aucun blâme, ni de ta part ni de personne. Je vais donc les choisir. Ainsi, le jour de tes noces, ils pourront prendre les places qui leur seront destinées, et la fête sera double : pour ton mariage avec Guenièvre, et pour la Table Ronde qui sera enfin au complet. »

Le roi ordonna aussitôt à tous les barons de Bretagne de venir dans sa terre de Camelot au jour fixé pour son mariage. Les barons ne manquèrent pas d'y venir, tous en grand appareil et suivis de nombreux écuyers et serviteurs. Quand ils furent tous réunis, le roi dit à Merlin : « A présent, c'est à toi de dire ce qu'il convient à propos de la Table Ronde. — Je vais le dire », répondit Merlin. Et, sans plus attendre, il se mit à choisir parmi l'assistance ceux qu'il savait être les meilleurs. Quand il en eut nommé un certain nombre [1], il les réunit dans une salle et leur parla ainsi : « Seigneurs, il faut désormais vous aimer et vous chérir comme des frères, car l'atmosphère d'amour et de douceur qui régnera à cette Table où vous prendrez place vous procurera une telle joie et un tel sen-

---

1. Je refuse absolument de donner un nombre précis aux compagnons de la Table Ronde. Ce nombre varie sans cesse d'une version à l'autre, sans qu'on puisse vraiment y ajouter une valeur symbolique. Dans la tradition de Robert de Boron, ils sont cent cinquante ; mais dans d'autres, ils sont quarante-huit, c'est-à-dire un multiple de douze, rappel évident des douze apôtres ou des douze signes du zodiaque.

LES CHEVALIERS DE LA TABLE RONDE

timent d'affection les uns pour les autres que vous abandonnerez femmes et enfants pour vivre ensemble et passer en commun votre jeunesse. Toutefois, votre Table ne sera pas complète de mon vivant. Elle ne pourra l'être que lorsque viendra s'y asseoir le Bon Chevalier, le meilleur qui sera jamais en ce monde, celui qui, seul parmi tous les compagnons, mènera à leur terme les redoutables épreuves du Saint-Graal. »

Merlin s'approcha alors de la grande table de bois que le roi Arthur venait de faire faire par d'habiles ébénistes, avec les sièges correspondants. L'un de ces sièges était plus haut que les autres, et Merlin le montra à tous ceux qui se trouvaient là, dames ou chevaliers. « Voyez, dit-il, le Siège Périlleux dont je vous ai parlé. — Mais, demanda Arthur, pourquoi l'appelles-tu Périlleux ? — Parce qu'il y a grand péril à y prendre place si l'on n'est pas destiné à accomplir les œuvres que j'ai dites. Celui qui voudrait s'y asseoir indûment ne pourrait qu'y être tué ou estropié jusqu'à la fin de sa vie. Je vous le répète, ce siège demeurera vide jusqu'à l'arrivée du Bon Chevalier, celui qui mettra fin aux extraordinaires aventures du royaume du Graal. — Comment se nommera ce Bon Chevalier ? demanda encore le roi Arthur. — Je ne vous le révélerai pas, dit Merlin avec force, car cela ne vous apporterait rien de connaître son nom dès maintenant. Je peux simplement dire que le père de ce Bon Chevalier vient d'être conçu, mais qu'il n'est pas encore né. Vous devrez donc attendre très longtemps pour que cette Table soit complète. Hélas ! moi-même, je ne verrai pas ce jour... — Comment cela, Merlin ? dit encore Arthur. Tu es celui qui a institué la Table Ronde avec mon père, le roi Uther. Tu es celui qui a annoncé les aventures du Saint-Graal ! — Certes, répondit Merlin, mais celui qui annonce n'est pas toujours celui qui termine. Souviens-toi, roi Arthur, de Moïse qui conduisit les Hébreux à travers le désert vers la Terre Promise : jamais Moïse n'a pénétré dans ce pays

LE CYCLE DU GRAAL

qu'il a tant annoncé à son peuple. Pour ma part, j'aurais été très heureux de voir le jour où tout ce que je révèle sera réalisé, car rien n'a égalé ou n'égalera la joie qui régnera alors dans cette cour. Mais sache aussi, roi Arthur, qu'après ce grand jour que tu auras le bonheur de connaître, tu ne vivras pas longtemps, car le grand dragon que tu as vu dans ton rêve causera ta perte. »

Après cela, Merlin s'adressa à ceux qui avaient fait partie des premiers compagnons de la Table Ronde, et qu'il avait ramenés de Carmélide. « Seigneurs, leur dit-il, voici ceux que je vous ai choisis pour frères. Que Notre Seigneur fasse régner entre vous la paix et la concorde comme il le fit pour ses apôtres ! » Il leur demanda alors de s'embrasser les uns les autres, puis il appela les évêques et les archevêques du royaume : « Seigneurs, leur dit-il, il faut que vous bénissiez les sièges où ces hommes vont s'asseoir, car de nombreux chevaliers dont la vie sera exemplaire et glorieuse aux yeux de Dieu comme à ceux des peuples de la terre y prendront place pendant de longues années. Il est donc juste que vous bénissiez ce lieu, et Notre Seigneur, s'il lui plaît, le sanctifiera par sa grâce et sa bonté. »

Il fit asseoir les compagnons autour de la Table, chacun à sa place. Alors les évêques et les archevêques dirent les prières qui convenaient, bénirent l'assistance et le lieu où désormais serait conservée la Table Ronde, et chantèrent un hymne à la gloire de Dieu. Quand ils eurent terminé, Merlin fit lever les compagnons et leur dit : « Seigneurs, il vous faut maintenant faire l'hommage au roi Arthur, qui est votre compagnon à cette Table, mais qui est aussi votre seigneur légitime. Ce sera ensuite à lui de jurer, sur les saintes reliques, de vous assurer de sa protection : car tel est le devoir d'un souverain. »

Tous les compagnons assurèrent Merlin que leur intention à tous était bien d'échanger avec le roi Arthur un serment de fidélité et de fraternité qui les liait autant

LES CHEVALIERS DE LA TABLE RONDE

les uns avec les autres que leur compagnie avec le roi, dans l'honneur et le respect des coutumes en usage dans le royaume de Bretagne et pour la plus grande gloire de Notre Seigneur Jésus-Christ. L'un après l'autre, ils firent leur hommage au roi ; puis Arthur jura solennellement qu'il n'abandonnerait jamais un de ses compagnons de la Table Ronde dans le danger ou la souffrance, et qu'il consacrerait sa vie à maintenir l'harmonie et la justice entre tous ceux et toutes celles qui relevaient de son autorité. Et pendant que se déroulait cette cérémonie, Merlin fit le tour de la Table Ronde. Il s'aperçut alors que, sur tous les sièges qui entouraient la Table, tous sauf deux, se lisaient, de façon inexplicable, les noms des chevaliers qui avaient été désignés pour y prendre place [1].

« Seigneurs, dit Merlin aux barons, en leur montrant les inscriptions, voici la preuve que Notre Seigneur veut que les compagnons soient placés comme nous l'avons établi, puisqu'il a inscrit sur chaque siège le nom de celui qui doit l'occuper. Bénie soit donc l'heure qui a vu naître cette entreprise, car ce miracle ne peut rien présager d'autre que du bien ! » Et quand les gens de la salle apprirent ce qui s'était produit, ils se précipitèrent vers les sièges pour voir si c'était bien vrai. Quand ils constatèrent la réalité du fait, ils ne purent qu'exprimer leur enthousiasme et leur joie profonde, plus que jamais

---

1. C'est pourquoi la célèbre Table Ronde du grand Hall de Winchester comporte des noms de chevaliers, au nombre de 24, autour du roi Arthur, lequel occupe une place prépondérante qui n'est pas conforme à la tradition primitive qui insiste sur l'égalité entre tous les participants. A la gauche d'Arthur se trouve le Siège Périlleux, occupé par Galaad, le « Bon Chevalier », lequel a lui-même, à sa gauche, son père Lancelot du Lac. A la droite d'Arthur se trouve le siège de Mordret. La référence à la Sainte Cène est évidente, puisque Mordret est assimilé à Judas et Galaad à l'apôtre Jean. Mais, au centre de la Table, est représentée une rose, ce qui n'est pas sans évoquer la symbolique rosicrucienne, et ce qui montre également qu'à partir du XIVe siècle la Table Ronde avait été récupérée par les cercles ésotériques ou mystiques.

LE CYCLE DU GRAAL

persuadés de la grandeur de la mission qui leur était ainsi confiée et dont Merlin avait été le découvreur.

Tous les sages s'accordèrent sur le caractère exceptionnel de l'événement et déclarèrent qu'un tel prodige n'avait pu se produire que par la volonté expresse de Notre Seigneur. Le roi, cependant, restait tout songeur. Il finit par dire à Merlin : « Il me semble que tu n'as pas achevé ton œuvre. Je ne parle pas du Siège Périlleux, mais il y a un autre siège qui ne comporte pas de nom. Comment se fait-il ? — Roi, répondit Merlin, ne te tourmente pas. Ce siège sera occupé quand le moment sera venu. Si je le laisse vide, ce n'est pas parce qu'il n'y a pas, en cette cité de Camelot, assez de preux chevaliers qui seraient dignes de l'occuper, mais parce que cette Table doit finir comme elle a commencé. Elle commence en effet par un roi, Arthur, et ce roi, c'est toi. Et elle doit obligatoirement finir par un roi. Et ce roi viendra occuper son siège quand il plaira à Notre Seigneur [1]. Ainsi le premier à cette Table sera un personnage de haut rang, mais le dernier sera à égalité avec lui, comme il convient pour une compagnie aussi vénérable. » [2]

C'est alors que Gauvain, fils du roi Loth d'Orcanie, intervint et prit la parole devant tous ceux qui se trouvaient là : « Seigneurs, dit-il, je me fais l'interprète de tous mes compagnons. Je fais vœu que jamais jeune fille ou dame ne viendra en cette cour pour chercher secours qui puisse être donné par un seul chevalier, sans trouver réponse à sa demande. Et je fais aussi le vœu que jamais un homme ne viendra nous demander aide et assistance contre un quelconque chevalier, qu'il soit des nôtres ou qu'il soit étranger, sans obtenir cette aide et cette assistance. Et s'il arrivait que l'un de nous disparût au cours d'une expédition en pays lointain, tour à tour ses com-

---

1. Ce sera Perceval le Gallois.
2. D'après le *Merlin* de la tradition de Robert de Boron.

168

LES CHEVALIERS DE LA TABLE RONDE

pagnons se mettraient à sa recherche pour le retrouver mort ou vif, et cela pendant un an et un jour ! »

Quand les compagnons eurent entendu ces paroles, ils manifestèrent leur accord. Le roi fit alors apporter les meilleures reliques qu'on put trouver, et tous les compagnons de la Table Ronde jurèrent sur les saints de tenir le serment qu'avait fait Gauvain en leur nom à tous. Et le roi ajouta qu'il voulait que quatre clercs soient désignés afin de mettre par écrit toutes les aventures que chacun des compagnons viendrait raconter devant le roi et devant les autres barons dès qu'il serait de retour d'une expédition.

Lorsqu'ils entendirent faire tous ces beaux vœux, les chevaliers et les dames qui étaient présents dans la salle furent très joyeux et satisfaits, jugeant qu'un grand bien et un grand honneur en rejailliraient sur le royaume de Bretagne. Et c'est depuis ce temps-là que l'on commença à voir, gravées sur la pierre ou sur le bois, le long des chemins et aux carrefours, ces lettres que personne ne pouvait effacer : « En ce jour commencent les aventures par lesquelles sera pris le lion merveilleux. Un fils de roi les achèvera, qui sera chaste et le meilleur chevalier du monde. »

Cependant, le roi Arthur n'avait pas oublié qu'il avait convoqué ses barons non seulement pour renouveler la Table Ronde, mais encore pour célébrer ses noces avec Guenièvre, la fille du roi Léodagan qui, pendant une longue période, avait été précisément le mainteneur de cette Table Ronde. Après que les dames, les jeunes filles, les chevaliers et les écuyers se furent rafraîchis et restaurés, ils se retrouvèrent, au début de l'après-midi, dans la grande salle de Camelot, toute semée de joncs, d'herbes vertes et de fleurs qui dégageaient de douces odeurs. Le soleil rayonnait à travers les verrières lorsque Guenièvre fit son entrée, conduite par les rois Ban et Bohort. Les assistants purent ainsi voir qu'elle était probablement la plus belle femme et la mieux aimée qui fût jamais, hormis Hélène sans pareille, la femme du roi Ménélas, et la

LE CYCLE DU GRAAL

fille de Pellès, le Roi Pêcheur, qui garda le Graal jusqu'au temps où fut engendré le Bon Chevalier.

Guenièvre avait le visage découvert, avec seulement, sur la tête, un cercle d'or dont les pierreries valaient bien un royaume. Elle portait une robe d'étoffe précieuse, tissée de fils d'or, si longue qu'elle traînait à plus d'une demi-toise. Marchant deux à deux et se tenant par la main, les fiancés, les rois et leurs épouses, les gens de leurs maisons, accompagnés des barons du royaume de Carmélide, des nobles dames du pays et des bourgeois les plus considérables, se rendirent à l'église où le mariage fut célébré en présence du chapelain d'Arthur, qui avait nom Amustant, et des évêques et archevêques du royaume de Bretagne. C'est un archevêque qui chanta la messe. Et quand la cérémonie fut terminée, le cortège sortit de l'église au milieu d'une grande foule de petites gens qui acclamaient la reine Guenièvre et le roi Arthur.

On revint à la grande salle de la forteresse, et là, après avoir écouté les bardes et les ménétriers qui racontaient et chantaient les plus belles histoires d'amour que l'on connaissait à l'époque, on s'assit aux tables qui avaient été préparées pour un dîner qui fut digne des plus grands festins des temps passés et présents. Après le repas, les chevaliers allèrent s'escrimer à la quintaine et tournoyer dans la prairie. Enfin, on servit à boire les plus délicieuses liqueurs qu'on eût pu trouver dans le royaume. Les convives se divertirent et se réjouirent autant qu'ils le pouvaient, célébrant dans la joie et l'allégresse cette journée qui avait débuté par le renouvellement de la Table Ronde et qui se terminait par le mariage du roi.

Quand vint la nuit, chacun retourna en son logis pour dormir et se reposer. Mais on conduisit Guenièvre à la chambre nuptiale où le chapelain bénit le lit conjugal, tandis que des valets aidaient Arthur à se dévêtir. Les suivantes de la reine parèrent celle-ci de ses plus beaux atours et la laissèrent seule avec Arthur. Les portes de la chambre furent fermées soigneusement. Mais le roi et la reine ne s'endormirent que très tard, le matin, bien après le lever du soleil.

Cependant, le soir de ce beau jour, au moment où Guenièvre était conduite dans sa chambre et où dames et chevaliers regagnaient leur logis, le chevalier Guyomarch, qui était cousin de Guenièvre, et qui faisait partie de l'escorte qui l'avait accompagnée depuis la Carmélide, demeura dans la salle basse de la forteresse, en grande conversation avec Morgane. Guyomarch était jeune et beau, impétueux et vaillant, et toutes les jeunes filles de son pays eussent volontiers consenti à devenir son amie. Or, pendant que se déroulaient les réjouissances des noces d'Arthur et de Guenièvre, Guyomarch n'avait eu d'yeux que pour la belle et jeune Morgane.

Morgane était, comme on le sait, la sœur du roi Arthur. Elle était gaie et fort enjouée, et elle chantait très plaisamment les refrains du temps passé. Elle avait une chevelure très noire, un visage très bien proportionné où se dissimulait toujours un sourire qui pouvait inquiéter ceux qu'elle regardait avec trop d'intensité. Elle était bien en chair, ni trop grasse ni trop maigre, avec de belles mains, des épaules parfaites, une peau qui paraissait plus douce que la soie, un corps souple et long, des jambes qu'on devinait très fines sous sa robe. Bref, Morgane était la plus avenante et la plus séduisante de toutes les femmes qu'on pouvait rencontrer à la cour du roi Arthur. Et, avec cela, on prétendait que c'était la femme la plus chaude et la plus luxurieuse de tout le royaume de Bretagne. Merlin lui avait enseigné l'astrologie et beaucoup de choses encore, en particulier des sciences qu'il n'était pas bon de divulguer au commun des mortels ; et elle s'était appliquée de son mieux à suivre les préceptes et les conseils de celui qu'elle avait choisi comme maître : c'est pour cette raison que, plus tard, on l'appela Morgane la Fée, à cause des merveilles qu'elle accomplissait et aussi des sortilèges qu'elle n'hésitait pas à lancer en certaines circonstances sur ceux qui avaient osé lui déplaire. Elle s'exprimait avec une douceur et une suavité délicieuses. Son charme était incontestable. Mais lorsqu'elle se trouvait plongée dans la colère, il était impossible de l'apaiser : on le vit bien par la suite, pour le malheur du royaume.

Quand ils eurent conversé un assez long temps, Morgane et Guyomarch se séparèrent, regagnant chacun ses appartements. Mais au moment où Morgane se disposait à entrer dans sa chambre, elle aperçut l'ombre de Merlin qui se projetait sur le mur. Elle se retourna et se mit à rire : « Voici donc, dit-elle, le véritable triomphateur de cette journée ! Tu peux être fier et content de toi, Merlin ! Tu as renouvelé la Table Ronde, marié mon frère à l'héritière de Carmélide, fourni une reine pour alimenter les rêves les plus louches de ses barons ! Tu as vraiment de quoi te réjouir, car ta Guenièvre attirera bien des ennuis à ce royaume. Je sais qu'elle causera la perte de cette Table Ronde que tu as eu tant de mal à faire accepter.

— Je sais cela aussi bien que toi, Morgane, répondit Merlin, mais qu'y puis-je apporter en fait de remède ? Nous ne pouvons rien contre le destin lorsque celui-ci a été tracé par Dieu lui-même. Te dirais-je, Morgane, que le jeune Guyomarch, qui semble si attiré par toi, et auquel tu n'es pas insensible, est aussi dangereux pour le royaume que cette Guenièvre que tu décries avec tant de haine ? — Me surveillerais-tu, Merlin ? demanda Morgane. Tu oublies que mes yeux pénètrent jusqu'au fond de l'âme et que je ressens ce que ressentent ceux en qui plonge mon regard. » Le sourire de Morgane devint alors plus ironique que jamais. « Je pourrais en dire autant à ton propos, Merlin, dit-elle, car je vois clairement en toi l'amour insensé que t'inspire cette jeune fille que tu as rencontrée au bord d'une fontaine, dans la forêt de Brocéliande. Et je lis en toi qu'elle causera ta perte, ou tout au moins ton éloignement définitif de ce monde des apparences dans lequel nous sommes incarnés, toi et moi, pour l'instant. — Tu dis vrai, répondit Merlin d'une voix soudain très triste. Mais cela ne sera pas avant que j'aie terminé la tâche pour laquelle j'ai subi cette incarnation. Tu connaissais déjà beaucoup de choses par toi-même, Morgane, lorsque j'ai entrepris de te dévoiler ce qui n'était point encore parvenu jusqu'à ta pensée. Mais il y a une chose que je n'ai jamais pu t'apprendre, autrement dit une chose que je n'ai jamais pu faire surgir de toi. — Laquelle ? demanda Morgane. — La compassion », répondit simplement Merlin.

Ils se turent l'un et l'autre, mais demeurèrent immobiles comme s'ils avaient encore des questions à se poser sans avoir le courage de les exprimer. A la fin, Morgane reprit la parole et dit : « Pour qu'il y ait compassion, il faut qu'il y ait souffrance, malheur, angoisse. Es-tu donc malheureux, Merlin, pour introduire ainsi ce mot de compassion dans ton discours ? » Merlin se mit à rire et dit : « Devine ! » Morgane eut un geste de colère, puis, se calmant, elle demanda d'un ton où se manifestait une certaine angoisse : « Trêve de plaisanteries, Merlin, que faut-il faire ? — Rien, répondit Merlin, ou plutôt tout, tout ce que tu dois faire et qui est inscrit en toi. Nous ne sommes que deux pions, disons deux fous, sur un gigantesque échiquier dont nous ne connaissons que les contours immédiats. Et si, en tant que fous, nous pouvons aller de travers et sauter certains obstacles, nous sommes quand même manipulés par qui tu sais ! » Et, sans ajouter un mot, Merlin disparut dans l'ombre.

Restée seule, Morgane, impressionnée par ce que venait de dire Merlin, hésita quelques instants, puis pénétra dans sa chambre. Elle n'avait aucune envie de dormir et elle s'assit sur un siège recouvert de fourrure, devant un rouet. Machinalement, elle se mit à dévider du fil d'or dont elle avait l'intention de faire une coiffe pour sa sœur, la femme du roi Loth d'Orcanie. Mais elle ne pouvait s'empêcher de penser au jeune et beau Guyomarch, dont la voix était si douce qu'elle la faisait frissonner de désirs à peine contenus. A la fin, elle ne put résister davantage. Elle leva sa main gauche et fit un étrange geste dans l'air avec ses doigts en murmurant : « Qu'il vienne ! qu'il vienne jusqu'à moi ! »

Quelques instants plus tard, après avoir frappé discrètement à la porte, Guyomarch entra dans la chambre. Il salua Morgane très doucement en la priant de ne pas le renvoyer, car il ne se trouvait pas fatigué et pensait qu'il aurait beaucoup de plaisir à continuer de parler avec elle. Elle lui répondit qu'elle acceptait volontiers sa présence et le pria de s'asseoir à côté d'elle. Comme elle n'avait pas interrompu son travail de dévidage, il se mit à l'aider de son mieux. Guyomarch était un beau jeune homme gracieux et bien fait, de nature souriante, et dont la chevelure blonde contrastait avec la teinte brune de celle de Morgane. De temps à autre, elle le regardait avec intérêt et sentait grandir son émoi. Quant à lui, elle lui plaisait de plus en plus, si bien que, sans plus attendre, il la pria d'amour. Elle ne le repoussa pas, et quand il vit qu'elle souffrirait de bon cœur ce qu'il osait à peine lui demander, il commença à la prendre dans ses bras et à lui donner des baisers qui, pour être tendres et doux, n'en étaient pas moins enflammés. Et, s'étant échauffés de la sorte, comme la nature le veut, ils s'étendirent tous deux sur une couche grande et belle, et ils se livrèrent au jeu commun, comme gens qui le désiraient ardemment, car si lui le souhaitait, elle ne le souhaitait pas moins. Et, cette nuit-là, ils demeurèrent si longtemps ensemble qu'ils ne s'aperçurent même pas de la lumière de l'aube.

Le lendemain, dans la forteresse de Camelot, peu nombreux furent ceux qui se levèrent de bon matin. Ce ne fut que dans le courant de l'après-midi que le roi Arthur, en compagnie de la reine Guenièvre et de quel-

LES CHEVALIERS DE LA TABLE RONDE

ques familiers, prit une collation sous le couvert d'un pavillon, dans la prairie qui se trouvait en face de l'entrée de la forteresse. C'est alors qu'une jeune fille d'une grande beauté s'avança vers le roi, tenant en ses bras le nain le plus contrefait qu'on eût jamais vu. En effet, il était maigre et avait le nez camus, les sourcils roux et recroquevillés, les cheveux gros, noirs et emmêlés, la barbe rouge et si longue qu'elle lui tombait jusqu'aux pieds, les épaules hautes et courbes, une grosse bosse par-devant, une autre par-derrière, les jambes brèves, l'échine longue et pointue, les mains épaisses et les doigts courts.

« Seigneur roi, dit la jeune fille, je viens de bien loin vers toi pour te réclamer un don. — C'est le devoir d'un roi, répondit Arthur, d'octroyer un don à ceux qui en demandent [1]. Dis-moi donc, je te prie, quel est ce don, et je te l'accorderai à condition qu'il n'aille ni contre mon honneur ni contre celui du royaume [2]. — Eh bien, voici : je te prie, seigneur roi, d'armer chevalier ce franc jeune homme, mon ami, que je tiens dans mes bras. Il est preux, courageux et de très haut lignage. S'il l'avait voulu, il aurait pu être adoubé par le roi Pellès de Listenois [3], mais il a fait serment de ne l'être que par toi ! »

En entendant cette supplique, tous les assistants se

---

1. Trait de mœurs typiquement celtique : le roi est obligé d'accorder un don sans savoir de quoi il s'agit. La littérature épique de l'ancienne Irlande est remplie d'anecdotes de ce genre, où le roi, placé dans des situations « cornéliennes », est contraint d'accéder à la demande, ou de s'engager dans des aventures fantastiques, sous peine d'être déshonoré et de perdre tout crédit vis-à-vis de ses sujets. Mais, d'autre part, si le roi perd, pour une raison ou pour une autre (c'est ce qui arrive dans le récit de *Perlesvaux*), sa faculté du don, il devient incapable de régner, et le royaume s'en va à la débandade.

2. On remarquera les réserves prudentes émises par Arthur pour éviter un don trop contraignant. On verra plus loin, dans l'épisode de Kilourh, les restrictions précises données par Arthur à l'octroi du don.

3. Il s'agit du même personnage que le Roi Pêcheur, gardien du Graal dans le château de Corbénic.

LE CYCLE DU GRAAL

mirent à rire. « Garde bien ton ami, jeune fille ! s'écria Kaï, qui était toujours prêt à se moquer des autres [1], et tiens-le près de toi de peur qu'il ne te soit enlevé par les suivantes de madame la reine ! » Mais Kaï avait à peine prononcé ces paroles qu'on vit arriver deux écuyers montés sur de bons roussins. L'un portait une épée et un bouclier noir sur lequel étaient peints trois léopards d'or couronnés d'azur. L'autre menait en laisse un petit destrier fort bien taillé dont le frein était d'or et les rênes de soie. Un mulet les suivait, chargé de deux beaux et riches coffres. Les écuyers attachèrent les bêtes à un pin, ouvrirent les malles et en tirèrent un minuscule haubert et des chausses à doubles mailles d'argent fin, puis un heaume d'argent doré qu'ils apportèrent à la jeune fille. Elle-même sortit de son aumônière deux petits éperons d'or enveloppés dans une pièce de soie. Kaï les prit et feignit de vouloir les fixer sur les chevilles du nain, déclarant qu'il ferait celui-ci chevalier de sa propre main.

« S'il plaît à Dieu, dit la jeune fille, nul ne touchera mon ami si ce n'est le roi Arthur en personne. Seul un roi peut mettre la main sur un homme si haut placé que mon ami ! » Arthur vit bien qu'on ne ferait pas entendre raison à la jeune fille. Il chaussa donc l'un des éperons au pied droit du nain, tandis que la jeune fille lui bouclait l'autre. Puis il le revêtit du haubert, lui ceignit l'épée et lui donna la colée en lui disant, selon la coutume : « Que Dieu te fasse chevalier pour ton honneur et celui de ton lignage ! »

Il pensait en avoir fini, mais la jeune fille dit encore :

---

1. Dans les textes les plus anciens, Kaï est un redoutable et indomptable guerrier. Frère de lait d'Arthur, il est, avec Bedwyr (Béduier dans les récits français), le plus ancien compagnon du héros. Mais, dans les récits postérieurs, Kaï prend très vite les allures d'un moqueur, d'un médisant, voire même d'un traître, en tout cas d'une sorte de *miles gloriosus*, soldat fanfaron et ridicule qui échoue piteusement dans toutes les entreprises dans lesquelles il se lance avec beaucoup d'inconscience.

LES CHEVALIERS DE LA TABLE RONDE

« Seigneur roi, prie-le d'être mon chevalier ! — Volontiers », répondit Arthur. Et, s'adressant au nain : « Chevalier, dit-il, je te demande de consacrer ta vie à servir cette jeune fille qui est ton amie. » Le nain dit alors : « Puisque le roi le veut, je consens volontiers à servir fidèlement mon amie. » Et, là-dessus, il enfourcha son petit destrier, qui était de toute beauté et armé de fer. La jeune fille l'aida à monter, puis elle lui pendit le bouclier au cou, monta elle-même sur son cheval, et tous deux, suivis de leurs écuyers, s'en furent par la forêt aventureuse.

Les fêtes se terminèrent à Camelot, et bientôt le roi Arthur décida qu'il tiendrait à la Noël une cour renforcée à Carduel, afin que chacun des barons pût rendre compte des événements qui s'étaient déroulés dans ses propres domaines. Au jour dit, ils se présentèrent tous, en grand appareil, avec leurs épouses ou leurs amies vêtues de leurs plus riches robes. Pour la première fois, la reine Guenièvre, comme le roi, portait la couronne. Quand les cloches sonnèrent la grand-messe, ils allèrent entendre l'office, puis ils revinrent dans la grande salle où, les tables dressées et les nappes mises, les barons prirent place, chacun selon son rang. Et c'était Kaï qui avait l'honneur de servir le roi et la reine.

Au moment où il commençait son office entra dans la salle le plus bel homme qu'on n'avait jamais vu : sur ses cheveux blonds et ondulés, il portait une couronne d'or, comparable à celle du roi ; ses chausses étaient d'étoffe brune et sa cotte de soierie brodée ; sa ceinture de cuir était rehaussée d'or et de pierreries qui jetaient de tels feux que toute la salle en fut illuminée. On remarqua aussi que ses souliers étaient de cuir blanc, fermés par des boucles d'or. Et cet homme portait une petite harpe d'argent à cordes d'or, toute décorée de pierres précieuses. Malheureusement, il était aveugle, bien qu'il eût les yeux très clairs et très beaux, et un petit chien blanc comme la neige, attaché par une chaînette d'or à sa cein-

LE CYCLE DU GRAAL

ture, le conduisit devant le roi Arthur. Alors, il accorda sa harpe, en tira quelques sons mélodieux, et se prit à chanter un lai breton, d'une façon si émouvante et si belle que Kaï, qui portait les mets au roi Arthur, en oublia son service et s'assit pour l'écouter.

« Je suis sur la montagne, chantait le barde. Mon esprit guerrier ne m'entraîne plus. Mes jours seront courts à présent, et ma demeure est en ruine. Le vent me mord, ma vie est une longue pénitence. La forêt reprend sa parure d'été, mais je me sens faible et las. Je ne vais point à la chasse et je n'ai plus de chiens. Je ne peux plus me promener. Mais qu'il chante donc, le coucou !...

« Le coucou babillard chante avec le jour, ses appels sont mélodieux dans la vallée, les coucous chantent dans les arbres fleuris. Sur la colline, de la cime joyeuse du chêne est venue une voix d'oiseau : Coucou de la colline, tous les amants répètent ta chanson !

« Les oiseaux sont bruyants, les vallées sont humides, la lune luit. Comme la minuit est donc froide ! Mon esprit est troublé par l'angoisse et le mal. La vallée est profonde et blanche. Comme la minuit est longue ! On honore le mérite, mais on n'a point d'égards pour la fatigue et la vieillesse.

« Les oiseaux sont bruyants, le rivage est humide, les feuilles sont tombées. Tant pis pour l'exilé qui sait qu'il est malade ! Les oiseaux sont bruyants, le sable est humide, clair est le firmament. La vague s'enfle et l'ennui flétrit mon cœur.

« Les oiseaux sont bruyants, le rivage est humide, brillant est le flot dans sa course rapide. Puis-je encore aimer ce que j'ai aimé autrefois lorsque j'étais jeune ? Qu'ils sont bruyants les oiseaux ! Ils sentent l'odeur de la

LES CHEVALIERS DE LA TABLE RONDE

chair. La voix des chiens retentit sur les landes... Qu'ils sont bruyants ces oiseaux ! » [1]

Comme le barde aveugle venait juste de terminer son chant, un homme aux allures étranges entra dans la salle. En voyant les rois couronnés, les dames et les jeunes filles richement parées, ainsi que le harpiste coiffé d'or, il s'arrêta tout interdit. Mais il se remit très vite et, s'étant fait montrer le roi Arthur, il s'avança vers lui et dit à haute voix : « Roi Arthur, je ne te salue pas, car celui qui m'envoie vers toi ne me l'a pas commandé ! Je te dirai seulement ce qu'il te fait savoir. Si tu t'y soumets, tu en auras honneur, mais sinon, il te faudra fuir de ton royaume, pauvre et exilé. » Arthur interrompit l'homme et lui dit : « Ami, trêve de bavardages ! Donne-nous ton message. Je t'assure que rien de mal ne t'arrivera, ni de ma part ni de la part de tous ceux qui sont ici !

— Roi Arthur, reprit l'homme, vers toi m'envoie le seigneur et le maître de tous les chrétiens, le roi Rion des Iles, dominateur de l'Occident et de toute la terre. Vingt-cinq rois sont déjà ses hommes liges ! Il les a soumis par l'épée et leur a enlevé la barbe avec le cuir. Il te somme de te présenter devant lui et de lui rendre l'hommage qui lui est dû. Fais lire ces lettres qu'il t'adresse et tu entendras ainsi sa volonté. » Le roi prit la missive que lui tendait l'homme et la confia à l'un des clercs qui se trouvait là. Et celui-ci se mit à lire à haute voix :

« Moi, roi Rion des Iles, seigneur de toutes les terres d'Occident, je fais savoir à tous ceux qui verront et entendront ces lettres que je suis à cette heure en ma cour, en compagnie de vingt-cinq rois qui ont reconnu ma puissance, qui m'ont rendu leurs épées et à qui j'ai pris leurs barbes avec le cuir. En témoignage de ma victoire, j'ai fait fourrer avec leurs barbes un superbe man-

---

1. Poème attribué au barde gallois Llywarch Hen, contenu dans le manuscrit du XIVᵉ siècle, *le Livre Rouge de Hergest*. J. Markale, *les Grands Bardes gallois*, Paris, Picollec, 1981, pp. 41-42.

LE CYCLE DU GRAAL

teau auquel ne manque plus que la frange. Et, parce
que j'ai entendu dire grand bien de la prouesse et de la
vaillance du roi Arthur, je veux qu'il soit honoré davantage que les autres rois : en conséquence, je lui demande
de m'envoyer sa barbe avec le cuir, et j'en ferai la
frange de mon manteau pour l'amour de lui. Car mon
manteau ne me pendra au cou qu'il n'ait sa frange, et je
n'en veux pas d'autre que sa barbe. Je lui commande
donc qu'il me l'envoie par un ou deux de ses meilleurs
compagnons, et qu'il se présente ensuite à moi pour
devenir mon homme lige et me rendre l'hommage qui
m'est dû. S'il ne veut pas le faire, qu'il abandonne sa
terre et parte pour l'exil, ou bien je viendrai avec mon
armée et je lui ferai arracher de force sa barbe du men-
ton, et cela à rebours, pour qu'il sente bien sa douleur,
qu'il le sache bien. »

Quand il eut entendu le contenu de ces lettres, le roi
Arthur répondit en riant que Rion n'était qu'un obscur
prétentieux dont il n'avait jamais entendu parler et qu'il
n'aurait jamais sa barbe tant qu'il pourrait la protéger.
Ayant écouté cette réponse, le messager quitta la salle et
le roi reprit son souper interrompu. Pendant ce temps, le
harpiste allait de rang en rang, chantant pour les uns et
pour les autres, et tous disaient qu'ils n'avaient jamais
entendu chanter de façon si exquise. Le roi en était
émerveillé. A la fin, le barde s'adressa à lui et lui dit :
« Seigneur roi, je demande maintenant le prix de mes
chants. — Demande ton prix et tu l'obtiendras, répondit Arthur, car m'est avis que tu l'as bien mérité !
— Alors, dit le barde, je te demande de porter ton
enseigne dans la première bataille que tu engageras. »

Le roi se mit à rire. « Comment cela, mon ami ? dit-il.
Il me semble que tu oublies que tu es aveugle ! — Ha !
seigneur roi, répondit le barde, Dieu qui m'a déjà tiré de
bien des dangers saura me conduire quand il le faudra ! »
En l'entendant si bien répliquer, Arthur comprit que le

LES CHEVALIERS DE LA TABLE RONDE

barde n'était autre que Merlin, et il allait lui répondre qu'il lui octroyait sa demande quand il s'aperçut que le beau harpiste avait disparu : à sa place, on voyait un petit enfant de huit ans, les cheveux tout ébouriffés et les jambes nues, portant une petite massue sur l'épaule, qui disait au roi qu'il voulait porter son enseigne à la guerre contre le roi Rion des Iles. Tous les assistants se mirent alors à rire, car ils avaient reconnu Merlin. Celui-ci reprit alors la forme qu'il revêtait ordinairement devant eux [1].

« Merlin, dit encore Arthur, dis-nous ce que tu sais à propos de ce Rion des Iles. — C'est une longue histoire, répondit Merlin, mais je vais en dire l'essentiel. Il y a un certain temps, Nynniaw était roi d'Erchyng, et Pebyaw roi de Glamorgan. C'étaient deux bons amis, mais ils avaient le défaut d'être très orgueilleux. Un soir qu'ils se promenaient ensemble, alors que la nuit était très claire et que d'innombrables étoiles brillaient dans le ciel, Nynniaw dit à Pebyaw : "Quelle belle campagne est la mienne !" Pebyaw, qui ne comprenait pas ce dont son ami voulait parler, lui demanda de quelle campagne il s'agissait. "C'est le ciel tout entier", répondit Nynniaw. Pebyaw fut très mortifié de cette réponse et, au bout de quelques instants, il dit à Nynniaw : "Regarde tout ce que j'ai de brebis et de bétail à brouter dans mes champs ! — Où sont-ils donc ? demanda Nynniaw, fort surpris. — C'est très simple, répondit Pebyaw, ce sont les étoiles dans le ciel, avec la lune qui est leur berger et qui les rassemble autour d'elle, lorsque vient le matin, pour les rentrer dans les bergeries !" Nynniaw fut tout aussi furieux de cette réponse que Pebyaw l'avait été de la sienne et, à partir de ce jour, les deux rois se firent une guerre acharnée, chacun prétendant être plus riche et plus puissant que l'autre [2]. C'est alors que Rion des Iles,

---

1. D'après le *Merlin* de la tradition de Gautier Map.
2. D'après un conte populaire ancien recueilli dans les *Iolo Manuscripts*, p. 118.

181

LE CYCLE DU GRAAL

qui s'était donné pour mission de poursuivre l'oppression et l'injustice des rois déréglés [1], vint mettre la paix entre eux. Il les vainquit l'un et l'autre et les fit prisonniers. Puis il leur arracha la barbe avec le cuir et déclara : "Voilà les animaux qui ont brouté mes pâturages : je les en ai chassés et ils n'y paraîtront plus désormais." [2] Mais, après cela, Rion des Iles devint si orgueilleux qu'il se mit à pourchasser tous les rois, et chaque fois qu'il triomphait d'un, il lui arrachait la barbe. Il eut ainsi tant de barbes de rois vaincus qu'il décida, pour montrer sa puissance, de s'en faire confectionner un grand manteau. Voilà pourquoi, roi Arthur, il a envoyé ce messager vers toi, car il ne lui manque plus que ta barbe pour finir son manteau et prouver ainsi qu'il est le plus puissant de tous les rois de la terre ! » [3]

Les assistants se réjouirent grandement de cette histoire. Kaï et Bedwyr demandèrent à Arthur de leur permettre d'aller combattre Rion des Iles et de lui ravir le manteau dont il s'enorgueillissait avec tant d'audace. Mais le roi leur répondit que c'était à lui d'aller se mesurer avec Rion, au moment et au lieu qu'il choisirait lui-même. Et quand le repas fut terminé, chacun s'éparpilla dans les cours, devisant de choses et d'autres, écoutant les musiciens qui jouaient des airs anciens, ou regardant les montreurs d'ours qui faisaient danser les animaux au son de leurs tambourins.

Autour de la reine Guenièvre s'étaient groupés plusieurs compagnons. Il y avait là Kaï, Bedwyr et Gauvain, ainsi qu'Yder, fils du roi Nudd, l'un de ceux que Merlin venait de choisir pour prendre place à la Table Ronde. Yder avait un frère, qu'on nommait Gwynn, et qui était un redoutable guerrier, mais lui-même était

---

1. D'après les *Triades de l'île de Bretagne*, nᵒ 132.
2. *Iolo Manuscripts*, p. 118.
3. *Triade 131.*

LES CHEVALIERS DE LA TABLE RONDE

doué d'une force peu commune [1]. Au cours d'une aventure récente, alors qu'Arthur avait emmené avec lui quelques compagnons pour lutter contre deux géants redoutables qui habitaient le mont des Grenouilles et qui ravageaient le pays alentour, Yder était parti, sans avertir personne, à la rencontre des géants et les avait provoqués. Il les avait tués tous les deux ; mais, épuisé par ce dur combat, il était tombé inanimé sur le bord d'un torrent, à tel point que, lorsque Arthur et les siens étaient arrivés sur les lieux, ils avaient cru qu'il était mort. On avait même emporté son corps sur un char afin de l'inhumer dignement, et c'est lors de la cérémonie qu'Yder s'était réveillé de sa torpeur, plus fringant et plus robuste que jamais.

Or, tandis que Guenièvre prenait plaisir à converser avec ses compagnons, dans une salle basse de la forteresse, un grand ours aveugle, excité et rendu furieux par le bruit qui se faisait autour de lui, rompit sa chaîne et se précipita dans la salle, droit sur la reine sur laquelle il leva ses pattes menaçantes. Guenièvre poussa un cri de terreur, mais elle ne pouvait échapper à la bête, coincée qu'elle était contre le mur du fond. Aucun des hommes présents n'avait d'armes : ils se précipitèrent à l'extérieur pour saisir soit une épée, soit un bâton. Mais Yder, sans hésiter un seul instant, s'avança vers

---

1. Yder, dont le nom breton-armoricain est Edern (du latin *Aeternus*, « éternel »), est l'un des plus énigmatiques compagnons de la Table Ronde. Il s'agit d'une entité mythologique très ancienne dont les animaux emblématiques semblent avoir été l'ours et le cerf. Incorporé très tôt dans le cycle arthurien primitif, Yder-Edern est devenu « saint » Edern dans l'hagiographie bretonne-armoricaine, où il est le patron de plusieurs paroisses. Son frère, Gwynn (= « blanc »), est devenu le gardien de l'Enfer dans la tradition galloise : il empêche les diables d'envahir la terre ! Mais il apparaît également dans le cycle arthurien primitif, notamment dans le récit de Kilourh. Quant à leur père, Nudd (Nut dans les romans français), c'est incontestablement le Nodens ou Nodons des inscriptions britto-romaines, sorte de dieu celtique de l'Autre Monde.

LE CYCLE DU GRAAL

l'ours et le prit à bras-le-corps. L'ours grogna et se débattit. Yder serra si fort que l'animal en perdit le souffle, et, au bout de cette terrible étreinte, l'homme souleva son adversaire en le saisissant par la peau du cou et le lança par la fenêtre, jusqu'en bas du fossé qui entourait la forteresse. Chacun s'empressa alors auprès de Guenièvre, qui était à peine remise de sa frayeur ; et le roi Arthur, prévenu de l'incident, s'en vint immédiatement féliciter Yder de son courage et de son dévouement envers la reine. De ce jour-là, la renommée d'Yder, fils de Nudd, compagnon de la Table Ronde, ne fit que grandir à travers le royaume [1].

Cependant, Rion n'avait pas oublié le défi qu'il avait lancé publiquement au roi Arthur. Il envoya un nouveau messager pour dire qu'il se tenait prêt dans une clairière, à quelques lieues de Carduel, et qu'il attendait qu'Arthur vînt combattre contre lui : il mettrait alors en jeu son manteau contre la barbe d'Arthur, et le vainqueur serait possesseur à la fois de la barbe et du manteau.

Quand Arthur entendit ce message, il devint rouge de colère. Puis il ordonna de lui apporter ses armes, son cheval et son épée Excalibur. Et sans attendre plus longtemps, il se précipita au rendez-vous que lui avait fixé Rion des Iles. Gauvain, Kaï et Bedwyr le suivirent, mais Arthur allait trop vite pour qu'ils pussent le rattraper et lui être de quelque secours. Ils durent se contenter de le suivre à distance et furent bien stupéfaits, le lendemain matin, lorsqu'ils virent revenir le roi sain et sauf et de fort bonne humeur. Sur l'encolure de son cheval, il por-

---

1. D'après les *Antiquités de Glastonbury* de Guillaume de Malmesbury (fin du XIIᵉ siècle) et le *Roman d'Yder*, ouvrage anglo-normand du début du XIIIᵉ siècle. Cet épisode fait penser à la fameuse représentation dite de la déesse Artio (Musée de Berne), où l'on voit un ours devant une femme assise sur un siège royal. Ce groupe, de facture gallo-romaine, n'en plonge pas moins dans la plus ancienne mythologie celtique. Le nom de la déesse Artio, comme celui d'Arthur, se réfère à l'un des noms celtiques de l'ours, *artos*.

LES CHEVALIERS DE LA TABLE RONDE

tait fièrement le manteau de barbes de Rion des Iles. Il expliqua à ses compagnons comment il avait lutté long-temps contre son redoutable adversaire et comment il avait réussi à le vaincre. Il avait alors pris à Rion, selon les conventions, sa barbe avec le cuir et s'était bien entendu emparé du manteau, laissant l'orgueilleux roi des Iles aux mains de ses valets, à charge de soigner ses terribles blessures. Et c'est ainsi que le roi Arthur revint à Carduel, en compagnie de Gauvain, de Kaï et de Bed-wyr. Lorsque les compagnons apprirent la victoire du roi, ils lui firent grand honneur et les fêtes se poursuivi-rent tard dans la nuit [1].

Mais, le lendemain, Arthur se réveilla au petit matin. Il avait eu de curieux rêves pendant son sommeil, et ces rêves, bien que diffus et sans grande consistance, lui avaient été très pénibles. Il lui semblait bien qu'il s'agis-sait de la fidélité de son épouse, et cette idée le hantait si fort qu'il ne put s'empêcher de réveiller Guenièvre. Celle-ci, croyant à un geste de tendresse, se blottit contre lui, mais le roi ne paraissait guère amoureux. Il s'assit sur le lit et lui dit : « Écoute-moi bien, Guenièvre, et ne prends pas à mal ce que je vais te demander. Je suis le roi et, comme tel, je dois aller combattre ceux qui veu-lent détruire le royaume que Dieu m'a confié. Ainsi ma vie est-elle en danger bien souvent, et si Dieu ne me prê-tait pas aide et assistance, il y a longtemps que j'aurais pu mourir. Je m'en suis bien rendu compte hier en luttant contre ce Rion des Iles qui ne m'aurait pas épargné s'il l'avait pu : il aurait suffi que Dieu me retirât sa protec-tion pour que je périsse ! — C'est impossible, répondit Guenièvre, car si Dieu t'a confié ce royaume, c'est qu'il veut que tu en sois le guide. — Mais, reprit Arthur, il me faudra bien mourir un jour, et c'est pourquoi une angoisse me vient à l'esprit. — Aurais-tu peur de la

---

1. D'après le *Tristan* de Thomas (1170).

LE CYCLE DU GRAAL

mort, mon cher époux ? » demanda la reine. Arthur attendit un instant avant de répondre : « Ce n'est pas ma mort que je crains, douce Guenièvre, mais le sort que subiront après moi ceux que j'ai aimés. »

Guenièvre s'était à son tour assise sur le lit. « Oui, poursuivit le roi, je m'inquiète pour toi, douce Guenièvre. Que feras-tu lorsque je ne serai plus là ? — Je peux te dire que mon chagrin sera immense, répondit Guenièvre. — Cela, je le sais, dit Arthur, impatienté, mais ce que je voulais te demander, c'est avec qui tu te remarierais. — Me remarier ! s'écria Guenièvre. Mais je n'en ai nullement l'intention. Pourquoi ces questions sans objet ? — Pourtant, reprit Arthur, une femme seule à la tête d'un royaume ne peut rien faire sans la présence d'un homme. Que tu le veuilles ou non, il te faudra bien épouser un autre homme lorsque j'aurai disparu. Il y va de la survie du royaume. Qui donc te paraîtrait le plus capable d'assumer la fonction royale auprès de toi ?

— Voilà bien une étrange enquête, dit Guenièvre en soupirant. Comment veux-tu que je le sache ? Tu es jeune, tu es vaillant, tu es l'époux que j'aime et personne, dans ce royaume, ne conteste ton autorité. » Et Guenièvre s'allongea, prête à retomber dans son sommeil. Arthur était de plus en plus agacé. Il s'acharna dans son discours, démontrant à la reine qu'il ne s'agissait pas de sentiments mais d'intérêts relatifs au royaume. Il voulait que Guenièvre lui révélât un nom. A la fin, comme il se faisait de plus en plus insistant, elle dit : « S'il le fallait, je choisirais Yder, le fils du roi Nudd, qui est si courageux et si robuste. C'est en tout cas celui qui me déplairait le moins. » Cette réponse irrita profondément le roi, mais il n'en laissa rien paraître. Il sentait pourtant monter en lui une jalousie incontrôlée à l'égard du fils de Nudd, et il se demanda un instant s'il n'allait pas confier à celui-ci une mission dangereuse de laquelle il ne reviendrait pas. Il se

LES CHEVALIERS DE LA TABLE RONDE

leva sans ajouter un mot, se vêtit, sortit de la chambre et s'en alla marcher dehors ! [1]

Il n'y avait que quelques gardes à la porte de la forteresse. Arthur franchit le pont-levis et s'éloigna en direction de la rivière dont il se mit à longer le cours, assez large à cet endroit, puisque la mer était très proche. Il était plongé dans ses méditations quand il vit s'échouer non loin de lui une barque qui semblait riche et bien décorée. Il n'y avait personne dans cette barque. Intrigué, le roi monta à bord et, sous un auvent, il découvrit le corps d'un chevalier mort, étendu sur un char. Et sa surprise ne fit que croître lorsqu'il remarqua que le chevalier avait conservé le fer d'une lance avec un tronçon du bois de la hampe fiché dans sa poitrine. Ayant remarqué une aumônière attachée à la ceinture du mort, il l'ouvrit, mais elle ne contenait qu'une lettre. Arthur prit la lettre et revint vers la forteresse.

Il était fort intrigué par l'aventure, mais il lui fallait quelqu'un pour lire cette lettre et savoir ainsi qui était ce mystérieux chevalier. Il demanda aux gardes d'appeler Merlin ; mais on lui répondit que Merlin était parti depuis déjà deux jours et que personne ne savait où il

---

1. D'après le *Roman d'Yder*. Il semble bien qu'avant l'introduction — récente — de Lancelot dans le cycle arthurien, les premiers récits mentionnaient une liaison adultère entre Guenièvre et Yder. Plusieurs épisodes du *Roman d'Yder* y font une discrète allusion, et l'on trouve une affirmation en ce sens dans un fragment de poème anglo-normand sur Tristan, datant du XIIᵉ siècle (« Yder, qui occit l'ours, n'eut tant de peine et de douleur pour Guenièvre, la femme d'Arthur »). Mais, en recherchant la tradition arthurienne primitive, on s'aperçoit qu'Yder n'était pas le seul amant de Guenièvre : les sculptures de la cathédrale de Modène, qui datent de 1100, font état d'un certain Malduc que le roi Arthur a bien du mal à vaincre ; et un étrange poème gallois du *Livre Noir de Carmarthen* (XIIᵉ siècle) suggère nettement Kaï. D'ailleurs, l'ambiguïté des rapports de Kaï et de Guenièvre est soulignée dans le *Lancelot* de Chrétien de Troyes. De plus, certains récits concernant la fin du monde arthurien font de Guenièvre la maîtresse et la complice consentante de l'usurpateur Mordret. Tout cela se réfère au thème celtique de la Souveraineté. Voir J. Markale, *la Femme celte*, nouvelle édition, Paris, Payot, 1992.

était allé. Arthur dut attendre le réveil de son chapelain. Entre-temps, tous s'étaient levés dans la forteresse et l'on avait bien remarqué la barque échouée juste en face.

Enfin, le chapelain lut à haute voix la lettre devant Arthur et quelques-uns des compagnons qui s'étaient rassemblés sur le rivage, près de la barque. Ils apprirent ainsi que le défunt demandait à être vengé de celui qui l'avait tué à tort. Mais ce qui était surprenant, c'est que la missive ne signalait ni le nom de la victime, ni le nom de son pays, ni le nom de son meurtrier. Par contre était indiquée la manière dont la vengeance devait s'accomplir. En effet, il était précisé que seul celui qui parviendrait à retirer du cadavre le tronçon de lance qui s'y trouvait enfoncé pourrait châtier le coupable. Et c'est avec le tronçon de lance que devait être frappé le meurtrier. Mais, pour achever l'aventure et rendre ainsi justice, le vengeur devrait recevoir l'assistance d'un compagnon, celui qui réussirait à ôter du doigt de la victime les cinq anneaux qui y étaient passés.

Arthur fit alors transporter le char sur lequel gisait le chevalier inconnu sur la terre ferme, et saisit le tronçon de lance avec la ferme intention de l'arracher. Il n'y parvint pas. Kaï essaya à son tour, puis Bedwyr, mais ni l'un ni l'autre ne réussirent l'épreuve. Ceux des compagnons d'Arthur qui se trouvaient présents échouèrent de la même façon : il était impossible, même en utilisant toute son énergie, de retirer le fer de la plaie. C'est alors qu'arriva Gauvain. S'étant fait raconter les détails de l'événement, Gauvain voulut, lui aussi, tenter sa chance, et, à la stupéfaction générale, sans aucun effort, il brandit bientôt le fer trempé de sang coagulé, avec le débris de la hampe qui s'y trouvait encastré. « Beau neveu ! s'écria Arthur, c'est donc à toi que revient l'honneur de venger ce chevalier dont nous ne savons ni le nom ni le pays d'origine. Que Dieu te protège et te permette de mener à bien cette mission qui engage notre honneur à tous ! »

Gauvain fit demander ses armes, fit seller son cheval et

LES CHEVALIERS DE LA TABLE RONDE

fit ses adieux à la cour. « Mais où iras-tu ? demanda Arthur. — Là où le Gringalet, mon cheval, me conduira », répondit simplement Gauvain. Il sauta en selle, piqua des deux et s'éloigna le long de la rivière. Après quoi, le roi retourna auprès du cadavre et se mit en devoir de retirer de son doigt les cinq anneaux. Il n'y parvint pas, et tous s'y essayèrent les uns après les autres durant toute la matinée. On emmena le corps jusqu'à la chapelle de la forteresse et on y chanta la messe des défunts. Mais au moment de mettre le corps dans la fosse qui avait été préparée dans le cimetière attenant, Kaï s'écria tout à coup : « Regardez ! Les anneaux ne sont plus à son doigt ! »

On se précipita et on vit bien que Kaï n'avait pas menti. « Qui donc a pu retirer ces anneaux ? » demanda Arthur. Mais personne, parmi ceux qui l'entouraient, ne put répondre à cette question. A ce moment, un valet s'approcha du roi et lui dit qu'un cavalier venait de sortir au grand galop de la forteresse et se dirigeait dans la direction où l'on avait vu partir Gauvain. « Qui est-ce ? demanda le roi. — Je ne l'ai pas reconnu », répondit le valet. Alors Bedwyr, qui avait une vue perçante, se haussa sur les remparts, regarda l'horizon et dit : « Je le vois bien, c'est Yder, le fils du roi Nudd ! » Quand il entendit ces mots, le roi Arthur se sentit envahi par une mauvaise pensée : « Et s'il ne revenait pas... » se dit-il en lui-même.

Pendant ce temps, Gauvain poursuivait sa route le long de la rivière, ne sachant pas où il allait et se fiant à l'instinct de son cheval. Il arriva bientôt près de la mer et vit sur le rivage, échouée sur le sable, une barque identique à celle qui avait amené à Carduel le mort inconnu. Gauvain s'arrêta et s'écria : « Y a-t-il quelqu'un ? » Il ne reçut aucune réponse et, sans descendre de cheval, il passa à bord, non pour y embarquer, mais simplement pour vérifier s'il n'y avait pas un être vivant caché à l'intérieur. Il examina soigneusement l'ensemble du bateau

LE CYCLE DU GRAAL

et n'y découvrit rien qui pût y faire supposer une présence quelconque. Mais quelle ne fut pas sa surprise quand il s'aperçut que, pendant sa visite des lieux, la barque avait quitté le rivage et voguait maintenant en pleine mer. « Après tout, se dit-il, c'est peut-être là le signe que j'attendais ! » Et se recommandant à Notre Seigneur, il s'assit sur un tas de cordages, attendant sans impatience ce qui allait lui arriver.

La barque longea des côtes et navigua au milieu d'îles verdoyantes, puis aborda dans un estuaire où elle s'échoua sur le sable. Gauvain prit le Gringalet par la bride et regagna la terre ferme. Il ne connaissait pas ce pays et se demandait bien où il se trouvait. S'étant rassasié de fruits sauvages et ayant bu abondamment de l'eau qui coulait d'une fontaine entre deux arbres, il remonta en selle et poursuivit son chemin, laissant aller le Gringalet où bon lui semblait. L'homme et le cheval se sentaient perdus dans une grande lande désertique où le vent faisait vibrer les rares touffes d'ajoncs qui tentaient avec acharnement de se dresser vers le ciel.

Comme il venait de traverser la lande, Gauvain aperçut une jeune fille montée sur une mauvaise mule grise. Il s'approcha dans l'intention de lui demander où il se trouvait et fut bien étonné de voir qu'elle portait tous ses vêtements à l'envers. Il l'interrogea à ce sujet : « C'est en signe de deuil, répondit la jeune fille, et j'ai juré de ne jamais avoir des vêtements à l'endroit tant que ne sera pas vengé le preux Raguidel, qui était mon ami très cher. Il a été tué par son ennemi Guenguasoen, à cause des armes magiques de celui-ci. Mais, lorsqu'il a porté le coup mortel dans la poitrine de Raguidel, sa lance s'est brisée, et le fer est resté dans le corps. » Gauvain montra à la jeune fille le tronçon qu'il avait arraché au défunt, sur la barque échouée devant Carduel. « Est-ce ce fer ? demanda-t-il. — Oui, c'est bien le fer de la lance qui a tué Raguidel, répondit-elle. Je vois que c'est toi qui dois venger mon ami, puisque tu as réussi l'épreuve. C'est moi qui ai écrit la lettre dans laquelle j'expliquais comment justice devait être faite, et c'est la fée de la montagne qui m'a fait placer le corps dans cette barque magique grâce à laquelle tu es arrivé ici. Mais la fée de la montagne m'a bien dit que tu ne pourras rien accomplir seul. Il te faudra l'aide d'un chevalier qui aura réussi à enlever les cinq anneaux qui étaient au doigt de Raguidel.

— Je me sens capable de faire justice moi-même », dit Gauvain. La jeune fille reprit : « Quand bien même tu le voudrais, tu ne le pourrais pas, car Guenguasoen est un redoutable magicien. Il connaît les secrets qui rendent invulnérable et ne peut être tué que dans certaines conditions. Ainsi me l'a révélé la fée de la montagne : il faut qu'un chevalier le frappe avec le tronçon de lance enlevé du corps de Raguidel tandis qu'un autre chevalier doit attaquer l'ours féroce qui accompagne toujours Guenguasoen. Et, de plus, cet autre chevalier doit être amoureux de la fille de Guenguasoen, la jeune Guenloie, dont la beauté est plus radieuse que la plus douce aurore d'un jour d'été. Et ce ne peut être que celui qui aura réussi à prendre les anneaux que Raguidel avait à son doigt. Tu es l'un des deux chevaliers qui doit me venger, seigneur, mais tu ne pourras rien accomplir seul.

— C'est ce qu'on verra ! s'écria Gauvain. De toute façon, je partirai à la recherche de Guenguasoen et je le combattrai ! Dieu me maudirait si je n'allais pas au terme de cette aventure ! » Et, guidé par la jeune fille, Gauvain se dirigea vers la forteresse de Guenguasoen, qui était haute et bien bâtie, à l'abri entre les deux pentes d'une vallée profonde. Quand Guenguasoen vit qu'un chevalier arrivait devant sa forteresse et manifestait des intentions belliqueuses, il prit ses armes, monta sur son cheval et, suivi par l'ours qui l'accompagnait toujours, il se prépara au combat. Gauvain se précipita sur lui, la lance baissée, mais la lance se brisa subitement sans

LE CYCLE DU GRAAL

qu'elle atteignît quoi que ce fût. Gauvain revint à l'attaque avec son épée : celle-ci lui échappa des mains. Alors, il saisit le tronçon de lance et, lançant son cheval le plus vite possible, il en frappa Guenguasoen. Celui-ci poussa un cri terrible, car il avait été rudement blessé au bras. Mais il ne se tint pas pour vaincu : il railla Gauvain, l'accusant d'être un fanfaron, puis, suivi de son ours, il partit au galop, laissant son adversaire désemparé. Gauvain alla ramasser son épée. « Seigneur, dit la jeune fille qui avait assisté au combat, je t'avais bien prévenu que tu ne pouvais rien accomplir seul ! — Qu'importe ! s'écria Gauvain. Je le poursuivrai jusqu'en enfer ! » Et, sans plus attendre, il éperonna le Gringalet et s'élança dans la direction qu'avait prise Guenguasoen.

Pendant ce temps, le chevalier qui avait ôté les cinq anneaux du doigt de Raguidel, c'est-à-dire Yder, fils du roi Nudd, avait poursuivi son chemin. Lui, il savait exactement où il allait et connaissait fort bien le pays de Guenguasoen, car, depuis de longues semaines, il ne pouvait chasser de son esprit l'image de la belle Guenloie [1], la fille de Guenguasoen, dont il était éperdument amoureux. C'est pourquoi, prêt à tout tenter pour obtenir Guenloie, il s'était décidé à tenter l'épreuve, et cela à l'insu de tous les autres chevaliers. Or, il avait vu la nef magique aborder sur le rivage et reconnu Gauvain. Il l'avait suivi de loin et avait été témoin du combat mené contre Guenguasoen. Et maintenant, sans se faire remarquer, il chevauchait à la suite de Gauvain et de la jeune fille.

---

1. Dans le récit de *la Vengeance de Raguidel*, la fille s'appelle Tremionette, et dans le *Roman d'Yder*, Guenloie. Ce nom est la transcription française du gallois *gwennlloyw*, c'est-à-dire « blanche lumière ». Quant au nom de Guenguasoen, il est la transcription du gallois *gwenn-gwas-hen*, « diable blanc », littéralement « vieux serviteur blanc ». Ce qui indique nettement l'appartenance de Guenguasoen, de sa fille, de Raguidel et de la jeune fille à un Autre Monde intermédiaire entre l'image païenne du « Blanc Pays » et la représentation chrétienne de l'Enfer diabolique.

LES CHEVALIERS DE LA TABLE RONDE

C'est Yder qui rejoignit le premier Guenguasoen. Dès que celui-ci le vit, il envoya l'ours à sa rencontre. Yder sauta de son cheval et lutta contre l'ours avec un tel acharnement qu'il parvint à l'étouffer entre ses bras robustes. Guenguasoen voulut se précipiter vers Yder, mais à ce moment-là Gauvain surgit brusquement et renversa Guenguasoen. Celui-ci se vit perdu et, pour gagner du temps, proposa à Gauvain de le combattre avec des armes ordinaires, sans faire usage de ses pouvoirs magiques. « Non ! répliqua Gauvain. Tu dois mourir pour le meurtre que tu as commis envers le chevalier Raguidel, et je ne t'épargnerai que si tu demandes grâce à cette jeune fille dont tu as tué l'ami. » Guenguasoen refusa tout net. Alors Gauvain prit le tronçon de lance et l'enfonça dans le cœur de Guenguasoen.

Quand les vassaux de Guenguasoen apprirent la nouvelle que leur seigneur venait de périr, ils furent bien soulagés, car ils avaient beaucoup souffert de la tyrannie du vaincu. Ils vinrent rendre hommage à Gauvain, lui proposant les domaines et la fille de Guenguasoen, la belle Guenloie.

« Gauvain, dit alors Yder, au nom de notre amitié et du serment que nous avons échangé quand nous avons pris place à la Table Ronde, je te demande de renoncer en ma faveur à ce qu'on te propose. Car j'aime la belle Guenloie depuis bien longtemps, et c'est pour elle que j'ai entrepris cette aventure, autant que pour accomplir la vengeance de Raguidel. Et sache que si tu réponds favorablement à ma demande, je me reconnaîtrai ton homme lige et je te servirai toujours fidèlement dans la mesure de mes moyens. — Bien volontiers, dit Gauvain, car je ne me suis engagé dans cette aventure que pour l'honneur de la Table Ronde. » Les deux chevaliers se donnèrent l'accolade. Puis on procéda au mariage d'Yder, fils du roi Nudd, et de la belle Guenloie. Et après quelques jours de réjouissances, Gauvain et Yder retour-

LE CYCLE DU GRAAL

nèrent à Carduel où ils racontèrent au roi Arthur les
événements qu'ils avaient vécus. Et Arthur fut tout heureux de savoir qu'Yder avait épousé une femme aussi
belle que l'aurore d'un jour d'été [1].

---

1. D'après l'un des nombreux épisodes de *la Vengeance de Raguidel*, récit du XIIIe siècle contenu dans le célèbre manuscrit d'Aumale,
qui contient deux autres œuvres arthuriennes, *les Merveilles de Rigo-
mer* et *le Bel Inconnu*. Tout semble indiquer qu'il s'agit d'une adapta-
tion française d'un original en langue galloise.

CHAPITRE VII

La Chevauchée du Prince Kilourh

Au temps du roi Uther Pendragon, Kiliz, fils du prince Kelyddon [1], jugea qu'il était sage pour lui d'avoir une femme pour partager sa vie. Son choix tomba sur la fille d'un chef très honorable, à laquelle on avait donné le nom de Goleuddydd [2]. Lorsqu'ils furent sous le même toit, les gens du pays se mirent à prier pour qu'ils eussent un héritier, et, grâce à ces prières ferventes, la jeune Goleuddydd se retrouva bientôt enceinte. Malheureusement, à partir du moment où elle conçut, sa raison s'égara et elle s'enfuit de la forteresse où elle résidait pour s'en aller errer dans les bois et dans les landes de ce pays. On eut beau la faire chercher partout, on ne la retrouva pas, et le prince Kiliz se désolait d'avoir perdu à la fois son épouse et le fils qu'il espérait tant.

Cependant, le temps de la délivrance approchait pour Goleuddydd. Saisie par les douleurs alors qu'elle se trouvait dans un bois de chênes où paissait un grand troupeau de porcs, elle se réfugia dans une des cabanes que le porcher avait construites pour les truies qui met-

---

1. On reconnaîtra encore ici la forme galloise du latin *Caledonia* qui désigne l'Écosse.
2. Ce nom gallois signifie « lumière du jour ».

195

LE CYCLE DU GRAAL

taient bas. C'est là qu'elle donna naissance à un garçon. Le porcher, attiré par les cris de l'enfant, accourut dans la cabane et reconnut bien qu'il s'agissait de Goleuddydd, l'épouse du prince Kiliz. Il prit le garçon et alla le porter immédiatement chez le prince. On baptisa l'enfant et on lui donna le nom de Kilourh parce qu'on l'avait trouvé dans la bauge d'une truie [1]. Puis on confia l'enfant à une nourrice. Mais à la suite de son accouchement, la mère de l'enfant tomba gravement malade.

Elle fit venir son mari et lui dit : « Je vais mourir de cette maladie et je sais que tu voudras une autre femme. Or les femmes sont à présent celles qui distribuent et répartissent les biens de la famille et je ne voudrais pas que mon fils fût lésé à cause de l'une d'elles. C'est pourquoi je te demande de ne pas te remarier, sauf si tu aperçois une ronce à deux têtes sur ma tombe. » Il le lui promit. Mais la femme fit venir un de ses serviteurs les plus fidèles, qu'elle connaissait depuis son enfance, et lui commanda de nettoyer complètement sa tombe tous les ans de façon que rien ne pût croître dessus.

Goleuddydd mourut peu après. Son mari la fit enterrer dans le petit cimetière situé auprès de la forteresse. Et il envoyait chaque jour quelqu'un pour voir s'il poussait quelque chose sur la tombe. Or, au bout de sept ans, le serviteur négligea ce qu'il avait promis de faire, c'est-à-dire nettoyer la tombe de Goleuddydd. Un jour de chasse, le prince Kiliz se rendit au cimetière : il voulait voir la tombe lui-même, car il songeait à se remarier. Il vit la tombe, et sur celle-ci une ronce à deux têtes avait poussé. Aussitôt, il rentra à sa forteresse et réunit son conseil pour déterminer quelle femme il pouvait épouser.

---

1. J'ai transcrit à la française le nom gallois de *Kulhwch* que l'auteur anonyme du récit décompose en deux termes, *cil*, « cachette », et *hwch* (*houc'h* en breton-armoricain), signifiant actuellement « truie », et autrefois « porc » en général. Il semble que l'histoire de Kilourh se réfère à un antique rituel totémique.

LES CHEVALIERS DE LA TABLE RONDE

Le choix des conseillers se porta sur la femme du roi Doged. Alors, Kiliz et ses compagnons allèrent faire la guerre au roi Doged. Ils le vainquirent, le tuèrent, s'emparèrent de ses domaines et revinrent avec la femme du roi. Et Kiliz l'épousa sur-le-champ.

Un jour, la femme alla se promener toute seule dans la campagne. Elle se rendit chez une vieille sorcière à qui il ne restait plus une dent. « Vieille, lui demanda-t-elle, veux-tu me dire, au nom de Dieu, ce que je vais te demander ? Voici : où sont les enfants de celui qui m'a enlevée par violence et qui m'a épousée contre mon gré ? — Il n'en a qu'un, répondit la vieille, mais rassure-toi : il te sera facile de t'en débarrasser en l'envoyant par le monde, et tu pourras ainsi privilégier les enfants que tu as déjà. »

La femme fut très joyeuse de ce qu'elle venait d'apprendre. Elle retourna auprès du prince Kiliz et lui dit : « Pourquoi me caches-tu les enfants que tu as eus avant moi ? — Je n'en ai qu'un, répondit Kiliz, mais je ne te le cacherai pas plus longtemps ! » Il envoya un serviteur chercher son fils, qui se trouvait toujours chez la nourrice à qui on l'avait confié dès sa naissance. Il fut alors présenté à sa marâtre. Celle-ci lui dit : « Tu ferais bien de prendre une femme. J'ai justement une fille qui conviendrait à n'importe quel noble fils de roi. » Kilourh fut fort surpris de ce discours. « Je ne suis pas encore en âge de me marier », dit-il. La marâtre fut saisie par la colère. « Je jure, s'écriat-elle, que tu auras cette destinée, que ton flanc ne se choquera jamais à celui d'une femme tant que tu n'auras pas obtenu Olwen, la fille d'Yspaddaden Penkawr ! »

Kilourh se mit à rougir, car l'amour d'Olwen venait de pénétrer dans tout son corps et dans tous ses membres, bien qu'il ne l'eût jamais vue [1]. Son père lui dit : « Pourquoi changes-tu ainsi de couleur, mon fils ? » Kilourh lui

---

1. L'amour que l'on ressent tout à coup pour quelqu'un qu'on n'a jamais vu est un motif très répandu dans la tradition celtique, aussi

LE CYCLE DU GRAAL

répondit : « Ma marâtre m'a juré que je n'aurais jamais d'autre femme qu'Olwen, la fille d'Yspaddaden Penkawr. — Eh bien ! Va donc chez son père et demande-lui sa fille ! — C'est que, reprit Kilourh, je ne sais pas qui est cette Olwen, ni où réside son père, Yspaddaden Penkawr. — Moi non plus », dit le père. Il envoya aussitôt des serviteurs s'informer, mais ils revinrent en disant que personne ne connaissait Olwen, ni Yspaddaden Penkawr. « Je suis bien malheureux, dit Kilourh, car je n'aurai jamais de femme ![1] — Non, dit Kiliz à son fils. Je vois un moyen de te tirer d'embarras : le roi Arthur est ton cousin. Va le trouver pour qu'il arrange ta chevelure[2], et demande-lui son aide à propos de cette Olwen, fille d'Yspaddaden Penkawr. »

Sans plus attendre, le jeune homme partit sur un coursier à la tête grise, vieux de quatre hivers, aux cuisses puissamment musclées, aux sabots brillants comme des coquillages, avec une bride aux chaînettes d'or, avec une selle d'or de grand prix. Kilourh portait deux javelots d'argent bien aiguisés et une lance à pointe saillante, d'une bonne coudée jusqu'à la pointe en prenant pour mesure le coude d'un homme de forte corpulence, capable d'atteindre le vent et de lui tirer du sang : elle était plus rapide que

---

bien en Irlande que dans l'île de Bretagne, et il se reconnaît aisément dans la « fine amor » des troubadours occitans, devenue le célèbre thème de l'*amour lointain* (Jaufré Rudel). Mais, en fait, il s'agit bel et bien d'une résurgence de la doctrine gnostique, la femme aimée — et qu'on n'a jamais vue — représentant la Pistis Sophia qu'il faut réintégrer dans sa plénitude originelle afin de parvenir à l'Harmonie cosmique.

1. Ce que prononce la marâtre, c'est un « charme contraignant », une sorte d'incantation magique que les Irlandais appellent *geis*. On trouve un exemple analogue dans le récit irlandais des *Aventures d'Art, fils de Conn*, J. Markale, *l'Épopée celtique d'Irlande*, édition 1978, pp. 184-191.

2. Trait de mœurs très celtique, et plus particulièrement gallois : au VIIIᵉ siècle, c'était la coutume, dans les familles nobles, de faire couper les cheveux de leurs enfants par un chef renommé. Cela constituait une sorte d'initiation sociale et spirituelle.

LES CHEVALIERS DE LA TABLE RONDE

la chute de la première goutte de rosée de la pointe du roseau sur le sol au moment où elle est la plus abondante, au mois de juin [1]. A sa hanche pendait une épée à poignée d'or, à lame d'or, à la garde formée d'une croix émaillée d'or et de la couleur de l'éclair du ciel.

Devant lui s'ébattaient deux lévriers au poitrail blanc, à la peau tachetée, portant chacun au cou un collier de rubis allant de la jointure de l'épaule à l'oreille. Celui de gauche passait à droite, celui de droite à gauche, jouant ainsi avec lui comme deux hirondelles de mer. Les quatre sabots de son coursier faisaient voler quatre mottes de gazon, comme deux hirondelles dans les airs, par-dessus sa tête, tantôt plus haut, tantôt plus bas. Kilourh avait revêtu un manteau de pourpre à quatre pans, une pomme d'or à chaque extrémité, de la valeur de cent vaches chacune [2]. Sur ses chausses et ses étriers, depuis le haut de la cuisse jusqu'au bout de son orteil, il y avait de l'or pour la valeur de trois cents vaches. Pas un brin d'herbe ne pliait sous lui, si léger était le trot du coursier qui l'emportait ainsi à la cour d'Arthur.

Kilourh, après avoir chevauché trois jours et trois nuits, parvint devant la forteresse de Carduel, où le roi Arthur avait retenu près de lui quelques-uns de ses plus fidèles compagnons afin de discuter des grandes affaires du royaume. Il y avait là Kaï, son frère de lait, dont il avait fait son sénéchal, il y avait là Bedwyr, qui ne supportait pas qu'on pût dire la moindre parole désagréable à l'encontre d'Arthur, il y avait là Gauvain, le neveu

---

1. Tout ce passage est la traduction littérale du texte gallois. On remarquera le mélange ahurissant d'éléments réalistes d'une extrême précision et de projections mentales allant jusqu'au fantastique.

2. Chez les anciens Celtes, Bretons et Irlandais, et jusque vers le XIᵉ siècle, la valeur des terres, des objets, des animaux et même des personnes (notamment dans le cas des esclaves) se calculait sur la base des têtes de bétail. Ce qui renforce la thèse attribuant pour origine aux structures sociales des Celtes les coutumes d'un peuple de pasteurs nomades.

LE CYCLE DU GRAAL

d'Arthur, qu'il avait désigné pour être son successeur, le fils de sa sœur Anna et du roi Loth d'Orcanie, et puis encore Yvain, le fils du roi Uryen, Yder et Gwynn, fils du roi Nudd, Girflet, fils de Dôn, Bedwin, le chapelain d'Arthur, Merlin, son sage conseiller, ainsi que quelques autres qui avaient à donner leur avis sur tous les sujets qu'il plairait à Arthur d'aborder.

Kilourh entra dans la forteresse, se fit montrer le logis d'Arthur et s'y présenta. Mais le portier l'arrêta : « Où veux-tu donc aller, jeune présomptueux ? lui demanda-t-il. — Présomptueux toi-même ! répliqua Kilourh. Qui es-tu donc pour me parler sur ce ton ? — Je suis le portier d'Arthur, et l'on me nomme Glewlwyt à la Forte Étreinte. Sache bien que nul ne peut entrer dans ce logis sans ma permission. — Alors, dit le jeune homme, je te demande cette permission. » Le portier se mit à rire et dit : « Cette permission, je ne l'accorde qu'à ceux qui sont dignes d'entrer. Le roi Arthur tient conseil et n'a besoin de personne. Sache, jeune présomptueux, que l'on ne laisse entrer ici que les fils de roi d'un royaume reconnu ou l'artiste qui apporte son art. Cela dit, tu seras le bienvenu dans la forteresse du roi Arthur. On donnera à manger à tes chiens et à ton cheval. A toi, on offrira des tranches de viandes cuites et poivrées, du vin en grande quantité afin de satisfaire ta soif, et une musique agréable pour charmer tes oreilles pendant ton séjour. On t'apportera la nourriture de trente hommes au logis des hôtes, là où se restaurent les gens des pays lointains et ceux qui n'auront pas réussi à se faire admettre parmi les familiers d'Arthur. Mais tu ne seras pas plus mal là qu'avec Arthur lui-même, je te le garantis. On t'offrira une femme pour coucher avec toi. Et demain, dans la matinée, lorsque la porte s'ouvrira devant la compagnie qui est venue ici aujourd'hui, c'est devant toi le premier qu'elle s'ouvrira, afin de t'honorer, et tu pourras choisir la place que tu voudras

LES CHEVALIERS DE LA TABLE RONDE

à la cour d'Arthur, du haut en bas comme il te plaira [1].

— Je n'en ferai rien ! répliqua le jeune homme. Si tu ouvres la porte, ce sera bien. Mais si tu ne l'ouvres pas, je ferai honte à ton maître, je jetterai le discrédit sur toi et je pousserai trois cris tels qu'il n'y en aura jamais eu de plus mortels de Tintagel au Château des Pucelles [2]. Tout ce qu'il y a de femmes enceintes dans cette île avortera. Quant aux autres, elles seront accablées d'un tel malaise que leur sein se retournera et qu'elles ne concevront jamais plus ! » [3] Glewlwyt à la Forte Étreinte lui répondit : « Tu auras beau crier contre les coutumes de la cour d'Arthur, on ne te laissera pas entrer avant que je ne sois d'abord allé en parler avec Arthur lui-même ! »

Glewlwyt se rendit dans la salle où se trouvait Arthur. « Qu'y a-t-il de nouveau à la porte ? » lui demanda Arthur. Le portier répondit : « J'ai passé les deux tiers de ma vie avec les rois de ce pays. J'ai connu ton père Uther Pendragon, que j'ai servi fidèlement, et je te sers aussi fidèlement ! J'ai été le témoin privilégié de tous les événements qui se sont produits dans ce royaume ! J'ai par-

---

1. Tout ce passage dénote une société archaïque par rapport aux descriptions des récits médiévaux. Dans ce texte, qui est le plus ancien de tous les récits concernant Arthur, il n'est pas question de chevalerie, ni de courtoisie à la mode des auteurs des XIIe et XIIIe siècles. Pour comprendre cette étrange épopée, il convient de se replonger dans l'atmosphère du haut Moyen Age, à l'époque mérovingienne, avec en outre l'influence de cette société celtique primitive telle qu'elle existait encore au Pays de Galles et en Irlande. Dans ce passage, il faut comprendre la « cour » d'Arthur comme une assemblée plénière où tous les guerriers, chevaliers ou non, sont admis ; mais le « conseil » que tient Arthur avec quelques compagnons est un « huis clos », une véritable réunion de « bureau politique », à laquelle ne sont admis que certains responsables.

2. Le « Château des Pucelles » est la dénomination romanesque, médiévale, de la cité d'Edinburgh. De Tintagel, au sud-ouest, dans la péninsule de Cornwall, jusqu'à Edinburgh, au nord-est, actuellement en Écosse, mais à l'époque historique arthurienne domaine des Bretons du Nord, c'est donc l'ensemble du royaume de Bretagne qui est concerné.

3. Il s'agit encore une fois d'un *geis* celtique, souvenir évident des malédictions druidiques frappant un pays ennemi de stérilité.

LE CYCLE DU GRAAL

ticipé aux plus grandes assemblées de nobles et de guerriers qui se soient tenues dans cette île ! Je t'ai accompagné dans toutes tes expéditions ! J'ai rencontré des barons, des princes et des rois ! Mais, je t'assure, roi Arthur, je n'ai jamais vu personne d'aussi noble et d'aussi hardi que celui qui est à la porte en ce moment !

— Eh bien ! répondit Arthur, si tu es venu au pas, retourne en courant ! Que tous ceux qui voient la lumière, que tous ceux qui ouvrent les yeux et les ferment, que tous ceux qui sont ici soient ses serviteurs ! Que les uns lui servent le vin dans des cornes montées en or, que les autres lui présentent des tranches de viandes cuites et poivrées, en attendant qu'une nourriture digne de lui soit prête ! C'est pitié de laisser dehors, sous le vent et la pluie, un homme comme celui dont tu parles. »

Ainsi parla le roi Arthur. Glewlwyt se hâta de revenir à l'entrée de la maison et ouvrit la porte au jeune homme. Quoiqu'il fût d'usage qu'on descendît de cheval à l'entrée, sur le montoir de pierre, Kilourh ne mit pas pied à terre : il fit avancer son cheval à l'intérieur de la forteresse jusqu'à l'endroit où se tenait Arthur [1]. « Salut ! s'écria-t-il, salut, chef suprême de cette île ! Salut aussi bien en haut qu'en bas de cette maison, à tes nobles, à ta suite, à tes capitaines ! Que chacun reçoive ce salut aussi complet que je l'ai adressé à toi-même ! Puissent ta prospérité, ta gloire et ton honneur être au comble pour toute cette île de Bretagne !

— Salut à toi également ! répondit Arthur. Assieds-toi entre deux de mes compagnons. On t'offrira les distractions de la musique et tu seras traité comme un prince royal, futur héritier d'un trône, tant que tu seras ici. Quand je partagerai mes dons entre mes hôtes et tous les gens qui viennent de loin, c'est par toi que je commencerai, dans cette cour, je te l'assure. » Mais Kilourh ne prit pas la peine de s'asseoir. Il regarda fièrement tous ceux qui

---

1. C'est évidemment un signe d'orgueil de la part de Kilourh. Mais ce genre d'entrée fracassante se retrouve dans plusieurs textes arthu-

202

LES CHEVALIERS DE LA TABLE RONDE

se trouvaient là et dit : « Je ne suis pas venu ici pour gaspiller de la nourriture et des boissons. Si j'obtiens le don que je désire, je saurai le reconnaître et le faire savoir. Mais si je ne le reçois pas, je porterai ton déshonneur aussi loin qu'est allée ta renommée, aux quatre extrémités du monde habité ! — Puisque tu ne veux pas séjourner ici, dit alors Arthur, tu auras le don qu'indiqueront ta tête et ta langue, aussi loin que sèche le vent, aussi loin que mouille la pluie, aussi loin que tourne le soleil, aussi loin que se répand la mer, aussi loin que s'étend la terre ! Tu auras ce don, à l'exception de mon épée Excalibur, de mon bouclier Prytwen, de mon épouse Guenièvre, de mon navire, de ma lance et de mon couteau. J'en prends Dieu à témoin, ce don, je te l'accorde avec plaisir ! Dis-moi maintenant ce que tu veux. » [1]

Kilourh dit : « Je veux que tu mettes en ordre ma chevelure. — Fort bien », répondit Arthur. Il se fit apporter un peigne d'or, des ciseaux aux anneaux d'argent, et il lui coiffa la chevelure. Cela étant fait, Arthur dit : « Je sens que mon cœur s'épanouit vis-à-vis de toi et je sais que tu es de mon sang. Dis-moi donc qui tu es ? — Volontiers, seigneur. Je suis Kilourh, fils de Kiliz, fils du

---

riens, notamment dans certaines versions de la *Quête du Graal*, où Perceval agit de la même façon. Quoi qu'il en soit, ce détail est encore la preuve que le décor habituel de l'épopée arthurienne n'est pas celui des XIIᵉ et XIIIᵉ siècles, mais celui de l'Antiquité finissante ou du haut Moyen Age. Kilourh ou Perceval ne pourraient pénétrer ainsi dans la grande salle d'un château fort tel que nous en voyons des vestiges actuellement, car cette salle serait nécessairement à l'étage. Dans l'esprit des conteurs, même ceux des XIIᵉ et XIIIᵉ siècles, qui ne font qu'actualiser des données antérieures, il s'agit bel et bien d'une forteresse de type celtique, soit un grand enclos fortifié sur une hauteur, à l'intérieur duquel se trouvent dispersées différentes maisons. Si l'on tient compte de cette réalité historique, l'entrée de Kilourh, à cheval, dans la salle du conseil, n'a rien que de très normal et n'est pas due à la fantaisie naïve de quelque auteur en mal de pittoresque.

1. C'est un bel exemple de don royal *obligatoire* et *contraignant*. Le roi est tenu d'accorder un don sans savoir de quoi il s'agit, compte tenu des restrictions annoncées solennellement. S'il n'accordait pas le don, même si celui-ci est extravagant, le roi serait déshonoré à tout jamais.

prince Kelyddon, et je suis ton cousin par ma mère Goleuddydd. — C'est vrai, dit Arthur. Tu es réellement mon cousin. Fais-moi connaître ce que tu veux et tu l'auras ! — Je demande, dit Kilourh, que tu me fasses obtenir Olwen, la fille d'Yspaddaden Penkawr, et je la réclame également à tous tes compagnons ! »

Il se fit un grand silence dans la salle, puis Arthur prit la parole : « Je n'ai jamais rien entendu au sujet de cette jeune fille, dit-il, ni même au sujet de ses parents. Mais cela ne fait rien : je vais envoyer des messagers à sa recherche. Donne-moi seulement un peu de temps. — Volontiers, seigneur », dit Kilourh. Arthur envoya alors des messagers dans toutes les directions, dans les limites de son royaume, à la recherche d'une jeune fille qui se nommait Olwen et dont le père était Yspaddaden Penkawr. Pendant ce temps, Kilourh demeura à la cour d'Arthur, dans la forteresse de Carduel. Enfin, les messagers revinrent, mais aucun d'eux n'avait appris quoi que ce fût au sujet de la jeune fille.

« Chacun a obtenu son don, dit alors Kilourh avec colère, mais moi, je n'ai rien eu de ce que j'ai demandé. Je m'en irai donc de cette cour et j'emporterai ton honneur avec moi ! — Prince ! s'écria Kaï, c'est trop de propos injustes et blessants pour Arthur ! Viens avec nous et, avant que tu reconnaisses toi-même que la jeune fille dont tu parles ne se trouve nulle part au monde, ou que nous ne l'ayons point trouvée, nous ne nous séparerons pas de toi. » Après avoir prononcé ces paroles, Kaï se leva.

Kaï avait cette vigueur caractéristique qu'il pouvait respirer neuf nuits et neuf jours sous la surface d'un lac ou d'une rivière. Il pouvait demeurer neuf jours et neuf nuits sans dormir, quitte à dormir toute une lunaison par la suite. Un coup d'épée de Kaï, aucun médecin ne pouvait le guérir, sauf s'il apportait un peu d'eau puisée au Lac des Herbes qui se trouvait en Irlande. Quand il plaisait à Kaï, il pouvait devenir aussi grand que l'arbre le

LES CHEVALIERS DE LA TABLE RONDE

plus élevé de la forêt : mais il ne le pouvait que s'il n'avait pas peur. Or Kaï, chaque fois qu'il se trouvait dans une situation délicate, ne pouvait s'empêcher d'éprouver de la crainte. Il avait pourtant un autre privilège, que maints de ses compagnons lui enviaient : quand la pluie tombait dru, tout ce qu'il tenait à la main était sec au-dessus et au-dessous, à la distance d'une palme, si grande était sa chaleur naturelle. Et quand, certaines nuits, ils étaient obligés de dormir dans la forêt, les compagnons de Kaï se blottissaient contre lui pour ne pas sentir le froid.

Arthur appela Bedwyr. Celui-ci n'avait jamais hésité à prendre part à une mission pour laquelle partait Kaï, car il aimait celui-ci comme un frère. Bedwyr était très grand et avait de très longues jambes : personne ne l'égalait à la course dans toute l'île de Bretagne. Et quoiqu'il n'eût qu'une seule main, trois combattants ne faisaient pas jaillir le sang plus vite que lui sur le champ de bataille. Il avait encore un autre privilège : sa lance produisait une blessure en entrant dans la chair, mais elle en produisait neuf en s'en retirant. Et Bedwyr dit qu'il acceptait volontiers d'accompagner Kaï et Kilourh dans leur recherche d'Olwen, la fille d'Yspaddaden Penkawr, dont personne, jusqu'alors, n'avait jamais entendu parler dans toute l'île de Bretagne et dans les îles adjacentes.

Après cela, Arthur s'adressa à Gauvain, son neveu, fils de sa sœur et du roi Loth d'Orcanie : il ne revenait jamais d'une mission sans l'avoir menée à son terme. C'est pourquoi Arthur lui demanda de partir avec Kaï et Bedwyr pour accompagner Kilourh dans sa recherche. Enfin, il invita Merlin à se joindre à eux [1], parce que celui-ci connaissait toutes les langues que parlaient les

---

1. Le récit original gallois utilisé ici, *Kulhwch et Olwen,* a été composé bien avant la formation de la légende de Merlin. Le personnage, on s'en doute, n'y apparaît pas. Mais, dans cet épisode, deux personnages, qu'Arthur adjoint effectivement à l'expédition, offrent toutes les caractéristiques du Merlin médiéval classique : Gwrhyr Gwalstawt Ieithoed (« Homme long connaissant toute langue »), « parce qu'il

LE CYCLE DU GRAAL

hommes et même celles que parlaient les animaux, et que, en cas de grand danger, Merlin était le seul à pouvoir jeter charmes et enchantements sur eux-mêmes comme sur leurs ennemis, et même sur les terres qu'ils traverseraient dans leur expédition à la recherche d'Olwen, fille d'Yspaddaden Penkawr, dont personne, jusqu'alors, n'avait jamais entendu dire quoi que ce fût.

Ils quittèrent immédiatement la forteresse de Carduel et s'en allèrent jusqu'à une vaste plaine dans laquelle ils aperçurent une immense forteresse, la plus imposante du monde. Ils cheminèrent jusqu'au soir, mais lorsqu'ils s'en croyaient tout près, ils s'apercevaient qu'ils n'en étaient pas plus rapprochés que le matin. Ils allèrent ainsi pendant deux jours. Ils continuèrent pendant trois jours, et c'est à peine s'ils purent l'atteindre. Quand ils furent devant la forteresse, ils aperçurent un troupeau de moutons comme jamais ils n'en avaient encore vu, innombrable et prodigieux. Du sommet d'un tertre, un berger, vêtu d'une casaque de peau, le gardait. A côté de lui était couché un dogue aux poils hérissés, plus grand qu'un étalon de neuf hivers. Aucune compagnie, quelle qu'elle fût, ne pouvait passer à côté de ce chien sans s'attirer quelque dommage, une blessure ou quelque autre inconvénient. Ses yeux ne quittaient jamais l'horizon et son haleine était si ardente qu'elle brûlait tout ce qu'il y avait d'herbes ou de buissons autour de lui. Kaï dit à Merlin : « Va donc parler à cet homme, là-bas, car j'ai bien peur qu'il n'envoie sur nous ce chien qui me semble redoutable. » Merlin se mit à rire et dit : « Kaï, je n'ai promis d'aller que jusqu'où tu iras toi-même ! — Très bien, répondit Kaï, j'irai donc avec toi. » Merlin continua à rire : « N'aie pas peur, Kaï, dit-il, j'enverrai un charme sur le chien de telle manière qu'il ne fasse de mal à personne ! »

---

savait toutes les langues », et Menw (« intelligence »), fils de Teirgwaedd, qui a vraiment toutes les caractéristiques du devin-magicien tel qu'est présenté Merlin dans les textes classiques.

206

LES CHEVALIERS DE LA TABLE RONDE

Ils se rendirent donc auprès du berger et lui dirent : « Es
tu riche, berger ? — A Dieu ne plaise que vous soyez jamais
plus riches que moi ! répondit-il, mais si j'étais vraiment
riche, je ne passerais pas mon temps à garder ces troupeaux ! » Kaï lui demanda : « A qui sont ces brebis que tu
gardes, et cette forteresse qu'on voit là-bas ? — Vous êtes
vraiment sans intelligence ! On sait dans tout l'univers que
c'est la forteresse d'Yspaddaden Penkawr ! [1] — Et toi, qui
es-tu ? — Kustennin, fils de Dyvnedic. C'est à cause de mes
biens que m'a réduit en cet état mon frère Yspaddaden
Penkawr. Mais vous-mêmes, qui êtes-vous ? — Des messagers d'Arthur, venus ici pour rechercher Olwen, la fille
d'Yspaddaden Penkawr. — Hommes, que Dieu vous protège ! Abandonnez votre projet, car personne n'est venu
faire cette démarche qui s'en soit retourné en vie ! »

Comme le berger se levait pour partir, Kilourh lui
donna une bague en or. Il essaya de la mettre, mais,
comme elle ne lui allait pas, il la plaça sur un doigt de
son gant et s'en alla vers sa maison. Il donna le gant à sa
femme. Elle retira la bague du gant et la rangea soigneusement, disant : « Homme, d'où te vient cette bague ? Il
ne t'arrive pas souvent d'avoir une telle aubaine ! —
J'étais allé chercher de la nourriture sur le rivage, lorsque, tout à coup, j'ai vu un cadavre venir avec le flot.
Jamais je n'en avais vu de plus beau. C'est sur son doigt
que j'ai pris cette bague. » La femme dit encore :
« Montre-moi donc le cadavre ! — Tu le verras bientôt,
car il viendra jusqu'ici [2]. — Qui est-ce ? — Kilourh, fils

---

1. Il est évident que les héros se trouvent ici dans l'Autre Monde,
cet univers parallèle où les Celtes plaçaient les demeures des dieux,
des démons et des défunts. Yspaddaden Penkawr (« Tête de Géant »)
est un personnage cyclopéen infernal dont l'équivalent, dans la mythologie irlandaise, est le géant Balor, à l'œil qui foudroie, chef du mystérieux peuple des Fomoré. Voir J. Markale, *l'Épopée celtique d'Irlande*,
pp. 25-30.
2. Cela signifie que le berger considère Kilourh comme virtuelle-
ment mort, déjà tué par le redoutable Yspaddaden.

LE CYCLE DU GRAAL

de Kiliz et fils de ta sœur Goleuddydd. Il est venu pour demander Olwen comme femme. » Elle fut partagée entre deux sentiments : elle était joyeuse à l'idée de voir son neveu, le fils de sa sœur, mais elle était triste en pensant qu'elle n'avait jamais vu revenir en vie ceux qui étaient allés faire une telle demande.

Kilourh et ses compagnons se dirigèrent vers la maison de Kustennin le berger. La femme les entendit venir et courut joyeusement à leur rencontre. Elle les embrassa tous avec fougue et les conduisit à l'intérieur de la maison où elle les servit abondamment. Puis, comme tout le monde sortait pour prendre l'air, la femme ouvrit un coffre de pierre qui se trouvait près du foyer, et un jeune homme aux cheveux blonds frisés en sortit. « C'est pitié, dit Merlin, de cacher un pareil garçon ! Je suis sûr que ce n'est pas en punition de ses fautes qu'on le garde ainsi prisonnier ! — Celui-ci est un rescapé, dit la femme. Yspaddaden Penkawr m'a tué vingt-trois fils, et je n'ai même pas plus d'espoir de conserver celui-ci que les autres ! — Qu'il me tienne compagnie, dit alors Kaï, et je prendrai soin de lui : il ne sera tué que si je suis tué moi-même ! »

Le soir, ils se remirent à table. « Pour quelle affaire êtes-vous venus ? » demanda la femme. Kaï répondit : « Nous sommes venus demander Olwen pour ce jeune homme. — Pour l'amour de Dieu ! puisque personne ne vous a encore aperçus de la forteresse, retournez sur vos pas ! — Non, dit Kaï, nous ne repartirons pas avant d'avoir vu la jeune fille ! Vient-elle parfois de ce côté ? — Oui, répondit la femme, elle vient ici tous les samedis pour se laver la tête [1]. Elle laisse toutes ses bagues dans le bassin où elle se lave et elle ne revient jamais les reprendre, pas plus qu'elle n'envoie quelqu'un pour les

---

1. C'est un thème mélusinien : tous les samedis, la jeune Olwen reprend obligatoirement sa véritable nature en accomplissant un geste symbolique. Le lavement de la tête équivaut au bain que prend Mélusine avec sa queue de serpent.

LES CHEVALIERS DE LA TABLE RONDE

chercher [1]. — Est-ce qu'elle viendrait si tu l'en priais? demanda Merlin. — Oui, répondit-elle, mais je ne le ferai que si vous me promettez de ne lui faire aucun mal ! » Ils jurèrent tous qu'ils ne feraient aucun mal à la jeune fille et qu'ils ne l'emmèneraient pas contre sa volonté. Alors, la femme du berger envoya quelqu'un demander à Olwen de venir.

La jeune fille vint bientôt. Elle était vêtue d'une chemise de soie rouge flamme. Elle avait autour du cou un collier d'or rouge, rehaussé de pierres précieuses et de rubis. Plus blonds étaient ses cheveux que la fleur du genêt, plus blanche sa peau que l'écume de la vague, plus éclatants ses doigts que le rejeton du trèfle des eaux émergeant du petit bassin formé par une fontaine jaillissante. Son regard était plus clair que le regard du faucon après une mue ou celui du tiercelet après trois mues. Son sein était plus blanc que la poitrine du cygne, ses joues plus rouges que la plus rouge des roses. On ne pouvait la voir sans être entièrement pénétré de son amour. Quatre trèfles blancs naissaient sous ses pas partout où elle allait : c'est pourquoi on l'avait appelée *Olwen*, c'est-à-dire « Trace Blanche ».

Elle entra et alla s'asseoir sur le banc principal à côté de Kilourh. Il lui dit : « Jeune fille, c'est toi que j'aimais depuis si longtemps. Viens avec moi dans mon pays, et je t'épouserai. — Je ne le peux en aucune façon, répondit-elle, car mon père m'a fait donner ma foi que je ne m'en irai jamais sans qu'il me le permette. Il a été dit en effet qu'il ne doit vivre que jusqu'au moment où je m'en irai avec un époux. Il y a cependant quelque chose que tu peux faire, si tu y consens : va me demander à mon père, et tout ce qu'il te demandera de lui procurer, promets

---

1. Attitude incompréhensible si l'on ne se réfère pas au thème mélusinien : Mélusine est aussi la « serpente », la *Vouivre* qui, lorsqu'elle boit à une fontaine, ôte le diamant ou la pierre précieuse qu'elle a sur la tête et dont on peut alors s'emparer. Voir J. Markale, *Mélusine,* nouvelle édition, Paris, Albin Michel, 1993, pp. 111-144.

LE CYCLE DU GRAAL

qu'il l'aura. Mais prends bien garde de ne jamais le contrarier. C'est seulement si tu promets tout ce qu'il te demandera en échange de moi que tu pourras m'obtenir, et tu pourras même t'estimer heureux si tu en réchappes avec la vie sauve. — Je le ferai », dit Kilourh.

Elle s'en retourna vers la forteresse, et ils se levèrent pour la suivre. Ils tuèrent les neuf portiers qui gardaient les neuf portes sans qu'un seul pût faire entendre une plainte, ainsi que les neuf dogues qui étaient là sans qu'aucun ne poussât un cri, et ils entrèrent tout droit dans la salle. « Salut ! dirent-ils, Yspaddaden Penkawr, au nom de Dieu et des hommes ! — Qui êtes-vous et qu'êtes-vous venus faire ici ? répondit Yspaddaden Penkawr. — Nous sommes venus chez toi afin de te demander ta fille Olwen pour Kilourh, fils du prince Kelyddon. » Ainsi parla Merlin. « Où sont mes serviteurs et mes vauriens de gens ? cria Yspaddaden Penkawr. Élevez les fourches sous mes deux sourcils qui sont tombés sur mes yeux [1] afin que je puisse voir mon futur gendre ! » Cela fut aussitôt fait. Alors, il dit : « Revenez demain matin et vous aurez une réponse. »

Ils se levèrent pour sortir, mais Yspaddaden Penkawr saisit un des trois javelots empoisonnés qui se trouvaient à portée de sa main et le lança après eux. Bedwyr le saisit au passage et le lui renvoya instantanément. Le javelot traversa le genou d'Yspaddaden Penkawr. « Maudit, gendre barbare ! cria-t-il. Je m'en ressentirai toute ma vie en marchant sur une pente. Ce fer empoisonné m'a fait souffrir comme la morsure du taon. Maudits soient le forgeron qui l'a fabriqué et l'enclume sur laquelle il a été forgé ! »

---

1. Le détail n'est compréhensible que si l'on se réfère au récit gaélique de *la Bataille de Mag Tured*, à propos du géant Balor : « Celui-ci avait un œil pernicieux ; cet œil ne s'ouvrait que dans le combat. Quatre hommes soulevaient la paupière avec un croc bien poli qu'ils passaient dans la paupière. L'armée qui regardait cet œil ne pouvait résister » (Georges Dottin, *l'Épopée irlandaise*, nouv. éd., Paris, 1980, p. 26). Dans le récit gallois, le géant n'a plus l'œil « foudroyant » du Fomoré Balor, mais il a gardé ce même aspect cyclopéen. Le thème développé ici est le même que celui de l'épisode de Polyphème dans *l'Odyssée*.

LES CHEVALIERS DE LA TABLE RONDE

Ils logèrent, cette nuit-là, chez Kustennin le berger. Le jour suivant, en grand appareil, la chevelure soigneusement peignée, ils retournèrent à la forteresse, entrèrent dans la salle. Ils parlèrent ainsi : « Yspaddaden Penkawr, donne-nous ta fille et nous paierons tout ce qu'il faut payer en pareil cas. Mais si tu refuses, il t'en coûtera la vie. » Yspaddaden répondit : « Ma fille a encore des oncles et des tantes. Il faut que je tienne conseil avec eux. — Qu'il en soit ainsi, dit Kaï. Nous reviendrons demain. » Comme ils partaient, Yspaddaden Penkawr saisit un des deux javelots qui étaient à portée de sa main et le lança sur eux. Merlin saisit le javelot au passage et le renvoya : le javelot pénétra le haut de la poitrine d'Yspaddaden et ressortit à la chute des reins. « Maudit, gendre barbare ! cria-t-il. Cet acier est cuisant comme la morsure d'une grosse sangsue. Maudits soient la fournaise où il a été fondu, et le forgeron qui l'a forgé ! Quand je voudrai gravir une colline, j'aurai désormais courte haleine, maux d'estomac et fréquentes nausées ! »

Ils allèrent se restaurer. Le lendemain, ils retournèrent à la forteresse. « Ne nous lance plus de javelots, Yspaddaden Penkawr, dirent-ils, si tu ne veux pas ta propre mort ! — Où sont mes serviteurs ? dit Yspaddaden Penkawr. Élevez ces fourches sous mes sourcils qui sont tombés sur les prunelles de mes yeux, afin que je puisse voir mon futur gendre ! » Comprenant qu'ils n'obtiendraient aucune réponse, ils repartirent, mais Yspaddaden Penkawr saisit le troisième javelot empoisonné et le lança sur eux. Kilourh le saisit au passage et le lança de toutes ses forces, tant et si bien que le trait lui traversa la prunelle de l'œil et sortit par-derrière la tête [1]. « Maudit, gendre barbare ! cria Yspaddaden. Tant que je resterai en vie,

---

1. Dans le récit irlandais, le dieu Lug vient à bout du géant Balor en lui lançant une balle de fronde dans son œil « foudroyant ». De même, Ulysse enfonce un pieu dans l'œil de Polyphème. L'aveuglement du géant marque la neutralisation de son pouvoir maléfique.

ma vue s'en ressentira. Quand j'irai contre le vent, mes yeux pleureront, j'aurai des maux de tête et des étourdissements à chaque nouvelle lune. Maudite soit la fournaise où il a été façonné ! La blessure de ce fer empoisonné a été aussi douloureuse pour moi que la morsure d'un chien enragé. » Mais Kilourh et ses compagnons s'en allèrent manger.

Le lendemain, ils revinrent à la forteresse d'Yspaddaden Penkawr et dirent : « Ne nous lance plus de traits désormais : il n'en est résulté pour toi que blessures et fâcheuses souffrances. Il t'arrivera bien pire si tu persistes dans ton attitude inamicale. Donne-nous ta fille, ou sinon tu mourras à cause d'elle. — Où est-il, celui qui demande ma fille ? Viens ici que je fasse ta connaissance. » On fit asseoir Kilourh sur un siège en face de lui. « Donne-moi ta parole, dit Yspaddaden, que tu ne feras rien qui ne soit légal. Quand j'aurai obtenu tout ce que je vais te demander, tu auras ma fille. — Volontiers, répondit Kilourh, indique-moi donc ce que tu désires et je m'engage à te satisfaire.

— Vois-tu cette colline, là-bas ? dit Yspaddaden Penkawr. Je veux que toutes les racines en soient arrachées et brûlées à la surface du sol de façon à servir d'engrais, qu'elle soit labourée et ensemencée en un jour, et qu'en un seul jour aussi le grain en soit mûr. Du froment, je veux en avoir de la farine et une liqueur pour le festin de tes noces avec ma fille. Que tout cela soit fait en un jour.

— J'y arriverai facilement, bien que tu penses le contraire, répondit Kilourh.

— Si tu y arrives, il y a une chose à laquelle tu n'arriveras pas : ce champ ne peut être labouré et mis en état que par Amaethon, fils de Dôn, car il est le seul à savoir le débroussailler. Mais Amaethon ne viendra jamais avec toi de bon gré, et jamais personne n'a réussi à le contraindre à faire quelque chose qu'il n'a pas désiré lui-même. — Si toi, tu crois que c'est difficile, pour moi,

LES CHEVALIERS DE LA TABLE RONDE

c'est chose facile. — Si tu obtiens la présence d'Amaethon, il y a une chose que tu n'obtiendras pas. Il faut que Govannon, fils de Dôn [1], vienne aider son frère et débarrasse le fer qui se trouve dans la terre. Or Govannon ne travaille jamais volontairement que pour un roi véritable. Tu ne pourras jamais l'y contraindre ! — Si tu crois que c'est difficile, pour moi, c'est une chose facile.

— Si tu réussis tout cela, reprit Yspaddaden, il y a une chose que tu ne réussiras pas. Vois-tu là-bas cette terre rouge cultivée ? Lorsque je rencontrai pour la première fois la mère de cette jeune fille, on y sema neuf setiers de graines de lin, mais rien n'est encore sorti, ni blanc ni noir. J'ai encore la mesure. Cette graine de lin, je veux l'avoir pour la semer dans cette terre neuve, plus loin, de façon que le lin serve de guimpe blanche autour de la tête de ma fille pour ses noces. — Si tu crois que je ne réussirai pas, tu te trompes, car pour moi, c'est chose facile !

— Si tu réussis, il y a quelque chose que tu n'obtiendras pas : la corbeille de Gwyddno Garanhir [2]. Le monde entier se présenterait par groupes de trois fois neuf hommes, que chacun y trouverait à manger selon sa fantaisie. Je veux y puiser de la nourriture la nuit où ma fille couchera avec toi. Mais Gwyddno Garanhir ne te la donnera pas de bon gré, et tu ne pourrais pas l'obtenir par la force. — Si tu crois que c'est difficile, tu te trompes, car pour moi, c'est chose facile.

— Si tu l'obtiens, il y a quelque chose que tu n'ob-

---

1. Le nom d'Amaethon provient de l'ancien mot celtique *ambactos* et signifie « laboureur ». Le nom gallois de Govannon signifie « forgeron », et il a pour équivalent irlandais le dieu-forgeron Goibniu, l'un des Tuatha Dé Danann. Quant à Dôn — par ailleurs mère de Gilvaethwy, devenu Girflet dans les romans arthuriens —, elle est l'équivalent de la déesse mère irlandaise Dana, qui porte encore le nom de Brigit aux trois visages, déesse de la science, de la poésie et des techniques, celle que César classe comme étant la Minerve gauloise.
2. Voir le chapitre « le Chef des Bardes » dans la première époque de cette série, *la Naissance du roi Arthur*, pp. 201-221.

LE CYCLE DU GRAAL

tiendras pas : le bassin de Diwrnach le Gaël pour bouillir
la nourriture de ton festin de noces. Et Diwrnach ne
donne jamais son chaudron à quiconque le lui demande.

— Si tu crois que c'est difficile, pour moi, c'est chose
facile.

— Si tu l'obtiens, il y a une chose que tu n'obtiendras
pas : il faut que je me lave la tête et que je me rase la barbe,
et je ne peux le faire qu'avec la défense du sanglier sauvage
Ysgithyr Penbeidd (« Défense du chef sanglier »). Mais elle
n'aurait aucune vertu si on ne la lui enlevait tant qu'il est
vivant, et le sanglier est si rapide que personne ne l'a jamais
pu approcher. — Si tu crois que c'est difficile, tu te trompes,
car pour moi, c'est chose facile.

— Si tu l'obtiens, il y a une chose que tu n'obtiendras
pas : pour qu'on puisse me raser, il faut que les poils de ma
barbe soient étirés. Or, on ne peut les étirer qu'en les frot-
tant avec le sang de la sorcière Gorddu (« très noire »), fille
de la sorcière Gorwenn (« très blanche »), qui réside en
Pennant Govut (« rivière de l'affliction »), aux abords de
l'enfer. Et personne, jusqu'à présent, n'a pu parvenir
jusque-là sans y perdre la vie. — Si tu crois que je ne le
pourrai pas, tu te trompes, car pour moi, c'est chose facile.

— Si tu réussis, il y a une chose que tu ne pourras pas
obtenir : il n'y a pas au monde de peigne et de ciseaux
avec lesquels on puisse mettre en état ma chevelure, tant
elle est rebelle, à l'exception du peigne, du rasoir et des
ciseaux qui se trouvent entre les deux oreilles de Twrch
Trwyth, le sanglier magique qui dévaste l'île de Bretagne.
Et tu sais bien qu'aucun être humain ne peut rejoindre
Twrch Trwyth, excepté Mabon, fils de Modron [1], qui a été

---

1. Animal fantastique et infernal signalé dans le texte latin de l'*Historia Brittonum*, au IXe siècle (*Porcus Troit*, le mot *twrch* signifiant effectivement «cochon»). Mabon est le *Maponos* («fils», ou «filial») des
inscriptions gallo-romaines, et Modron est la forme galloise de la déesse
mère gauloise *Matrona* («maternelle»). Le mythe de Twrch Trwyth est
très ancien et il a persisté dans ces fameuses «Chasses d'Arthur» ou
«Mesnies Hellequin» qui hantent la tradition populaire occidentale.

214

LES CHEVALIERS DE LA TABLE RONDE

enlevé à sa mère la troisième nuit de sa naissance. Or personne ne sait ou ne peut savoir où se trouve Mabon, ni s'il est mort ou s'il est vivant. Tu ne pourras donc jamais m'apporter le peigne, le rasoir et les ciseaux. — Si tu crois que c'est impossible, tu te trompes, car pour moi, c'est chose facile.

— Si tu réussis à rejoindre le Twrch Trwyth, il y a une chose que tu ne réussiras pas à obtenir : car le Twrch Trwyth ne peut être tué que par l'épée de Gwrnach le Géant. Or Gwrnach ne frappera jamais le sanglier, car il périrait immédiatement en même temps que lui, et il ne donne son épée à personne. Tu ne pourrais pas l'y contraindre par la force. — Si tu crois que je ne réussirai pas, tu te trompes, car pour moi, c'est chose facile. — En tout cas, conclut Yspaddaden Penkawr, je t'ai indiqué tout ce que je voulais obtenir pour que tu puisses prétendre avoir ma fille. Si tu ne m'obtiens pas ce que je t'ai demandé, tu n'auras jamais ma fille. — Tu auras tout ce que tu as demandé, répondit Kilourh, et cela grâce à mon parent, le roi Arthur. » Et sur ces paroles, Kilourh sortit avec ses compagnons.

Ce jour-là, ils marchèrent jusqu'au soir et finirent par apercevoir une grande forteresse sur un tertre. Ils virent en sortir un homme noir plus gros que trois hommes de ce monde-ci à la fois. Ils lui demandèrent d'où il venait et quel était le maître de la forteresse. « Vous êtes vraiment sans intelligence, répondit l'homme noir. Il n'y a personne au monde qui ne sache quel est le maître de ces lieux : c'est Gwrnach le Géant. — C'est bien, dit Kaï. Quel accueil y réserve-t-on aux hôtes et aux étrangers qui voudraient y passer la nuit ? — Prince, que Dieu vous protège ! Jamais personne n'a logé dans cette forteresse qui en soit sorti en vie. D'ailleurs, on n'y laisse entrer que l'artiste qui apporte avec lui son art. » [1]

---

1. Pour comprendre cette scène, il faut encore se référer à *la Bataille de Mag Tured*, quand Lug, le « Multiple Artisan », ne peut

LE CYCLE DU GRAAL

Ils se dirigèrent vers la forteresse et se trouvèrent en présence du portier. « Ouvre la porte, dit Kaï. — Non, répondit le portier. Le couteau est allé dans la viande, la boisson dans la coupe et l'on fait la fête dans la salle de Gwrnach. Ce n'est qu'à l'artiste qui apportera son art que l'on ouvrira la porte désormais, cette nuit. — Qu'à cela ne tienne ! s'écria Kaï. Sais-tu que je suis le meilleur polisseur d'épées du monde ? » Le portier entra et s'en alla trouver Gwrnach. « Quoi de nouveau à l'entrée ? » demanda Gwrnach. Le portier répondit : « Il y a là une compagnie qui demande à entrer, et parmi eux un homme qui prétend être un bon polisseur d'épées. Avons-nous besoin de lui ? — Il y a déjà longtemps que je cherche quelqu'un capable de nettoyer mon épée, dit Gwrnach. Laisse entrer celui-là puisqu'il apporte un art. »

Le portier alla ouvrir la porte. Kaï entra et salua Gwrnach Gawr. « Est-il vrai, dit celui-ci, que tu sais polir les épées ? — C'est la vérité », répondit Kaï. On lui apporta l'épée. Kaï tira de dessous son manteau une pierre à aiguiser en marbre et il se mit au travail. Et Gwrnach admira fort l'habileté de Kaï. « C'est pitié, dit-il, qu'un homme d'aussi grande valeur que toi soit sans compagnon. Lequel de ceux qui sont avec toi désires-tu que je fasse entrer ? — Que le portier sorte, dit Kaï. Voici à quel signe il le reconnaîtra : la pointe de sa lance se détachera de la hampe, elle tirera du sang du vent et descendra de nouveau sur la hampe. » La porte fut ouverte, et Bedwyr entra, rejoignant Kaï auprès de Gwrnach.

Cependant, il y avait une grande discussion parmi ceux qui étaient restés dehors, à cause de l'entrée de Kaï et de Bedwyr. L'un d'entre eux, un jeune homme, le fils de Kustennin le berger, parvint à entrer et, ses compagnons s'attachant à ses pas, il traversa les trois cours et

---

pénétrer dans la salle où sont réunis les Tuatha Dé Danann qu'après avoir précisé au portier qu'il possédait à lui seul la maîtrise de tous les arts et techniques.

LES CHEVALIERS DE LA TABLE RONDE

arriva auprès de la maison royale. Ses compagnons lui
dirent alors : « Puisque tu as fait cela, tu es le *meilleur*
des hommes. » Et c'est depuis qu'il fut appelé Goreu
(« meilleur »), fils de Kustennin. Ils se dispersèrent
ensuite dans la forteresse pour aller dans les différents
logis et y tuer tous ceux qui s'y trouvaient sans que le
géant le sût.

Quand l'épée fut remise en état, Kaï la remit entre les
mains de Gwrnach, lui demandant si le travail lui plaisait. « C'est parfait, dit le géant. — C'est le fourreau qui
a gâté l'épée, continua Kaï. Donne-la-moi encore pour
que je lui enlève ses garnitures de bois et que j'en remette
des neuves. » Il prit le fourreau d'une main, l'épée de
l'autre, et, debout, au-dessus du géant, comme s'il voulait remettre l'épée au fourreau, il la dirigea contre lui et
lui fit voler la tête de dessus les épaules. Ils dévastèrent
alors la forteresse, enlevèrent ce qui leur convenait des
richesses et des bijoux, puis retournèrent à la cour d'Arthur, munis de l'épée de Gwrnach le Géant.

Ils racontèrent leurs aventures à Arthur. Le roi leur
demanda alors ce qu'il valait mieux chercher d'abord des
merveilles qu'avait demandées Yspaddaden Penkawr. « Il
vaudrait mieux commencer par rechercher Mabon, fils de
Modron, dit Merlin. — C'est juste, répondit Arthur. D'ailleurs, je n'oublie pas que j'ai donné ma parole à Modron
de lui retrouver son fils. » Il réfléchit un instant, puis il dit
encore : « Merlin, toi qui connais toutes les langues et tous
les secrets de la nature, c'est à toi de t'engager dans cette
mission. Tu iras avec Kaï et Bedwyr. Avec eux, une entreprise ne peut que réussir. Et que Dieu vous aide. »

Kaï, Bedwyr et Merlin cheminèrent jusqu'à ce qu'ils
rencontrassent le merle de Kilgwri. Merlin s'approcha de
lui et lui demanda : « Au nom de Dieu, sais-tu quelque
chose de Mabon, fils de Modron, qui a été enlevé le troisième jour de sa naissance d'entre sa mère et le mur ? —
Lorsque je vins ici pour la première fois, dit le merle, il y

LE CYCLE DU GRAAL

avait une enclume de forgeron, et je n'étais alors qu'un jeune oiseau. Il n'y a eu dessus d'autre travail que celui de mon bec chaque soir, et aujourd'hui elle est usée au point qu'il n'en reste pas même la grosseur d'une noix. Mais que Dieu me punisse si j'ai jamais rien entendu au sujet de l'homme que vous demandez. Cependant, ce que la justice commande et ce que je dois à des messagers du roi Arthur, je le ferai. Il y a une race d'animaux que Dieu a formés bien avant moi, et c'est vers eux que je vous conduirai. »

Ils gagnèrent l'endroit où se trouvait le cerf de Redynvre (« colline des fougères »). « Cerf de Redynvre, demanda Merlin, nous voici venus vers toi, nous, messagers d'Arthur, parce que nous ne connaissons pas d'animal plus vieux que toi. Sais-tu quelque chose au sujet de Mabon, fils de Modron, qui a été enlevé à sa mère, la troisième nuit de sa naissance ? — Lorsque je vins ici pour la première fois, répondit le cerf, je n'avais qu'une dague de chaque côté de la tête et il n'y avait ici d'autre arbre qu'un jeune plant de chêne. Il est devenu un chêne à cent branches, et il est maintenant tombé, réduit en une souche rougeâtre et pourrie. Bien que je sois resté ici pendant tout ce temps, je n'ai jamais rien entendu au sujet de l'homme que vous recherchez. Cependant, puisque vous êtes des messagers d'Arthur, je serai votre guide auprès des animaux que Dieu a formés bien avant moi. »

Ils arrivèrent à l'endroit où était le hibou de Kwm Kawlwyt (« vallon du creux gris »). « Hibou de Kwm Kawlwyt, demanda Merlin, nous sommes des envoyés d'Arthur. Sais-tu quelque chose au sujet de Mabon, fils de Modron, qui a été enlevé à sa mère la troisième nuit de sa naissance ? — Si je le savais, je vous le dirais, répondit le hibou. Quand je vins ici pour la première fois, la grande vallée que vous voyez était couverte de bois. Vint une race d'hommes qui détruisirent les arbres. Un second bois y poussa. Celui-ci est le troisième.

LES CHEVALIERS DE LA TABLE RONDE

Voyez-vous mes ailes ? Ce ne sont plus que des moignons racornis : eh bien ! depuis ce temps jusqu'à aujourd'hui, je n'ai jamais entendu parler de l'homme que vous demandez. Je serai cependant votre guide, à vous, messagers d'Arthur, jusqu'auprès de l'animal le plus vieux du monde et celui qui circule le plus, l'aigle de Gwernabwy. »

Ils y allèrent. « Aigle de Gwernabwy, dit Merlin, nous sommes des messagers d'Arthur. Nous sommes venus vers toi pour te demander si tu sais quelque chose au sujet de Mabon, fils de Modron, qui a été enlevé à sa mère la troisième nuit de sa naissance. — Il y a longtemps que je suis arrivé ici, dit l'aigle. Il y avait alors une roche au sommet de laquelle je becquetais les astres chaque soir ; maintenant, cette roche n'a plus une palme de haut. Je suis ici depuis, mais néanmoins, je n'ai rien entendu au sujet de l'homme que vous demandez. Cependant, une fois, j'allai chercher ma nourriture au lac Lliw : parvenu à l'étang, j'enfonçai mes serres dans un saumon, pensant qu'en lui ma nourriture était assurée pour longtemps. Mais il m'entraîna dans les profondeurs, et ce ne fut qu'à grand-peine que je pus me débarrasser de lui. Moi et mes parents, nous nous mîmes en campagne avec ardeur pour tâcher de le mettre en pièces, mais il m'envoya des messagers pour s'arranger avec moi. Il vint en personne me livrer de son dos cinquante harponnées de chair. Si lui ne sait rien de ce que vous recherchez, je ne connais personne qui puisse le savoir. Je vous guiderai en tout cas jusqu'auprès de lui. »

Quand ils furent arrivés à l'étang, l'aigle dit : « Saumon du lac Lliw, je suis venu vers toi avec les messagers d'Arthur pour te demander si tu sais quelque chose au sujet de Mabon, fils de Modron, qui a été enlevé à sa mère la troisième nuit de sa naissance. — Tout ce que je sais, je vais vous le dire : je remonte la rivière avec chaque marée jusqu'à l'angle des murs de Kaer Loyw

LE CYCLE DU GRAAL

(Gloucester), et c'est là que j'ai éprouvé le plus grand mal de ma vie. Si vous voulez savoir pourquoi, que deux d'entre vous montent sur mon dos, un sur chaque épaule. » [1]

Kaï et Merlin montèrent sur les épaules du saumon. Ils arrivèrent auprès de la muraille et entendirent de l'autre côté des lamentations. De toute évidence, il y avait un prisonnier derrière la muraille. « Qui donc es-tu ? » cria Kaï. Une voix faible lui répondit : « Hélas, homme ! il a le droit de se lamenter, celui qui est ici dans cette prison de pierre : c'est Mabon, fils de Modron. Personne n'a été plus cruellement traité que moi comme prisonnier ! — Que peut-on faire pour que tu sois libéré ? Est-ce avec de l'or et de l'argent ? — On ne peut s'attendre à me libérer que par un combat. »

Kaï, Bedwyr et Merlin retournèrent auprès d'Arthur pour lui raconter comment ils avaient découvert où était retenu Mabon, fils de Modron. Arthur convoqua tous ses compagnons et ils s'avancèrent jusqu'aux murailles de Kaer Loyw. Kaï et Bedwyr montèrent sur les épaules du saumon, et pendant qu'Arthur et ses hommes donnaient l'assaut à la forteresse, Kaï fit une brèche dans la paroi de la prison et ramena le prisonnier sur son dos. Les hommes continuèrent à se battre et Arthur revint chez lui en compagnie de Mabon. Puis il envoya ses hommes à la recherche de tout ce qu'avait pu demander Yspaddaden Penkawr à Kilourh.

Un jour que Merlin franchissait une montagne, il entendit des lamentations et des cris qui faisaient peine. Il se précipita de ce côté. Parvenu sur les lieux, il aperçut une énorme fourmilière qui était la proie des flammes. Il saisit un bâton et coupa la butte des fourmis au ras du sol, les délivrant ainsi du feu. Les fourmis lui

---

1. *Sic.* L'épisode est représenté sur le célèbre Chaudron de Gundestrup, qui est un véritable livre d'images sur la mythologie celtique (Musée d'Aarhus, au Danemark).

LES CHEVALIERS DE LA TABLE RONDE

dirent : « Emporte avec toi la bénédiction de Dieu et la nôtre. Un service qu'aucun homme ne pourrait te rendre, nous nous engageons à te le rendre. » Alors Merlin leur expliqua qu'il cherchait le lin qui avait été dispersé dans le champ. Aussitôt, les fourmis se mirent au travail et elles ne tardèrent pas à arriver avec les neuf setiers de graines de lin qu'avait réclamés Yspaddaden Penkawr, parfaitement mesurés, sans qu'il y manquât autre chose qu'un seul grain. Encore, ce dernier grain fut-il apporté avant la nuit par une fourmi qui boitait.

Puis Merlin se mit en quête d'Amaethon, fils de Dôn, et lança un charme sur lui de telle sorte qu'il le suivit sans chercher à savoir quoi que ce fût. Ensuite, il alla trouver Govannon et lui jeta un charme semblable. Enfin, il les emmena tous les deux dans le champ qu'Yspaddaden Penkawr avait désigné. Amaethon et Govannon firent tant et tant qu'au bout de la journée tout le champ fut défriché, labouré, débarrassé de son fer et semé. Et, le soir, la moisson de froment fut coupée, battue et engrangée. Et pendant que Merlin travaillait ainsi, Arthur, accompagné de Kilourh et de Mabon, avait entrepris de débusquer le sanglier dont il fallait arracher la défense tant qu'il était encore vivant. Ils le poursuivirent longtemps dans les bois et, finalement, Kilourh parvint à sauter sur le dos de la bête. Alors, d'un geste d'une extrême violence, il lui arracha l'une de ses défenses et, d'un coup de hache, lui fendit le crâne. Quant à Bedwyr, accompagné de Kaï, il était allé chercher le chaudron de Diwrnach le Gaël qu'Arthur et lui-même avaient réussi à ramener d'une île mystérieuse d'où, partis en grand nombre, ils n'étaient revenus que sept.

« Fort bien, dit Arthur, quand tous se retrouvèrent à Carduel, de quoi avons-nous encore à nous occuper ? — De deux choses, répondit Merlin : le peigne, les ciseaux et le rasoir qui sont sur le dos du sanglier Twrch Trwyth et le sang de la sorcière Gorddu. — Allons-y tous ensemble,

LE CYCLE DU GRAAL

dit Arthur, car je crois que nous ne manquerons pas de difficultés. »

Arthur réunit alors tout ce qu'il y avait de combattants dans l'île de Bretagne. Et quand tout fut prêt, il les emmena en Irlande sur de grands navires, car on lui avait dit que le Twrch Trwyth s'y trouvait pour le moment. Quand Arthur débarqua, les saints d'Irlande vinrent à sa rencontre et lui demandèrent sa protection. Quant aux hommes d'Irlande, ils se rendirent près de lui et lui offrirent des vivres en abondance. Et tous espéraient qu'Arthur pourrait les délivrer du monstre qui ravageait le pays.

Arthur et ses compagnons s'avancèrent jusqu'au centre de l'île, dans un lieu écarté où se trouvait Twrch Trwyth avec ses sept pourceaux. On lança sur eux des chiens de toutes parts, mais ceux-ci furent tous tués et Twrch Trwyth dévasta, ce jour-là, un cinquième de l'Irlande. Le lendemain, les hommes d'Arthur rencontrèrent l'animal et se battirent contre lui, mais ils n'en reçurent que des coups et n'en tirèrent aucun avantage. Le troisième jour, ce fut Arthur lui-même qui engagea le combat contre Twrch Trwyth. Cela dura neuf jours et neuf nuits, et il ne put tuer que l'un de ses pourceaux. On demanda à Arthur ce qu'était cette laie sauvage : il leur dit que c'était un roi que Dieu avait ainsi métamorphosé pour le punir de ses fautes et de sa tyrannie.

Alors, Arthur envoya Merlin pour chercher à s'entretenir avec l'animal. Merlin s'en alla sous la forme d'un oiseau et descendit au-dessus de la bauge où il se trouvait avec ses six pourceaux. « Par celui qui t'a mis sous cette forme, dit Merlin, si toi et les tiens pouviez parler le langage des hommes, je demanderais à l'un de vous de venir s'entretenir avec le roi Arthur. » L'un des pourceaux lui répondit : « Par celui qui nous a mis sous cette forme, nous n'en ferons rien et nous n'irons pas nous entretenir avec le roi Arthur. Dieu nous a déjà fait assez de mal en

LES CHEVALIERS DE LA TABLE RONDE

nous donnant cette forme, sans que vous veniez vous battre avec nous. — Apprenez qu'Arthur ne vous veut pas de mal : il désire simplement le peigne, le rasoir et les ciseaux qui se trouvent entre les deux oreilles de Twrch Trwyth. Donnez-les-moi, et on vous laissera tranquilles. » Un autre pourceau, dont les soies étaient comme des fils d'argent, à tel point qu'on pouvait le suivre à leur scintillement à travers bois et landes, lui fit cette réponse : « Personne n'aura ces joyaux, à moins qu'on ne prenne sa vie. Demain matin, nous partirons d'ici. Nous irons dans le pays d'Arthur et nous y ferons le plus de mal possible ! »

Effectivement, le lendemain matin, Twrch Trwyth et les pourceaux gagnèrent le rivage et s'élancèrent à la nage sur la mer. Arthur fit embarquer tous ses hommes. Quand il débarqua à son tour dans l'île de Bretagne, il apprit que Twrch Trwyth avait ravagé de nombreux cantons et qu'il avait tué beaucoup de gens, des paysans aussi bien que des guerriers. Arthur se mit immédiatement à sa poursuite, mais Twrch Trwyth passa de région en région, et se retrouva à l'embouchure de la Severn. Arthur convoqua ses gens et leur dit : « Seigneurs, ce maudit sanglier a tué bon nombre de nos compagnons, qui étaient tous des hommes de valeur. Je jure, par la vaillance de ces hommes, que ce monstre n'ira pas en Cornouailles tant que je serai vivant ! Il faut donc que nous l'empêchions de traverser la rivière ! »

Il envoya une troupe de cavaliers vers le nord avec mission de rabattre l'animal vers l'estuaire. Et là, avec tous ceux qu'il avait regroupés, il attendit de pied ferme. Quand Twrch Trwyth surgit, ils se précipitèrent sur lui. Quelques-uns parvinrent à le saisir par les pieds et à le plonger dans la Severn, à tel point qu'il avait de l'eau par-dessus la tête. Mabon, fils de Modron, d'un côté, éperonna sa monture et enleva le rasoir. Bedwyr, monté sur un coursier rapide, fut assez heureux pour saisir les

223

LE CYCLE DU GRAAL

ciseaux. Mais avant qu'on eût pu enlever le peigne, les pieds du sanglier touchèrent terre et, dès lors, ni chien, ni homme, ni cheval ne purent le suivre avant qu'il ne fût arrivé en Cornouailles. Avec sa troupe, Arthur finit par l'acculer dans une vallée, près de la mer. Kaï, par un tour d'adresse prodigieux, en s'allongeant tant qu'il le put, parvint à se saisir du peigne. Quant à Twrch Trwyth, on le poussa à la mer et l'on ne sut pas, depuis lors, ce qu'il était devenu.

« Que nous faut-il encore ? demanda Arthur à ses hommes. — Le sang de la sorcière Gorddu, répondit Kilourh, celle qui habite près des confins de l'Enfer, dans le Nord. » Arthur partit pour le Nord et arriva non loin de la caverne où résidait la sorcière. Il envoya Kaï et Bedwyr se battre contre elle. Mais comme ils entraient dans la caverne, la sorcière les vit, saisit Bedwyr par les cheveux et le jeta sous elle, sur le sol. Kaï empoigna à son tour la sorcière par les cheveux et réussit à dégager Bedwyr. Mais elle se retourna contre Kaï, le martela de coups de poing et le jeta dehors. Arthur était furieux de voir ses hommes ainsi maltraités. Il envoya Gauvain et Yder. Mais ils reçurent encore plus de coups que les deux premiers. Alors, Arthur se précipita sur la porte de la caverne et, du seuil, il lança son couteau sur la sorcière. Il l'atteignit au milieu du corps et en fit deux tronçons. Aussi Mabon, fils de Modron, recueillit le sang de la sorcière et le garda.

Alors, Kilourh, accompagné de Goreu, fils de Kustennin, et de tous ceux qui voulaient du mal à Yspaddaden Penkawr, s'en alla à sa forteresse. Tous les travaux qu'avait demandés Yspaddaden avaient été réalisés, et tous les objets qu'il avait réclamés avaient été rassemblés. Merlin vint le raser et lui enleva chair et peau jusqu'à l'os, d'une oreille à l'autre entièrement. « Es-tu rasé entièrement, homme ? demanda Kilourh. — Je le suis, répondit Yspaddaden Penkawr. — Ta fille est-elle à moi,

LES CHEVALIERS DE LA TABLE RONDE

maintenant que tout est en ordre ? — Elle est à toi, et tu n'as nul besoin de me remercier. Remercie Arthur et ses compagnons qui te l'ont procurée. De mon plein gré, tu ne l'aurais jamais obtenue. Et je sais que le moment est venu pour moi de perdre la vie. »

Goreu, fils de Kustennin, saisit Yspaddaden Penkawr par les cheveux, le traîna après lui jusqu'à la tour, lui coupa la tête et la plaça sur un poteau dans la cour. Puis il prit possession de la forteresse en vertu du fait qu'il était le neveu d'Yspaddaden Penkawr et que celui-ci avait tué ses vingt-trois frères. Cette nuit-là, Kilourh coucha avec Olwen, et il n'eut pas d'autre femme durant toute sa vie. Quant aux autres, ils se dispersèrent pour rentrer chacun dans son pays. Et Arthur, accompagné de Kaï, de Bedwyr, de Gauvain et de Merlin, s'en retourna jusqu'à sa forteresse de Carduel, où il retrouva avec joie son épouse, la reine Guenièvre [1].

---

1. D'après les principaux épisodes du *Kulhwch et Olwen*, récit gallois contenu dans le manuscrit dit *Livre Rouge de Hergest*, du XIVᵉ siècle. Ce récit de *Kulhwch et Olwen* est le plus ancien texte littéraire connu à propos du roi Arthur. On peut le dater du XIᵉ siècle ; mais des archaïsmes prouvent que le schéma provient d'une rédaction plus ancienne qu'on peut faire remonter au IXᵉ siècle, et peut-être bien avant. L'atmosphère générale est bien différente de celle qu'on remarque dans les romans courtois des XIIᵉ et XIIIᵉ siècles, et tous les épisodes se réfèrent à des thèmes mythologiques très anciens, remontant au paganisme druidique. C'est vraiment dans ce récit — que j'ai raccourci et adapté pour l'accorder avec l'ensemble du cycle arthurien — que se manifeste le caractère authentique du personnage d'Arthur, chef de guerre de la fin de l'Antiquité et du début de l'époque mérovingienne, au milieu d'épisodes qui appartiennent incontestablement à la mythologie celtique la plus archaïque.

CHAPITRE VIII

Le Pèlerinage de Merlin

Merlin avait grande hâte de retrouver Viviane en la belle forêt de Brocéliande, abondante en vallons ombragés et en sources d'eau claire. Il prit congé du roi Arthur et s'en alla par la mer jusqu'en Bretagne armorique. Il ne mit pas longtemps à parvenir au lieu où se tenait Viviane. Celle-ci fut tout heureuse de le revoir, car elle l'aimait sincèrement, bien qu'elle se méfiât de lui. Elle craignait en effet que le devin utilisât ses sortilèges pour abuser d'elle et lui ravir son pucelage. Car Viviane était vierge et entendait bien le rester tant qu'elle n'aurait pas la certitude que Merlin l'aimait réellement. Un jour, elle lui avait dit : « Merlin, puisque tu prétends m'aimer plus que nulle femme au monde, jure-moi de ne jamais faire, par enchantement ou par autre façon, quoi que ce soit qui puisse me déplaire. » Et Merlin avait fait le serment. Mais il se sentait toujours plus amoureux et pressait Viviane de répondre à son désir. « Plus tard, répondait-elle, quand le moment sera venu. » En attendant, elle demandait à Merlin de lui enseigner toujours plus de secrets, et lui, qui savait bien où elle voulait en venir, mais qui n'osait rien faire qui pût la fâcher, les lui révélait au fur et à mesure, en prenant toutefois bien soin de limiter leur efficacité.

LES CHEVALIERS DE LA TABLE RONDE

La jeune fille se rendait bien compte qu'il hésitait à lui transmettre certaines connaissances : aussi flattait-elle Merlin le plus qu'elle pouvait, lui manifestant clairement sa tendresse et lui posant des questions en apparence très innocentes. « Merlin, lui dit-elle un jour, tu connais les choses qui ont été et celles qui seront, mais elles concernent le monde. Mais qu'en est-il de toi-même ? Est-ce que tu connais ton destin ? — Dieu m'a permis de connaître ce qui est advenu et ce qui adviendra, du moins en partie, car je ne suis qu'un être imparfait soumis au destin, comme le sont tous les hommes. Et mes pouvoirs sont limités, dans le temps comme dans l'espace. Quant à mon propre destin, il m'échappera toujours, car si je le connaissais entièrement, je n'aurais plus ma liberté.

— Je comprends, dit Viviane. Je ne pourrais plus vivre si je connaissais exactement la date et l'heure de ma mort. Cependant, toi qui sais déjouer les sortilèges des autres, tu pourrais facilement échapper à ton destin. — Non, répondit tristement Merlin. Si j'étais victime d'un enchantement, je ne pourrais le lever qu'en perdant mon âme, ce que je refuserais quoi qu'il pût m'arriver. » La jeune fille comprit alors combien Merlin pouvait être vulnérable, mais elle se garda bien de commenter cet aveu, se promettant de le mettre à profit au moment opportun.

Merlin demeura plusieurs semaines auprès de Viviane La jeune fille habitait un beau pavillon à l'écart du manoir de son père, et personne ne s'apercevait qu'elle y recevait Merlin toutes les nuits. Ils dormaient tous les deux dans le même lit ; mais Viviane, déjà fort experte en magie, avait composé un charme et l'avait placé sous l'oreiller : quand Merlin s'allongeait, il s'endormait immédiatement, et ne se réveillait que lorsque Viviane était déjà levée et qu'elle ôtait le charme. Ainsi protégeait-elle son pucelage, au grand désappointement

LE CYCLE DU GRAAL

de Merlin qui espérait toujours pouvoir la prendre toute nue dans ses bras et lui faire le jeu auquel se livrent tous les amants sincèrement épris l'un de l'autre.

Un jour qu'ils se promenaient, ils passèrent près d'un grand étang sur lequel se reflétait la cime des arbres d'alentour. Tout était paisible et calme. Merlin et Viviane s'assirent sur un rocher, au bord de l'eau. « Quel est donc le nom de cet étang ? demanda la jeune fille. — C'est le Lac de Diane », répondit Merlin. Viviane se mit à sourire : « Je suis bien heureuse de me trouver ici, dit-elle, car j'éprouve grande affection pour cette Diane qui fut la marraine de mon père et lui permit de connaître les sciences d'autrefois. Et je me plais à imaginer, chaque fois que je cours dans ces bois, que mes pas me conduisent exactement aux lieux que fréquentait la belle Diane. — Il me semble, dit Merlin, que tu te fais certaines illusions sur Diane. Tu la vois gracieuse, son arc sur l'épaule, suivie par une biche ! Tu ne sais donc pas que Diane était une femme cruelle, qui n'hésitait pas à tuer ceux dont elle voulait se débarrasser ? — Comment cela ? demanda Viviane. — Suis-moi, je vais te montrer quelque chose. »

Il l'entraîna le long du lac jusqu'à un petit promontoire, et là, Viviane vit une tombe de marbre. S'approchant plus près, elle s'aperçut qu'il y avait une inscription en lettres d'or sur la tombe, et elle put lire : « Ci-gît Faunus, l'amant de Diane. Elle l'aima de grand amour et le fit mourir vilainement. Telle fut la récompense qu'il eut de l'avoir loyalement servie. » Viviane se retourna vers Merlin : « Diane a fait mourir son amant ? Comment cela ? Je voudrais bien le savoir. — Je vais te raconter toute l'histoire », dit Merlin.

« Diane régnait au temps de Virgile, bien avant que Jésus-Christ ne descendît sur terre pour sauver les hommes. Son occupation favorite était la chasse, et, dans ce but, elle parcourait toutes les forêts de la Gaule et de

LES CHEVALIERS DE LA TABLE RONDE

la Bretagne. Mais elle se plut tellement dans ces bois qu'elle décida d'y résider, se faisant construire une magnifique demeure au bord de ce lac. Le jour, elle chassait à travers les bois, et le soir, elle revenait près du lac. Elle vécut ainsi sans autre occupation que la chasse, et ce jusqu'au jour où le fils d'un roi qui tenait tout ce pays en sa possession la vit et en tomba amoureux, tant pour sa beauté que pour son habileté de chasseresse. Elle avait en effet une telle résistance, elle était si agile et si rapide qu'aucun homme n'aurait pu rivaliser d'endurance avec elle. Le jeune homme, qui n'était pas encore chevalier, était très beau et doué d'une intelligence très fine. Il la pria tant d'amour qu'elle finit par lui céder, à la condition expresse qu'il ne retournerait plus jamais chez son père et qu'il ne vivrait plus qu'avec elle. Le jeune homme, qui se nommait Faunus, était tellement épris de Diane qu'il accepta cette condition, renonçant au monde, à son père, à ses amis et aux compagnons de toutes sortes. Il passa ainsi deux années dans le plus complet bonheur.

« Mais, un jour, Diane, qui était partie chasser seule, selon son habitude, rencontra un chevalier nommé Félix, et elle en fut tout de suite très amoureuse. Ce Félix était d'une famille humble et pauvre, et c'était grâce à son sens de l'honneur et à sa bravoure qu'il était devenu chevalier. Il savait bien que Faunus était l'amant de Diane, et que, si le jeune homme le surprenait, il s'en prendrait à lui et le ferait tuer. Il dit à Diane : "Est-ce que tu m'aimes vraiment ? — Certes, répondit-elle, et comme je n'ai jamais encore aimé un homme ! — Pourtant, reprit le chevalier Félix, je crois qu'il ne peut rien résulter de bon pour moi dans tout cela. En admettant que je t'aime, je n'aurai jamais le courage de venir auprès de toi, car si Faunus l'apprenait, je sais bien qu'il me ferait mettre à mort, moi et peut-être ma famille. — Ne te soucie pas de cela et ne renonce pas pour autant à venir près

LE CYCLE DU GRAAL

de moi. — Je n'en ferai rien, s'obstina Félix. A moins que tu ne te sépares de Faunus, je ne viendrai jamais vivre auprès de toi. — Mais c'est impossible ! s'écria Diane. Tant qu'il sera en bonne santé, je ne pourrai pas me débarrasser de lui. Il m'aime tellement qu'il ne consentira jamais à me quitter. — Pourtant, il le faut, car je n'accepterai jamais de te partager avec lui."

« Diane était agitée d'une si grande passion pour Félix qu'elle aurait donné sa vie pour pouvoir coucher avec Félix, ne fût-ce qu'une seule fois. Après avoir beaucoup réfléchi, elle résolut de faire mourir Faunus en l'empoisonnant ou de toute autre façon qui se présenterait. Or, la tombe que tu vois là existait déjà en ce temps-là. Elle était toujours pleine d'eau et recouverte d'une dalle. Un enchanteur diabolique du nom de Démophon, qui vivait à cette époque dans le pays, avait donné à cette eau le pouvoir de guérir tous les blessés qui s'y plongeaient, mais c'était là un pouvoir d'origine satanique.

« Un soir, Faunus revint de la chasse gravement blessé par une bête sauvage qu'il avait poursuivie. Dès qu'elle l'apprit, Diane, qui ne méditait que malheurs et tourments, fit aussitôt vider l'eau de la tombe pour qu'il ne pût s'y plonger et guérir sa plaie. Et lorsqu'il arriva près de la tombe et vit que l'eau guérisseuse avait disparu, il fut très effrayé et dit à Diane : "Hélas ! que vais-je devenir ? Ma blessure est très profonde ! — Qu'à cela ne tienne ! répondit Diane. Nous allons faire tout ce qu'il faut pour te soigner. Déshabille-toi et va t'étendre dans la tombe. Nous placerons la dalle par-dessus et nous jetterons des herbes par la fente qui y est aménagée, des herbes d'une vertu si puissante que tu seras guéri dès que la chaleur aura fait effet sur toi !"

« Faunus, qui n'imaginait pas un seul instant qu'elle pût chercher à le tromper, se hâta de lui obéir. Il se mit tout nu dans la tombe et on le recouvrit aussitôt de la dalle. Cette dalle était si lourde qu'il fallait se mettre à plu-

LES CHEVALIERS DE LA TABLE RONDE

sieurs pour la soulever et, en aucun cas, Faunus n'aurait
été capable de la déplacer pour se sortir de là. Ensuite,
Diane, bien disposée à le faire mourir, coula dans la
tombe une grande quantité de plomb fondu qu'elle avait
préparé. Faunus mourut aussitôt, atrocement brûlé jusqu'aux entrailles. Cela fait, Diane revint près de Félix :
"Rien ne s'oppose plus à notre amour, et jamais Faunus
ne viendra t'inquiéter, car il est mort !" Félix fut bien
surpris de cette nouvelle, et comme Diane le prenait dans
ses bras, toute brûlante de désir, il dit : "Comment se
fait-il que ce jeune homme si robuste soit mort si vite ?
— Ne t'inquiète pas, s'écria Diane, et ne pensons qu'à
nous aimer sans retenue !" Mais Félix la repoussa : "Je
veux savoir, dit-il, comment est mort Faunus."

« Elle comprit bien qu'elle n'obtiendrait rien de Félix
si elle ne racontait ce qui était arrivé. Elle lui révéla donc
comment elle s'était débarrassée de Faunus. "Le monde
entier devrait te haïr pour cette action déplorable !
s'écria Félix au comble de la fureur. Et personne ne
devrait avoir l'audace de t'aimer après une telle trahison,
moi encore moins que les autres !" Et, sans ajouter un
mot, il tira son épée, saisit Diane par sa chevelure et lui
coupa la tête. Et c'est parce que le cadavre de Diane fut
jeté dans ce lac et parce qu'elle aimait tant vivre sur ses
rivages qu'il fut appelé le Lac de Diane et qu'il le sera
ainsi jusqu'à la fin des temps. »

Ainsi parla Merlin. La jeune fille demeurait toute
rêveuse, et Merlin se demandait si elle n'était pas capable
d'une telle trahison à son encontre. « Dis-moi, Merlin,
demanda-t-elle, qu'est devenu le manoir que Diane avait
fait construire sur ses bords ? — Quand il apprit que
Faunus était mort dans de telles conditions, répondit
Merlin, son père fit démolir tout ce qui rappelait le souvenir de Diane. — Il eut grand tort, dit la jeune fille, car
cet endroit est charmant. Je jure que je ne quitterai plus
cet endroit qui a pour moi tant d'attrait, avant d'y avoir

LE CYCLE DU GRAAL

fait construire une demeure plus belle et plus somptueuse encore que celle de Diane, et j'y passerai le reste de mes jours. Merlin, tu m'as promis de ne jamais me contrarier dans mes désirs : je t'en prie, utilise tes pouvoirs pour me construire un palais si beau qu'on n'en verra jamais de semblable et qui soit si solide qu'il puisse durer jusqu'à la fin des temps ! — Tu le veux vraiment ? demanda Merlin. — C'est mon plus cher désir », répondit Viviane.

Merlin se mit à marcher le long du rivage. De temps à autre, il se baissait, ramassait un galet, le tournait dans ses mains, l'examinait soigneusement, puis le rejetait sans prononcer une seule parole. A la fin, il en garda un plus longtemps, le soupesa avec attention, puis il demanda à Viviane de le prendre dans sa main droite et de ne jamais le lâcher quoi qu'il pût arriver.

Puis il s'éloigna du lac, gagna l'orée du bois, examina les arbres les uns après les autres. Il s'arrêta devant un jeune sorbier, sortit son couteau de sa poche et en coupa un rameau qui semblait encore très souple. Il revint alors vers le lac en élaguant la branche qu'il venait de cueillir, avant de l'écorcer soigneusement. Cela fait, il demanda à Viviane de bien regarder ce qu'il faisait et se mit, avec son couteau, à tracer des signes sur le bois. Quand il eut terminé, il prit la baguette de sa main gauche, la dirigeant droit devant lui et, de sa main droite, il saisit la main gauche de Viviane. « Quoi qu'il arrive, quoi que tu puisses voir ou entendre, dit-il, ne lâche jamais ma main. »

Il l'entraîna alors vers le lac. « Ne crains rien et continue d'avancer au même rythme que moi », dit-il encore. Et, résolument, entraînant Viviane avec lui, il continua de marcher, quittant le rivage de terre et pénétrant dans les eaux du lac. Mais Viviane s'étonnait de ne sentir ni froid ni humidité. Ils s'enfonçaient tous les deux lentement dans les profondeurs du lac comme s'ils étaient en train de franchir la barrière indécise d'un rideau de brouillard.

LES CHEVALIERS DE LA TABLE RONDE

Leurs têtes disparurent bientôt sous la surface des eaux et d'étranges lumières se mirent à briller de toutes parts comme les rayons du soleil à travers une muraille de cristal. Puis, peu à peu, Viviane aperçut un pont de verre qui reliait les deux bords d'un fossé dont on ne distinguait pas le fond, tant il était obscur. Et, de l'autre côté, une porte était encastrée dans de hauts murs comparables à ceux d'une forteresse, mais qui offraient la particularité d'être d'une matière brillante et translucide. Ils passèrent le pont et la porte s'ouvrit devant eux : ils se trouvèrent alors dans une forteresse, avec ses rues, ses cours, ses bâtiments, avec aussi un verger rempli d'arbres couverts de fruits et de massifs de fleurs qui répandaient une odeur des plus suaves. Ils parcoururent les rues, pénétrèrent dans des logis qui, tous, étaient meublés de façon superbe, avec de magnifiques tapisseries et de larges fenêtres par où se déversait cette lumière fabuleuse qui impressionnait tant Viviane. « C'est beau ! murmurat-elle, qu'est-ce que c'est ? » Merlin se mit à rire et dit : « Fille, voici ton manoir. Je souhaite que tu en fasses bon usage. »

Viviane ne trouva pas un mot à ajouter. Ils refirent le chemin en sens inverse, repassèrent le pont et sortirent du lac de la même façon qu'ils y étaient entrés. Leurs vêtements étaient secs et quand, ayant atteint la terre ferme, Viviane se retourna, elle ne vit que la surface des eaux, immobile, qu'aucun souffle de vent ne faisait frémir. Merlin s'amusait prodigieusement de son ébahissement. Il lui dit : « Ce manoir durera jusqu'à la fin des temps, mais personne en dehors de toi ne pourra le voir : il restera toujours caché sous les eaux de ce lac. Et aucun homme, aucune femme ne pourra y pénétrer à moins que tu ne le conduises, comme je l'ai fait, en tenant une baguette de sorbier sur laquelle seront gravés les signes que je t'ai montrés. Quant au galet que tu tenais dans ta main, il signifiait ta prise de possession du lac. »

LE CYCLE DU GRAAL

Merlin voulut profiter de la joie manifestée par Viviane pour la prier de nouveau de répondre à son désir amoureux. Mais la jeune fille lui dit : « Ce n'est certes pas le jour, car je n'aurais de pensées que pour les belles choses que je viens de contempler, à tel point que je serais capable de t'oublier. J'aimerais mieux que nous partions à cheval, avec quelques serviteurs, pour voir ce pays que je connais très mal. Et toi, pendant ce voyage, tu me raconteras l'histoire des paysages que nous traverserons. » En soupirant, Merlin lui répondit qu'il se ferait une joie de l'accompagner ainsi et de lui dévoiler ce qu'il savait des régions où le hasard les mènerait. Cependant, Merlin savait très bien que le hasard n'existe pas : il était furieux, mais n'en laissait rien paraître, tant il ressentait un violent amour pour la jeune et belle Viviane [1].

Ils partirent bientôt en compagnie de deux écuyers. Quittant la forêt de Brocéliande, ils se dirigèrent vers le nord, longeant des rivières et remontant des vallées. Ils parvinrent ainsi à une cité qui avait nom Saint-Pantaléon. Or, dans cette cité, c'était l'habitude d'organiser un grand rassemblement le jour de la fête du saint. Et c'est ce jour-là qu'y arrivèrent Viviane et Merlin. Ils y rencontrèrent les dames et les jeunes filles les plus nobles et les plus belles qui vivaient en ce temps-là dans le pays. Toutes étaient magnifiquement vêtues. Toutes avaient mis leurs soins les plus méticuleux à s'habiller et à se parer. C'était ce jour-là qu'avaient lieu les jugements d'amour et de galanteries. Des bardes et des chanteurs racontaient les beaux exploits des chevaliers et les belles histoires d'amour dont ils avaient pu être les témoins, et, à la fin de la journée, une assemblée de dames jugeait quel était le plus beau chant entendu durant la journée. On fêtait celui ou celle qui en était

---

1. D'après divers épisodes du *Merlin* de Robert de Boron, et du *Merlin* de Gautier Map.

LES CHEVALIERS DE LA TABLE RONDE

l'auteur ; on répétait le chant et on le faisait connaître partout dans le pays.

Cette fois-là, huit dames s'étaient assises à l'écart et délibéraient pour porter leur jugement. Elles étaient de grande expérience et de grand savoir-vivre, pleines de noblesse de cœur, d'une grande délicatesse et hautement estimées. Elles constituaient vraiment la fine fleur de la Bretagne armorique.

Après de nombreuses discussions, l'une d'elles parla ainsi : « Conseillez-moi, mes amies, au sujet d'un fait dont je m'étonne beaucoup. J'entends bien souvent des chevaliers parler de tournois, de joutes, d'aventures guerrières et amoureuses, de prières et de supplications adressées à leurs amies. Cela, c'est très commun. Mais on ne parle aucunement de celui au nom de qui sont accomplies ces grandes actions dont les chevaliers se vantent. Je pose donc la question : grâce à qui les chevaliers sont-ils si hardis ? Pour quelle raison aiment-ils les tournois ? Pourquoi se parent les jeunes gens ? Pourquoi portent-ils des vêtements neufs ? Pour qui font-ils don de leurs joyaux et de leurs anneaux ? Pour l'amour de qui sont-ils nobles et d'un cœur généreux ? Qu'est-ce qui les pousse à éviter les mauvaises actions ? Dans quel but aiment-ils les étreintes, les baisers et les mots d'amour ? »

Les autres dames se taisaient, se demandant bien où voulait en venir leur compagne. Celle-ci reprit : « Je prétends qu'une seule et même chose pousse les chevaliers et les jeunes gens. On aura beau avoir fait sa cour, avoir fait de beaux discours et de belles prières, c'est toujours à cette même chose qu'on en revient ! Croyez-moi : la seule chose qui pousse les hommes à devenir meilleurs, à devenir braves et à accomplir de beaux exploits, c'est le con [1] ! Sur ma foi, je vous le garantis : pour une femme, la plus belle fût-elle, qui aurait perdu son con, il n'y

---

1. Terme utilisé dans le texte médiéval.

LE CYCLE DU GRAAL

aurait ni mari, ni amant, ni galant ! Et puisque c'est pour l'amour du con que sont accomplies tant de belles prouesses, composons notre lai en l'honneur du con ! »

Les sept autres dames lui dirent qu'elle avait fort bien parlé et qu'elles se trouvaient parfaitement d'accord avec elle. On entreprit donc aussitôt la composition du lai : chacune contribua à composer la musique et les paroles, et lorsqu'il fut achevé, il fut chanté devant toute l'assistance, à la grande satisfaction de tous. Et l'on déclara que ce lai serait conservé précieusement par les clercs et qu'on le chanterait partout dans le pays [1].

Viviane avait écouté avec beaucoup d'amusement le lai qui venait d'être ainsi chanté. Elle dit à Merlin : « Ne penses-tu pas que ces femmes ont eu raison ? Je pense que si tu t'intéresses tant à moi, si tu me révèles tant de secrets à propos de ta magie, si tu m'as construit ce manoir au fond du lac, c'est pour cette chose bien précise. J'ai l'impression que si je n'avais pas de con, tu ne serais pas à côté de moi en ce moment ! » Merlin était profondément irrité. Lui, qui savait qu'il était le fils d'un diable, il n'était pas loin de penser que *femme est plus rusée que le diable*. Mais il se garda bien de répondre à Viviane : au fond, il était heureux de se trouver avec elle, et il en aurait supporté bien davantage plutôt que de la perdre.

Quand la fête fut terminée, ils reprirent leur chemin le long de la mer. Alors qu'ils faisaient halte dans une petite crique bien abritée, Merlin se leva brusquement et parut très agité. « Qu'as-tu donc ? » lui demanda Viviane. Merlin marmonna quelques paroles inintelligibles, se mit à marcher de long en large. A la fin, il dit : « J'ai eu une vision, comme il m'en arrive parfois. Cela

---

1. D'après le *Lai du Lécheur*, lai anonyme breton en langue d'Ile-de-France, datant des environs de l'an 1200. Traduction intégrale dans D. Régnier-Bohler, *le Cœur mangé*, Paris, Stock, 1979, pp 169-172.

vient d'un seul coup et je ne peux rien contrôler de ce que je ressens. — Est-ce à notre sujet ? demanda Viviane, assez inquiète, car elle craignait que son ami ne devinât certaines de ses intentions. — Non, répondit Merlin, et cela ne concerne même pas le temps présent. Ah, jeune fille, si tu as quelque affection pour le roi Arthur, fais bien attention à ce que je vais te dire. Cela se passera quand je ne serai plus là, mais il se tramera un odieux complot contre lui. Sa sœur Morgane lui dérobera Excalibur, sa belle et bonne épée, son épée de souveraineté grâce à laquelle il est invincible, et elle la remplacera par une autre. Et ce sera par jalousie, pour mettre son frère en difficulté. Et cela sera terrible, car Arthur devra combattre contre un adversaire redoutable sans même savoir que l'épée lui a été dérobée. Viviane, souviens-toi de ma vision, car tu seras la seule à pouvoir aider le roi en cette circonstance ! — Je m'en souviendrai, Merlin, dit Viviane, et je te donne ma parole que je ferai tout ce qui est en mon pouvoir pour aider le roi Arthur ! »

Merlin parut calmé. Il alla vers son cheval. « Il nous faut maintenant aller dans les domaines du roi Ban de Bénoïc. — Mais, dit l'un des écuyers, si nous voulons aller jusqu'à Bénoïc, il nous faut passer par la Forêt Périlleuse ! — C'est vrai, répondit Merlin, mais c'est le plus court chemin. » Ils se mirent donc en selle et se dirigèrent vers le pays de Bénoïc ; et ils chevauchèrent toute la journée sans rencontrer âme qui vive, dans une région qui paraissait avoir été désertée. Ils passèrent la nuit à la belle étoile et, le lendemain, après avoir fait route une grande partie de la matinée, ils entrèrent dans une vaste plaine où ne poussaient en tout et pour tout que deux ormes d'une taille extraordinaire.

Les deux ormes étaient au milieu du chemin et, entre eux, se dressait une croix. Tout autour, il y avait bien une centaine de tombes, ou plus encore, et à côté de la croix, on pouvait voir deux trônes magnifiques, dignes

LE CYCLE DU GRAAL

d'un empereur, et protégés de la pluie par deux arcades d'ivoire. Sur chacun d'eux était assis un homme qui tenait une harpe et qui en jouait quand il lui plaisait. En outre, il y avait là bien d'autres instruments, à croire que ces deux hommes n'avaient nulle autre occupation.

Merlin dit à ses compagnons : « Savez-vous ce que font ces hommes ? Je vais vous le dire, mais préparez-vous à entendre la chose la plus fantastique que vous ayez jamais entendue. Apprenez que le son de ces harpes a un tel pouvoir que personne, sauf ces deux hommes que vous voyez, ne peut l'entendre sans être sous le coup d'un sortilège. Ceux qui en sont les victimes perdent l'usage de leurs membres, ils s'écroulent sur le sol et y restent dans cet état aussi longtemps qu'il plaît aux harpistes. Cet enchantement a déjà causé bien des drames. En effet, quand un quelconque voyageur passe ici en compagnie de son amie ou de sa femme, si cette femme est belle, les enchanteurs couchent avec elle devant son compagnon, puis ils le tuent, quel qu'il soit, afin de s'assurer de son silence. Voici bien longtemps qu'ils se conduisent de cette façon. Ils ont tué de nombreux hommes de bien et déshonoré autant de belles et vertueuses jeunes filles. Mais si j'ai jamais eu quelque connaissance de magie, plus personne, à partir de maintenant, ne sera victime de leur cruauté. »

Il se boucha les oreilles de son mieux pour ne pas entendre le son des harpes, faisant comme ce serpent qui vit en Égypte, l'aspic, qui bouche une de ses oreilles avec sa queue et enterre l'autre pour ne pas entendre les conjurations de l'enchanteur [1]. Il s'approcha ainsi des deux harpistes, car il redoutait leurs sortilèges, mais il réussit à ne rien entendre des sons maudits. Il n'en fut pas de même pour ses compagnons : aucun d'eux ne put

---

1. Bien entendu, cet aspic sort tout droit d'un des nombreux « Bestiaires » fantastiques du Moyen Age.

LES CHEVALIERS DE LA TABLE RONDE

rester en selle ; ils tombèrent sur le sol comme morts et demeurèrent évanouis.

Lorsque Merlin vit son amie dans un tel état, il en fut profondément irrité. « Ah, Viviane ! s'écria-t-il, je vais si bien te venger qu'il en sera parlé bien longtemps ! Grâce à toi, tous ceux qui passeront désormais par ici y gagneront d'être complètement guéris s'ils ont été victimes de quelque enchantement, dès qu'ils toucheront l'un de ces deux arbres ! » Merlin fit alors les conjurations qui s'imposaient et s'approcha rapidement des enchanteurs. Ceux-ci se trouvaient déjà dans un tel état lorsqu'il arriva auprès d'eux qu'ils avaient perdu la conscience et la mémoire, ainsi que l'usage de leurs membres. Un enfant, s'il en avait eu la force, aurait pu les tuer sans qu'ils réagissent, et ils ne pouvaient rien faire d'autre que rester assis à regarder Merlin. Quant à leurs harpes, elles étaient déjà tombées à terre.

« Créatures maudites et infâmes ! s'écria Merlin en les voyant ainsi réduits à l'impuissance, voilà longtemps qu'on aurait dû vous traiter ainsi ! Cela aurait été pure charité, car vous avez causé trop de souffrances et commis trop de crimes depuis que vous êtes arrivés ici ! Mais ce jour verra la fin de vos iniquités et de vos perfidies ! » Il revint alors vers la jeune fille et ses compagnons et, grâce à ses enchantements, il les réveilla et leur redonna force et vigueur.

« Qu'avez-vous ressenti ? » leur demanda-t-il. L'un des écuyers répondit : « Seigneur, nous avons enduré les pires souffrances, les pires angoisses qu'on puisse imaginer. Nous avons vu en effet distinctement les princes et les serviteurs de l'Enfer qui nous ont ligotés si étroitement que nous ne pouvions rien faire et pensions mourir, corps et âmes ! — Reprenez courage à présent, reprit Merlin. Quand ces deux-là me seront passés par les mains, ils ne pourront plus tourmenter les chrétiens. »

Il leur demanda de creuser une fosse à côté de chaque

LE CYCLE DU GRAAL

arbre. Il prit ensuite les enchanteurs, toujours assis sur leurs trônes, et il les déposa l'un après l'autre dans chacune des fosses. Cela fait, il alluma rapidement une grande quantité de soufre et l'y jeta. Les enchanteurs moururent presque aussitôt, asphyxiés tout à la fois par la chaleur de la flamme et la puanteur qui s'en dégageait. « Que pensez-vous de cette vengeance ? demanda-t-il à ses compagnons. Est-elle juste par rapport à leurs crimes ? — Certainement, répondirent-ils, et tous ceux qui en entendront parler ne pourront que t'en remercier et te bénir, Merlin, car c'est un très grand bienfait d'avoir ainsi débarrassé ce chemin de ces deux créatures du Diable. Ils auraient commis encore bien d'autres crimes, s'ils avaient vécu !

— Pourtant, dit Merlin, je ne serai pleinement satisfait de ma vengeance que si elle peut être connue de ceux qui vivront longtemps après moi. » Il prit alors lui-même trois dalles sur les tombes de ceux que les enchanteurs avaient tués et les déposa sur les fosses de manière à laisser bien visible le feu qui brûlait à l'intérieur. « Croyez-vous, demanda-t-il à la jeune fille et à ses compagnons, que ce feu puisse brûler longtemps ? — Nous n'en savons rien, répondirent-ils, mais dis-le-nous, nous t'en prions. — Eh bien, voici : je veux que ce prodige soit connu de vous comme de vos descendants. Ce feu brûlera sans jamais s'éteindre tant que régnera le roi Arthur, et son règne sera très long. Mais ce feu s'éteindra le jour même où le roi quittera ce monde. Et voici plus extraordinaire encore : les corps des enchanteurs se conserveront tels qu'ils sont aujourd'hui, sans brûler ni pourrir [1], tant que le roi Arthur vivra, et les trônes eux-mêmes ne pourront ni brûler ni se détériorer jusqu'à la mort du roi. Cela, je le fais pour que tous ceux qui vivront après moi puissent

---

1. Allusion aux phénomènes prêtés aux vampires. Voir J. Markale, *l'Énigme des Vampires,* Paris, Pygmalion, 1991.

LES CHEVALIERS DE LA TABLE RONDE

témoigner, lorsqu'ils verront ce prodige, que j'ai été le plus grand de tous les enchanteurs qu'a connus le royaume de Bretagne. Sans doute, si je pensais vivre encore long-temps, je n'aurais rien fait de tout cela, car j'aurais eu d'autres occasions de montrer ma science. Mais je sais que ma fin se rapproche, et je veux laisser après moi le plus de témoignages possibles. »

Ayant franchi sans encombre le reste de la Forêt Péril-leuse, Viviane, Merlin et leur escorte parvinrent bientôt dans le royaume du roi Ban de Bénoïc. Ils s'arrêtèrent, pour la nuit, à la forteresse de Trèbe que le roi Ban avait fait construire pour se défendre contre les attaques de son voisin, Claudas de la Terre Déserte, ainsi que de certains de ses vassaux toujours prêts à se révolter contre lui. Quand ils furent reçus dans la forteresse de Trèbe, le roi Ban ne s'y trouvait pas, car il était parti guerroyer contre les troupes de Claudas, mais ils furent reçus par sa femme, la reine Hélène, qui connaissait très bien Merlin. C'était la plus belle et la plus vertueuse de toutes les femmes de la Bretagne armorique en ce temps-là, et chacun s'accordait à vanter ses mérites. De son mari, elle n'avait eu qu'un seul enfant, un garçon auquel on avait donné le nom de Galaad : il n'avait que quelques mois, mais c'était déjà la plus belle et la plus douce créature du monde [1]. Après le dîner qu'elle avait fait servir à ses hôtes, la reine Hélène fit amener son fils pour le leur présenter.

Viviane prit l'enfant dans ses bras avec une joie évi-dente : « Ce bel enfant, dit-elle, s'il vit jusqu'à vingt ans, sera le plus aimable de tous les hommes et le bourreau de tous les cœurs de femme ! » Et tandis que tout le monde riait, Viviane berçait tendrement l'enfant sur son sein. Merlin s'approcha d'elle et lui murmura à l'oreille : « Quelque chose me dit que cet enfant vivra bien plus que vingt ans et que tu seras responsable de bien des

---

1. Il s'agit du futur Lancelot du Lac, et non pas du fils de celui-ci, qui sera l'un des trois héros de la *Quête du Saint-Graal.*

LE CYCLE DU GRAAL

choses à son propos ! » Viviane fut très intriguée par les paroles de Merlin, mais elle n'osa cependant pas lui demander ce qu'il avait voulu dire. Et la soirée se passa le mieux du monde. Quand on ramena l'enfant dans la chambre des nourrices, la reine Hélène dit à Merlin : « Nous aurions bien besoin que mon fils fût plus âgé, car de lourdes menaces pèsent sur notre royaume. — Ne t'inquiète pas, reine, répondit Merlin, car si tu dois souffrir et te lamenter un certain temps, il arrivera un jour où tu pourras te montrer fière d'avoir mis au monde un enfant tel que lui. Mais je te le dis, reine, quels que soient les chagrins qui t'attendent, quelles que soient les grandes souffrances que tu subiras, tu vivras assez pour connaître la puissance et la gloire de ton fils. » La reine Hélène aurait bien voulu en savoir davantage, mais Merlin avait disparu, la laissant avec ses interrogations.

Viviane, Merlin et leurs compagnons demeurèrent quelques jours dans la forteresse. Merlin, quand il voyait Viviane s'occuper avec beaucoup de tendresse du jeune fils du roi Ban, ne pouvait s'empêcher de rire. Et, à chaque fois, Viviane lui demandait pourquoi il riait. Mais il ne répondait pas, ce qui agaçait grandement la jeune fille. Et quand on lui apprit que la fille d'Agravadain avait mis au monde un fils qu'on avait appelé Hector des Mares, il murmura simplement à l'oreille de Viviane : « J'ai bien l'impression que tu seras pour quelque chose dans la gloire qui attend ce garçon. » Et jusqu'à la fin de leur séjour à Trèbe, il ne prononça plus une seule parole.

Ils repartirent après avoir pris congé de leur hôtesse. Lorsqu'ils parvinrent à proximité du Lac de Diane, Merlin dit à Viviane : « Maintenant, il faut que je parte. » Viviane manifesta son désappointement. « Merlin, Merlin ! lui dit-elle. Que faut-il donc faire pour que tu vives toujours avec moi ? » Il ne répondit rien, mais l'emmena sur le bord du lac. « N'oublie pas, Viviane, que tu possèdes maintenant un manoir dont nous sommes les seuls

LES CHEVALIERS DE LA TABLE RONDE

à connaître l'existence. Tu es maintenant la Dame du Lac. » Viviane se mit à rêver. « Merlin ! Merlin ! Je sais bien ce que tu veux ! Livre-moi encore un de tes secrets et je me donne à toi entièrement, je te le jure. — Quel secret ? demanda Merlin. — Je voudrais pouvoir, dit Viviane, édifier près d'ici une tour invisible, faite d'air, et où ceux qui y entreraient ne pourraient plus en sortir tant que le monde sera monde. »

Merlin se mit à rire et dit : « Tu as de la suite dans les idées. » Puis son visage prit une grande expression de tristesse. « La prochaine fois que je viendrai, je te dévoilerai ce secret. » Puis, sans ajouter un mot, Merlin s'en alla sur le sentier à travers la forêt [1].

---

1. D'après le *Merlin* de Robert de Boron.

CHAPITRE IX

Tristan et Yseult

Il ne mit pas longtemps à gagner la côte. De là, il prit un navire et débarqua bientôt sous la forteresse de Tintagel. Il eut un serrement de cœur en revoyant ce promontoire battu par le vent et les vagues de la mer, avec ses murailles qui épousaient le contour des falaises. Il se revoyait, gravissant le sentier qui menait à la poterne, en compagnie d'Uther Pendragon et d'Urfin, quand ils allaient accomplir ce qu'il fallait accomplir, accoupler le roi Uther avec la duchesse Ygerne pour que naquît un roi. Mais Tintagel n'était plus à la reine Ygerne. Tintagel était devenu possession du roi Mark, et c'est là qu'il résidait, en compagnie de sa femme, la belle Yseult, et de son neveu, le preux Tristan de Lyonesse, le fils de sa sœur, qu'il avait désigné comme son héritier.

Il grimpa jusqu'à la forteresse où il entra sans même avoir été remarqué par les gardes. Tout, à l'intérieur des remparts, offrait un spectacle d'abandon et de désolation. Personne ne le reconnut parmi tous ceux, chevaliers, écuyers ou serviteurs, qui passaient et repassaient dans les ruelles. A force de rôder, Merlin comprit que rien n'allait plus dans le royaume de Mark. Depuis tant d'années, son épouse, la reine Yseult, le bafouait avec

LES CHEVALIERS DE LA TABLE RONDE

son neveu Tristan : il fallait bien qu'un jour les deux amants se fussent fait prendre en flagrant délit par le mari outragé. Et cela n'avait pas été si simple.

En effet, Tristan et Yseult avaient réussi, à force d'adresse et de mensonges, à écarter tous les soupçons qui pesaient sur eux. Mais la jalousie des barons de Mark avait été la plus forte : ils avaient averti le roi, tendu un piège à Tristan, et ils l'avaient maîtrisé alors qu'il se trouvait sans défense dans le lit de la reine. Car, pour rien au monde, ils n'auraient voulu se battre contre Tristan : celui-ci avait un redoutable privilège, à savoir que tous ceux qu'il blessait, même légèrement, avec son épée, mouraient, et que tous ceux qui lui infligeaient la moindre blessure mouraient également. Et le roi Mark le savait mieux que personne. C'est pourquoi il avait condamné les deux amants à être brûlés sur un bûcher.

Mais, après de nombreuses péripéties, Tristan s'était échappé en sautant par la fenêtre d'une chapelle qui donnait sur le rivage, et il avait libéré Yseult que Mark avait préféré livrer à une troupe d'horribles lépreux. Et tous deux, en compagnie de Gorvenal, écuyer de Tristan, et de Bringwain, suivante d'Yseult, étaient allés se réfugier dans la forêt de Morois où ils menaient une vie rude et difficile, s'efforçant d'échapper à tous les espions que le roi envoyait pour les débusquer. C'est alors que Merlin avait débarqué sous les murs de Tintagel. Et quand il apprit que le sage Merlin se trouvait là, le roi Mark le fit appeler et voulut converser avec lui. « Ma femme et mon neveu sont au cœur de la forêt, mais dans un endroit si retiré qu'il est impossible de les retrouver. Merlin, toi le plus sage des hommes, quel conseil peux-tu me donner ?

— Tout dépend de ce que tu as l'intention de faire, répondit Merlin. Si tu persistes dans ton intention de livrer ton neveu aux flammes du bûcher, je ne te dirai rien. Mais si tu recherches un accord avec Tristan, je peux t'aider. — Il est vrai, reprit le roi, que ma colère

245

était grande et que je me suis laissé aller. J'ai toujours considéré Tristan comme mon fils, et je ne peux vraiment pas être responsable de sa mort. Mais, Merlin, tu dois comprendre qu'il m'a pris ma femme et qu'il s'est enfui avec elle. — Et Yseult ? demanda Merlin. L'aimes-tu ? — Si je l'aime ! s'écria le roi. Mon vœu le plus cher, c'est de la retrouver et de lui redonner sa place de reine auprès de moi ! » Merlin se mit à réfléchir. « Je ne vois qu'une solution, dit-il enfin. Va trouver le roi Arthur, qui est ton cousin en même temps que ton seigneur, et demande-lui de te rendre justice dans cette affaire. S'il parvient à convaincre Yseult de revenir avec toi, ce sera bien. Dans le cas contraire, tu auras droit à des compensations. — Tu as raison ! » dit le roi Mark.

Il envoya immédiatement des messagers vers Arthur qui se trouvait alors à Camelot. Dans les lettres qu'il envoyait, Mark rappelait à Arthur sa qualité de cousin et insistait sur le fait que lui-même, Mark, était plus proche parent d'Arthur que Tristan, ce qui voulait dire qu'Arthur devait normalement prendre parti pour sa famille la plus proche au détriment de sa famille la plus éloignée. Quand il reçut les lettres, Arthur prit conseil de ses proches, puis il décida qu'il irait dans la forêt de Morois pour parler avec Tristan et Yseult et tenter de les réconcilier avec le roi Mark. Il fit préparer les chevaux et s'en alla en compagnie de Kaï, de Bedwyr, de Gauvain, d'Yder et d'Yvain, le fils du roi Uryen.

Ils commencèrent par encercler la forêt de façon que personne ne pût s'en échapper. Mais Tristan ne semblait pas disposé à laisser s'approcher quelqu'un, quand bien même il s'agirait d'un messager de paix. Et, d'autre part, dans la troupe de ceux qui encerclaient la forêt, personne n'avait l'intention de se mesurer avec Tristan, tant par crainte de blesser celui-ci que d'en recevoir une blessure.

Cependant, Yseult avait entendu le bruit des voix et le vacarme des armes dans la forêt. Elle se réfugia dans les

LES CHEVALIERS DE LA TABLE RONDE

bras de Tristan. « Pourquoi as-tu peur ? » lui demanda-t-il. Elle lui répondit qu'elle craignait pour sa vie et qu'elle-même ne pourrait pas vivre si elle était privée de Tristan. Alors Tristan lui chanta une strophe en vers : « Blanche Yseult, n'aie point peur. Tant que je serai près de toi, trois cents chevaliers ne pourront t'enlever de moi, ni trois cents chefs bien armés ! »

Tristan se leva, prit son épée et s'en alla à la rencontre de ceux qui venaient l'agresser. Les hommes fuyaient à son approche et il avançait sans encombre. C'est alors qu'il rencontra Mark, son oncle. Celui-ci s'écria : « Je me tuerai moi-même pour le tuer ! » Mais il n'osa pas s'élancer sur son neveu. Quant aux autres chefs, ils dirent : « Honte sur nous si nous attaquons cet homme de courage et de valeur. » Et Tristan sortit tranquillement de la forêt.

Pendant ce temps, Kaï gagna l'endroit où se trouvait Yseult. Kaï avait une faiblesse : il était amoureux de Brengwain, et celle-ci le conduisit bien vite auprès d'Yseult. Il lui dit : « Blanche Yseult, goéland amoureux, j'ose à peine te parler, mais je suis venu te dire que Tristan s'est échappé ! — Dieu soit béni, Kaï ! Si tu dis la vérité, tu auras de ma part tout ce que tu désires. — Il y a une femme que j'aime, blanche Yseult, et que je voudrais te demander : c'est ta suivante Brengwain. — Si la nouvelle que tu viens de m'apprendre de ta bouche est vraie, je t'assure, Kaï, que Brengwain sera tienne ! »

Mark était furieux. Il alla trouver Arthur et se lamenta auprès de lui parce qu'il n'obtenait rien, ni vengeance ni réparation, au sujet de son épouse. « Je vais te donner un conseil, lui dit Arthur. Envoie vers Tristan des musiciens avec des harpes pour lui faire entendre de loin de douces harmonies. Puis, quand il se sera un peu calmé, tu lui enverras des poètes pour lui réciter des chants de louange en son honneur. Je suis sûr qu'il sortira ainsi de sa colère et de son ressentiment. — Je le ferai », dit Mark.

On envoya donc des musiciens et des poètes auprès de

LE CYCLE DU GRAAL

Tristan. Il les écouta et les appela pour leur distribuer de l'or et de l'argent. Mais quand ils lui demandèrent de les suivre jusque vers Arthur, Tristan refusa tout net. Les musiciens et les poètes revinrent donc rendre compte de l'échec de leur mission. Le roi Mark s'impatientait de plus en plus. Alors, Arthur dit à Gauvain : « Beau neveu, toi qui t'exprimes avec tant d'élégance dans la voix et qui sais apaiser les querelles, va donc trouver Tristan, je te prie, et fais en sorte qu'il revienne avec toi. — Je le ferai », dit Gauvain.

Il s'en alla dans la forêt à la rencontre de Tristan. Quand il le vit, Tristan dit : « N'approche pas plus avant. » Gauvain répondit : « Bruyants sont les flots de la mer quand elle est haute. Qui es-tu donc, chevalier aux allures impétueuses ? — Bruyants sont les flots et la foudre. Laisse-les donc mugir dans leur fureur. Sache qu'au jour du combat je suis Tristan. — Tristan aux paroles sans reproche, toi qui n'as jamais fui dans un combat, je suis Gauvain et j'étais jadis ton compagnon. » S'étant ainsi reconnus, les deux hommes conversèrent, et Gauvain mit tout son talent à persuader Tristan de le suivre auprès d'Arthur, se portant garant de sa sécurité et de sa vie. Alors, Tristan suivit Gauvain.

Quand le roi Arthur aperçut Tristan, il lui souhaita la bienvenue en des termes très flatteurs. Mais Tristan ne répondait pas. A la fin, Arthur lui chanta une strophe en vers : « Tristan aux mœurs généreuses, n'aie aucune crainte de tes parents, car ils ne te veulent aucun mal. » Tristan y répondit par une autre strophe en vers : « Arthur, j'écouterai tes paroles. C'est toi que je salue et je ferai ce que tu décideras. »

Le roi Arthur lui fit alors faire la paix avec le roi Mark. Mais comme aucun des deux ne voulait renoncer à Yseult, Arthur dut converser avec l'un et l'autre séparément. Et comme il voyait bien qu'aucun des deux n'était prêt à faire la moindre concession, Arthur décida

LES CHEVALIERS DE LA TABLE RONDE

que l'un aurait Yseult pendant la saison où il y a des feuilles aux arbres, et l'autre pendant la saison où il n'y en a pas. Et il demanda au mari de choisir. Le roi Mark répondit qu'il préférait la saison où il n'y a pas de feuilles aux arbres parce que les nuits y sont plus longues. Arthur envoya quelqu'un pour informer Yseult de cette décision. Mais quand elle entendit le message, Yseult sauta de joie en chantant cette strophe en vers : « Il y a trois arbres d'espèce généreuse, le houx, le lierre et l'if ! Ils gardent leurs feuilles en hiver ! Donc, je suis à Tristan pour la vie ! » [1]

Mais le roi Mark ne pouvait accepter d'être ainsi bafoué. Il préféra traiter secrètement avec Tristan, lui demandant seulement de s'éloigner et de ne jamais paraître à la cour. Et Yseult, reprenant toutes ses prérogatives de reine, revint à Tintagel où eurent lieu de grandes fêtes en l'honneur du roi Arthur et de ses compagnons. Cependant, les barons de Mark, ceux qui étaient jaloux de Tristan et qui l'avaient entraîné dans un piège, revinrent à la charge, dénonçant la duplicité de la reine. Si Yseult voulait reprendre sa place de reine, elle devait faire la preuve qu'elle n'avait jamais eu de relations coupables avec Tristan : il lui fallait donc se justifier en public par un serment solennel prononcé sur les saintes reliques. On fixa le jour et on s'accorda sur l'endroit qui devait être la Blanche Lande, à quelques lieues de Tintagel, non loin d'un marécage qu'on appelait le Mal Pas. Et le roi Arthur devait présider cette cérémonie, entouré de ses meilleurs compagnons, afin que tous pussent ensuite se porter garants de la bonne conduite de la reine.

Merlin s'en alla trouver Yseult. « Reine, lui dit-il, te voilà mal partie ! Tu sais très bien que tu es coupable, et tu seras encore plus coupable si tu prononces un faux

---

1. D'après l'épisode gallois de la légende, contenu dans plusieurs manuscrits des XVIe et XVIIe siècles. *Revue celtique*, XXXIV, pp. 358 et suiv.

LE CYCLE DU GRAAL

serment à la Blanche Lande. Ou bien tu es à jamais déconsidérée devant tous les hommes, ou bien tu es maudite par Dieu parce que tu as commis un parjure. Quel est ton sentiment là-dessus ? — Merlin, répondit Yseult, il me vient une idée. On ne peut accéder à la Blanche Lande qu'en passant par un étroit sentier qui traverse le marécage du Mal Pas. Tristan le connaît bien, car un jour que j'étais en sa compagnie, j'y suis tombée et je m'y suis toute salie... — N'en dis pas plus, s'écria Merlin. Je devine ta pensée. Ne t'inquiète pas : je vais prévenir Tristan et je m'arrangerai pour que, ce jour-là, il y ait un vagabond pour te porter à travers le marais. »

Tristan se trouvait chez le forestier Orri, en compagnie de Gorvenal. Merlin s'y rendit sous les traits de Périnis, le valet d'Yseult, qui lui était si fidèle. Il parla longuement à Tristan, de la part de la reine, et lui demanda d'être présent au Mal Pas, quand tous se rendraient sur le lieu de la rencontre. Il devrait se tenir le long du sentier qui traversait le marécage, accoutré en mendiant contrefait, avec une béquille et un hanap de bois, avec une bouteille attachée par une courroie, demandant l'aumône aux passants. Et, bien sûr, il devrait se teindre le visage avec des herbes et se le rendre tuméfié, méconnaissable. Tristan lui répondit qu'il y serait et qu'il se conformerait en tous points à ce que demandait la reine. Merlin le quitta et reprit son aspect normal. Puis il alla rejoindre le roi Arthur.

Arriva le jour où la reine Yseult devait se justifier devant les rois et les barons assemblés sur la Blanche Lande. Tristan n'avait pas perdu son temps : il s'était fait une robe bigarrée. Il était sans chemise, en cotte de vieille bure, avec d'affreuses bottes de cuir, et il avait recouvert sa tête d'une chape sale et enfumée. Ainsi affublé, on l'aurait facilement pris pour un lépreux. Sans plus s'embarrasser, il s'établit près du sentier, au bout du marécage, et s'assit sur une vieille souche pourrie. Il

LES CHEVALIERS DE LA TABLE RONDE

ficha devant lui le bourdon qu'il avait pendu à son cou. A voir sa carrure, on ne pouvait guère le prendre pour un homme contrefait ; mais son visage, boursouflé par la vertu de l'herbe dont il s'était frotté, évoquait celui d'un lépreux. Il faisait cliqueter sa bouteille contre le hanap de bois pour apitoyer les passants et leur demander l'aumône.

Les chevaliers arrivaient le long des chemins et des sentiers. Il y avait grande presse en ces fondrières où les chevaux entraient parfois jusqu'aux flancs, et plus d'un se retrouva étalé dans la boue. Mais Tristan n'en était guère ému. Il leur criait : « Tenez bien vos rênes, seigneurs, et piquez de l'éperon : un peu plus loin, vous retrouverez le sol ferme ! » Les chevaliers embourbés redoublaient d'efforts, mais le marais croulait sous eux. Quant au soi-disant ladre, il continuait à frapper son hanap : « Pensez à moi ! disait-il. Que Dieu vous tire du Mal Pas ! Aidez-moi à renouveler ma robe ! »

Il y avait grand tumulte en ce Mal Pas. Les passants souillaient tous leurs vêtements, et c'était à qui crierait le plus fort. C'est alors qu'arriva le roi Arthur, avec tous ceux de la Table Ronde, avec leurs boucliers neufs, leurs plus beaux vêtements et leurs meilleurs chevaux. En passant le marais, ils s'éclaboussèrent comme les autres. Tristan, qui connaissait bien Arthur, l'interpella : « Seigneur Arthur, je suis malade, estropié, ladre et sans fortune. Mon père était pauvre et ne posséda jamais de terre. Je suis venu ici chercher l'aumône. Roi Arthur, vois comme la peau me démange et comme je grelotte de fièvre ! Pour Dieu, donne-moi ces guêtres qui te protègent si bien les jambes ! » Arthur eut pitié du mendiant. Il pria deux de ses écuyers de lui retirer ses guêtres et il les présenta à Tristan. Celui-ci prit les guêtres sans rien dire et se rassit sur la souche d'arbre. D'autres barons de la suite d'Arthur lui jetèrent divers vêtements, et il les rangea soigneusement dans un sac.

Ce fut au tour du roi Mark de traverser le Mal Pas. Tristan faisait de plus en plus de bruit avec sa bouteille et son hanap. « Pour l'amour de Dieu, roi Mark ! disait-il avec sa voix de fausset, donne-moi un don ! » Le roi lui présenta son bonnet de fourrure : « Il est un peu usé, mais il peut encore te protéger du froid ! » dit-il. Puis, comme il allait repartir, Mark se retourna : « Comment es-tu devenu ladre ? demanda-t-il. — Seigneur roi, répondit le faux mendiant, c'est à cause de mon amie. Son mari avait cette maladie, et comme je faisais avec elle le petit jeu d'amour, le mal passa sur moi. C'est vraiment à cause d'elle que je me trouve ici, aujourd'hui, pour demander l'aumône aux gens de bien ! Mais je t'assure que je ne regrette rien, car il n'y a pas plus belle femme que mon amie ! — Comment s'appelle-t-elle ? demanda Mark. — La belle Yseult ! » répondit Tristan. Le roi éclata de rire et s'en alla.

Il rejoignit Arthur sur la Blanche Lande. De là, on voyait l'horizon et tout ce qui se passait dans le Mal Pas. Arthur s'enquit de la reine Yseult. « Elle vient par la forêt, répondit Mark. Elle se trouve en compagnie de Dinas de Lidan. » Et ils se dirent l'un à l'autre : « Quelle fondrière que ce Mal Pas ! On ne sait vraiment pas comment s'en sortir ! »

Cependant, toujours au bout du marais, Tristan vit venir les trois barons qui le haïssaient le plus. C'étaient eux qui l'avaient dénoncé. C'étaient eux qui avaient préparé les pièges dans lesquels il était tombé. Devant le marécage, les trois hommes, qui avaient noms Andret, Denoalan et Gondoïne, hésitèrent à poursuivre plus avant. Alors, Tristan leur indiqua, avec sa béquille, le passage qu'il prétendait le meilleur : « Voyez, là-bas, cette tourbière après cette mare. C'est tout droit de ce côté. J'en ai vu passer plusieurs sans dommage ! » Les trois hommes piquèrent des éperons et s'engagèrent dans le bourbier, mais ils en eurent bientôt jusqu'à la selle.

LES CHEVALIERS DE LA TABLE RONDE

« Piquez encore ! leur criait le faux mendiant, toujours assis sur sa souche, vous n'avez plus qu'un petit chemin à faire ! » Mais, de plus en plus, les chevaux s'enfonçaient dans la vase, tandis que ceux qui les montaient se sentaient de plus en plus inquiets. Et ils eurent bien du mal à atteindre la terre ferme, et ils étaient en si piteux état qu'il leur fallut entièrement changer de vêtements.

Pendant ce temps-là, la reine Yseult était arrivée au bord du Mal Pas. Elle ne put retenir sa joie en voyant se débattre les trois chevaliers félons dans le bourbier. Mais Dinas de Lidan, qui l'accompagnait, lui dit : « Reine, voici qui est fâcheux. Tu ne pourras pas franchir ce gué sans salir et abîmer tes vêtements. Je serais vraiment désolé si tu te présentais devant le roi Arthur avec ta robe gâtée. Il vaudrait mieux perdre un peu de temps et passer par un autre chemin. — Si tu en trouves un autre, je le veux bien », répondit la reine. Mais, en disant ces mots, elle cligna de l'œil. Dinas le vit bien et, entraînant ses compagnons avec lui, il rebroussa chemin à travers la forêt.

Yseult était restée seule. De l'autre côté du Mal Pas se tenaient les deux rois et les barons qui la regardaient. Alors, elle sauta de son palefroi, en ôta le frein qu'elle disposa sous la selle, s'approcha du gué en tenant sa robe relevée, puis, cinglant l'animal d'un coup sec, elle le fit partir à travers le marais. Le coursier eut tôt fait de gagner l'autre rive. L'assemblée regardait faire sans comprendre. La reine portait une chemise de soie de Bagdad fourrée d'hermine et un manteau à traîne. Ses cheveux sortaient de dessous sa guimpe en deux longues tresses galonnées de blancs cordons et de fils d'or, et retombaient avec élégance sur ses épaules. Un cercle d'or ceignait sa tête de part et d'autre. Et chacun, parmi les barons, admirait la beauté et l'élégance de cette femme.

Elle se dirigea vers l'endroit où se tenait le faux mendiant et lui dit d'une voix très forte : « Ladre ! j'ai besoin de toi ! — Reine, répondit-il, je veux bien te rendre service, mais je ne sais pas comment. — C'est très simple, dit Yseult, je ne veux pas salir ma robe dans ce bourbier. Tu me serviras d'âne et tu me porteras doucement sur le sentier en évitant bien de trébucher ! — Dame ! s'écria Tristan, tu n'y penses pas ! Je suis malade et couvert de pustules ! » La reine se mit à rire : « Allons ! dit-elle, ce n'est pas ainsi que je prendrai ton mal ! Viens ici. Tu es gros et fort, tourne-toi, mets là ton dos : je te monterai comme un baudet ! » Le faux infirme souriait. Il courba l'échine. Yseult noua sa robe, souleva un pied, s'assit à califourchon sur le dos de son étrange monture.

Sur la Blanche Lande, les rois et les barons n'en croyaient pas leurs yeux. Le ladre soutenait ses jambes avec sa béquille, soulevait un pied et posait l'autre ; souvent il faisait semblant de choir et prenait une mine douloureuse. Jambe deçà, jambe delà, Yseult le chevauchait comme si de rien n'était. « Voyez ! disaient les gens, regardez donc ! La reine à cheval sur un ladre ! Il cloche du pied, il va tomber dans le bourbier et entraîner la reine avec lui ! Courons à sa rencontre et aidons-les à s'en sortir ! »

Cependant, le ladre était parvenu au bout du sentier. Arrivé sur le sol ferme, il déposa la reine, et tous purent voir que ses vêtements étaient immaculés. « Tu me donneras bien quelque chose pour ma peine ? » dit le faux mendiant. Le roi Arthur, qui avait été l'un des premiers à accueillir Yseult, dit : « Certes, reine Yseult, il a bien mérité quelque récompense ! — Certainement pas ! s'écria Yseult avec colère. C'est un truand de la pire espèce, et il a bien profité de cette journée. Sous sa pèlerine, j'ai senti une gibecière qui n'est pas petite : elle est pleine de pains entiers, sans compter le reste. Il a de quoi manger pour aujourd'hui et pour toute une semaine ! Quant aux vêtements, il en a amassé de quoi passer plusieurs hivers à l'abri du froid ! Je vous dis que c'est un âne qui a trouvé bonne pâture, et il n'aura rien de moi, je vous l'assure ! » Le faux ladre s'en retourna à travers le

LES CHEVALIERS DE LA TABLE RONDE

marais et personne ne fit plus attention à lui. Et, sur la Blanche Lande, on fit bon accueil à la reine Yseult.

On avait dressé des tentes et des pavillons, et des tables avaient été préparées. De nombreux barons se trouvaient là, et tous avaient amené avec eux leur femme ou leur amie. Devant le pavillon du roi Arthur, on avait étendu un drap de soie brodé. C'est là qu'on entassa toutes les reliques du royaume de Cornouailles. Merlin prit les deux rois à part et leur demanda ce qu'ils avaient prévu pour que la reine Yseult pût se justifier des accusations portées contre elle. « Croyez-moi, leur dit-il, il faut que cette affaire soit réglée de façon définitive aujourd'hui, car sinon, le doute subsistera et vous y perdrez tous les deux votre honneur. Roi Mark, si tu veux la paix dans ton royaume, fais en sorte que la reine soit disculpée et que ton neveu Tristan ne soit plus soupçonné. Il est compagnon de la Table Ronde, et toute atteinte à sa dignité rejaillirait sur tous les autres. Et c'est à toi, roi Arthur, de rétablir l'harmonie et la bonne entente parmi tous ceux qui prennent place à cette Table que j'ai instituée avec le roi Uther et qu'il t'a été donné mission de maintenir, quelles que soient les circonstances, pour la gloire de Dieu et du royaume de Bretagne.

— Tu as raison, Merlin », répondit Arthur. Puis il s'adressa au roi Mark : « Il est évident qu'on t'a mal conseillé et que certains de tes vassaux ont tout fait pour déshonorer la reine et ton neveu. C'est à toi de rendre justice et de châtier comme il convient les dénonciateurs et calomniateurs. Mais tu ne pourras le faire que si la reine se justifie publiquement, devant tous ceux qui sont assemblés ici. Voici ce que je propose : la reine s'avancera de telle sorte qu'elle puisse être vue de loin, et elle jurera de sa main droite sur les saintes reliques que jamais elle n'eut aucun commerce avec ton neveu qui puisse être tenu pour coupable. Et quand elle aura ainsi juré de cette façon, commande à tes barons de faire la paix. — Voilà qui est bien dit, roi Arthur ! répondit Mark. Je sais qu'on peut me blâmer d'avoir prêté l'oreille aux paroles envieuses des médisants, et j'en suis fort fâché. Mais si la reine peut se justifier devant tous ceux qui sont ici présents, si elle prend Dieu à témoin de son innocence, personne ne pourra plus porter d'accusations contre elle, et je m'engage à châtier durement tous ceux qui persisteraient à le faire ! — A la bonne heure, dit Merlin. Il faut maintenant que vous agissiez tous les deux comme vous l'avez prévu. »

On rassembla les barons, les dames et les jeunes filles et on les fit asseoir en rang autour de l'endroit où avaient été placées les reliques, sous la garde de Gauvain, fils du roi Loth d'Orcanie. Les deux rois prirent Yseult par la main et la conduisirent où elle devait prononcer le serment. Le roi Arthur lui dit : « Reine Yseult, écoute-moi bien et sache ce que nous désirons de toi. Nous demandons que tu jures, par le saint nom de Dieu, la main étendue sur les reliques des saints, que Tristan n'a jamais touché à ton corps et n'a eu aucun amour autre que celui, parfaitement légitime, qu'un neveu doit porter à la femme de son oncle. » Yseult s'avança vers les reliques, étendit sa main droite et, sans hésiter, dit à très haute voix : « Seigneurs, je jure, par le saint nom de Dieu et sur les saintes reliques, que jamais homme ne se mit entre mes jambes, hormis le ladre qui se fit bête de somme pour me porter à travers le Mal Pas, et le roi Mark, mon époux. J'ai dit la vérité, et si l'on juge que je dois subir l'épreuve du fer rouge, je suis prête ! »

Il y eut alors un grand silence. Personne, dans l'assemblée, ne se leva pour apporter la moindre contradiction. Alors le roi Arthur dit : « L'affaire est désormais jugée. La reine Yseult a juré que nul n'entra entre ses cuisses que le mendiant qui l'a portée sous nos yeux, tout à l'heure, à travers le Mal Pas, et le roi Mark son époux selon les lois de la sainte Église. Malheur à ceux

LES CHEVALIERS DE LA TABLE RONDE

qui contesteraient ce jugement, car ils seraient déclarés félons et mécréants ! »

La foule commença à se disperser en commentant l'événement. Ainsi était rétablie la paix entre le roi Mark et son neveu Tristan. Ainsi étaient rejetées les accusations portées contre la reine par les barons envieux. Merlin rôdait à travers la Blanche Lande, tout songeur, sachant très bien que ce serment n'empêcherait nullement Yseult de rejoindre Tristan la nuit prochaine, car c'était une des particularités de Tristan de ne pouvoir vivre plus d'un mois sans avoir de rapport physique avec Yseult[1]. Mais après tout, Yseult, lorsqu'elle avait prononcé le serment, n'avait fait que dire la vérité : ce n'était pas sa faute si ceux qui se trouvaient là n'avaient pas reconnu Tristan sous les traits boursouflés du mendiant lépreux...

Il en était là de ses réflexions quand il entendit une voix de femme derrière lui : « Bien joué, Merlin ! » Il se retourna. Morgane était là, aussi altière, aussi troublante, avec son sourire ambigu qui faisait rêver tant d'hommes. Merlin se mit à rire et répondit : « Tu te trompes, Morgane, ce n'est pas mon jeu, mais le jeu de la reine Yseult, car *femme est plus rusée que le diable !* Tu le sais aussi bien que moi. » Morgane haussa les épaules. « A quoi bon toute cette comédie ? demanda-t-elle. — A distraire les pauvres humains », répondit tristement Merlin. Et il s'éloigna dans le vent[2].

---

1. Ce détail ne se trouve que dans le *Roman de Tristan* en prose, qui date du milieu du XIIIᵉ siècle ; mais il est exactement conforme au mythe fondamental de Tristan, homme-lune, et Yseult, femme-soleil. Voir J. Markale, *l'Amour courtois ou le Couple infernal,* Paris, Imago, pp. 146-157.

2. D'après le *Tristan,* récit anglo-normand de Béroul écrit vers 1165, et conservé de façon fragmentaire dans le manuscrit 2171 de la Bibliothèque Nationale de Paris, édité par Ernest Muret, Paris, Champion, 1947. Traduction complète dans André Mary, *Tristan et Yseult,* Paris, Gallimard, 1941.

CHAPITRE X

Le fier Baiser

Merlin avait rejoint le roi Arthur à Kaerlion sur Wysg. Il y avait grande assemblée dans la forteresse, et de nombreux compagnons de la Table Ronde s'y étaient rendus pour raconter les événements dont ils avaient été les témoins ou les héros. Après avoir entendu les bardes et les musiciens, on passa à table et Kaï fit crier l'eau. Les compagnons se lavèrent les mains, puis s'assirent chacun à sa place. Bedwyr prit la coupe d'or que le roi avait coutume de porter à ses lèvres en hommage à ses barons et la tendit à Arthur, pendant que Kaï faisait assurer le service des mets. C'est alors qu'un jeune homme pénétra dans la salle sur son destrier. Il portait un bouclier d'azur à lion d'hermine. Il s'avança vers le roi, le salua ainsi que tous ceux qui l'entouraient et parla ainsi : « Arthur, je suis venu à ta cour, persuadé que tu voudras bien m'octroyer le don que je vais te demander. — Qu'il en soit ainsi, répondit Arthur. Quel est le don que tu voudrais te voir accorder ? — Je te le dirai en temps utile », répondit l'inconnu.

Les valets vinrent le désarmer. Gauvain lui apporta un manteau de prix et lui fit prendre place à la table. « Ce jeune homme me paraît digne d'être parmi nous, dit le

roi à Bedwyr. Va donc lui demander son nom. » Bedwyr
fit ce que le roi lui avait commandé. « Seigneur, répondit
le jeune homme, je ne saurais répondre à ta question.
Ma mère m'appelait "Beau Fils", et je n'ai jamais
connu mon père. » Bedwyr retourna auprès du roi.
« Alors, qui est-il ? » demanda Arthur. Bedwyr lui rap-
porta les paroles du jeune homme. « S'il en est ainsi,
reprit le roi, et puisque la nature lui a donné la beauté en
partage, il s'appellera le Bel Inconnu. Que tous mes
barons le sachent et soient accueillants avec lui ! »

Ils en étaient au milieu du repas quand une jeune fille
apparut dans la salle. Elle était assise sur un palefroi
magnifique, couvert d'un drap de soie, avec un frein et des
étriers en or. Elle avait un corps avenant, revêtu d'une
robe en étoffe très fine, des cheveux blonds cerclés d'or et
de pierres de grande valeur, des yeux gris et un visage
souriant comme un sourire de printemps. Un nain tenait
son cheval par la bride, un nain courtois et bien appris, de
corps gracieux, qui portait un vêtement de fourrure écarlate fait à sa mesure, et avait un fouet de cuir à la main.

La jeune fille s'en alla directement vers le roi. Elle le
salua simplement et fit de même pour ses compagnons.
Le roi lui rendit son salut et lui demanda quelle était la
raison de sa visite.

« Roi Arthur ! répondit-elle, je suis venue ici pour
demander ton aide et celle de tes compagnons. Mais ce
n'est pas pour moi que je requiers cette assistance, c'est
pour ma dame, la fille du roi de Galles, qui se trouve dans
une situation désespérée. Elle a besoin d'un chevalier
hardi qui lui prêtera secours dans sa grande détresse. Je
t'en prie, roi Arthur, pour l'amour de Dieu, envoie donc
vers elle le meilleur compagnon que tu aies. Il en tirera
grand honneur, je puis te le promettre, celui qui sera
assez audacieux pour l'arracher à l'épreuve terrible
qu'elle subit, celui qui osera donner le *fier baiser*. Mais il
est nécessaire que cet homme soit un chevalier accompli.

Moi, je ne suis que la suivante de ma dame, et l'on me nomme Hélie. J'attends que tu me désignes celui qui m'accompagnera vers le pays de ma dame. »

Le roi promena ses regards sur l'assemblée, dans le plus profond silence. Il attendait que l'un de ses compagnons sollicitât l'honneur de suivre la jeune fille. Mais tous se taisaient : aucun d'eux n'avait le désir de tenter cette aventure qui leur paraissait trop mystérieuse et trop secrète pour avoir l'espoir d'y mettre un terme. C'est alors que le Bel Inconnu se leva. Il s'avança vers le roi et lui dit : « Seigneur roi, tu m'as promis un don. Le voici : c'est moi qui irai secourir la fille du roi de Galles. — Que me demandes-tu là ? répliqua le roi. Tu as entendu ce qu'a dit la jeune fille : cette aventure s'adresse à un chevalier accompli et non à un jeune homme sans expérience ! » Le Bel Inconnu répondit : « Seigneur roi, tu as promis d'accorder le don que je t'ai demandé. Tu seras honni si tu me le refuses ! » Le roi Arthur soupira. « Eh bien ! dit-il, puisqu'il en est ainsi, je te l'accorde, jeune téméraire. Mais tu ne sais pas à quoi tu t'exposes ! Que Dieu te garde et te fasse revenir parmi nous ! » A ce moment, Hélie s'écria : « Ah ! non ! Roi Arthur, je t'avais demandé un chevalier qui fût le meilleur et le plus accompli, et tu me donnes le pire ! Je n'ai que faire de ce jeune homme qui est juste bon à faire des ronds de jambe devant les dames et les jeunes filles de la cour ! — Douce amie, répondit le roi, une promesse est une promesse, et je ne peux me dédire. »

La jeune fille était rouge de colère. Elle s'écria : « Puisqu'il en est ainsi, je m'en vais et je quitte ta cour, roi Arthur ! Maudite soit la Table Ronde ! Maudits soient tous ceux qui y prennent place ! » Et, sans ajouter un mot, elle sauta sur son palefroi, tandis que le nain, prenant l'animal par la bride, le conduisait hors de la salle. Le roi Arthur était effondré, et ses compagnons se sentaient tous honteux, car ils savaient bien qu'ils étaient responsables de la colère de la jeune fille et de

LES CHEVALIERS DE LA TABLE RONDE

la malédiction qu'elle avait lancée sur la Table Ronde.

Mais, sans que personne ne pût s'en apercevoir, le Bel Inconnu avait quitté la Table et avait commandé qu'on lui apportât ses armes. Il se fit équiper à la hâte, endossa son haubert et se mit son heaume en tête. Puis, sans perdre un instant, en compagnie de son écuyer, il partit au grand galop sur le chemin à la poursuite de la jeune fille. Ils ne furent pas longs à la rejoindre. Elle se retourna et vit le Bel Inconnu. « Où vas-tu ? lui demanda-t-elle. — Avec toi, jeune fille ! répondit-il. — Par Celui qui forma le ciel, la terre et les étoiles, cela ne sera pas ainsi ! s'écria la jeune fille. Jamais tu ne m'accompagneras de mon plein gré ! Tu es trop jeune et tu ne pourras pas endurer les terribles épreuves que ma dame attend de son sauveur. Jamais tu ne sauras venir à bout des périls qui se présenteront à toi. Retourne à la cour de ton roi et aide-le à surmonter sa honte ! — Jamais, je le jure sur mon salut éternel, je ne retournerai à la cour du roi Arthur avant d'avoir mené à terme la mission qu'il m'a octroyée devant tous ses compagnons ! » répondit le Bel Inconnu. La demoiselle Hélie piqua des deux sans ajouter un mot. Mais le Bel Inconnu la suivit à distance.

Ils chevauchèrent à grande allure et ils parcoururent tant de lieues qu'ils arrivèrent à un passage qu'on appelait le Gué Périlleux. Ils aperçurent, de l'autre côté d'une rivière, au milieu d'un pré, une belle loge galloise [1] faite de rameaux verts. Un bouclier au chef d'or et à la pointe d'argent était pendu sur la porte. Là demeurait un chevalier cruel et redoutable qui avait tué maints voyageurs en combat singulier. Il avait nom Bliobléris. Il jouait aux échecs avec ses deux valets devant sa loge, quand il aperçut Hélie et ceux qui l'accompagnaient. Il demanda immédiatement ses armes et son cheval. Les deux valets se hâtèrent de lui obéir, apportant les chausses de fer de

---

1. C'est une hutte faite de branchages sur des fondations en pierres sèches.

LE CYCLE DU GRAAL

leur maître. Bliobléris se leva, laça son heaume, et se vêtit de son haubert qu'il recouvrit d'une cotte de soie d'outre-mer. Il sauta sur son destrier, prit son bouclier, appuya sa lance contre l'encolure du cheval et s'apprêta à défendre le gué. La jeune fille vit bien que ses intentions étaient hostiles et qu'il voulait à tout prix empêcher quiconque de traverser le gué. Elle se retourna vers le Bel Inconnu : « Vassal, dit-elle, regarde ce chevalier qui s'avance tout armé sur son destrier. Ne me suis plus, car ce serait pure folie. Tu aurais dure bataille et cela te conduirait à ta fin ! — Jeune fille, répondit le Bel Inconnu, pour rien au monde je ne retournerai sur mes pas. Je poursuivrai mon chemin, et si ce chevalier veut se battre, je répondrai à sa provocation. S'il désire vraiment la bataille, il l'aura ! » Il prit son bouclier et sa lance des mains de son écuyer.

Il passa l'eau et s'arrêta au bord du pré. Bliobléris lui cria : « Imprudent ! tu as fait grande folie en franchissant ce gué ! Ce sera pour ton malheur, crois-le bien ! Je te le ferai payer cher, car nul ne franchit ce passage sans que bataille ne soit donnée ! — Seigneur, dit calmement le Bel Inconnu, nous n'avons aucune intention belliqueuse envers toi. Laisse-nous aller, je te prie, car nous n'avons pas le temps de nous attarder. Le roi Arthur nous envoie secourir une dame de très haut rang, et cette jeune fille, qui est sa suivante, me conduit vers elle. Et que Dieu nous protège, toi et moi.

— Sans bataille, tu ne passeras jamais ce gué ! s'écria Bliobléris. Tel est l'usage que je tiens de mes pères. Moi-même, depuis plus de sept ans, je monte la garde en cet endroit et j'ai déjà tué plus d'un chevalier de valeur qui s'obstinait à vouloir passer outre ! — C'est un métier de brigand [1] ! dit le Bel Inconnu. Mais puisqu'il en est ainsi, je ne parlerai pas davantage. En garde ! et je défendrai ma vie jusqu'au dernier souffle ! » Ils s'éloignèrent l'un

---

1. Cette réflexion indique suffisamment ce qu'on pensait, dans certains milieux, au XIIIᵉ siècle, de la chevalerie : sous prétexte d'exploits

LES CHEVALIERS DE LA TABLE RONDE

de l'autre, puis, se faisant face, ils se précipitèrent l'un sur l'autre de toute la vitesse de leurs chevaux. Bliobléris, d'un coup de sa lance qui vola en éclats, rompit le bouclier du Bel Inconnu. Mais celui-ci tint bon sur son cheval. Il perça à son tour le bouclier de son adversaire et lui enfonça son fer tranchant à travers les mailles du haubert. Bliobléris vida les étriers et tomba sur les paumes. Il se releva cependant et mit la main à l'épée, la brandissant ensuite d'un tel emportement que peu s'en fallut qu'il ne mît à mal le Bel Inconnu. Celui-ci fit un saut de côté, sauta à terre et tous deux continuèrent à combattre à pied. Ils se donnèrent de tels coups sur les heaumes que des étincelles en jaillirent. Mais, à la fin, Bliobléris, perdant son sang, tomba sur ses genoux en s'écriant : « Pour Dieu, ne me tue pas ! Je ferai ta volonté ! Tu passeras l'eau par mon commandement, et si tu le veux, je serai ton prisonnier ! »

Le Bel Inconnu lui répondit : « Je te ferai grâce si tu te rends de ma part à la cour du roi Arthur ! » Bliobléris donna sa parole qu'il ne chercherait pas à s'échapper et qu'il se rendrait sans tarder devant le roi Arthur. Quant au nain, il prit à part la jeune fille et lui dit : « Tu as grand tort de mépriser le Bel Inconnu. Il ne mérite pas de blâme et son courage est grand. Que Dieu le maintienne en force et en joie afin que nous éprouvions longtemps les effets de sa valeur. — Il a bien agi, dit la jeune fille. Mais sache que s'il persiste à nous suivre, il sera fatalement tué. Ce sera grand dommage, car c'est un jeune homme très vaillant. »

---

et de protection de territoires, des chevaliers sans fortune rançonnaient bien souvent les voyageurs pour le compte d'un seigneur, propriétaire des lieux. Mais on pouvait *s'assurer* contre ces inconvénients en achetant un sauf-conduit délivré par le seigneur et qui garantissait le libre passage sur ses terres. Ces curieuses méthodes de *racket*, issues directement des ordres de chevalerie si vantés actuellement par les nostalgiques d'un passé purement imaginaire, sont à l'origine des « péages », « droits de douane » et autres taxes que les sociétés contemporaines ont bien su reprendre à leur compte.

LE CYCLE DU GRAAL

Mais le Bel Inconnu, qui l'avait entendue, lui répéta que pour rien au monde il ne reviendrait sur ses pas. Puis, comme la nuit commençait à tomber, Hélie reprit son chemin en compagnie du nain, tandis que le Bel Inconnu la suivait avec son écuyer.

Cependant, Bliobléris était gravement blessé, et très affaibli par le sang qu'il avait perdu. Ses deux valets le transportèrent à l'intérieur de la loge et le soignèrent de leur mieux. Et quand la nuit fut complète, trois des vassaux de Bliobléris, qui avaient noms Hélin, Graelent et Salebran, vinrent à passer au Gué Périlleux. Quand ils virent leur seigneur en si piteux état, ils menèrent grand deuil. Bliobléris leur dit : « Ne vous affligez pas, mais pensez plutôt à me venger. Un chevalier est passé par ici, et jamais vous ne verrez meilleur combattant que lui. Il m'a vaincu. Je suis prisonnier et j'ai donné ma parole de me présenter devant le roi Arthur. Il menait avec lui un écuyer et une belle jeune fille dont un nain conduisait le palefroi. Il se nomme, paraît-il, le Bel Inconnu. Pourchassez-le, mes compagnons, je vous en prie. Tuez-le ou faites-le prisonnier. » Ainsi parla Bliobléris, et ses vassaux répondirent : « N'aie aucun souci à ce sujet. Si nous pouvons le retrouver, rien ne nous empêchera de le tuer ou de le faire prisonnier ! » Et, là-dessus, ils tournèrent bride et galopèrent dans la nuit.

Quant à Hélie et au Bel Inconnu, ils avaient poursuivi leur chemin jusqu'au moment où la fatigue les obligea à prendre du repos. Ils s'étendirent dans une prairie, et s'endormirent profondément. Mais, sur le matin, le Bel Inconnu s'éveilla, car son oreille avait été heurtée par un cri qui provenait de la forêt. La voix était douce et gémissante, et par instants elle éclatait en appels déchirants. Le Bel Inconnu prit par la main Hélie qui dormait encore, allongée dans l'herbe verte. « Entends-tu ces cris ? lui demanda-t-il. — Peu m'importe ! répondit-elle. Laisse-moi dormir ! — Cette voix appelle au secours, reprit le Bel Inconnu, et je ne peux pas rester ainsi sans

LES CHEVALIERS DE LA TABLE RONDE

en connaître la raison ! — Tu n'iras pas ! s'écria Hélie. Tu cherches donc à tout prix les aventures ? Avant que tu aies trouvé ma dame, tu auras fait plus de mauvaises rencontres que tu ne l'auras voulu, et il te faudra durement souffrir. Es-tu fou pour te mêler de ce qui ne te regarde pas ? — Quoi que tu en penses, répondit le Bel Inconnu, j'irai voir ce qui se passe là-bas ! »

Le Bel Inconnu revêtit ses armes et enfourcha son cheval. Hélie, qui ne voulait pas rester seule, reprit elle-même son palefroi, et, accompagnée du nain, elle suivit la direction prise par le Bel Inconnu. A mesure qu'ils avançaient, la voix se faisait plus nette et ils l'entendaient distinctement. Puis, à l'entrée d'une clairière, ils aperçurent un vaste feu devant lequel étaient assis deux géants hideux et effroyables. L'un d'eux tenait entre ses bras une jeune fille merveilleusement belle. Folle de terreur, elle pleurait et se débattait. L'autre géant, assis en face, rôtissait tranquillement des viandes et tisonnait avec une pointe de fer le feu qui luisait. Et il déclarait qu'il mangerait tout de suite après que son compagnon aurait fait sa volonté de la jeune fille.

Le Bel Inconnu se prépara. Hélie lui dit à voix basse : « Veux-tu donc mourir ? Tu ne sais pas qui sont ces géants ! Ne sais-tu pas qu'ils ont dévasté tout le pays ? Il n'y a, à douze lieues à la ronde, aucune maison qu'ils n'aient pillée ! Toute cette contrée est entre leurs mains. Ne va pas les combattre, je te prie, et fuyons ces diables au plus vite ! » Mais le Bel Inconnu ne voulut rien entendre. Piquant des deux, il se précipita sur le géant qui voulait forcer la jeune fille. Il lui enfonça sa lance dans la poitrine et le coup lui fit éclater le cœur : ses yeux se troublèrent, il trébucha et s'effondra dans le brasier. L'autre géant s'était levé, brandissant une terrible massue. Le Bel Inconnu évita le coup et éperonna son destrier. Le géant se précipita à sa suite et frappa avec une telle furie que peu s'en fallut qu'il n'abattît le cheval et le cavalier. Mais le Bel Inconnu se mit hors de portée. Alors, le géant bondit, prêt à frapper de son redoutable bâton. Le Bel Inconnu l'attendait, immobile, et quand le géant leva sa massue, il lui lança son fer dans les côtes. Poussant un cri de douleur, le géant leva la massue et se prépara à l'abaisser d'un coup sur son adversaire, mais celui-ci, pensant qu'il valait mieux s'esquiver, se trouva très vite hors de portée. Le géant fut saisi d'une rage effroyable. Il frappa sur un arbre avec une telle force qu'il le fit s'écrouler avec toutes ses branches. Mais il avait tant mis d'efforts dans ce coup que la massue lui échappa des mains. Le Bel Inconnu en profita pour se précipiter vers lui et, d'un seul coup de son épée, il lui coupa la tête. Le combat était terminé. Le Bel Inconnu descendit de cheval et enleva son heaume.

Alors, le nain dit à Hélie : « Tu as eu grand tort de blâmer et de mépriser le chevalier. C'est un homme de valeur. — Tu as raison », dit-elle. Elle descendit de son palefroi, s'avança vers le chevalier, le salua très doucement et lui demanda pardon pour les méchantes paroles qu'elle avait pu lui dire. « N'en parlons plus ! » répondit le Bel Inconnu. Et ils s'assirent tous devant le feu qu'avaient allumé les géants. La jeune fille, qui avait été ainsi délivrée, était accourue auprès de son sauveur, et elle jura au Bel Inconnu qu'elle serait éternellement sa servante. Il lui demanda qui elle était et dans quelles circonstances elle avait été ravie par les géants. La jeune fille répondit : « Je me nomme Clarie, et je suis la sœur de Tor, qui est un des compagnons du roi Arthur. Hier, j'étais allée dans le verger de mon père afin de me divertir, mais la porte en était restée ouverte. Un géant qui passait par là s'en aperçut, entra, se saisit de moi et m'emporta ici où vous m'avez trouvée. »

L'écuyer et le nain s'en allèrent fouiller la maison des géants. Ils y découvrirent un prodigieux amas de pains, de jambons salés, d'oiseaux gras tout rôtis et accommodés, ainsi qu'une grande quantité de vin. Les géants avaient pillé et dévasté tout le pays et ils avaient apporté tout cela dans leur repaire. Comme il était l'heure de manger, on décida de se restaurer grâce à ces provisions. On étendit des nappes sur l'herbe verte. Les jeunes filles s'assirent de chaque côté du Bel Inconnu, tandis que l'écuyer et le nain faisaient le service. Et quand on se fut rassasié, chacun s'en alla se reposer.

Le lendemain matin, alors que le Bel Inconnu dormait encore, l'écuyer était en train de faucher l'herbe du pré avec une faux qu'il avait trouvée sur le chemin. Tout à coup, il entendit du bruit et aperçut trois cavaliers bien armés qui galopaient vers lui. C'étaient les trois vassaux de Bliobléris qui cherchaient le Bel Inconnu afin de venger leur seigneur. L'écuyer prévint immédiatement son maître. Le Bel Inconnu se leva lentement, tandis que les jeunes filles commençaient à craindre pour sa vie. Les trois arrivants s'arrêtèrent devant lui : « En garde ! Défends-toi ! s'écrièrent-ils. Nous sommes les hommes de Bliobléris que tu as blessé si lâchement au Gué Périlleux. Mais il ne sera pas dit que ta mauvaise action restera impunie ! »

Le Bel Inconnu revêtit ses armes sans se presser. Et quand il fut prêt, il sauta sur son cheval. L'écuyer lui tendit sa lance et Hélie son bouclier. L'un des trois, celui qui avait nom Hélin, vint alors le combattre. Les boucliers se choquèrent, le fer des lances se brisa et le bois résonna. Au bout d'un moment, le Bel Inconnu transperça le corps d'Hélin. Il tomba sur le sol et ne bougea plus. Alors se présenta l'un des deux autres : le combat fut aussi rude, mais de courte durée, car le Bel Inconnu le blessa de telle sorte qu'il lui fut impossible de continuer plus longtemps à lutter. Quant au troisième, quand il se vit jeté au bas de sa monture et en grand danger d'être tué, il demanda merci. « Si tu veux la vie sauve, lui dit le Bel Inconnu, jure-moi de te présenter au roi Arthur. » L'autre lui en fit le serment.

LE CYCLE DU GRAAL

Et tandis qu'il se relevait, tout dolent, le Bel Inconnu lui demanda qui il était, ce qu'il faisait de son état et quels étaient ses compagnons. « Je te dirai toute la vérité, répondit-il. Je suis Graelent, seigneur des Haies. Celui que tu as blessé se nomme Salebran et celui que tu as tué est Hélin. Tous trois nous sommes les hommes liges du seigneur Bliobléris, qui garde le Gué Périlleux. Et c'était pour venger sa défaite qu'il nous a envoyés te combattre. Je le regrette amèrement, car tu es si bon chevalier qu'il n'est pas possible de te vaincre. » Le seigneur des Haies s'en alla alors, en emportant son compagnon blessé, et il emmena avec lui la jeune Clarie pour la guider vers la maison de son père. Le seigneur des Haies promit au Bel Inconnu qu'il se rendrait à la cour du roi Arthur et qu'il y raconterait les événements auxquels il avait pris part pour son malheur. Cela étant fait, Hélie, le Bel Inconnu, le nain et l'écuyer se remirent en route.

Ils se trouvaient à peine dans la forêt qu'ils virent devant eux un cerf traverser le chemin. Il était armé de seize bois et courait à perdre haleine, poursuivi par une meute de brachets qui sautaient et aboyaient. L'un d'eux, à peine plus grand qu'une petite hermine, passa auprès d'Hélie et s'arrêta au milieu du sentier. Il avait une épine au pied. Il était fort joli, blanc comme neige, avec les oreilles noires, et sur le flanc droit une tache également noire. La jeune fille le trouva si beau qu'elle décida de s'en emparer : elle en ferait don à sa dame. Elle descendit de son palefroi, saisit le petit chien, lui ôta l'épine qui le faisait souffrir et, le gardant contre elle, remonta en selle. Mais l'un des veneurs qui passaient avait vu son geste. Il s'arrêta devant la jeune fille et lui dit : « Belle amie, laisse mon chien, je te prie ! » Hélie lui répondit que ce chien lui faisait trop envie et qu'elle voulait le garder afin de l'offrir à sa dame. « Tu n'as aucun droit sur ce chien ! » s'écria le veneur. Mais comme Hélie ne voulait rien entendre, le veneur alla se plaindre au Bel

LES CHEVALIERS DE LA TABLE RONDE

Inconnu. Celui-ci demanda à Hélie de rendre le brachet, mais elle s'y refusa obstinément, à tel point que le Bel Inconnu n'insista pas ; mais le veneur se rendit en grande hâte auprès de son maître afin de lui raconter ce qui venait d'arriver. Le maître était un preux chevalier de haut parage. Il possédait dans la forêt un manoir où il séjournait souvent. Quand il apprit la nouvelle, il devint furieux, prit ses armes et se précipita vers le Bel Inconnu. « Fais-moi rendre le brachet que cette fille a dérobé ! hurla-t-il. — Je ne peux rien contre la volonté de cette fille ! » riposta le Bel Inconnu. L'autre lui lança alors son défi. Ils se mirent en garde et se heurtèrent violemment. Mais après avoir combattu vaillamment, le chevalier se retrouva par terre, sans épée. Il demanda grâce.

« Je te l'accorde bien volontiers, répondit le Bel Inconnu, à condition que tu te rendes à la cour du roi Arthur et que tu t'y présentes comme le prisonnier du Bel Inconnu. » Le vaincu engagea sa foi. « Maintenant que tu sais mon nom, reprit le Bel Inconnu, je te demande de me dire le tien. — On m'appelle l'Orgueilleux de la Lande », répondit le chevalier. Ils prirent congé l'un de l'autre et le Bel Inconnu reprit sa route avec ses compagnons, et surtout la jeune Hélie qui se réjouissait fort de cette aventure.

Quand le soir tomba, ils sortirent de la forêt et se trouvèrent en face d'une vaste forteresse. Une rivière la contournait, claire et poissonneuse, et sur laquelle voguaient des bateaux. Par là venaient les marchandises de toutes sortes, et le passage rapportait beaucoup. On voyait également sur les rives plusieurs moulins, des prés et des entrepôts pour engranger les récoltes, tandis que de l'autre côté s'étendaient des vignes sur la longueur de deux lieues. Le Bel Inconnu s'arrêta pour contempler ce spectacle qui l'enchantait.

Alors apparut une jeune fille, montée sur une mule, qui semblait fort triste et découragée. Elle était d'une beauté admirable : son front était large, son visage riant et coloré comme la rose au temps d'été, et blanc comme la fleur de lis, avec de beaux sourcils noirs, merveilleusement fins, de petites dents, des yeux brillants et des mains douces et agiles. Elle était vêtue d'une robe de soie bordée de duvet délicat ; et ses cheveux, au fur et à mesure qu'elle chevauchait, se déroulaient avec élégance sur ses épaules parfaites. Mais quand elle se fut approchée, ils virent tous que la jeune fille pleurait et se tordait les mains de désespoir. « Pourquoi pleures-tu ainsi, jeune fille ? » demanda le Bel Inconnu.

Voici ce qu'elle répondit : « Je pleure parce que j'ai perdu aujourd'hui l'être au monde auquel je tenais le plus. Mon ami vient d'être tué et je ne me consolerai jamais. C'est un chevalier qui l'a tué, un chevalier plein d'orgueil et de cruauté. C'est le maître de cette forteresse. Dans la ville, il y a un épervier très beau et bien mué, et qui vaut un trésor. Le seigneur l'a fait mettre au milieu d'un verger, sur une perche d'or, et il a été convenu que la femme qui prendrait l'épervier sur son perchoir obtiendrait le prix de la beauté. Mais toutes celles qui voulaient y concourir devaient amener avec elles un chevalier pour soutenir leur prétention. Le seigneur de cette ville qui relevait le défi combattait le chevalier. Or, j'ai eu l'audace de prétendre à ce prix de beauté. Le seigneur a combattu mon ami que j'aimais tant, et il l'a tué. Je crois que j'en mourrai de douleur !

— Belle amie, dit le Bel Inconnu, je pense que tu saurais gré à celui qui te rendrait cet épervier et qui vengerait ton ami ? — Assurément ! répondit-elle. — Alors, viens avec moi, et l'oiseau te sera rendu ! »

Ils entrèrent dans la ville, passèrent les lices et le pont, et ils allèrent tout droit vers le verger où se trouvait l'épervier. Une foule de gens les suivaient, chacun se demandant ce qui allait se passer, les uns craignant la mort du chevalier inconnu, les autres souhaitant que le

LES CHEVALIERS DE LA TABLE RONDE

seigneur du lieu manifestât encore une fois son courage et son autorité. Ils arrivèrent alors au verger : la place était belle et plaisante. Au milieu était planté un arbre qui était toujours fleuri, et à une portée d'arc se trouvait le perchoir où l'épervier était posé.

Le Bel Inconnu prit la main de la jeune fille. « Avance, belle amie, lui dit-il, et viens recevoir le prix de la beauté qui, je le soutiendrai contre quiconque, doit appartenir à toi seule ! » La jeune fille vint à l'épervier et lui ôta le lacet qui le retenait. C'est à ce moment que le seigneur se présenta. Il montait un cheval ferré de grand prix que couvrait une étoffe décorée de roses vermeilles. Il portait un bouclier d'argent aux roses de sinople, et sur le heaume, qu'il avait magnifique, était une couronne de roses. Il se précipita, la lance levée, sur le Bel Inconnu, et, à haute voix, il lui fit défense de prendre l'épervier. « Pourquoi l'épervier ne serait-il pas à cette jeune fille ? répondit le Bel Inconnu. Je n'en connais pas de plus belle. — Je te prouverai le contraire », cria le seigneur.

Les deux hommes s'éloignèrent et, brochant leurs montures, ils se lancèrent l'un contre l'autre. Les boucliers craquèrent, les sangles furent rompues. Ils se retrouvèrent à pied et tirèrent leur épée. Longtemps, ils se battirent ainsi avec rage et frénésie, jusqu'au moment où le Bel Inconnu fit trébucher son adversaire et posa la pointe de son épée sur son cou. « Je demande grâce, dit le vaincu, et je me reconnaîtrai ton homme lige. » Le Bel Inconnu retira son épée en disant : « Je te fais grâce à condition que tu ailles te présenter devant le roi Arthur et que tu lui racontes comment le Bel Inconnu t'a fait prisonnier !

— Seigneur, sur mon âme, je me présenterai devant le roi Arthur et je dirai que tu m'as vaincu en combat loyal. Sache que je suis compagnon de la Table Ronde et que je ne peux faillir à un serment. Je suis Girflet, fils de Dôn, et je rendrai témoignage devant tous que tu es le meilleur chevalier que j'aie jamais combattu. » Et les

LE CYCLE DU GRAAL

deux hommes se donnèrent l'accolade. Girflet emmena le Bel Inconnu dans son logis et l'hébergea pour la nuit avec la meilleure grâce.

Le lendemain, dès la pointe du jour, les voyageurs se remirent en chemin, et Girflet voulut lui-même les reconduire. Le Bel Inconnu demanda à la jeune fille à l'épervier ce qu'elle comptait faire. Elle répondit qu'elle voulait retourner dans son pays retrouver ses frères et son père, le roi Agolant. Alors le Bel Inconnu pria Girflet de faire convoyer la jeune fille par ses meilleurs chevaliers. Girflet agréa la demande. Quant à Hélie, elle prit la jeune fille à part et lui dit : « Tu aurais dû me faire savoir que tu es ma cousine. J'avais entendu parler de toi et je désirais te connaître. Maintenant, je te porterai toujours dans mon cœur et, en gage d'amitié, je vais te donner mon brachet. Emporte-le avec l'épervier. Tous deux ont été conquis par bataille, et il n'y a pas de meilleur chien dans toute la Bretagne. » Et les deux jeunes filles prirent congé l'une de l'autre en pleurant d'émotion.

Après avoir erré tout le jour, ils se trouvèrent devant une ville fermée, située sur la longueur d'un promontoire. Un bras de mer contournait la cité d'une part, et de l'autre la grande mer battait au pied de la forteresse. Les murailles qui en faisaient le tour étaient de marbre blanc et s'élevaient aussi haut qu'un arc peut tirer. Les créneaux ne redoutaient aucune attaque. Deux grosses tours vermeilles se dressaient, reluisant dans le soleil couchant, et vingt autres tours de couleur bleue complétaient les défenses.

Celui qui avait édifié cette forteresse devait être sûrement un enchanteur : nul n'aurait pu dire de quelle matière elle était faite. Les pierres ressemblaient au cristal, le pavé était merveilleux et les voûtes étaient recouvertes d'argent. Une escarboucle brillait au faîte, qui rendait, la nuit, une telle clarté qu'on se serait cru en plein jour. Quant à la cité, elle était riche et bien faite. De nombreux marchands y amenaient leurs produits par

LES CHEVALIERS DE LA TABLE RONDE

la mer, et le passage rapportait beaucoup. On nommait cet endroit l'Ile d'Or. Une jeune fille la gouvernait, qui savait les sept arts et la magie. Son père n'avait eu d'autre héritier qu'elle, et elle n'était point mariée : on l'appelait la Pucelle aux Blanches Mains.

Le Bel Inconnu s'arrêta avec ses compagnons. Une chaussée, contre laquelle l'eau bouillonnait, donnait accès à un pont, puis, de là, à la forteresse. Mais il fallait passer devant un pavillon et devant une palissade faite de pieux aigus. A chaque pieu était fichée une tête d'homme. Dans le pavillon, il y avait un chevalier qui laçait ses chausses de fer. C'était l'ami de la Pucelle aux Blanches Mains, et, été comme hiver, à toute heure du jour ou de la nuit, il attendait l'aventure.

Le Bel Inconnu s'avança vers le pavillon et fit mine de franchir la palissade. «Vassal ! cria le chevalier, on ne passe pas sans se mesurer avec moi ! » Alors Hélie dit au Bel Inconnu : « Il dit vrai, car tel est l'usage ici. Celui qui est vaincu a la tête coupée et fichée sur un des pieux de la palissade. Ce chevalier se nomme Mauger le Gris, et il est l'ami de la dame du lieu. Il est ici depuis cinq ans, mais il n'a jamais encore obtenu les faveurs de la Pucelle aux Blanches Mains. Il doit l'épouser dans deux ans, s'il peut durer jusque-là. Ainsi l'a promis la Pucelle. »

Telle était en effet la coutume. Quand un de ses amis mourait au combat, la dame de l'Ile d'Or était obligée de prendre à sa place celui qui l'avait tué, et il devait défendre à son tour la chaussée dans l'espoir de devenir, au bout de sept ans, le seigneur de l'Ile d'Or. Mais, à vrai dire, la Pucelle aux Blanches Mains espérait bien être débarrassée avant deux ans de Mauger le Gris : elle le détestait, car il était méchant, félon et déloyal, et tous les habitants de la cité le haïssaient pareillement.

Les deux hommes se préparèrent. « Seigneur, dit le Bel Inconnu, je te prie de nous laisser passer. C'est le roi Arthur qui m'envoie et nous n'avons pas le temps de

LE CYCLE DU GRAAL

nous attarder ! — Ce que tu me demandes là est folie pure, répondit Mauger, car on ne passe pas ici. — Puisqu'il en est ainsi, dit le Bel Inconnu, je passerai de force et je me défendrai de tout mon pouvoir. » Le défi étant ainsi lancé, les deux hommes reculèrent pour mieux prendre leur élan.

Pendant ce temps, les habitants de la cité s'étaient massés aux alentours, souhaitant ardemment que Mauger le Gris fût vaincu et déconfit. Quant à la dame de l'Ile d'Or, elle ne le désirait pas moins, et elle s'était mise à la fenêtre, entourée de ses suivantes, pour regarder la bataille. Elle ne dura guère, bien qu'elle fût âpre et violente. Mais le Bel Inconnu trancha les lacets du heaume de Mauger. Le heaume tomba à terre, découvrant le visage du chevalier. Et, d'un seul coup d'épée, le Bel Inconnu lui fendit la tête jusqu'aux dents. Les gens crièrent de joie tout autour. Un écuyer amena un cheval tout blanc au Bel Inconnu. Quand il y fut monté, on le conduisit jusqu'à la forteresse où il fut reçu en grand honneur par tous les barons de l'Ile d'Or. Et il vit la Pucelle aux Blanches Mains.

Lorsqu'elle entra dans la salle, elle était plus brillante que la lune lorsqu'elle surgit des nuages. Le Bel Inconnu sentit ses genoux se dérober sous lui quand il se trouva face à face avec elle, tant elle était belle et désirable, avec des yeux gris très amoureux, une bouche riante et vermeille prometteuse de baisers, une gorge ronde et pleine, une chevelure dorée rejetée en arrière et couronnée de roses. Elle mit ses bras au cou du Bel Inconnu : « Tu m'as vaincue, mon ami, dit-elle, et je serai tienne sans plus attendre. L'usage est ici de garder la chaussée de l'Ile d'Or, mais je te dispenserai de ce service. Je fais de toi mon seigneur et mari, je te donne ma terre et mon amour. »

Et la Pucelle aux Blanches Mains fit clamer par tout le pays qu'elle épouserait une semaine plus tard le Bel Inconnu. La rumeur s'en répandit très vite dans la cité et aux alentours, et les habitants en eurent très grande joie.

Mais la Pucelle était inquiète, car elle se demandait bien comment elle allait pouvoir retenir le Bel Inconnu auprès d'elle. Pourtant, elle n'en laissait rien paraître, se montrant affable et enjouée, mais n'en pensant pas moins à faire usage de sa magie. Le soir, elle fit servir un grand repas pour fêter l'événement. Le Bel Inconnu avait pris place sur un siège de prix, à la droite de la dame, tandis qu'Hélie se trouvait à sa gauche.

Quand ils eurent mangé à loisir, Hélie se leva de table et prit le Bel Inconnu à part : « Seigneur, lui dit-elle, la Pucelle veut te prendre pour mari, et si tu n'es pas vigilant, elle te retiendra ici pour longtemps. Je voudrais que tu n'oublies pas ma dame pour autant. — Je n'oublie rien, belle amie, répondit le Bel Inconnu, mais je ne sais trop comment faire. As-tu une idée à ce sujet ? — Oui, dit Hélie. Cette nuit, je préparerai secrètement notre départ, car je loge dans un hôtel qui est au milieu de la ville. Ton écuyer harnachera ton cheval et nous t'attendrons devant la porte de la chapelle. Tu diras au portier que tu veux aller prier et il te laissera passer sans défiance. »

Ayant ainsi mis les choses au point, Hélie prit congé de son hôtesse et s'en alla en son hôtel en compagnie de l'écuyer qui emportait les armes de son maître. Les servantes de la Pucelle préparèrent le lit de l'hôte. Sur le lit qui était tout doré et magnifique et valait bien cent marcs d'argent, elles déposèrent des couettes douces et molles et un beau drap de soie. Les valets allumèrent un grand feu dans la chambre, afin de l'éclairer, et ils se retirèrent. Alors la dame vint souhaiter le bonsoir au Bel Inconnu. Elle portait un manteau d'étoffe précieuse verte à franges d'or, et par-dessous une chemise blanche comme la neige sur les rameaux, mais qui paraissait brune à côté des jambes nues. Rejetant son manteau, elle découvrit son visage et son sein, et accola doucement le Bel Inconnu. Ses cheveux dénoués tombèrent en flots d'or et se répandirent sur le corps du Bel Inconnu. Il voulut prendre un baiser à la Pucelle. « Non, dit-elle, ce serait paillardise : pas avant que nous soyons mariés. » Le Bel Inconnu n'insista pas, et pourtant, il avait grand désir de prendre la Pucelle dans ses bras et de l'étendre à côté de lui. « Écoute encore, dit la dame. Apprends quelle est ma fantaisie : si je t'appelle, au milieu de la nuit, ne viens pas. Mais si je te dis de ne pas venir, alors viens. Fais toujours le contraire de ce que je dirai ! » Là-dessus, elle se retira, laissant le Bel Inconnu seul dans la chambre, en proie à bien des perplexités.

Il essaya de dormir, mais au moment où il s'assoupissait, il entendit une voix : « Dors-tu, bel ami ? » Il tressaillit, ouvrit les yeux et vit le feu qui flambait. La voix se fit entendre de nouveau : « Entre donc, chevalier ! » Le Bel Inconnu avait oublié l'ordre de la Pucelle aux Blanches Mains. Il se leva, revêtit son manteau et se dirigea vers la chambre de la belle. Mais, alors, il s'aperçut qu'il marchait sur une planche et que, par-dessous, roulaient des vagues grosses comme celles d'une mer en furie. Il s'arrêta, ne voulant ni avancer ni reculer, tant il lui semblait que la planche était étroite. Il voyait l'eau bouillonner et n'osait pas rester debout. Il se baissa, prit la planche à deux mains et demeura pendu dans le vide. Mais ses bras se fatiguèrent vite et il eut grand-peur de tomber. « A l'aide ! cria-t-il, je vais me noyer ! »

Les valets l'entendirent. Ils accoururent en portant des torches et des chandelles. Ils trouvèrent le Bel Inconnu pendu au perchoir d'un épervier. Quand il se vit en telle position, le Bel Inconnu en eut grande honte. Tout ébahi et confus, il rentra dans sa chambre, tandis que les valets retournaient se coucher. « Que s'est-il passé ? se demandait le Bel Inconnu. J'ai été victime d'un enchantement, c'est certain. C'est la Pucelle qui en est la cause, c'est elle qui m'a fait endurer ce mal. Pourquoi n'irais-je pas lui parler pour apaiser mon angoisse ? »

Il regarda vers la chambre de la Pucelle. Quand il

LES CHEVALIERS DE LA TABLE RONDE

estima que les valets s'étaient rendormis, il se leva de nouveau et marcha vers la porte de la Pucelle. Mais, alors, il lui sembla qu'il portait sur les épaules toutes les voûtes de la forteresse. Ce fardeau écrasant lui froissait les os et déjà il se sentait défaillir. « A l'aide ! cria-t-il, à l'aide ! Bonnes gens, où êtes-vous ? Ce palais vient de s'effondrer sur mon dos et je ne peux plus supporter ce fardeau ! »

Les valets accoururent de nouveau et virent le Bel Inconnu qui portait son oreiller à deux mains sur sa nuque. Quand il s'en aperçut, il se retira à grande honte et confusion. Alors, il se rappela le conseil d'Hélie et les dispositions qu'elle avait prises pour leur départ. Il ne pensa plus qu'à fuir la magicienne qui l'ensorcelait ainsi. Et dès que l'aube commença à poindre, il se vêtit en hâte et descendit. Le portier lui ouvrit sans défiance. Il retrouva, devant la chapelle, Hélie, le nain et son écuyer qui tenait son cheval par le frein. Sans perdre un instant, ils se mirent en selle et sortirent de la ville. Le soleil reluisait sur les bois et sur les plaines. Ils chevauchaient à bonne allure et, sur son palefroi, la jeune Hélie chantait joyeusement.

A la fin de la journée, ils s'arrêtèrent devant une forteresse aux tours antiques et aux fortes assises. La grosse tour était élevée, et les murailles très hautes. Autour de la forteresse était un gros bourg populeux qui semblait riche. La contrée était belle et verdoyante, pleine de cultures et de vignes. « C'est le Château Galigan, dit Hélie. Mais je ne donnerai pas le conseil de loger en cette ville. J'en ai entendu parler comme d'un endroit où il est très mauvais d'aller, à cause d'une coutume qui n'est guère plaisante. Le seigneur Lampart, qui habite là, n'accueille aucun chevalier qui ne daigne se mesurer d'abord avec lui. Si celui qui se présente renverse le seigneur, il est logé avec les plus grands égards, mais s'il est renversé par le maître des lieux, il doit traverser la ville à pied et souffrir mille affronts de la part des bourgeois, lesquels lui jettent à la figure des torchons embourbés et

LE CYCLE DU GRAAL

des pots pleins de cendre et d'ordure. Il vaudrait mieux nous éloigner. — Je ne me laisserai pas ainsi intimider, répondit le Bel Inconnu. Je veux être logé dans cette ville, et je jouterai avec le seigneur du lieu. Avec l'aide de Dieu, je saurai bien le forcer à nous faire de la place. » Ils se remirent en marche et franchirent les murailles du bourg, puis s'engagèrent dans la grande rue. Les habitants les suivaient en ricanant et se les montraient du doigt, car ils imaginaient par avance l'étranger déconfit par Lampart. Et ils préparaient les torchons pleins de boue et les pots remplis de cendre et d'ordure. Quant au seigneur, il achevait une partie d'échecs avec un chevalier qu'il avait maté la veille. Il aperçut le Bel Inconnu et sa suite, et se leva pour les recevoir.

« Seigneur étranger, dit-il, je t'hébergerai bien volontiers ici, mais selon l'usage que j'ai établi. Il convient que tu te mesures à moi auparavant en combat loyal. Si tu peux me jeter à terre, je te devrai le logement. Mais si je te fais tomber de ton cheval, tu devras t'en retourner sans rien attendre de moi, sous les moqueries de tous mes gens. — J'accepte ton défi ! » répondit le Bel Inconnu. Ils se préparèrent l'un et l'autre. Ils brisèrent quelques lances sans aucun résultat. A la fin, le Bel Inconnu se rua sur son adversaire et lui donna un tel coup sur le bouclier que Lampart vida les étriers et se retrouva bien vite à terre. Mais comme il n'était pas blessé, il se releva et dit au Bel Inconnu : « Ami, descends maintenant de ton cheval. Tu as droit au gîte, car tu l'as conquis noblement. Et puisqu'il me semble que tu as beaucoup enduré et peiné, il est juste que tu puisses te reposer. Ma demeure t'est ouverte, ainsi qu'à tes compagnons ! » Et il embrassa le Bel Inconnu.

Ils furent richement traités et logés pendant la nuit. Le lendemain, après avoir entendu la messe, ils dînèrent de chapons gras et d'oiseaux. Mais le Bel Inconnu ne voulut pas s'attarder à table et, à peine rassasié, il fit seller les

LES CHEVALIERS DE LA TABLE RONDE

chevaux. Lampart aurait bien voulu retenir le Bel Inconnu, car il s'était pris d'amitié pour lui. Il lui demanda cependant de lui permettre de l'accompagner pendant une partie du chemin. Le Bel Inconnu accepta volontiers sa prière, et ils partirent tous ensemble.

Quand le jour commença à décliner, ils traversèrent une forêt et découvrirent la Gaste Cité. Elle s'élevait, avec ses tours, ses clochers, ses demeures resplendissantes, entre deux rivières aux eaux profondes et rapides. Chacun descendit de selle. Lampart s'était mis à pleurer, et Hélie également. « Pourquoi pleurez-vous ainsi ? leur demanda le Bel Inconnu. — Hélas ! lui répondit Lampart, tu veux pénétrer dans la Gaste Cité, ami très cher ! Sache que bien des périls t'y attendent ! Il faut d'ailleurs que tu y ailles tout seul, car ceux qui viendraient avec toi seraient immanquablement tués. Tu y verras les murs vieux et bigarrés, les portes, les clochers, les maisons, les créneaux, les arches, les tourelles, tout cela détruit et effondré. Tu n'y verras ni hommes ni femmes, mais seulement des animaux parmi les plus affreux, des serpents, des lézards, des crapauds et des rats. Garde-toi bien de retourner sur tes pas. Contente-toi de suivre la grande rue. Au milieu de la cité, tu trouveras un antique et vaste palais de marbre. Tu entreras par un portail magnifique et tu iras jusqu'à une salle immense. A chacune des fenêtres de cette salle, tu remarqueras un jongleur vêtu de riches atours, ayant devant lui un cierge ardent. Ils jouent sur divers instruments des mélodies très douces et très belles, et quand ils te verront approcher, ils te feront de grands saluts. Tu répondras alors : "Que Dieu vous maudisse !" N'oublie pas cela. Et si tu tiens à la vie, n'entre pas dans la chambre du fond. Je t'en ai assez dit. Monte sur ton cheval et que Notre Seigneur te protège. » Ainsi parla Lampart, et il pleurait toujours tandis qu'Hélie se pâmait, que le nain se lamentait et que l'écuyer menait grand deuil. « Dieu vous garde, vous aussi ! » dit le Bel

LE CYCLE DU GRAAL

Inconnu. Il sauta sur son cheval et partit vers la Gaste Cité.

Il passa le torrent sur le pont qui était abaissé. Une porte était percée dans la muraille qui fermait la cité sur une longueur de cinq lieues. Les fossés étaient profonds, les murs bons et beaux, faits de pierres carrées, peintes de toutes couleurs, vertes, jaunes, grises, et fort bien taillées. Plus loin, il y avait une tour très haute. Le Bel Inconnu se signa, franchit la porte et entra dans la ville déserte. Il alla par la grande rue, comme le lui avait recommandé Lampart, regardant les pans de murs écroulés, les piliers et les fenêtres de marbre tombés à terre. Il arriva bientôt dans le palais et vit les jongleurs aux fenêtres de la grande salle. Chacun avait près de lui un cierge allumé, et chacun un instrument de musique différent. On entendait de douces musiques, et le Bel Inconnu fut bien près de succomber au charme langoureux de ces mélodies. Mais, quand ils le virent avancer dans la salle, les musiciens s'arrêtèrent de jouer et dirent tous ensemble : « Dieu sauve le chevalier qui vient, de la part du roi Arthur, pour sauver la dame ! » Le Bel Inconnu fut fort étonné de ce salut. Mais, se souvenant des recommandations de Lampart, il cria de toutes ses forces : « Que Dieu vous maudisse ! » Et il passa outre. Derrière lui, un jongleur qui tenait un tambour ferma la porte. La salle était brillamment éclairée par tous les cierges. Au milieu se trouvait une table assise sur sept pieds scellés. Le Bel Inconnu s'arrêta là, et, s'appuyant sur sa lance, il attendit que se produisît quelque chose.

Alors, du fond de la salle, apparut un chevalier monté sur un destrier gris, armé d'un bouclier gris et qui tenait à la main une énorme lance. Il se précipita sur le Bel Inconnu. Le choc fut tel que les deux hommes vidèrent les arçons. Ils continuèrent à combattre de leurs épées, mais bientôt le chevalier, voyant qu'il avait le dessous, s'enfuit en direction de la chambre du fond. Le Bel Inconnu le poursuivit. Il allait franchir la porte quand il

LES CHEVALIERS DE LA TABLE RONDE

vit au-dessus de lui de grandes haches se mouvoir pour le frapper. Il se tira vivement en arrière.

La salle était maintenant plongée dans une totale obscurité. Il ne parvenait pas à retrouver son cheval. Soudain, l'un des jongleurs réapparut, les cierges se rallumèrent un à un, la clarté fut de nouveau éblouissante et les jongleurs reprirent leur concert. Le Bel Inconnu alla droit à son cheval et ramassa sa lance. Mais il s'était à peine remis en selle que, de la chambre du fond, surgit un chevalier de grande taille, dont les armes étaient noires et qui était monté sur un destrier fringant, à l'œil clair comme du cristal et qui avait une corne au milieu du front. Par la gueule, il soufflait du feu et des flammes et son haleine puante était embrasée. Le chevalier aux armes noires se rua sur le Bel Inconnu comme le tonnerre. Le pavé de la salle jeta des étincelles sous les quatre fers du destrier. Le Bel Inconnu se signa et baissa sa lance. La bataille fut longue et acharnée. Pourtant, le Bel Inconnu parvint à faire voler le heaume de son adversaire. Celui-ci, se voyant désarmé, voulut s'enfuir, mais le Bel Inconnu lui assena un tel coup qu'il lui fendit la coiffe et la tête, l'abattant sur le sol. De la bouche et du corps s'exhalait une fumée noire et infecte. Le Bel Inconnu lui toucha la poitrine pour savoir s'il était encore en vie, mais l'étrange chevalier avait déjà changé d'aspect et sa figure était épouvantable à voir.

Alors les jongleurs disparurent, chacun emportant sa lumière. Ils tirèrent la porte derrière eux si violemment qu'un grand bruit fit trembler la salle, à tel point que le Bel Inconnu eut grand-peur qu'elle ne s'écroulât. L'obscurité redevint totale. Le Bel Inconnu chancela, rompu par le combat qu'il venait de mener, abasourdi par ce bruit d'enfer, se signant plus de dix fois pour se garder de la malignité des diables. Puis il chercha la table à tâtons. « Seigneur, miséricorde ! murmura-t-il. Je ne sais ce que je vais devenir. Quand donc finira cette diablerie ? Je ne

LE CYCLE DU GRAAL

sais plus où est mon cheval. Pourquoi tout cela ? Me suis-je mal conduit envers la Pucelle aux Blanches Mains que j'ai quittée si peu courtoisement en m'enfuyant avant qu'elle ne fût levée ? Par Dieu tout-puissant, si je puis m'échapper d'ici, j'irai implorer son pardon. »

C'est alors qu'une grande armoire s'ouvrit. Il en sortit une guivre [1] qui jetait une telle lumière que tout le palais en fut illuminé. Elle était effroyable à voir, large comme un tonneau, longue de quatre toises, le dos bigarré, le dessous doré, la queue trois fois nouée, les yeux gros et luisants comme des escarboucles. Elle se dirigea vers le Bel Inconnu. Celui-ci se signa et saisit son épée. Mais la guivre s'inclina devant lui en signe d'humilité. Il remit son épée au fourreau. Alors la guivre se remit à ramper vers lui. Le Bel Inconnu reprit son épée et allait la frapper, quand la serpente s'inclina encore, comme si elle voulait lui manifester son amitié. Puis elle avança encore.

Le Bel Inconnu fit un pas en arrière, terrifié par la laideur du monstre. Mais la guivre le regardait intensément, avec des yeux qui brillaient étrangement. Fasciné, il demeura immobile, regardant la bouche vermeille de la serpente. La guivre le frôla, le toucha et il sentit le froid baiser sur ses lèvres. Il poussa un grand cri. Mais la bête monstrueuse avait disparu. Il faisait grand jour dans la salle. Appuyée à la table se tenait une femme d'une rare beauté, portant robe de pourpre fourrée d'hermine, chemise brodée et ceinture garnie d'or et de pierres précieuses. Le Bel Inconnu ne pouvait en croire ses yeux. En tremblant, il salua la femme.

---

1. La *guivre* ou *vouivre*, dont le nom provient du latin *vipera*, est un animal bien connu non seulement des bestiaires fantastiques du Moyen Age, mais également de la tradition populaire orale de l'Europe occidentale. Dans certaines légendes, ces *vouivres* sont considérées comme des femmes-serpents qui portent une pierre précieuse talismanique dans la tête. Ceux qui réussiraient à s'emparer de cette pierre, généralement une escarboucle, seraient en possession de nombreux pouvoirs magiques. Le thème de la guivre est indiscutablement le même que celui de Mélusine. Voir J. Markale, *Mélusine,* pp. 126-128 de l'édition 1993.

LES CHEVALIERS DE LA TABLE RONDE

« Sois remercié de ton action, lui dit-elle. Tu viens de me sauver de la plus terrible situation qu'on puisse imaginer. Je suis Gwenn, fille du roi de Galles, pour qui ma suivante Hélie s'en est allée quérir secours auprès du roi Arthur. Je vais te dire comment j'ai enduré de terribles tourments. A peine fut trépassé le roi mon père qu'un enchanteur vint ici, en compagnie de son frère, et toute une troupe de jongleurs d'enfer. Ils jetèrent un sortilège sur la cité, transformant les habitants en animaux tous plus hideux les uns que les autres, et qui s'enfuirent par la plaine. Mais ce n'est pas tout : ils firent en sorte que les tours, les maisons et les clochers s'écroulèrent. Tu aurais vu tomber les murs et voler les pierres que tu aurais cru que le ciel et la terre s'effondraient. Et l'enchanteur maudit me réduisit à l'état de guivre. Il venait souvent me demander de le prendre pour mari, disant que, si je voulais l'aimer, il mettrait fin à mon épreuve. Sinon, je devais demeurer guivre toute ma vie, à moins que le plus courageux des compagnons du roi Arthur ne vînt me délivrer et lever les enchantements qui pesaient sur la cité. C'est à toi qu'a été réservé de courir les aventures les plus périlleuses et d'accomplir le *fier baiser*. Car il fallait, pour que je reprisse mon aspect de femme, qu'un homme posât ses lèvres sur les miennes. Tu as de qui tenir. Sais-tu bien qui est ton père ?

— Sur mon honneur, répondit le Bel Inconnu, je n'ai jamais connu mon père. Et c'est pour cela qu'à la cour du roi Arthur on ne me connaît que sous le nom du Bel Inconnu. — Je vais te dire ton nom, reprit Gwenn. Tu es Guiglain, fils de la fée Blancheval et du roi Gwyddno Garanhir, l'un des plus grands seigneurs de ce pays. Les jongleurs que tu as vus aux fenêtres de cette salle sont des habitants de la cité qui ont subi l'enchantement. Le chevalier que tu as vaincu en premier est Évrain, le frère de l'Enchanteur Noir, celui que tu as fini par abattre par ton courage et ta ténacité. Quand tu l'as tué, le sortilège

283

LE CYCLE DU GRAAL

a été immédiatement dissipé, l'œuvre mauvaise a été détruite et je pus sortir de l'armoire où j'étais enfermée. Mais il fallait encore que je m'offrisse à ton baiser pour reprendre ma forme première. Je te dirai encore que cette contrée est le Pays de Galles dont je suis la reine, que cette ville est Senaudon [1], ma capitale, qui fut nommée, depuis la venue de l'Enchanteur, la Gaste Cité. Cette contrée est très riche et très puissante et trois rois tiennent de moi leurs fiefs. Mais c'est à toi désormais qu'ils engageront leur foi. Ce royaume est à toi : je te l'offre avec moi, tout entière, sans aucune tromperie, et parce que tu es l'homme le plus courageux du monde. »

Ainsi parla la reine Gwenn au Bel Inconnu. Dehors, on entendait les cris de joie des habitants de la cité qui avaient retrouvé leur aspect normal et qui chantaient les louanges du courageux chevalier qui les avait délivrés des maléfices du redoutable enchanteur. Hélie, Lampart, l'écuyer et le nain ne mirent pas longtemps à venir retrouver le Bel Inconnu, et ils se jetèrent tous dans les bras les uns des autres pour manifester le bonheur intense qu'ils éprouvaient. La jeune Hélie se blottit en pleurant sur la poitrine de la reine Gwenn, et celle-ci annonça qu'avant son mariage avec le preux Guiglain elle irait à la cour du roi Arthur porter témoignage de la valeur et des prouesses de celui qui avait été le Bel Inconnu.

Elle partit quelques jours plus tard, emmenant avec elle sa jeune suivante, la belle Hélie, et le nain qui avait si vaillamment conduit le palefroi de celle-ci. Elle chevauchait depuis quatre journées, quand, au sortir d'une forêt, elle rencontra quatre chevaliers montés sur des palefrois, sans heaumes et sans boucliers. Elle les salua et ils lui rendirent son salut. « Seigneurs, leur demanda-t-elle, d'où venez-vous et où allez-vous ?

---

1. C'est le nom du Snowdon, la grande montagne du Pays de Galles, en gallois *Eyri*.

LES CHEVALIERS DE LA TABLE RONDE

— Dame, répondirent-ils, nous allons de ce pas à la cour du roi Arthur, ainsi que nous l'avons promis. Nous sommes prisonniers sur parole d'un vaillant chevalier que nous avons rencontré et qui allait, paraît-il, délivrer une jeune fille d'un grand embarras. Il se nomme le Bel Inconnu. Nous n'en savons pas plus sur lui, mais il nous a vaincus en bataille. Nous ne sommes pas de ce pays. Nous nous sommes rencontrés hier en chemin tous les quatre. Mais toi, qui suis la même route que nous, qui es-tu donc, belle jeune fille ?

— Apprenez, seigneurs, répondit la reine Gwenn, que je suis celle qu'allait délivrer le Bel Inconnu. Par sa grande prouesse, et après bien des aventures périlleuses, il m'a arrachée aux mains de l'enchanteur maudit qui me retenait sous la forme d'une hideuse guivre. Mais, puisque vous ignorez son nom, sachez qu'il est Guiglain, fils du roi Gwyddno Garanhir, qu'il sera bientôt mon époux et régnera sur le Pays de Galles. Quant à moi, je me rends à la cour du roi Arthur pour lui témoigner ma grande reconnaissance de m'avoir envoyé un tel chevalier pour me tirer d'affaire. Et puisque vous me paraissez de preux chevaliers, nous voyagerons ensemble. »

Ainsi firent-ils. Mais, peu avant de parvenir en la cité de Kaerlion sur Wysg, où se trouvait le roi Arthur, ils rencontrèrent une jeune fille, somptueusement habillée, et qui était recouverte d'un grand manteau noir. Et comme la reine Gwenn lui demandait qui elle était, elle répondit qu'elle n'avait aucune raison de dire son nom et qu'elle allait à la cour du roi Arthur obtenir un don qu'elle espérait de toute son âme. La reine n'insista pas, et la jeune fille au manteau noir les accompagna dans la dernière partie de leur voyage [1].

---

1. D'après le récit *le Beau Déconnu*, texte français du milieu du XIIIᵉ siècle, reprenant des thèmes qui semblent remonter très loin dans le temps, et qu'on peut considérer comme un des plus anciens de ce qu'on appelle les « contes de fées ».

CHAPITRE XI

La Lance et le Coup douloureux

Le roi Arthur reçut la reine Gwenn avec tous les égards qui lui étaient dus. Il écouta attentivement le récit qu'elle lui fit des exploits de celui qu'on connaissait seulement comme étant le Bel Inconnu, et qui était en fait le fils d'un de ses plus nobles barons. Et quand la dame eut pris congé du roi, la jeune fille au manteau noir prit la parole. Il y avait, autour d'Arthur, la reine Guenièvre, Gauvain, fils du roi Loth d'Orcanie, Yder, fils du roi Nudd, Kaï et Bedwyr, qui ne quittaient jamais le roi, Yvain, fils du roi Uryen. Merlin était également là, mais il se tenait à l'écart, dans un coin de la salle, pour mieux observer ce qui se passait.

La jeune fille s'avança vers Arthur et enleva son manteau noir. «Roi, dit-elle, regarde cette épée nouée à ma taille. Apprends que je ne peux ni la tirer de son fourreau ni la détacher de moi. C'est à cause d'un sortilège qui pèse sur moi et qui me fait endurer bien des peines. Et je sais que seul celui qui est le meilleur chevalier du royaume, le plus loyal, le plus pur de toute perfidie, de tout esprit de fausseté et de traîtrise, pourra dénouer les attaches de cette épée et l'emporter, me délivrant ainsi d'un fardeau si lourd à porter qu'il m'interdit toute joie et tout repos.

LES CHEVALIERS DE LA TABLE RONDE

— Jeune fille, répondit le roi, tu me surprends beaucoup ! Il semble bien que cette épée soit facile à détacher.
— Seigneur, il n'en va pas comme tu le penses. Seul un chevalier comme j'ai dit peut venir à bout de ce sortilège !
— Alors, dit Arthur, en tant que roi, il m'appartient de tenter le premier cette épreuve ! » Il se leva, s'approcha de la jeune fille et voulut dénouer les attaches de l'épée, persuadé qu'il s'agissait d'attaches ordinaires, mais il n'y parvint pas. « Ha ! roi, dit la jeune fille, il est inutile de déployer tant de force ! Celui qui achèvera l'aventure n'aura pas besoin de s'obstiner ainsi ! » Le roi alla se rasseoir en disant à ses compagnons : « Cette aventure ne m'est pas destinée. Tentez-la donc à tour de rôle, et que le meilleur en acquière la gloire que Dieu lui réserve ! » Ils s'y essayèrent tous, mais sans résultat. On fit venir tous les chevaliers présents à Kaerlion sur Wysg. Ils tentèrent tous de dénouer les attaches de l'épée, mais aucun ne put parvenir à ses fins. Un grand désespoir se lisait sur leurs visages. Un seul ne tenta pas l'épreuve : c'était un obscur chevalier qui venait du Nord. Il avait été déshérité par le roi de son pays parce qu'il avait tué un des parents du roi. Il était resté plus de six mois en prison, et il venait à peine d'en sortir. Il ne possédait presque rien, mais malgré son dénuement, son cœur était riche d'audace et de bravoure. Son seul défaut était sa pauvreté, et certains le lui faisaient bien sentir, car les puissants, on le sait bien, font peu de cas des pauvres gens.

Quand tous les chevaliers présents, pauvres ou riches, eurent tenté l'épreuve, sauf lui, le roi, persuadé qu'il ne restait plus personne, dit tristement à la jeune fille : « Je suis désolé, mais il te faudra chercher ailleurs ta délivrance, car ici, me semble-t-il, tu ne pourras trouver l'homme qu'il te faut. J'en suis très affligé, car je pensais que mes compagnons et tous ceux qui viennent à ma cour avaient tous le cœur pur, exempt de haine et de fausseté. Il faut croire que tous ont quelque chose à se reprocher !

LE CYCLE DU GRAAL

— Dieu m'est témoin, répondit la jeune fille, que j'aurai fait tout ce qu'il fallait. Maintenant, je quitterai cette cour que fréquentent tant d'hommes de mérite, tant de vaillants chevaliers, sans avoir trouvé d'aide ! Je ne sais où aller désormais puisque je n'ai rien obtenu ici, et il me faudra endurer mon supplice aussi longtemps que Dieu le permettra ! »

Le roi Arthur était fort ennuyé. Il aurait tant voulu rendre service à la jeune fille. Et, de plus, il était bien fâché qu'aucun des hommes qui l'entouraient n'eût été capable d'accomplir un geste aussi simple que de dénouer les attaches d'une épée. Il se retourna vers Merlin et lui dit : « Viens à notre secours, puisque, toi, tu connais ce que nous ne connaissons pas. » Merlin se mit à rire et dit : « Roi, tu te désespères pour peu de chose, et toi, jeune fille, tu te décourages bien facilement. Savez-vous qu'il y a ici un chevalier qui n'a pas voulu tenter l'épreuve ? — Qui est-ce donc ? » demanda le roi. Merlin lui désigna le pauvre chevalier qui demeurait dans un coin de la salle. « Le voici, dit-il, tu n'as qu'à lui demander ! — Mais qui est-il ? reprit le roi. — Je ne devrais pas te le dire, répondit Merlin, mais sache qu'il se nomme Balin. » Arthur alla vers le chevalier pauvre et lui dit : « Pourquoi n'as-tu pas voulu dénouer les attaches de cette épée ? — Roi, répondit le chevalier, je ne vois pas ce que je pourrais faire de mieux que tous tes compagnons. — Je t'ordonne, reprit Arthur, de tenter cette épreuve. »

Balin se dirigea vers la jeune fille. « Laisse-moi essayer », lui demanda-t-il. La jeune fille, en le voyant si misérable et si mal habillé, lui répliqua : « Je pense que cela sera inutile. Je ne pourrai jamais croire que tu es le meilleur chevalier de cette cour qui en compte tant de bons, et qui, pourtant, n'ont pas réussi à dénouer ces attaches ! » Le chevalier Balin se mit en colère : « Jeune fille ! s'écria-t-il, ce n'est pas l'apparence qui fait la personne ! Tu me méprises parce que tu crois que je suis pauvre ! Mais j'ai été riche autrefois et il n'y a personne à qui j'aie jamais refusé ma protection ! » Et, sans attendre de réponse, il se pencha, prit les attaches de l'épée, en dénoua immédiatement les nœuds et tira l'arme à lui. « Voilà qui est fait, dit-il, et maintenant tu peux repartir quand il te plaira. Tu es délivrée de ton fardeau. Mais moi, je garderai l'épée en souvenir de toi. Je l'ai bien méritée, me semble-t-il ! » Il la dégagea alors du fourreau pour l'examiner. Elle lui parut si belle et si solide qu'il lui sembla n'en avoir jamais vu d'aussi précieuse.

« Chevalier, dit la jeune fille, tu m'as délivrée de mon tourment et tu t'es couvert de gloire, car tu as prouvé que tu étais pur de toute fausseté et de toute haine. Mais il n'était pas prévu dans les termes de l'épreuve que l'épée te resterait. Je te demande donc de me la rendre, si du moins tu es aussi courtois que ta prouesse le laisse supposer ! » Mais le chevalier remit l'épée dans le fourreau et s'écria qu'il ne la rendrait jamais quel que fût le jugement que l'on porterait sur sa conduite. « Alors, je te préviens, dit la jeune fille, que tu l'emporteras à tes risques et périls ! Je sais que, du premier coup que tu frapperas avec elle, tu tueras l'homme que tu aimes le plus au monde ! »

Balin lui répondit que sa décision était prise d'une façon irrévocable, dût-il en périr lui-même. « Qu'il en soit donc ainsi ! reprit la jeune fille, puisque tu le veux de ta propre volonté ! Mais je sais que tu ne la porteras pas plus de deux mois sans t'en repentir. Et je vais te dire quelque chose d'encore plus extraordinaire, et tout aussi véridique : avant la fin de cette année, tu te battras contre un chevalier qui te tuera et que tu tueras au cours du même combat. C'est parce que je voulais éviter pareille infortune au bon chevalier que tu es que je voulais reprendre cette épée, car, Dieu m'en est témoin, je l'aurais mise en sûreté et aucun homme n'aurait pu s'en servir ! Maintenant, si tu la veux, prends-la, mais sache bien que c'est ta mort que tu emportes avec toi ! »

LE CYCLE DU GRAAL

Merlin s'approcha et dit : « Si tu m'en croyais, tu redonnerais cette épée à la jeune fille, et tu t'en irais bien heureux de ton exploit ! — Non ! s'écria Balin avec force Ce que j'ai dit est dit, je prends l'épée, dût-il m'en coûter la vie ! » Et, s'adressant à son écuyer, il ajouta : « Apporte-moi mes armes et prépare mon cheval ! Je ne veux pas rester plus longtemps dans cette cour où j'ai bien vu dans quel mépris on tient les hommes de mérite s'ils ont le malheur d'être pauvres et sans renom ! » L'écuyer partit aussitôt exécuter ses ordres. Le roi Arthur était tout confus de ce qui venait de se passer. Il alla vers Balin et lui dit : « Seigneur chevalier, pardonne-nous notre manque de courtoisie. Je suis tout prêt à t'en faire réparation de la façon que tu jugeras bonne. Tout ce que tu me demanderas, je te le donnerai si je le peux et si cela n'est pas contraire à mon honneur ni à celui de mes compagnons. Ne sois pas aigri par des paroles blessantes qui ont pu t'être adressées sans méchanceté véritable, et viens prendre ta place à la Table Ronde.

— Jamais je ne reviendrai sur ce que j'ai dit, répondit simplement Balin, et aucun présent, aucun honneur ne pourra me faire changer d'avis. » Merlin s'approcha et lui dit : « Tu as grand tort, car cette aventure tournera mal non seulement pour toi, mais pour tous ceux du royaume ! — Je n'ai pas besoin de tes conseils », répliqua Balin. Et, sans plus attendre, il partit sans prendre congé, ni du roi ni de tous ceux qui se trouvaient là. Mais il n'était pas plus tôt sorti qu'une femme fit son apparition dans la salle, montée sur un cheval pie. Sans descendre de sa monture, elle s'écria à l'adresse du roi : « Arthur, tu me dois une récompense, car je suis celle qui te donna de l'eau dans la grande lande, alors que tu étais assoiffé, en compagnie de Kaï et de Bedwyr. T'en souvient-il ? Cette récompense que tu me dois, je te la réclame devant tous les chevaliers ici présents ! » Arthur regarda attentivement la femme et la reconnut. « C'est

LES CHEVALIERS DE LA TABLE RONDE

juste, dit-il, que demandes-tu ? Si je le peux, tu obtiendras satisfaction. — Je veux, dit la femme, la tête de la jeune fille qui vient d'apporter l'épée, ou bien celle du chevalier qui a réussi à la détacher. Et sais-tu pourquoi je te fais une telle demande ? Parce que ce chevalier a tué un de mes frères, homme de grand mérite et bon chevalier, et parce que cette jeune fille a fait tuer mon père autrefois. Je veux être vengée de l'un ou de l'autre, et c'est à toi de choisir. »

L'assistance fut effrayée du ton véhément qu'avait pris la femme en présentant cette demande pour le moins surprenante. « Dame, dit Arthur, je t'en supplie, au nom de Dieu, demande-moi autre chose ! Je me conduirais de façon détestable en te donnant satisfaction, car ni moi ni ceux qui sont ici n'avons quelque raison de nous plaindre de ce chevalier ou de cette jeune fille ! — Il en sera pourtant ainsi », s'obstina la femme.

Cependant, Balin avait entendu ce que disait la femme. Il rentra dans la salle et alla directement la trouver : « Femme ! s'écria-t-il, voici plus de trois ans que je te cherche en vain ! C'est toi qui as empoisonné mon frère et, comme je n'ai pas pu te trouver pour satisfaire ma haine, j'ai tué ton propre frère. Ainsi justice a été faite. Mais cette justice n'est pas complète, et puisque tu es là, je vais pouvoir la parfaire aux yeux de tous. » Il saisit alors son épée, bondit sur la jeune femme et la frappa avec une telle violence qu'il la décapita. Il remit son épée dans le fourreau, ramassa la tête et se dirigea vers le roi. « Seigneur, dit-il, voici la tête de la plus perfide des femmes jamais venues à ta cour. Si elle était restée plus longtemps ici, elle t'aurait causé, sache-le bien, bien d'autres tourments. Et j'en connais beaucoup qui se réjouiront d'apprendre qu'elle est enfin morte et qu'elle ne nuira plus jamais à personne !

— Balin ! s'écria Arthur, tu viens de commettre le crime le plus grave dont un homme tel que toi puisse se

LE CYCLE DU GRAAL

rendre coupable ! Je ne pensais pas qu'un hôte de cette cour eût assez d'audace pour me causer pareille offense. Personne ne peut en effet me faire la plus grande honte que de tuer devant moi une femme que j'avais prise sous ma protection. Puisqu'elle se trouvait dans ma forteresse, elle ne devait rien redouter de personne, quelle que soit la gravité de ce qu'elle a pu commettre. Tant qu'elle était dans cette cour, elle devait se sentir protégée de tous dangers. Telle est en effet la coutume qui règne ici, et que tu as été le premier à violer par orgueil et vilenie ! Puisqu'il en est ainsi, je t'ordonne de quitter cette cour immédiatement, sans espoir d'y revenir jamais, et sache bien que je n'aurai de cesse de punir l'offense que tu m'as faite ! »

Balin comprit alors quelle faute il avait commise en tuant la femme en présence du roi dans la forteresse de Kaerlion. « Ah ! seigneur ! cria-t-il en tombant aux genoux d'Arthur, je demande ton pardon, au nom de Dieu ! Je reconnais mon crime, mais je promets de le racheter par des actions honnêtes ! — Non », répondit le roi. Alors Balin se releva et dit : « Roi Arthur ! Je m'engage à te donner la preuve de ma bonne foi ! Je m'engage à te montrer dans les plus brefs délais que je n'ai jamais voulu attenter à ton honneur et à l'honneur de tous les compagnons de la Table Ronde ! » Et, sans ajouter un mot, il sortit de la salle.

Le roi Arthur était alors en guerre avec le roi Escolan, qui prétendait tenir ses terres de lui seul et qui envoyait chaque jour des troupes ravager les terres de Bretagne. Le lendemain du jour où Balin était parti de Kaerlion, le roi Escolan arriva et se présenta devant le roi Arthur. « Roi, dit-il, je viens me remettre entre tes mains. Je suis contraint de le faire par la vertu d'un de tes chevaliers qui a nom Balin et qui m'a vaincu en combat loyal. » Arthur fit ainsi la paix avec le roi Escolan et se dit que Balin avait bien œuvré pour le royaume.

Le surlendemain arriva un homme gigantesque qui se

LES CHEVALIERS DE LA TABLE RONDE

présenta à Arthur comme le frère du roi Rion des Iles. Il
se prosterna devant Arthur et lui dit : « Roi, je viens me
remettre entre tes mains. J'avais promis de venger mon
frère, le roi Rion, que tu as défiguré de ta propre main.
Mais j'ai été vaincu par un de tes chevaliers qu'on
nomme Balin. Au terme d'un loyal combat, il m'a renversé et, pour avoir la vie sauve, je lui ai juré ma foi que
je viendrais te trouver pour te reconnaître comme mon
seigneur. » Arthur fit donc la paix avec le frère du roi
Rion des Iles. Et il demanda à Merlin de venir le rejoindre. « Merlin, lui dit-il, que penses-tu de Balin, ce chevalier pauvre, mais présomptueux, qui a commis le crime
que tu sais en ma présence, sur la personne de cette
femme qui avait demandé sa tête ? — Tout cela n'apportera rien de bon au royaume de Bretagne, répondit Merlin — Mais, reprit le roi, Balin a donné les preuves de sa
loyauté et de son repentir. Ne crois-tu pas qu'il serait
bon de lui accorder mon pardon et de l'admettre parmi
mes compagnons ? — Ce n'est pas à moi de prendre cette
décision, répondit Merlin. Avant de le faire, je te conseil-
lerais plutôt d'observer le comportement de Balin. Ne
sais-tu pas que, dans son pays, on le nomme Balin le
Sauvage ? Et tout le monde sait qu'il est cruel et impitoyable, bien qu'il soit bon chevalier et capable de
grandes prouesses. Mais si tu m'en croyais, tu le laisse-
rais aller sa vie. Il ne peut rien t'apporter qui ne te soit
préjudiciable. — Pourtant, reprit Arthur, j'ai besoin
d'hommes comme lui, et je serais bien heureux s'il acceptait de se joindre à nous. — Fais ce que tu veux, répondit Merlin, je ne peux rien te dire de plus. »

Arthur commanda qu'on préparât ses armes. Il voulait
aller rejoindre Balin le Sauvage et voir comment celui-ci
se comportait. Il partit de Kaerlion, avec quelques compagnons et des serviteurs, et Merlin fit la route avec lui. Ils
traversèrent les forêts et les vallées sans rencontrer âme
qui vive. Et, un jour, vers midi, alors que la chaleur était

forte, le roi fit dresser sa tente dans une clairière près du chemin et abritée par un bosquet d'aulnes. Comme il se sentait un peu fatigué, il alla s'y coucher, après avoir ordonné à ses gens de se retirer.

Mais, une fois couché, Arthur se mit à réfléchir à quelque chose qui lui déplaisait si fort et le tourmentait à un point tel qu'il ne put trouver le sommeil. Comme il était ainsi plongé dans ses pensées, il entendit résonner sur le chemin les sabots d'un cheval qui galopait à vive allure en faisant grand bruit et en hennissant. Le roi bondit aussitôt de son lit pour voir ce qui se passait et, sortant de sa tente, il s'aperçut que tous ses valets dormaient. Il vit alors venir un cavalier qui manifestait une grande douleur et hurlait à tous les vents : « Malheur sur moi ! Comment pourrais-je réparer ma faute ? Je n'ai pourtant jamais eu l'habitude de me conduire d'une façon aussi perfide ! »

Quand l'homme passa près de lui, le roi Arthur lui cria : « Pourquoi te lamentes-tu ainsi ? » Mais le cavalier ne lui répondit rien et poursuivit son chemin. Arthur le vit se diriger tout droit vers une montagne. « Ah ! Dieu ! murmura Arthur, que ne donnerais-je pas pour savoir de quoi se lamentait ainsi ce chevalier ! » Il avait à peine prononcé ces paroles qu'il vit apparaître sur le chemin le chevalier aux deux épées, celui qui avait nom Balin le Sauvage. Celui-ci reconnut le roi et, lorsqu'il fut parvenu près de lui, il lui dit : « Seigneur roi, me voici prêt à agir selon ton commandement ! Je ferai tout ce qui est en mon pouvoir pour te donner satisfaction ! — Tu m'en as donné la preuve, répondit le roi. Je te demande maintenant de faire quelque chose qui te paraîtra peut-être futile, mais qui me tient très à cœur : il s'agit de ce cavalier qui vient de passer et qui se lamentait pour une faute qu'il aurait commise. Je te prie, pour l'amour de moi, de le rejoindre et de le persuader de revenir. Ce n'est pas que je lui veuille du mal, bien au contraire, mais je voudrais qu'il me dise pour quelle raison il manifeste tant de

LES CHEVALIERS DE LA TABLE RONDE

tristesse et tant de douleur ! — Je le ferai, seigneur », dit Balin. Et, sans plus attendre, il piqua des deux et s'engagea sur le chemin qu'avait suivi le chevalier inconnu.

Il l'aperçut peu après. Son armure, comme son cheval, était recouverte d'une housse blanche. Balin chevaucha derrière lui à si vive allure qu'il le rejoignit bientôt au pied de la montagne. Mais il s'aperçut qu'il n'était pas seul : une jeune fille de grande beauté et d'allure très noble se trouvait à ses côtés. Et la jeune fille lui disait : « Pourquoi te lamentes-tu ainsi ? Si tu ne l'avais pas fait, un autre l'aurait fait à ta place ! » Et le chevalier répondait : « Je préférerais être mort depuis dix ans et ne pas avoir à poursuivre cette aventure ! » Et il se mit à se lamenter de plus belle.

Balin ne mit pas longtemps à les rejoindre. Il s'adressa ainsi au chevalier : « Seigneur, je t'en prie, je viens te demander, au nom du roi Arthur qui m'envoie, de bien vouloir lui dire pour quelle raison tu te lamentes ainsi ! — Seigneur, répondit l'autre, je ne peux répondre à cette question et, en aucun cas, je ne reviendrai sur mes pas ! — Seigneur, dit Balin, si tu refuses ma proposition, tu devras te battre avec moi, car jamais personne n'a osé me contredire. — Je te crois, mais je ne peux revenir en arrière, car il m'arriverait grand malheur, et cela à cause de toi ! — Comment ? s'écria Balin, à cause de moi ? Dieu m'en garde, chevalier, et je peux te jurer que tu serais sous ma sauvegarde si tu acceptais de me suivre auprès du roi Arthur. — Jure-le-moi. — Je le jure ! » s'écria Balin. Ils se mirent en route et chevauchèrent vers la tente du roi. Or, alors qu'ils n'en étaient plus qu'à une portée d'arc, le chevalier s'écria tout à coup : « Ha ! chevalier, toi qui portes deux épées, je me meurs ! J'ai eu bien tort de me fier à ta protection ! Si je suis tué en ta compagnie, le préjudice sera certes pour moi, mais le déshonneur sera pour toi ! »

Balin se retourna : il s'aperçut que son compagnon était

LE CYCLE DU GRAAL

tombé de cheval. Immédiatement, il mit pied à terre et vint auprès de lui, mais ce fut pour découvrir qu'il était gravement blessé, transpercé par une lance dont le fer ressortait dans le dos. « Dieu ! dit-il, absolument consterné, quel déshonneur pour moi que la mort de cet homme que j'avais pris sous ma protection ! — Seigneur chevalier, articula faiblement le blessé, je vais mourir et tu en es responsable. Il te faut donc désormais reprendre la quête que j'avais commencée et l'achever comme tu le pourras ! Prends mon cheval qui vaut mieux que le tien et rejoins la jeune femme que tu as vue avec moi tout à l'heure. Elle te conduira où il te faut aller et te désignera bientôt quel est mon meurtrier. On verra bien alors quelle vengeance tu sauras en tirer ! » Et ayant ainsi prononcé ces paroles, le blessé rendit l'âme entre les bras de Balin.

Cependant, le roi Arthur était arrivé à ce moment et il avait entendu ce que disait le mourant. « Roi, lui dit Balin, me voici déshonoré par la mort de cet homme ! » Le roi Arthur lui répondit : « Je n'ai jamais rien vu d'aussi extraordinaire ! C'est vrai : j'ai vu porter le coup, mais je n'ai pas pu voir celui qui le frappait ! » Balin prit la lance qui transperçait le cadavre et la tira à lui. « Roi, dit-il, je vais partir en te recommandant à Dieu. Désormais, je ne reviendrai plus vers toi sans avoir vengé ce chevalier et achevé la quête qu'il avait entreprise ! » Et, sans plus tarder, il prit congé d'Arthur et s'éloigna pour rejoindre la jeune fille.

Arthur était fort perplexe. Il resta longtemps immobile auprès du corps du chevalier. Ses serviteurs arrivèrent et lui demandèrent : « Seigneur, qui donc a tué cet homme que nous voyons ici ? — Je n'en sais rien », répondit le roi. Et tandis qu'il parlait, Merlin vint le rejoindre. « Roi, lui dit-il, ne t'étonne pas de cette aventure. Tu en verras de plus extraordinaires encore ! Mais je te conseille de faire enterrer ce chevalier dans une tombe magnifique et de faire graver sur la pierre cette inscription : *Ci-gît le*

LES CHEVALIERS DE LA TABLE RONDE

chevalier inconnu. Apprends également que, le jour où tu sauras son nom, il régnera à ta cour une si grande joie que jamais on n'en connut de pareille. Mais, jusqu'à ce jour, qui est lointain, tu ignoreras ce nom. »

Le roi suivit les conseils de Merlin et fit enterrer dignement le chevalier sans nom qui avait été tué sous la protection de Balin le Sauvage, le chevalier aux deux épées. Quant à Balin, il rejoignit très vite la jeune fille. Celle-ci pleurait et gémissait. « Seigneur, disait-elle, quel désastre d'avoir laissé tuer ce chevalier qui était sous ta protection ! Nous n'avons pas gagné au change avec toi et cette quête ne nous procurera ni profit ni gloire ! J'étais sûre qu'il pouvait la mener à bien, alors que toi, je suis certaine que tu n'auras ni la force ni les mérites suffisants pour achever les aventures. Et toi, je sais que tu mourras par manque d'audace et de courage. Il aurait mieux valu, à tous points de vue, que ce fût toi et non lui que la mort choisît comme victime ! »

Balin était si consterné par ces paroles qu'il ne sut quoi répondre. Puis ils se séparèrent : la jeune fille partit vers le soleil couchant, et lui-même vers la forêt, comme ils en avaient décidé. A l'entrée de la forêt, il rencontra un chevalier qui n'avait d'autre arme que son épée [1]. Il revenait de la chasse accompagné de deux lévriers. Les deux hommes se saluèrent mais, lorsque le chevalier désarmé vit dans quel état se trouvait Balin, il s'arrêta tout surpris, se disant qu'il manquerait à tous ses devoirs s'il ne lui demandait la raison de son désespoir. Balin lui répondit qu'il était à jamais déshonoré et que, de son vivant, il ne pourrait jamais connaître une joie égale à la honte qui venait de l'accabler. Le chevalier désarmé lui

---

1. C'est-à-dire sans heaume, sans haubert, sans lance et sans bouclier. Le mot « armes », au Moyen Age, recouvre tout l'armement du chevalier, en particulier ce que l'on appelle « armure », et, dans un sens figuré, les marques héraldiques que porte le chevalier sur son bouclier. Le chevalier que rencontre Balin est donc sans « armure » et sans marque héraldique.

LE CYCLE DU GRAAL

proposa alors de l'accompagner : « Je serai avec toi quoi qu'il arrive, lui dit-il, sauf si la mort nous sépare. » Balin fut extrêmement surpris par cette offre, mais comme l'autre insistait, il lui donna son accord, lui expliquant qu'il recherchait un inconnu qui avait tué d'un coup de lance un chevalier que lui-même avait assuré de sa protection.

Les deux chevaliers prirent alors la route à travers la forêt. Peu après, ils rencontrèrent Merlin qui avait deviné tout ce qu'ils avaient dit et qui avait revêtu l'aspect d'un moine blanc. Il s'approcha des deux hommes et les salua : « Vous vous êtes juré de rester ensemble quoi qu'il advienne, leur dit-il, mais cela ne durera pas aussi longtemps que vous le pensez. Votre séparation est proche. — Qu'en sais-tu ? » demanda Balin. Merlin se mit à rire et dit : « Sur ce point, je n'en dirai pas davantage aujourd'hui, mais je vais vous apprendre autre chose que vous avez grande envie de savoir. Celui que vous recherchez, celui qui a tué devant la tente du roi le chevalier qui était sous ta protection, Balin, c'est un homme dont le nom est Garlan, et c'est le frère du roi Pellès. — J'ai entendu parler de Pellès, dit Balin, mais j'ignore tout de ce Garlan. Mais, à présent, puisque je sais son nom, j'ai toutes les chances de le retrouver.

— Je ne te le conseille pas, dit Merlin. Tu ferais mieux de revenir en arrière et d'abandonner cette quête. Si tu la mènes à bien, tu frapperas en effet de la *lance vengeresse* un coup qui déchaînera de telles souffrances et de tels malheurs sur le royaume de Bretagne qu'il sera encore plus désastreux que le coup d'épée qui a mis un terme à la vie du roi Uther Pendragon. Le crime ainsi commis, ni toi ni un autre ne pourrez le réparer ; mais il causera, de façon indirecte, la ruine de ce royaume et plongera ses habitants dans la souffrance et le désespoir. Toi-même, toi qui déclencheras de telles catastrophes si tu vas où t'entraîne ton désir de vengeance, tu mourras dans les plus grandes douleurs. — Pourtant, dit Balin,

LES CHEVALIERS DE LA TABLE RONDE

même si je devais y trouver la plus ignominieuse des
morts, je poursuivrai ma quête et je l'achèverai, quoi
qu'il puisse arriver. Et quelles que soient les catastrophes
que je déchaînerai, je ne renoncerai pas à venger le chevalier qui a été tué alors qu'il était sous ma protection.
— Certes, tu le vengeras, dit Merlin, mais sache qu'en le
vengeant, tu le paieras si cher par la suite qu'il serait préférable que tu fusses mort dès maintenant ! »

Ayant dit ces mots, Merlin s'enfonça dans les bois.
Les deux chevaliers continuèrent leur route ; mais, derrière eux, Merlin les suivait à distance, car il voulait
savoir ce qu'il adviendrait d'eux. Ils parvinrent ainsi près
d'un ermitage. Devant l'ermitage s'étendait un cimetière
que traversait la route qu'ils devaient emprunter. Ils
pénétrèrent donc dans le cimetière. Balin marchait au-
devant, très préoccupé par ce que lui avait dit Merlin,
qu'il n'avait d'ailleurs pas reconnu ; et son compagnon
le suivait, tout à sa joie de participer à cette quête. Or,
quand ils furent au milieu du cimetière, ce dernier
poussa un cri perçant, comme un homme profondément
blessé. Balin se retourna et vit son compagnon qui gisait
sur le sol. Il sauta de son cheval et vint vers lui. Il
s'aperçut alors que le chevalier, tout comme le précé-
dent, avait été blessé par une lance, mais avec plus de
force encore. Et, cette fois, la lance était intacte. Balin
délaça aussitôt le heaume de son compagnon, mais il se
rendit compte qu'il était déjà mort. Il regarda autour de
lui, mais il ne découvrit aucune trace de celui qui avait
pu lancer ce coup mortel. « Ah ! Dieu ! s'écria-t-il, quelle
douleur est la mienne de ne pas savoir qui est l'homme
qui, deux fois de suite, m'a déshonoré ! »

Tandis qu'il se lamentait ainsi, le saint homme qui
occupait l'ermitage vint à lui et tenta de le réconforter.
Balin lui raconta ce qui s'était passé. « Ma peine serait
allégée, dit-il, si j'avais pu voir celui qui a accompli ces
actions mauvaises. Mais c'est là, je pense, une chose

impossible, car j'ai eu affaire à un fantôme, et c'est ce qui redouble ma douleur ! — Tout chevalier errant, répondit l'ermite, se doit de prendre les aventures comme elles arrivent, bonnes ou mauvaises. Je suis toutefois très surpris par ce qui vient de t'arriver. Tu ne me parais cependant pas un homme à te laisser abattre, en quelque circonstance que ce soit, et tu me sembles capable de retrouver ton courage et ta sérénité. Il n'a pas un noble cœur, celui qui se laisse ainsi décourager par les caprices du sort. »

L'ermite, à force de bonnes paroles, parvint à apaiser et à réconforter Balin. Il le conduisit ensuite dans son ermitage et l'aida à se désarmer. Puis il revint auprès du défunt et enleva la lance qui le transperçait. Enfin, après avoir célébré l'office des morts selon le rituel alors observé, il enter   le corps dans le cimetière. Après quoi, Balin et l'ermite placèrent une grosse pierre sur la fosse en guise de dalle, et, le lendemain matin, après avoir entendu la messe et remercié l'ermite pour son accueil, Balin reprit sa route, à la recherche de la jeune fille qui avait gardé le tronçon de lance. Il la rejoignit au pied d'une croix où elle était descendue de cheval pour se reposer. Il lui raconta comment il avait accepté de chevaucher avec un chevalier désarmé et comment celui-ci avait été tué à ses côtés d'une manière si subite qu'il n'avait pu identifier le meurtrier. « Ha ! Dieu ! soupira la jeune fille lorsqu'il eut achevé son récit, c'est exactement ainsi que fut tué mon ami, le meilleur des chevaliers, le plus courtois que j'aie jamais connu. — Ainsi en va-t-il de nous, dit Balin, et il nous faut accepter ici-bas les aventures telles qu'elles nous arrivent ! »

Ils reprirent leurs montures et continuèrent leur route. En fin d'après-midi, ils furent en vue d'une forteresse bâtie au fond d'une vallée. Elle était de belle apparence, entourée de hautes murailles et d'un fossé très profond. Balin chevauchait bien au-devant de la jeune fille. Or, dès qu'il eut pénétré dans l'enceinte de la forteresse, les

LES CHEVALIERS DE LA TABLE RONDE

gardes laissèrent retomber une porte coulissante, séparant ainsi le chevalier de la jeune fille. Devant cette situation, Balin ne sut que faire : il ne pouvait pas revenir sur ses pas, et la jeune fille ne pouvait le rejoindre. Et il l'entendit qui criait : « Chevalier aux deux épées ! toi qui m'as laissée hors des murs, viens à mon secours ou c'en est fait de moi ! Nous sommes ici chez une femme qui me hait plus que tout au monde et qui veut me faire couper la tête sans aucune raison. Si tu tardes trop, tu ne me reverras que morte ! »

Les cris de la jeune fille mirent Balin au supplice : il ne pouvait ressortir, sinon en sautant du haut de la muraille. D'autre part, si la jeune fille mourait alors qu'elle était sous sa protection, il serait à tout jamais déshonoré. Il descendit donc de cheval, se dirigea vers la porte de la grande tour et, la trouvant ouverte, y pénétra aussitôt. Il monta dans la tour le plus vite qu'il put et, là, il se heurta à douze gardes qui étaient désarmés. Aussitôt, il tira son épée et leur cria que c'en était fait d'eux s'ils ne lui ouvraient pas la porte coulissante. En le voyant ainsi armé et prêt à les attaquer, ils eurent si peur qu'ils esquivèrent la bataille et s'enfuirent de tous côtés. Balin se pencha par la fenêtre de la tour afin de voir pourquoi la jeune fille criait ainsi. Elle était entre les mains de deux chevaliers qui lui disaient : « Si tu ne fais pas ce que nous te demandons, nous te couperons immédiatement la tête. Ce que nous te demandons, c'est la coutume de cette forteresse. Toute jeune fille qui passe par ici doit s'en acquitter ! »

Balin était au supplice en la voyant ainsi aux prises avec ces deux hommes. Il prit le parti de risquer sa vie plutôt que de laisser périr celle qui se trouvait sous sa protection. Il se signa et se recommanda à Dieu, puis il sauta du haut des murs. Par chance, il sortit indemne de sa chute. Escaladant alors le fossé, il s'approcha de la jeune fille, l'épée au poing, et cria aux deux hommes qui

301

la retenaient qu'ils allaient bientôt payer cher leur audace. Tout ébahis de voir surgir le chevalier, les deux hommes relâchèrent la jeune fille et reculèrent avec beaucoup d'effroi. C'est alors que la porte de la forteresse s'ouvrit : il en sortit dix chevaliers, tout armés, qui tenaient son cheval par la bride et qui le lui présentèrent : « Reprends ton cheval, lui dirent-ils, car nous ne voulons rien garder qui t'appartient. » Balin reprit avec joie sa monture, tandis que les chevaliers, s'adressant à la jeune fille, lui disaient : « Acquitte-toi de la coutume, et nous te laisserons partir ensuite avec ce chevalier. — Je suis prête », répondit-elle. A ce moment arriva près d'eux une femme qui tenait à la main une écuelle d'argent d'assez grande dimension. « Jeune fille, dit-elle, il te faut remplir cette écuelle de ton sang, car telle est la coutume.

— De quoi s'agit-il ? demanda Balin. — Je vais vous le dire, répondit la femme. La dame qui est notre maîtresse, en cette forteresse, a été récemment atteinte de cette maladie si horrible et si pénible qu'on appelle la lèpre, et son état est très grave. Nous avons tout essayé pour la guérir, mais Notre Seigneur en a décidé autrement. Nous avons cherché conseil partout où nous le pouvions, mais en vain. Seul un vieil homme nous a dit ce qu'il fallait faire : oindre notre maîtresse d'une écuelle de sang d'une jeune fille vierge, par ailleurs fille de roi ou de reine, ou de très haut baron. C'est pourquoi nous avons juré que toute jeune fille qui passerait ici devrait donner une écuelle de son sang pour guérir notre dame. C'est tout ce que nous demandons, et demain matin, la jeune fille et toi, chevalier, vous pourrez repartir où bon vous semblera. Sache que nous n'avons nulle mauvaise intention, ni à l'égard de cette jeune fille ni envers toi. »

Balin, qui n'en pensait pas moins, se résigna à accepter la coutume. Tout le monde se dirigea vers la forteresse. Quand on fut arrivé à la tour principale, on fit désarmer le chevalier. Il ne voulait pas s'attarder, mais,

LES CHEVALIERS DE LA TABLE RONDE

cédant aux prières de la jeune fille, il accepta de passer la nuit, uniquement pour voir ce qu'il adviendrait d'elle. Arrivèrent alors six servantes qui délacèrent les manches de la jeune fille et lui dirent qu'elles allaient lui prendre la quantité de sang qu'elles jugeraient nécessaire. Elles firent aussitôt jaillir le sang des deux bras et en recueillirent autant qu'elles voulurent, tandis que la demoiselle s'évanouissait sous l'effet de l'hémorragie. Puis les servantes emmenèrent la jeune fille dans une chambre pour l'y laisser se reposer.

Balin passa une très mauvaise nuit tant il redoutait que la jeune fille ne mourût. Il ne voyait pas comment il pourrait poursuivre sa quête sans elle, car il ne savait pas où chercher celui qui avait tué le chevalier devant la tente du roi Arthur. Et il avait compris que son adversaire avait le pouvoir d'être invisible à tous, mais seulement pendant qu'il se tenait sur son cheval : l'enchantement cessait dès qu'il mettait pied à terre. Balin passa ainsi la nuit à trembler pour la vie de sa compagne. Mais, le lendemain, dès le lever du jour, lorsqu'il alla la rejoindre dans sa chambre, elle lui parut en très bonne forme. Il ne perdit pas de temps, s'en alla prendre ses armes et seller son cheval. Après quoi, il monta en selle, et la jeune fille également. Mais elle était cependant très pâle et très amaigrie par le sang qu'elle avait perdu. Et tous deux quittèrent la forteresse, vouant à tous les dia-bles ceux qui l'habitaient.

Ils chevauchèrent quatre jours durant sans rencontrer d'aventure. Chaque jour, ils s'éloignaient de plus en plus de la cité de Camelot et la langue qu'on parlait autour d'eux devenait si différente qu'ils comprenaient peu de chose à ce qu'on leur disait. Un soir, ils furent hébergés à l'orée d'un bois par un vavasseur qui leur parut un homme de bien et qui les reçut le plus chaleureusement du monde. Or, alors qu'on venait de s'asseoir pour le dîner, Balin perçut, venant d'une des pièces de la

LE CYCLE DU GRAAL

demeure, la voix d'un homme qui gémissait pitoyablement. Les plaintes continuèrent tout au long du dîner. A la fin du repas, Balin demanda à son hôte qui était celui qui se plaignait ainsi. « Je ne te cacherai rien, répondit le vavasseur. C'est un de mes fils qui souffre énormément d'une blessure qu'il vient de recevoir. Et il a été frappé de manière si subite qu'il n'a pu voir celui qui l'a blessé. Pourtant, cela s'est passé vers midi, et il n'y avait autour de lui ni murs ni arbres, où son agresseur aurait pu se dissimuler. Je pense donc que cela s'est produit sous le coup d'un enchantement. — Non, mon hôte, répliqua Balin. Il s'agit en fait d'un chevalier qui peut rester invisible aussi longtemps qu'il le veut tant qu'il est sur son cheval Apprends qu'il m'a fait encore pire qu'à ton fils, car il a tué ainsi un chevalier qui était sous ma protection, ce qui me cause autant de douleur que si c'était moi qu'il avait blessé à mort. » Et Balin lui fit le récit de ses aventures et lui donna les raisons de sa quête à la recherche du meurtrier. Enfin, il lui révéla son nom, Garlan, frère du roi Pellès.

« Je suis sûr que tu as raison, lui dit le vavasseur en se signant. Je connais bien ce Garlan. Il y a moins d'un an, il m'a tenu des propos qui me laissent tout lieu de croire que c'est bien lui qui a blessé mon fils. Nous nous sommes trouvés en effet, mon fils et moi, à un tournoi, et je l'ai abattu à deux reprises devant toute l'assistance. Or, lorsque cet homme, qui est bien plus puissant que moi, s'est rendu compte qu'il ne pourrait venger l'affront qu'il avait subi, il a déclaré qu'il m'atteindrait dans l'année même à travers ce que j'avais de plus cher. Il a bien tenu parole, me semble-t-il, puisqu'il a blessé mon fils que j'aime plus que tout au monde. — Ah ! Dieu ! s'écria Balin Comment faire pour retrouver ce Garlan ?

— C'est chose facile, répondit le vavasseur. Le roi Pellès tiendra dimanche une cour plénière dans le Château Périlleux, qui se trouve à quelques lieues d'ici. Et je sais que Garlan doit servir à table, au cours de cette fête

LES CHEVALIERS DE LA TABLE RONDE

à laquelle assisteront tous les barons du royaume. Si tu veux retrouver Garlan, sois donc certain que c'est à cette occasion que tu le pourras ! — Bien dit, mon hôte, répondit Balin, crois bien que je serai au rendez-vous ! »

La jeune fille intervint alors : « Cher hôte, demandat-elle, penses-tu que ton fils puisse guérir ? — Je ne peux rien dire à ce propos tant il me paraît gravement blessé. Pourtant, un homme âgé, à qui j'ai donné l'hospitalité hier, m'a dit qu'il pourrait guérir, mais pas avant que sa plaie ne soit ointe du sang de celui qui l'a blessé. Je lui ai alors demandé qui lui avait appris cela, et il m'a répondu que c'était Merlin, le sage devin, qui lui avait donné ordre de me le dire, en ajoutant que mon fils ne pourrait pas guérir autrement. — Cher hôte, dit Balin, si ton fils doit guérir de cette façon, sois certain qu'il le sera, car j'entends bien verser le sang de celui qui m'a causé si grand tort ! »

Balin et la jeune fille demeurèrent trois jours chez le vavasseur. Le dimanche matin, Balin se leva avec le jour et entendit la messe sur place, car il y avait une petite chapelle dans la demeure. Ensuite, il s'équipa et reprit sa route avec la jeune fille et son hôte. Ils arrivèrent ainsi au Château Périlleux où le roi Pellès tenait sa cour, et ils y entrèrent en début de matinée. La fête était ainsi organisée qu'aucun chevalier ne pouvait venir à la cour s'il n'amenait avec lui sa sœur ou son amie. Balin pénétra dans l'enceinte avec la jeune fille ; mais l'hôte, qui n'était pas accompagné, dut rester au-dehors, à son grand déplaisir.

Dès que Balin fut à l'intérieur de la forteresse, il se trouva au milieu d'une foule considérable de chevaliers. Mais les gens du château, s'apercevant qu'il était armé, s'empressèrent pour l'aider à descendre de cheval et l'emmenèrent dans une petite salle, ainsi que la jeune fille. Ils le désarmèrent rapidement et lui donnèrent des habits tout neufs, parfaitement appropriés, car il y avait sur place tout ce qu'il fallait. Mais on ne put obtenir de lui qu'il déposât son épée. Bien au contraire, il la garda

LE CYCLE DU GRAAL

à son côté, affirmant que la coutume de son pays était telle que jamais un chevalier ne mangeait en pays étranger, à la cour d'un roi, sans avoir son épée. Si les gens du château ne voulaient pas se plier à cette coutume, il s'en retournerait d'où il venait. Les autres finirent par céder et le conduisirent dans la grande salle où se tenait l'assemblée.

Au moment de se restaurer, quand les tables furent installées, chacun prit place, sauf ceux qui avaient été désignés pour faire le service. Quand il se fut assis, Balin demanda à son voisin de gauche qui était Garlan, le frère du roi Pellès. « C'est celui-ci, lui répondit le voisin en lui désignant un homme à la chevelure rousse. C'est le chevalier le plus extraordinaire qui soit ! — Et pourquoi cela ? dit Balin. — Parce que, lorsqu'il est armé et sur son cheval, personne ne peut le voir, aussi longtemps qu'il désire se dérober aux regards des autres. » Et ils commencèrent à se restaurer.

Cependant Balin se trouvait dans un cruel embarras. Qu'allait-il faire ? Tuer le meurtrier de son compagnon devant toute l'assistance et le roi Pellès ? Il ne voyait pas comment il pourrait réussir à s'échapper sans être tué lui-même ou mis en pièces. Et pourtant, il ne retrouverait pas une telle occasion de se venger. Il était dans une telle angoisse qu'il ne mangea ni ne but, tout occupé à réfléchir. Il demeura ainsi pendant toute la durée du service, et il aurait fort bien pu quitter la table sans avoir rien bu ni mangé. Mais Garlan le roux, qui faisait le service et qui s'en était bien aperçu, en prit ombrage, persuadé que le chevalier agissait ainsi pour marquer son mépris. Il s'approcha donc de lui, la main levée, et il le gifla avec une telle force que le visage de Balin en devint tout rouge. « Chevalier, dit Garlan, relève la tête et mange comme tout le monde ! Ainsi l'ordonne le sénéchal ! Et maudit soit celui qui t'a appris à t'asseoir à une table de chevaliers et à rester ainsi plongé dans tes pensées ! » Balin était si furieux d'avoir été ainsi frappé

LES CHEVALIERS DE LA TABLE RONDE

qu'il en perdit tout sang-froid et tout sens de la mesure.
« Ha ! Garlan ! s'écria-t-il, ce n'est pas la première douleur
que tu m'infliges ! — Eh bien, dit l'autre, qu'attends-tu
donc pour te venger ? »

Balin se dressa tout droit, mit la main à son épée et dit :
« Garlan, je suis le chevalier que tu as attiré jusqu'à toi
depuis la cour d'Arthur, au prix de mille tourments. Mais,
désormais, tu ne frapperas plus un homme de bien à la
table d'un roi et tu ne tueras plus de chevalier par magie et
trahison ! » Et, aussitôt, il lui donna un tel coup d'épée sur
la tête qu'il le fendit en deux jusqu'à la poitrine et l'abattit
à terre. « Mon hôte ! s'écria-t-il alors, viens prendre le sang
de Garlan pour guérir ton fils ! » Puis il se tourna vers la
jeune fille : « Donne-moi le tronçon de lance avec lequel a
été frappé le chevalier devant la tente du roi Arthur ! »

La jeune fille le lui tendit aussitôt car elle l'avait
conservé dans ses vêtements. Balin le saisit, bondit de la
table et en frappa Garlan, qui gisait déjà raide mort,
avec une force telle qu'il le transperça de part en part.
Puis il s'écria à haute voix pour que tous les assistants
pussent l'entendre : « Peu m'importe ce que l'on fera de
moi, car ma quête est terminée et j'ai accompli la vengeance que je devais accomplir pour mon honneur et
l'honneur du roi Arthur ! »

Il y eut un grand brouhaha dans la salle. Chacun voulait courir aux armes et se ruer sur Balin. Mais le roi
Pellès fit faire silence. Il s'écria : « Que personne ici n'ait
assez d'audace pour porter la main sur cet homme, car
c'est à moi de venger la mort de mon frère ! » Le roi
Pellès était en effet un très bon chevalier. C'était aussi
un homme d'une grande piété, et à cette époque, on ne
connaissait personne dans toute l'île de Bretagne qui fût
plus aimé de Notre Seigneur [1]. Tout à la douleur et à la

---

1. Pellès (Pellehan dans le récit original) est le Roi Pêcheur de la
Quête du Saint-Graal.

LE CYCLE DU GRAAL

colère que lui causait la mort de son frère Garlan, il se disait qu'il viendrait facilement à bout du meurtrier. Il courut saisir un grand bâton qui se trouvait au milieu de la salle et le brandit pour aller frapper Balin. Mais lorsque celui-ci vit fondre sur lui le roi, loin d'esquiver le coup, il brandit à son tour son épée. Cependant le roi, en l'attaquant de biais, assena sur l'épée de son adversaire un coup tel qu'il la brisa au niveau de la garde et que la lame tomba à terre, ainsi que le pommeau. C'était l'épée que Balin avait détachée de la ceinture de la jeune fille, à la cour du roi Arthur.

Lorsqu'il se vit ainsi démuni, Balin se précipita hors de la salle pour trouver une autre arme. Il alla ainsi de chambre en chambre, mais sans rien découvrir qui pût lui être utile. Et le roi Pellès le poursuivait avec acharnement. Finalement, il pénétra dans une chambre très belle et tapissée de riches tentures. Il y avait là le plus beau lit du monde, tout recouvert d'étoffes de soie d'or, et un homme y était étendu. A côté du lit se trouvait une table d'or pur, et, sur la table, une lance extrêmement bien travaillée. Dès qu'il vit la lance, Balin s'en saisit et se retourna contre son adversaire. Il atteignit alors Pellès à la cuisse et le frappa avec une telle force que le roi tomba à terre, évanoui. Au même moment, les murailles du château se fendirent, le château vacilla et s'écroula. Balin tomba lui aussi à terre, incapable de faire le moindre mouvement, tandis que la plupart des habitants du château gisaient sous les décombres, frappés à mort par le *coup douloureux*.

Le roi Pellès et Balin demeurèrent ainsi pendant deux jours. Le matin du troisième jour, Merlin posa sa main sur l'épaule de Balin. « Balin ! lui cria-t-il, réveille-toi, ouvre les yeux ! — Ha ! Dieu, dit Balin, où suis-je ? — Tu es encore chez le roi Pellès où tu as causé une telle catastrophe que désormais tous ceux qui te reconnaîtront te manifesteront leur haine et leur désapprobation ! »

LES CHEVALIERS DE LA TABLE RONDE

Balin ne répondit rien. Il savait très bien que Merlin avait raison. Mais il finit par lui demander comment il pourrait sortir du Château Périlleux, puisque sa quête était terminée. « Tu crois donc que ta quête est terminée ? s'écria Merlin. En vérité, tu ne sais pas ce que tu dis. Mais peu importe ! Suis-moi et je te guiderai jusqu'à ce que tu sois sorti de ce château. Si ses habitants te reconnaissaient et apprenaient que tu es le responsable de la catastrophe qui les a frappés, personne au monde ne pourrait les empêcher de te mettre en pièces avant même que tu aies atteint la porte d'enceinte ! — Sais-tu ce qu'est devenue la jeune fille qui était avec moi ? demanda encore Balin. — Oui, répondit Merlin, je le sais. Tu peux le voir toi-même : elle est au milieu de cette salle, et c'est toi qui l'as tuée ! »

Balin était consterné par ce que lui apprenait Merlin. Il se releva péniblement et suivit Merlin. Une fois dans la cour, ils aperçurent un grand nombre de gens, malades, estropiés ou morts. « C'est toi qui es responsable de tout cela, dit Merlin. Rends-toi compte de ce que tu as fait ! — Les choses sont ainsi, répondit Balin, et l'on ne peut plus revenir en arrière. — C'est vrai, murmura Merlin, mais tu aurais pu y penser avant. »

Ils traversèrent le bourg et arrivèrent aux murs d'enceinte qu'ils franchirent sans encombre, car il n'y avait personne pour garder les portes. Balin portait toujours son bouclier, sa lance et toutes ses armes, car il n'avait rien laissé dans le château, même son épée qui s'était brisée et qu'il avait retrouvée intacte. « Tu as perdu ton cheval, lui dit Merlin. — C'est vrai, je ne sais pas ce qu'il est devenu. Il faudra donc que j'aille à pied, me semble-t-il. — Non pas, dit Merlin. Si je peux faire quelque chose pour toi, je le ferai volontiers. Attends-moi ici, je reviens dans un instant. »

Merlin retourna donc dans le château et rôda par toutes les cours. Il finit par découvrir un bon cheval bien robuste qu'il vint présenter à Balin sans que personne,

LE CYCLE DU GRAAL

sur son chemin, ne lui eût fait la moindre opposition. Balin se mit aussitôt en selle. « Sais-tu pourquoi je te témoigne tant de bienveillance ? dit Merlin. Sache bien que ce n'est pas pour toi que je le fais, mais pour l'amour du roi Arthur qui a besoin de bons chevaliers comme toi. Car, si tu ne me connais pas, je vais te dire qui je suis : mon nom est Merlin et tu as certainement entendu parler de moi. Et maintenant, il faut nous séparer, car je ne peux plus rien pour toi. Va donc à la grâce de Dieu. Qu'il te guide sur les chemins tortueux que tu aimes emprunter et qu'il te protège du malheur où que tu ailles ! »

Balin piqua des deux et s'éloigna vers le fond de la vallée, tandis que Merlin rentrait dans le Château Périlleux. En longeant la muraille, Balin reconnut le cadavre de son hôte, le vavasseur, qui avait été tué par l'écroulement d'un créneau. Cette découverte l'affligea profondément, et il se sentit coupable des plus grands crimes. Il contempla longuement le corps de cet homme qui l'avait reçu avec tant de bonté, puis il reprit sa route. Mais au fur et à mesure qu'il parcourait le pays, il découvrait des arbres abattus et des moissons détruites. Tout était dévasté comme si la foudre était tombée partout. Dans les villes qu'il traversait, la moitié des gens, bourgeois ou chevaliers, gisaient morts dans les rues, et dans les champs il apercevait les cadavres des paysans abandonnés aux oiseaux de proie. C'est depuis ce temps-là que le royaume de Listenois fut appelé le *Gaste Pays*, ou encore la *Terre Foraine* [1] parce qu'il était devenu si différent des autres pays et si désolé. Et lorsque Balin traversait des villages, les survivants le maudissaient, appelant sur lui la vengeance de Dieu.

---

1. *Gaste Pays* : « pays désolé » ; *Terre Foraine* : « terre étrangère ». Ce sont les deux noms que les versions classiques donnent au royaume du Graal. La blessure du Roi Pêcheur provoque en effet la stérilité et la ruine du royaume, et il faudra attendre l'arrivée du « Bon Chevalier », Perceval dans les versions les plus anciennes, Galaad dans les versions les plus christianisées, pour redonner la vie et la prospérité à ce pays déchu. Tel est le sujet de la *Quête du Saint-Graal*.

LES CHEVALIERS DE LA TABLE RONDE

Le chevalier en éprouvait tant de peine et de douleur qu'il aurait ardemment souhaité que la foudre du ciel s'abattît sur lui. Il comprenait bien qu'il avait causé, par ses actes irréfléchis, tant de maux à ces gens que personne, sauf Dieu lui-même, ne pourrait lui rendre son bonheur de vivre. Il chevaucha ainsi cinq jours, et toutes les terres qu'il parcourait étaient également dévastées et détruites, et leurs habitants plongés dans la détresse. Chaque soir, il dormait dans des ermitages qu'il trouvait sur sa route, au plus profond des forêts séculaires, et chacun des ermites qui l'accueillaient lui répétait : « Seigneur, nous ne t'acceptons que pour l'amour de Dieu et pour honorer l'ordre de chevalerie. Mais nous savons bien que c'est toi qui, sans que nous l'ayons mérité, nous as plongés dans la misère et la désolation. Et ce n'est pas toi qui nous en sauveras ! » Il ne trouvait rien à répondre à leurs reproches, et il s'en allait de plus en plus triste et désespéré.

A force de chevaucher ainsi, il parvint dans des régions plus accueillantes. Les prairies étaient vertes, et de nombreux troupeaux y paissaient. Les vergers étaient fournis, les granges pleines, et les cités regorgeaient de marchandises. Là, les habitants ne faisaient pas attention à lui et personne ne le maudissait lorsqu'il traversait un village. Mais il continuait son chemin, ne sachant pas où il allait, l'esprit agité de sombres pensées. Mais, alors qu'il suivait un sentier dans la forêt, il vit un beau cheval attaché dans une clairière, et, à côté, un homme à genoux sur l'herbe et qui se lamentait.

« Dieu te sauve ! dit Balin. Pourquoi ce chagrin ? Puis-je faire quelque chose pour toi ? » L'homme se releva et lui répondit : « Personne ne peut plus rien pour moi. Ma vie est finie, et je vais me tuer avec cette épée. — Pour l'amour de Dieu, dit Balin, ne commets pas cette action ! » Mais l'autre ne semblait pas entendre. Il continua de se lamenter : « Ah, fille traîtresse ! disait-il en sanglotant, tu seras la cause de ma mort. » Et il allait se frapper avec son épée quand Balin lui saisit le bras et lui arracha son arme. « Laisse-moi, dit l'autre. Je veux mourir ! » Balin lui dit : « Avant que tu n'accomplisses l'irréparable, dis-moi au moins la raison de ton désespoir. — Qui es-tu ? demanda l'homme. — Je me nomme Balin le Sauvage. — Le chevalier aux deux épées ! J'ai entendu dire que tu étais le meilleur chevalier du monde ! — Hélas ! dit Balin, je suis aussi le chevalier le plus malheureux qu'on ait vu sur cette terre ! Et toi, qui es-tu ? — Mon nom est Garnish de la Montagne. Je suis le fils d'un homme pauvre, mais je suis devenu chevalier par prouesse et vaillance et j'ai obtenu des terres de mon seigneur. Ce seigneur a une fille dont je suis devenu follement amoureux. Elle a répondu à mon amour, mais elle n'était pas sincère, je le vois bien, car elle se rit de moi et se conduit comme une ribaude !

— Et si je te réconciliais avec elle ? dit Balin. — Tu ne le pourras pas, répondit Garnish. — Je veux quand même essayer. Où se trouve celle que tu aimes ? — Dans un manoir, à quelques lieues d'ici. — Viens avec moi », dit Balin.

Garnish de la Montagne remonta sur son cheval et suivit Balin. Après avoir parcouru quelques lieues, ils se trouvèrent en face d'un beau manoir de pierre grise, entouré de hauts murs. « C'est ici qu'elle réside », dit Garnish. Balin lui répondit : « Attends-moi ici. Je vais entrer dans le manoir, je la chercherai et je lui parlerai en ton nom. — Elle n'est peut-être pas là en ce moment ! » soupira Garnish. Mais Balin n'attendit plus. Il pénétra dans le manoir, descendit de son cheval et alla de chambre en chambre. Tout était vide. Pourtant, il y avait de beaux meubles et des tapisseries de grand prix. Une table était dressée dans une salle, couverte de nourriture et de breuvages. Balin continua d'avancer et se trouva dans le verger. Là, il vit, sous un laurier, la fille allongée sur l'herbe verte, tendrement enlacée avec un nomme. Tous deux dormaient et ne se réveillèrent pas

LES CHEVALIERS DE LA TABLE RONDE

lorsque Balin passa auprès d'eux. Alors il revint sur ses pas et s'en alla rejoindre Garnish. « Les femmes ne valent pas la peine d'être aimées, dit-il. Je vais te donner la preuve que la femme que tu aimes est indigne de toi ! » Il l'entraîna dans le manoir et lui montra l'homme et la femme enlacés sous le laurier. « Misère ! s'écria Garnish, tu n'aurais jamais dû me faire venir ici, car cette vue redouble mon tourment ! » Et, saisi de rage, Garnish se précipita sur les deux corps, les transperça avec son épée et retourna son arme contre lui. Il s'effondra sur ceux qu'il venait de tuer.

Des hurlements se firent entendre dans le manoir. « Voyez ! Ce chevalier vient de les tuer ! Emparez-vous de lui pour qu'il paie sa trahison ! » Balin se précipita au-dehors, sauta sur son cheval et se mit à galoper avec rage et fureur, le cœur étreint d'un désespoir encore plus grand. Il chevaucha pendant trois jours et trois nuits. Au bout de ce temps, il s'arrêta pour se reposer près d'une grande croix de pierre sur laquelle s'étalait cette phrase en lettres d'or : « Aucun chevalier ne doit aller seul dans cette forteresse. » Il regarda autour de lui et aperçut, près de la mer, sur un promontoire, un grand château ceint de murailles épaisses. A ce moment, un vieillard aux cheveux blancs apparut sur le chemin. Quand il fut près de Balin, il lui dit : « Balin le Sauvage, tu dépasses les limites que tu ne dois pas franchir. Reviens sur tes pas, il en est encore temps. » Et le vieillard disparut sans que Balin pût savoir ce qu'il était devenu.

Balin entendit alors le son d'un cor dans la forêt, comme pour signaler la mort d'une bête. « Est-ce pour moi ? se dit Balin. Certes, je suis le gibier qu'on chasse, mais je ne suis pas encore mort ! » Il vit alors arriver une nombreuse troupe de jeunes gens et de jeunes filles aux vêtements élégants. Ils s'arrêtèrent devant lui, lui firent mille amabilités et l'invitèrent à les suivre dans la forteresse. Là, il fut désarmé et on le conduisit dans une grande salle où des musi-

313

LE CYCLE DU GRAAL

ciens jouaient de divers instruments. Toute la compagnie se
mit à danser et Balin fut entraîné dans une ronde effrénée.
Il était encore tout étourdi lorsque celle qui semblait la
dame du château lui dit : « Maintenant, il faut suivre la
coutume. Tout chevalier qui arrive seul dans cette forteresse doit combattre l'homme qui vit dans cette île, là-bas. »
Il y avait en effet une petite île, non loin du château, sur
laquelle on remarquait une hutte faite de pierres sèches.
« C'est bien, dit Balin, je ferai selon la coutume. »

On le mena au rivage où se trouvait une barque prête
à prendre le large. Balin revêtit son heaume et son haubert, prit son épée et son bouclier et monta dans la barque. « Attends, lui dit un chevalier, il me semble que ton
bouclier n'est pas assez épais. En voici un autre qui te
sera plus utile. » Et il lui tend un robuste bouclier qui ne
portait aucun signe, mais qui était de bronze clair. On
déposa Balin sur le rivage de l'île. Il se préparait à gravir
la pente de la falaise, quand une jeune fille, vêtue d'une
longue robe blanche, sortit de derrière un gros rocher et
lui dit : « Balin ! pourquoi as-tu changé ton bouclier ? Te
voici en grand danger, car ton bouclier aurait pu te faire
reconnaître. C'est grande pitié de te voir ainsi exposé à la
mort malgré ton courage et ta vaillance ! » Et la jeune fille
disparut aussi vite qu'elle était apparue. Balin monta sur
le sommet de la falaise. Il se signa et s'avança hardiment.

Il y avait là un chevalier aux armes rouges qui se
tenait assis sur une grosse pierre. Quand il vit Balin, il se
leva et s'avança vers lui, l'air menaçant. Et le combat
s'engagea avec violence. Il dura longtemps, car chacun
des adversaires avait une force égale. Et la nuit tombait
lorsque Balin transperça la poitrine du chevalier rouge
de son épée. Mais avant de tomber, le chevalier rouge lui
enfonça sa propre épée dans la poitrine : à présent, les
deux combattants gisaient à terre, mortellement blessés.
« Qui es-tu ? » demanda Balin. L'autre murmura : « Je
suis Balan, le frère de Balin le Sauvage, celui qui est le

314

LES CHEVALIERS DE LA TABLE RONDE

meilleur chevalier du monde. — Hélas ! dit Balin, quel triste destin est le nôtre ! Je suis Balin, ton frère que tu aimes tant ! Maudit soit celui qui m'a forcé de changer de bouclier, car alors tu m'aurais reconnu. » Les deux frères rampèrent l'un vers l'autre et s'étreignirent en pleurant. Ils venaient à peine de rendre l'âme quand Merlin arriva. Il contempla longtemps les deux corps. « Je ne pouvais rien empêcher, murmura-t-il, il fallait que tout se passât ainsi. »

Merlin creusa une fosse dans le sol de l'île et il y plaça les corps des deux frères. Après quoi, il déplaça une grosse dalle et en recouvrit la tombe. Et sur cette tombe, il écrivit : « Ici reposent Balan et son frère Balin le Sauvage. Celui-ci fut le Chevalier aux deux Épées qui frappa avec la lance vengeresse le *coup douloureux* par lequel le royaume de Listenois fut plongé dans la misère et la désolation. » Puis il prit l'épée de Balin, et d'un coup sec il la planta dans la dalle qui recouvrait la tombe des deux frères en murmurant : « Cette épée ne pourra être enlevée que par le Bon Chevalier, celui qui mettra un terme aux aventures du royaume. » Et, le cœur plein de tristesse, il s'éloigna sans regarder derrière lui [1].

_____

1. D'après le *Merlin* de Robert de Boron, et, pour certains épisodes qui manquent dans le récit français, les passages correspondants du *Morte d'Arthur* de Thomas Malory (1450). Le récit original, très long, très confus et parfois incohérent (sans doute à la suite d'un remaniement maladroit), est l'un des plus étranges de tout le cycle du Graal. Mais il est essentiel dans le schéma général, car il donne une explication à la blessure du Roi Pêcheur tout en nous replongeant dans le mythe primitif du Graal qui était vraisemblablement une histoire de vengeance par le sang, ou plutôt de rachat par le sang. Dans ces conditions, il était normal que le thème fût récupéré par la mystique chrétienne, puisque le Graal est censé contenir le sang du Christ, sang versé pour le rachat du genre humain. En dépit des obscurités de ce récit, on voit se dessiner nettement la « signifiance » du cycle et la totale continuité des éléments païens et chrétiens.

CHAPITRE XII

Le Testament de Merlin

Quand Merlin fut de retour à Kaerlion sur Wysg, il prit le roi Arthur à part et lui raconta ce qui était advenu de Balin le Sauvage, le Chevalier aux deux Épées. « Hélas ! dit Arthur, je ne me consolerai jamais de la perte de celui qui était le meilleur chevalier du monde ! — Il ne l'était pas, reprit Merlin, mais il le croyait, et c'est ce qui l'a perdu. Non, roi Arthur, sache-le bien : le meilleur chevalier du monde vient de naître, et un jour il viendra te trouver et il te faudra l'accueillir selon ses mérites. Mais s'il contribuera grandement à ta gloire, s'il fera briller l'honneur des compagnons de la Table Ronde, il sera aussi la cause de bien des tourments. Roi Arthur, les choses ne sont jamais simples et les hommes ne sont ni bons ni méchants : tes compagnons sont des créatures de Dieu avec toutes les faiblesses de leur condition humaine. Et celui dont je te parle sera certes le meilleur chevalier que tu aies jamais vu, mais ce sera aussi le plus faible de tous les hommes. »

Le roi demanda : « Quel est le nom de ce chevalier, Merlin ? — Je ne peux te le dire, répondit Merlin, mais tu le reconnaîtras facilement et tu feras tout pour le retenir à ta cour, même au prix de la pire des humilia-

LES CHEVALIERS DE LA TABLE RONDE

tions. Sache cependant qu'il est fils de roi et que de lui
naîtra le Bon Chevalier, celui qui vengera le *coup douloureux* et mettra fin aux aventures du Saint-Graal. Apprends
enfin que je vais te quitter, roi Arthur, et que je ne reviendrai plus jamais à ta cour. — Comment? s'écria le roi.
N'es-tu pas à ta place parmi nous? Tu es le plus sage des
hommes et chacun te reconnaît à ta juste valeur. Tu es aussi
indispensable que moi à ce royaume. — Nul n'est indispensable, répondit Merlin, et je le suis encore moins que les
autres. » Arthur était atterré par ce que venait de dire Merlin. Il prit le devin par le bras : « Merlin, dit-il encore, que
vais-je devenir sans toi, sans tes sages conseils, sans ta
connaissance des secrets du monde? — Roi, répondit froide-
ment Merlin, tu es maintenant adulte et tu sais parfaitement guider un royaume dans la justice et l'harmonie. —
Certes, mais tant de dangers m'environnent ! Et cet enfant
maudit que j'ai engendré, comment vais-je faire pour combattre ses méfaits ? — Tu ne le peux pas, roi Arthur. Il doit
en être ainsi. Personne n'échappe à son destin. — Mais
pourquoi veux-tu partir ? » insista encore Arthur.

Merlin le regarda bien en face. « Roi, dit-il, je ne suis
pas ton père, mais c'est moi qui ai présidé à ta conception et à ta naissance. C'est moi qui ai conduit le roi
Uther dans la forteresse de Tintagel pour que tu sois
engendré dans le sein de la reine Ygerne. C'est moi qui
t'ai porté dans mes bras, alors que tu venais de naître, et
qui t'ai emmené chez le preux et loyal Antor qui t'a
élevé avec tant de tendresse et de bon sens. C'est moi qui
t'ai conduit vers le perron merveilleux et t'ai fait arracher l'épée de souveraineté du socle de pierre dans lequel
elle était fichée. C'est moi qui t'ai fait reconnaître, par
tous les barons de ce royaume, comme l'héritier légitime
du roi Uther. C'est moi qui t'ai fait renouveler la Table
Ronde que j'avais instituée avec ton père. C'est moi qui
t'ai révélé que tes compagnons se lanceraient dans de
grandes aventures pour retrouver le Saint-Graal et

détruire les enchantements qui pèsent sur la Terre Foraine. C'est moi qui t'ai fait épouser la reine Guenièvre et qui t'ai averti qu'elle te perdrait un jour, sans le vouloir, après t'avoir fait regagner ton royaume perdu. J'ai tenu mon rôle, roi Arthur, j'ai accompli ma mission près de toi, cette mission qu'à ma naissance Notre Seigneur m'avait confiée. Permets à présent que je me retire de ce monde qui ne m'apporte plus que tristesse et chagrin. »

Arthur demeura silencieux, le cœur étreint par une indicible angoisse. « Ah ! Merlin, dit-il, je ne pourrai jamais t'oublier ! » Merlin se mit à rire et dit : « Personne ne pourra m'oublier ! » Et il s'en alla rôder dans les rues de la forteresse, complètement indifférent à ce qui se passait, ne répondant à aucun salut, plongé dans d'étranges rêveries. C'est alors que Morgane l'aborda. « Merlin, dit-elle, pourquoi m'abandonnes-tu ? Pourquoi pars-tu ainsi pour te livrer aux caprices d'une fille qui ne pense qu'à profiter de ta science ? — Tais-toi, Morgane, je sais très bien ce que je fais. Les hommes diront que j'étais fou. Ils l'ont déjà dit lorsque j'errais dans la forêt de Kelyddon, à la recherche de mon âme qui s'était égarée. Merlin le Fou, oui, pourquoi pas ? Mais qu'est-ce que la folie, Morgane ? Quand je vois les humains s'agiter autour de nous en faisant semblant d'être sages, j'ai envie de rire, mais aussi de pleurer, car la folie n'est pas toujours où l'on croit qu'elle se trouve.

— Je te trouve bien amer et bien désabusé, reprit Morgane, et pourtant, tu peux te vanter d'avoir accompli des prodiges. Et à moi, tu m'as enseigné ce que j'ignorais encore : je ne serais rien sans toi. Mais j'ai encore besoin de toi, Merlin. Tu connais mes faiblesses qui sont grandes, et tu as toujours su me les montrer. J'ai besoin de toi. » Merlin réfléchit un instant. « Tu dis vrai, Morgane, répondit-il, je connais tes faiblesses et je sais que tu peux être d'un grand danger pour les hommes et les femmes de ce royaume. Tu es intrigante, tu es orgueilleuse, tu es assoiffée de pouvoir, tu es sans scrupule.

LES CHEVALIERS DE LA TABLE RONDE

Mais tu es Morgane, et c'est sur toi que repose la fin des aventures. Tu le sais aussi bien que moi, toi qui as la vision du passé et de l'avenir.» Morgane se fit suppliante : «Aide-moi, Merlin », dit-elle. Alors Merlin tira de son doigt une bague dont le chaton était une pierre d'un bleu intense et la tendit à Morgane. «Prends cette bague, dit-il, et fais en sorte qu'elle ne te quitte jamais. Quand tu auras besoin de moi, tu tourneras le chaton vers toi et tu regarderas dans la pierre. Alors tu me verras et tu pourras me parler. Mais sache bien que c'est toi seule qui dois accomplir le rituel. De mon côté, je ne peux rien entreprendre si tu ne me sollicites pas. Et prends bien garde de ne révéler à personne ce secret, car il te serait impossible de me parler.» Morgane prit la bague, l'examina attentivement et la passa à l'un de ses doigts. «Je ne m'en séparerai jamais, dit-elle. Je te remercie, Merlin, de ta confiance.» Merlin la regarda bizarrement : «Il s'agit bien de confiance ! s'exclama-t-il en ricanant. Je n'ai pas plus confiance en toi que tu n'as confiance en moi ! Nous sommes seulement de même nature, toi et moi, depuis le temps que nous rôdons à la frontière de deux mondes !»

Il s'éloigna sans ajouter un mot. Morgane le suivit du regard, et comme il franchissait les portes de Kaerlion, elle monta sur les remparts pour voir où il allait. Il marchait sur le chemin, enveloppé dans son grand manteau gris. Et quand il disparut dans les profondeurs d'un bois, une troupe d'oiseaux noirs vint tourbillonner au-dessus de la forteresse.

Quand il fut arrivé près du Lac de Diane, Merlin s'assit sur un rocher, au bord de l'eau. De ses yeux perçants, il voyait le château de cristal que Viviane et lui avaient fait surgir au fond du lac. Il sourit et se retourna : Viviane était là, frémissante dans les plis de sa longue robe couleur safran, les cheveux dénoués qui flottaient dans le vent, les lèvres plus rouges et plus désirables que

319

LE CYCLE DU GRAAL

jamais. « Je t'avais promis le secret, dit Merlin. Je vais donc t'apprendre comment bâtir une tour avec des murailles d'air, une tour invisible où tous ceux qui y pénétreront y demeureront pour l'éternité. » Il la prit par la main et l'entraîna dans le bois, et quand ils furent arrivés près d'une fontaine, il se pencha vers l'oreille de la jeune fille et lui murmura certaines paroles. Après quoi, il se remit à marcher dans le sentier. Il semblait soudain très triste. Mais Viviane le rattrapa et, remplie d'allégresse, elle lui sauta au cou et l'embrassa tendrement [1].

Ce jour-là, ils chevauchèrent si longuement dans la forêt que la nuit les surprit alors qu'ils s'étaient fort éloignés, dans une vallée profonde et encaissée, toute jonchée de rochers, à l'écart de toute habitation. La nuit était si profonde qu'il paraissait impossible de poursuivre le chemin. Ils firent donc halte et, avec de l'amadou qu'ils avaient sur eux, ils allumèrent un grand feu de bois bien sec, puis mangèrent les quelques provisions qu'ils avaient emportées du manoir où ils s'étaient arrêtés au milieu de la journée.

Quand ils eurent dîné, Merlin dit à la jeune fille : « Viviane, si tu le voulais, je pourrais te montrer, là, tout près de nous, entre ces deux roches, la plus belle petite chambre que je connaisse. Elle est entièrement taillée dans le roc et fermée par des portes de fer si solides que personne, je crois, ne pourrait les forcer de l'extérieur.
— Vraiment ? dit Viviane. Tu m'étonnes beaucoup en m'apprenant l'existence d'une chambre aussi belle et agréable dans ces rochers, où, semble-t-il, on ne peut trouver rien d'autre que des diables ou des bêtes sauvages !

— C'est pourtant la vérité. Il y a moins de cent ans, ce pays appartenait à un roi nommé Assen. C'était un

---

1. D'après le *Merlin* de Gautier Map.

320

LES CHEVALIERS DE LA TABLE RONDE

homme de grand mérite et un bon chevalier. Il avait un fils, également chevalier, plein de prouesse et de vaillance, qui se nommait Amasteu. Or, Amasteu aimait d'un amour à nul autre pareil la fille d'un pauvre chevalier. Lorsque le roi apprit que son fils s'était épris d'une jeune fille d'aussi humble famille, il fit à celui-ci d'amères remontrances, essayant de le détourner d'un vain amour. Mais ce fut inutile : le jeune homme ne tint aucun compte des paroles de son père et ne cessa de voir celle qu'il aimait. Alors, quand le roi vit que ses prières restaient sans effet, il prit à part son fils et lui dit : "Je te tuerai si tu ne renonces pas tout de suite à cette fille ! — Je n'en ferai rien, répondit Amasteu, et je l'aimerai toute ma vie !" Hors de lui, le roi s'écria : "Apprends-donc, mon fils, que je saurai bien te séparer d'elle en la faisant mourir avant toi."

« Devant cette menace sans détour, le jeune homme fit enlever la jeune fille et la cacha pour que son père ne pût la retrouver. Puis il se mit en quête d'un lieu solitaire et retiré où il pourrait emmener son amie et passer avec elle le reste de sa vie. Il avait souvent chassé dans cette forêt et connaissait bien la vallée où nous sommes. Il s'y rendit donc avec quelques compagnons en lesquels il avait toute confiance et des gens capables de construire des chambres et des maisons, et, là, il fit tailler dans le roc une chambre et une belle salle. Quand tout fut terminé selon ses désirs, et cette retraite était si somptueuse qu'il fallait la voir pour l'imaginer, le jeune homme revint chercher son amie là où il l'avait cachée et la conduisit à la caverne. Puis il fit apporter tout ce qui lui paraissait nécessaire et il y passa le reste de ses jours avec elle dans le bonheur et dans la joie. Ils moururent le même jour et furent ensevelis ensemble à l'intérieur même de la chambre. Leurs corps y sont encore et ils ne pourriront pas, car ils ont été embaumés.

— C'est une belle histoire », dit Viviane en souriant. Tout en pensant qu'elle aimerait, elle aussi, enfermer

LE CYCLE DU GRAAL

Merlin dans une chambre secrète : ainsi l'aurait-elle pour elle seule, sans partage, et elle viendrait lui tenir compagnie chaque fois qu'elle le voudrait sans que personne ne le sache. « Certes, reprit-elle, ces deux amants s'aimaient d'un amour sincère, puisqu'ils ont accepté de tout abandonner pour vivre ici dans la joie et le plaisir partagés !

— Il en est de même pour moi, douce Viviane, murmura tout bas Merlin, moi qui, pour vivre auprès de toi, ai abandonné le roi Arthur et tous les barons du royaume de Bretagne sur lesquels j'avais tant de pouvoirs ! Il me semble cependant que je n'ai rien reçu en échange.

— Merlin, Merlin, dit-elle, tu ne penses décidément qu'à me prendre mon pucelage. Est-ce vraiment le moment ? Et puisque tu m'as raconté cette touchante histoire, tu devrais maintenant me montrer la chambre dont tu m'as parlé, celle qui fut construite pour les deux amants. J'aimerais y évoquer l'amour sincère que ces deux êtres on vécu. »

Tout heureux de cette demande, car il savait bien qu'elle finirait par accéder à son désir, Merlin lui répondit qu'il allait lui montrer la chambre immédiatement, puisqu'elle se trouvait tout près de là. Il alluma une torche et conduisit Viviane sur un sentier, à l'écart du grand chemin. Ils arrivèrent peu après au pied d'un rocher élevé et, là, ils aperçurent une porte de fer assez étroite. Merlin l'ouvrit sans aucune difficulté et pénétra dans la pièce, suivi de Viviane. La jeune fille, ébahie, découvrit alors une chambre entièrement décorée de mosaïques si habilement exécutées qu'on aurait pu croire que le meilleur artiste du monde y avait travaillé pendant vingt ans. « Que c'est beau ! s'écria-t-elle. On voit bien qu'elle n'a été conçue que pour le plaisir et la joie !

— Ce n'est pas là leur chambre, dit Merlin. C'est seulement la salle où ils se restauraient et se divertissaient. Je vais maintenant te montrer leur chambre d'amour. » Il s'avança dans le fond de la salle et, faisant jouer un

LES CHEVALIERS DE LA TABLE RONDE

habile mécanisme, il découvrit une petite porte également en fer. Sans hésiter, il la poussa et l'ouvrit, passa à l'intérieur et éleva la torche pour donner de la lumière. « Viens voir, douce Viviane. Voici la chambre des deux amants et l'endroit où reposent leurs corps. » Viviane entra. Elle n'avait jamais rien vu de plus beau : la pièce était encore plus décorée que l'autre, avec un art d'une extrême finesse. « N'est-ce pas qu'elle est belle, murmura Merlin. Elle est à l'image de la beauté de ceux pour qui elle a été construite ! »

Alors, il désigna à la jeune fille, tout au fond de la chambre secrète, une très belle tombe recouverte d'une étoffe de soie rouge, magnifiquement brodée de fils d'or et de figures d'animaux. « C'est là, dit encore Merlin, sous cette dalle, que dorment de leur sommeil éternel ceux qui se sont tant aimés. » Il souleva l'étoffe, découvrit la dalle qui était de marbre rouge. « Ah ! Merlin, s'écria Viviane, comme cette retraite est belle, et comme elle est faite pour deux amants ! Ne pourrait-on pas soulever cette dalle ? — Non, dit Merlin. Mais puisque tu le désires, je vais quand même y parvenir. Toutefois, je te conseille de ne pas regarder à l'intérieur de la tombe : des corps qui sont restés si longtemps en terre ne sauraient qu'être effrayants à voir. — Soulève cette dalle », lui dit Viviane.

Merlin fit usage de toute sa science magique Il posa la main sur la dalle. Il aurait bien fallu dix hommes pour la soulever, tant elle était lourde et massive. Cependant, par la force magique qui émanait de lui, Merlin réussit à la prendre comme s'il s'agissait d'une simple planche et à la déposer le long du cercueil. La jeune fille se pencha alors sur le bord de la tombe et aperçut les deux corps ensevelis dans un linceul blanc. Mais en dehors du linceul, elle ne put distinguer ni les corps ni les têtes des amants. « Merlin, dit-elle, comprenant qu'elle ne pourrait rien voir de plus, tu m'en as tant dit sur ces deux amants

LE CYCLE DU GRAAL

que, si Dieu me prêtait un instant ses pouvoirs, je t'assure que je réunirais leurs âmes dans la joie éternelle. — Voilà une pensée digne de toi », murmura Merlin.

Il remit la dalle à sa place et la recouvrit de l'étoffe de soie. Puis ils sortirent de la chambre dont Merlin referma soigneusement la porte. « Personne ne doit revenir ici, dit-il, et personne à part toi ne doit savoir la vérité à ce sujet. Que ces âmes soient en paix pour l'éternité. » Ils sortirent de la salle et se retrouvèrent dans la nuit. La torche s'était éteinte et l'obscurité était plus profonde que jamais. Viviane frissonnait. Merlin la prit par la main et la conduisit le long du sentier jusqu'à leur campement où quelques braises brillaient encore dans le foyer qu'ils avaient allumé. Cette nuit-là, Viviane se donna entièrement à Merlin et les deux amants s'endormirent alors que l'aube colorait de rose le ciel qu'on apercevait à travers les branches d'un chêne [1].

Il y avait déjà de longues semaines que Merlin avait pris congé du roi Arthur. Chaque jour qui passait, le roi était de plus en plus dolent et soupirait, ne pouvant croire qu'il ne reverrait jamais plus celui à qui il devait tant. Et il semblait si triste et désespéré qu'un jour Gauvain lui demanda ce qu'il avait. « Beau neveu, répondit Arthur, je pense que j'ai perdu Merlin, et j'aimerais mieux avoir perdu mon royaume ! — Mon oncle, dit Gauvain, par le serment que je fis lorsque je fus armé chevalier, je te jure que je chercherai Merlin pendant un an et un jour, quelles que soient les aventures qui puissent m'advenir ! » Et Gauvain, fils du roi Loth, après s'être équipé de la meilleure façon, monta sur son cheval, le

---

1. D'après le *Merlin* de Robert de Boron. Dans le texte original, Viviane, pour se débarrasser de Merlin, prétend dormir dans la chambre des amants. Pendant la nuit, elle l'endort d'un sommeil magique et l'enferme dans le tombeau. Mais la version dite de Gautier Map est toute différente.

LES CHEVALIERS DE LA TABLE RONDE

Gringalet, et s'éloigna de la cité de Kaerlion à la recherche de Merlin. Il erra longtemps par tout le royaume, et, un jour qu'il chevauchait dans une forêt, pensif et songeant tristement que sa quête n'aboutissait à rien, il croisa une jeune fille montée sur le plus beau palefroi du monde, noir, harnaché d'une selle d'ivoire aux étriers dorés, dont la housse écarlate allait jusqu'à terre, dont le frein était d'or et les rênes d'orfroi. Elle-même était vêtue d'une robe de soie blanche et, pour éviter le hâle, elle avait recouvert sa tête d'une étoffe de lin et de soie. Plongé dans sa rêverie, Gauvain ne la remarqua même pas. Alors, après l'avoir dépassé, la jeune fille fit tourner son palefroi et lui dit :

« Gauvain ! On assure que tu es l'un des meilleurs chevaliers qui soient au monde, ce qui est sans doute vrai. Mais on ajoute que tu es le plus courtois, le plus affable et le plus aimable. Je pense que c'est une fausse réputation, car je te crois semblable au plus vil des manants. Tu me rencontres seule en cette forêt, loin de tout, et tu n'as même pas la délicatesse de me saluer ! — Jeune fille, répondit Gauvain, tout confus, je te supplie de me pardonner ! — S'il plaît à Dieu, reprit la jeune fille, tu le paieras très cher. Ainsi, une autre fois, tu te souviendras qu'il faut saluer une femme quand on en rencontre une. En attendant, je te souhaite de ressembler au premier homme que tu croiseras ! »

Gauvain n'avait pas chevauché plus d'une lieue galloise qu'il rencontra un étrange couple : une belle jeune fille et un nain, tous deux richement parés. Il les reconnut bien, car c'était le nain qu'avait adoubé le roi Arthur en dépit des perfidies de Kaï. Il avait pour père le roi Brangore d'Estrangore, et c'était, en dépit de sa taille, un vaillant et courageux chevalier. Gauvain n'oublia pas de les saluer : « Que Dieu te donne joie, jeune fille, ainsi qu'à ton compagnon ! — Que Dieu te donne bonne aventure ! » répondirent ensemble le nain et son amie.

LE CYCLE DU GRAAL

A peine l'avaient-ils dépassé que le nain sentit qu'il reprenait sa première forme, et il devint un jeune homme de vingt-deux ans, droit, haut et large d'épaules, si bien qu'il lui fallut ôter ses armes qui n'étaient plus à sa taille. Quand elle vit son ami retrouver ainsi sa beauté, la jeune fille lui jeta ses bras au cou et le baisa plus de cent fois de suite. Et tous deux remercièrent Notre Seigneur d'avoir accompli ce miracle, bénissant le chevalier qui, en les saluant, leur avait ainsi porté bonheur.

Pendant ce temps, Gauvain n'avait pas franchi trois traits d'arc qu'il sentit les manches de son haubert lui descendre au-delà des mains et les pans lui en couvrir les chevilles. Ses deux pieds n'atteignaient plus les étriers et son bouclier s'élevait maintenant au-dessus de sa tête. Il se souvint de la menace de la belle jeune fille qu'il avait oublié de saluer et comprit qu'il avait pris la forme du premier homme qu'il avait rencontré : il était devenu un nain. Il en fut bien confus et attristé. A la lisière de la forêt, il s'approcha d'un rocher sur lequel il descendit. Alors, il raccourcit la longueur de ses étrivières, releva ses manches et les pans de son haubert, ses chausses de fer aussi qu'il fixa avec des courroies. Il s'accommoda du mieux qu'il put. Après quoi, il reprit sa route, honteux et angoissé, mais bien décidé à tenir son serment jusqu'au bout.

Partout où il passait, il demandait des nouvelles de Merlin : mais il ne recueillait que moqueries et plaisanteries à cause de sa taille et de ses vêtements trop grands. Au reste, personne n'avait entendu dire quoi que ce fût à propos de Merlin. Quand il vit qu'il avait parcouru toute l'île de Bretagne et la plus grande partie de la Bretagne armorique, et que le terme de son voyage approchait, il en fut de plus en plus désespéré. « Hélas ! pensait-il, j'ai juré au roi, mon oncle, de revenir après un an et un jour pour lui rendre compte de ma mission. Mais comment oserais-je me présenter à la cour, ridicule et défiguré comme je le suis ? »

LES CHEVALIERS DE LA TABLE RONDE

Rêvant ainsi, il avait pénétré dans la forêt de Brocéliande. Tout à coup, il s'entendit appeler par une voix lointaine et aperçut devant lui une sorte de vapeur qui, pour aérienne et translucide qu'elle était, n'en empêchait pas moins son cheval de passer. « Comment ? disait la voix, tu ne me reconnais pas, Gauvain ? Bien vrai est le proverbe du sage : qui laisse la cour, la cour l'oublie ! » Gauvain regarda tout autour de lui. Il ne voyait aucun être humain, mais il reconnaissait le son de la voix : « Merlin ! s'écria-t-il, en essayant de dominer son émotion, est-ce toi qui me parles ainsi ? Je te supplie de m'apparaître afin que je puisse te voir !

— Hélas ! Gauvain, reprit la voix, tu ne me reverras plus jamais, ni toi ni personne. C'est déjà miracle que je puisse parler un peu avec toi, Gauvain, car après toi, je ne parlerai plus qu'à ma douce amie. Il n'y a pas de tour plus forte dans le monde entier que cette prison d'air où elle m'a enserré ! — Comment, Merlin ? Toi, le plus sage des hommes, et aussi le plus habile magicien qui soit, tu ne peux pas t'échapper de cette prison ? — Pour s'échapper d'une prison, il faut le vouloir, Gauvain, et il n'est pas sûr que je le veuille. D'ailleurs, tout ce qui m'est arrivé, je l'ai voulu. Je savais bien que Viviane voulait me posséder à elle toute seule et m'enserrer dans une tour d'air. Elle m'en avait demandé le secret, et je le lui ai donné en échange de son amour. Est-ce folie ? Ce n'est pas à moi de le dire. — Mais comment un magicien tel que toi a-t-il pu se laisser prendre au piège d'une jeune fille, si rusée et si savante qu'elle ait pu être ? — Si elle est rusée, c'est parce qu'elle est femme. Si elle est savante, c'est parce que je lui ai enseigné moi-même mes secrets. Un jour que j'errais avec elle dans la forêt, il faisait très chaud. C'était un bel après-midi où les oiseaux chantaient dans les arbres. Comme je me laissais aller à l'harmonie de leurs chants, je m'endormis au pied d'un buisson d'aubépine. Alors, pendant mon sommeil, Viviane se leva

327

LE CYCLE DU GRAAL

et accomplit neuf fois le rituel autour de moi en prononçant les paroles que je lui avais apprises. Quand je me suis réveillé, j'étais dans cette tour faite avec l'air du ciel, dans un lit magnifique, dans la chambre la plus belle, mais aussi la plus close qu'il m'ait jamais été donné de voir. Et Viviane était près de moi, tendre et souriante, me disant que désormais j'étais tout à elle, qu'elle viendrait souvent me voir et s'étendre auprès de moi pour le jeu d'amour. Et c'est vrai car il n'y a guère de nuits que je n'aie sa compagnie. Mais je ne regrette rien, Gauvain. Je suis certainement Merlin le Fou, comme au temps où j'errais dans la forêt de Kelyddon, avec mon loup gris. Mais que veux-tu : j'aime davantage Viviane que ma liberté !

— Merlin, reprit Gauvain, j'en suis à la fois chagriné pour moi et heureux pour toi. Mais qu'en pensera le roi, mon oncle, quand il apprendra cela, lui qui m'a envoyé à ta recherche par tous les chemins du royaume ? — Gauvain, répondit Merlin, tu lui raconteras tout cela. Mais qu'il n'en ait aucun chagrin, même s'il sait qu'il ne me verra plus. Retourne auprès du roi et salue-le pour moi, lui assurant que mon affection pour lui est éternelle. Salue aussi mes compagnons, les barons de ce royaume, tous ceux que j'ai connus. Dis aussi à Morgane, si tu la rencontres, que les pommiers de l'île d'Avalon seront toujours chargés de fruits si elle le désire. Elle comprendra le message. Quant à toi, Gauvain, je sais quelle mésaventure t'est arrivée. Ne désespère pas ! Tu vas retrouver la jeune fille qui t'a jeté ce charme, mais cette fois, n'oublie pas de la saluer, car ce serait folie de persister ! Adieu, Gauvain, le jour baisse et Viviane va bientôt me rejoindre. Que Dieu protège le roi Arthur et tous ses compagnons de la Table Ronde. Va, maintenant, Gauvain, va ton chemin... »

Ainsi parla Merlin, le sage enchanteur, au preux Gauvain, fils du roi Loth d'Orcanie. Gauvain essaya de déterminer où se trouvait la tour d'air invisible dans laquelle

LES CHEVALIERS DE LA TABLE RONDE

était enfermé Merlin, mais il eut beau aller de droite à gauche, examiner le sol, battre les buissons, il ne discerna rien qui indiquât la présence d'une habitation. Un peu plus loin, il y avait un lac aux eaux tranquilles. Et les oiseaux chantaient dans la forêt. Gauvain se remit en route, l'esprit agité de pensées contradictoires, se réjouissant de la prophétie que lui avait faite Merlin et maudissant la malignité des femmes qui lui faisait perdre un ami.

Quand il traversa la forêt où il avait croisé la jeune fille qui lui avait jeté ce mauvais sort, il craignit fort de la rencontrer et de ne pas la saluer. Il redoubla donc d'attention et ôta même son heaume pour mieux voir ce qui l'entourait. Il aperçut ainsi, à travers les buissons, deux chevaliers à pied, qui avaient attaché leurs montures à leurs lances fichées en terre. Ils tenaient par les jambes, en la traînant sur le sol, une jeune fille qui se débattait et se tordait pour leur échapper. De toute évidence, les deux hommes faisaient mine de vouloir la forcer. Alors Gauvain baissa sa lance et se précipita sur eux : « Vous méritez la mort ! cria-t-il, pour faire ainsi violence à une femme sur les terres du roi Arthur ! Vous m'en rendrez compte tous les deux ! — Ah ! Gauvain ! s'écria la jeune fille. Je vais voir maintenant s'il y a assez de prouesse en toi pour que tu me délivres de cette honte ! »

A ces mots, les deux chevaliers lâchèrent la jeune fille, se relevèrent et lacèrent leurs heaumes. « Par Dieu, dit l'un d'eux, tu es mort, nain contrefait ! — Si ridicule que je paraisse, je vous prie de monter sur vos chevaux, car il me semblerait déloyal d'attaquer des hommes à pied ! — Tu crois donc avoir assez de force pour te battre ! s'exclama l'autre chevalier en riant. — Je ne me fie qu'en Dieu ! riposta Gauvain. Mais je t'assure que tu n'outrageras plus jamais une femme en la terre du roi Arthur ! » Et ce disant, il se jeta sur eux et les combattit si adroitement qu'il mit l'un par terre avant de courir sus à l'autre.

LE CYCLE DU GRAAL

Mais la jeune fille lui cria : « Gauvain, n'en fais pas plus !
— Pour l'amour de toi, je m'arrêterai, répondit Gauvain.
Que Dieu te donne bonne aventure à toi et à toutes les
femmes du monde. Mais si ce n'était ta prière, je tuerais
ces gredins, car ils t'ont fait trop de honte, et à moi
grande moquerie en m'appelant nain contrefait ! »

A ces mots, la jeune fille et les deux chevaliers se
mirent à rire. Elle lui dit : « Gauvain, que donnerais-tu à
qui te guérirait de cette infirmité ? — Par ma foi, jeune
fille, je crois bien que j'accomplirais n'importe lequel de
ses vœux ! — Je ne t'en demande pas tant, Gauvain. Je
veux seulement que tu fasses serment de toujours aider
et secourir les dames, et de les saluer quand tu les rencontreras. — Je le jure, sur ma foi, de bon cœur. — Je
prends ton serment, dit la jeune fille. Mais sache que si
tu y manques une seule fois, tu reviendras en l'état où tu
te trouves présentement ! »

Elle avait à peine prononcé ces mots que Gauvain sentit ses membres s'allonger. Les courroies dont il avait lié
son haubert et ses chausses se rompirent. Il reprit sa
taille normale, tout surpris de cette soudaine transfor-
mation. Alors, il descendit de cheval, s'agenouilla devant
la jeune fille en la remerciant et en jurant qu'il ne ferait
jamais défaut à son service. Alors, elle lui prit la main, le
releva et lui souhaita de poursuivre son voyage sous les
meilleurs auspices. Puis ils se séparèrent, et Gauvain
reprit le chemin de Kaerlion sur Wysg.

Il chevaucha tant qu'il y parvint avant la fin de l'année. Aussitôt, il se rendit auprès du roi, son oncle, et lui
apprit ce qu'il était advenu de Merlin. Arthur en fut tout
affligé. Savoir que Merlin était enserré dans une prison
invisible où l'avait enfermé son amie fut pour lui une
grande douleur. Mais il se réjouit de la fin heureuse des
aventures de son neveu, et ordonna à ses clercs de mettre
par écrit tout ce qu'avait raconté Gauvain à propos de
Merlin.

LES CHEVALIERS DE LA TABLE RONDE

Quand Gauvain eut terminé de converser avec Arthur, il alla à travers la cité, à la recherche de Morgane. Il la trouva dans une chambre, où elle lisait dans un grand livre rempli d'images et de lettres inconnues. Gauvain la salua et lui transmit le message de Merlin : « Les pommiers de l'île d'Avalon seront toujours chargés de fruits si tu le désires. » Ayant entendu ces paroles, Morgane remercia Gauvain et se dirigea vers la fenêtre d'où on pouvait embrasser tout le pays alentour. Sans dire une parole, elle fixa son regard sur l'horizon, et dans ses yeux, intensément brillants, passèrent soudain de grands vols d'oiseaux noirs [1].

---

1. D'après le *Merlin* de Gautier Map.

BIBLIOGRAPHIE SOMMAIRE
(en langue française)

Baumgartner, Emmanuèle, *Merlin le Prophète*, Paris, Stock, 1980.

Tristan et Iseult, Paris, P.U.F., 1987.

Cazenave, Michel, *la Subversion de l'âme*, Paris, Seghers, 1981.

Tristan et Iseult, Paris, Albin Michel, 1985.

Faral, Edmond, *la Légende arthurienne*, trois volumes, Paris, 1927.

Fleuriot-Lozac'hmeur-Prat, *Récits et poèmes celtiques*, Paris, Stock, 1986.

Goodrich, Norma Lorre, *le Roi Arthur*, Paris, Fayard, 1986.

Lacroix-Walter, *Tristan et Iseult*, Paris, Livre de Poche, 1989.

Loth, Joseph, *les Mabinogion*, édition complète avec notes et annexes, Paris, 1913, édition abrégée, Paris, 1979

Mela, Charles, *la Reine et le Graal*, Paris, Le Seuil, 1984.

Markale, Jean, *l'Épopée celtique en Bretagne*, 3e éd., Paris, Payot, 1985.

Le Roi Arthur et la société celtique, 4e éd., Paris, Payot, 1989.

Merlin l'Enchanteur, Paris, Retz, 1981, édition de poche, Paris, Albin Michel, 1992.

Brocéliande et l'énigme du Graal, Paris, Pygmalion, 2e éd., 1991.

Régnier-Bohler, Danièle, *le Cœur mangé*, Paris, Stock, 1979

La Légende arthurienne, Paris, Laffont, 1989.

Revue celtique, Paris.

Revue des traditions populaires, Paris.

Romania, Paris.

Zumthor, Paul, *Merlin le Prophète*, Lausanne, 1943.

TABLE DES MATIÈRES

Introduction :
Refaire le Monde 7

    I. La Conquête du Royaume 19
    II. La Lignée royale 46
    III. Les Incertitudes d'Arthur 69
    IV. Gauvain 104
    V. Viviane 145
    VI. La Table Ronde 162
    VII. La Chevauchée du Prince Kilourh 195
    VIII. Le Pèlerinage de Merlin 226
    IX. Tristan et Yseult 244
    X. Le fier Baiser 258
    XI. La Lance et le Coup douloureux 286
    XII. Le Testament de Merlin 316

CHEZ LE MÊME ÉDITEUR

DU MÊME AUTEUR

LE CYCLE DU GRAAL
Première époque
LA NAISSANCE DU ROI ARTHUR

Histoire de la France secrète :

MONTSÉGUR ET L'ÉNIGME CATHARE
Voies nouvelles et pistes oubliées.

•

GISORS ET L'ÉNIGME DES TEMPLIERS
L'éclairage objectif et raisonné du lancinant mystère.

•

LE MONT-SAINT-MICHEL ET L'ÉNIGME DU DRAGON
L'un des plus énigmatiques sanctuaires de l'Occident.

•

CARNAC ET L'ÉNIGME DE l'ATLANTIDE
Une nouvelle hypothèse explosive et passionnante.

•

CHARTRES ET L'ÉNIGME DES DRUIDES
La Déesse des Commencements et la présence indélébile des Druides.

•

BROCÉLIANDE ET L'ÉNIGME DU GRAAL
La forêt fabuleuse, Arthur, les Chevaliers de la Table ronde, les Dames du Lac...

•

LA BASTILLE ET L'ÉNIGME DU MASQUE DE FER
Une enquête passionnante concernant notamment les célèbres prisonniers
de la forteresse.

•

RENNES-LE-CHÂTEAU ET L'ÉNIGME DE L'OR MAUDIT
La mystérieuse destinée de l'abbé Saunière.

Bibliothèque de l'Étrange :

L'ÉNIGME DU TRIANGLE DES BERMUDES
Nouvelles perspectives exposant tous les grands mythes et légendes
de l'humanité.

•

LES MYSTÈRES DE L'APRÈS-VIE
Interrogations et espoirs sur l'existence d'une autre vie après la mort.

•

L'ÉNIGME DES VAMPIRES
Au fil d'expériences et de récits qui font frémir,
Jean Markale explore en profondeur le phénomène.

•

LES MYSTÈRES DE LA SORCELLERIE
Sorciers et Sorcières sont-ils encore parmi nous ? L'histoire fourmille d'exemples
et de prodiges inquiétants. Des témoignages extraordinaires,
des récits fantastiques, des rapports officiels surprenants...

TEMPLIERS, FRANCS-MAÇONS ET SOCIÉTÉS SECRÈTES
par Peter Partner
L'étonnant rayonnement et la fascination troublante
qu'exerce toujours sur les esprits le mythe des Templiers.

CHEZ LE MÊME ÉDITEUR

L'ÉNIGME SACRÉE
par Michael Baigent, Richard Leigh, Henry Lincoln
Jésus-Christ, le Saint-Graal, les Cathares, les Templiers,
à la source d'une extraordinaire remise en cause de l'Histoire.

•

LE MESSAGE
par Michael Baigent, Richard Leigh, Henry Lincoln
Suite de la passionnante enquête de l'ÉNIGME SACRÉE.

•

LE TEMPLE RETROUVÉ
par Henry Lincoln
Rennes-le-Château, fabuleux site d'un temple retrouvé.

•

LE MYSTÈRE DE L'ARCHE PERDUE
par Graham Hancock
À la recherche de l'Arche d'alliance.

LES DAMES DU LAC
par Marion Zimmer Bradley
Prix du grand roman d'évasion 1986
Plus qu'un roman historique, une épopée envoûtante qui relate la lutte sans merci
de deux mondes inconciliables.

•

LES BRUMES D'AVALON
(LES DAMES DU LAC **)
par Marion Zimmer Bradley
La suite des Dames du Lac
« La plus merveilleuse évocation de la saga
du Roi Arthur qu'il m'ait été donné de lire » Isaac Asimov.

LE ROI ARTHUR
ET SES PREUX CHEVALIERS
par John Steinbeck
Un récit étonnant de la légende du Roi Arthur

LES GRANDES HEURES DE L'HISTOIRE DE FRANCE
LA TRAGÉDIE CATHARE
par Georges Bordonove
Raymond de Toulouse, Le massacre de Béziers,
La prise de Carcassonne, Simon de Montfort, La chute de Minerve,
Le Bûcher de Montségur.

•

LES CROISADES
ET LE ROYAUME DE JÉRUSALEM
par Georges Bordonove
Godefroy de Bouillon, L'ordre des Templiers,
L'illustre roi lépreux, Saladin à Jérusalem,
L'inflexible Saint Louis, La fin de Saint Jean d'Acre.

Achevé d'imprimer en décembre 1993
sur presse CAMERON,
dans les ateliers de la S.E.P.C.
à Saint-Amand-Montrond (Cher)
pour le compte des éditions Pygmalion

— N° d'édit. 416. — N° d'imp. 2979. —
Dépôt légal : mars 1993.
Imprimé en France